# 帝國的密令

## 大英帝國的秘密戰爭與中亞衝突

# On Secret Service East of Constantinople

## The Plot to Bring Down the British Empire

Peter Hopkirk
彼德・霍普克

王品淳、詹婕翎、何坤霖、
陳宇祺、陳榮彬 譯

獻給我的母親。

六十年前她曾經讀過約翰·布肯（John Buchan）的《綠斗篷》（*Greenmantle*）給我聽，

其內容改編自這本書中所記載的真實故事。

## 目次

導讀　「帝國」不曾離去：從《帝國的密令》談現代帝國間關係與競逐／侍建宇　007
前言　021
地圖　027

第一部　東進政策
第一章　陽光照射之處　033
第二章　「德國比真主阿拉更好！」　045
第三章　「彷彿隱藏之火」　065
第四章　德皇威廉二世的聖戰　079
第五章　印度大陰謀　091
第六章　恩維爾帕夏丟出震撼彈　109

第二部　新一波大競逐
第七章　德國版勞倫斯　127

第八章　喀布爾大競走　143
第九章　虛張聲勢的尼德梅爾　157
第十章　晉見埃米爾　171
第十一章　瓦思穆斯的反擊　189
第十二章　聖誕節陰謀　201
第十三章　席捲埃爾澤魯姆　217
第十四章　百萬英鎊的贖金　233
第十五章　風向變了　247

## 第三部　崩壞

第十六章　沙俄帝國的瓦解　269
第十七章　高加索火藥庫　281
第十八章　浴血巴庫　297
第十九章　諾爾上尉的奇幻冒險　311
第二十章　獨鬥布爾什維克　325
第二十一章　陰謀　341
第二十二章　巴庫之戰　353
第二十三章　「血流成河的街道」　373

第二十四章　死亡列車　387
第二十五章　蒂格——瓊斯消失之謎　405
後記　423
致謝　427
參考書目　431

導讀

# 「帝國」不曾離去：從《帝國的密令》談現代帝國間關係與競逐

侍建宇（國防安全研究院國安所副研究員）

如果說對帝國研究的興趣在二十世紀的二次世界大戰之後告一段落，那麼二十一世紀第一個二十年，也就是在美國帶頭的全球反恐戰開始後，帝國研究又再度崛起，一直到現在方興未艾。俄羅斯入侵烏克蘭、美中對抗關係逐漸升高的局面，或許都可以被闡釋成帝國關係緊張，難以不讓人聯想到百年前帝國全球勢力範圍的爭奪戰。

《帝國的密令》這本書不是充滿理論概念的學術著作，而是詳細的描述初十九世紀末葉到二十世紀初期，德意志帝國的興衰。當時德皇威廉二世野心勃勃，在歐亞大陸上帝國合縱連橫鄂圖曼帝國與俄羅斯帝國的策略與過程，企圖拉垮大英帝國略。

作者彼德．霍普克細緻的描述就像是茂盛的綠葉，填滿了生硬的帝國理論枝幹，補足國際關係研究與歷史社會學生硬的框架。這篇導讀文後半部分嘗試討論民族與帝國的關係，說明出現在近代歐洲的民族國家為什麼後來都變成帝國？背後的邏輯又是甚麼？

## 一、近代帝國主義的操作：經濟利益、地緣政治與殖民治理

歐陸各個帝國興起的背景與發展路徑儘管有一些差別，可是大致不脫離幾個目標；那就是，第一、掠奪殖民地以獲取原料、奴隸與市場、第二、佔領地緣政治據點扼制其他帝國發展、第三、大量移民以至完全將領土納入主權管轄範圍。在這些具體目標之上，有時也會以傳教或傳播普世文明作為正當化帝國擴張的說辭。

拿破崙戰爭（一八〇三—一八一五）後，歐洲列強瓜分亞非大陸。大英帝國在十九世紀發展到巔峰，可以說是帝國型態的佼佼者，也是其他帝國競逐的典範，值得做一些說明。大英帝國與其他歐陸帝國主要不同的部分是特別偏重從殖民地攫取商業利益，當然這樣走向也與大英帝國的發展歷程有關；畢竟這是一個由大型私人企業拉動的帝國，倫敦只是作為協助擴張並協調遊戲規則的政權。[1] 大英帝國擴張的首要的目的不是在政治上併吞殖民地，而是鞏固經濟利益的「重商主義」。

當帝國向外擴張時，為求節省治理成本，傾向與殖民地當地政經菁英達成某種合作默契以進行共治，或說間接治理的「以夷制夷」。從這個角度來說，大英帝國缺乏政治凝聚力，大多時候也無意對當地人民進行直接教化或「同化」，也不強調效忠。

以大英帝國為例，就算最後倫敦不得不向外派出官員治理殖民地，數目與當地人口也不成比例。建立小規模殖民地政府的目的是與當地菁英進行合作。帝國殖民地的行政與立法部門的功能都是讓當地菁英「參與」政治，特別是提供「被諮詢」的服務，確保殖民地政策不與現實社會需要脫節，以利施政過程順暢。當然所有的政治制度安排最終目的還是在捍衛英國在當地的商業利益。就算到了二十

世紀，大英帝國進入收尾的末期，願意進一步將代議民主政治制度移植到殖民地，目的也是在緩和當地菁英的不滿或可能爆衝的叛亂，並不是真心為求推動民主改革。[2]

由於大英帝國擴張自始就是為了商業貿易利益，所以倫敦並沒有意圖想要在殖民地建立大型負責治理的海外政府機構，當然也不鼓勵大量併吞外國領土與派遣軍隊。換句話說，如果能夠透過非正式的機構手段可以達到商業貿易和獲取原料的目的，降低治理的成本，那麼建立正式大規模的殖民地政府並沒有太大的意義。但是其他歐陸帝國就不見得偏愛「間接統治」，像是法國偏好派員直接統治殖民地，強加並灌輸法國法律、語言和文化。[3]而更早期的西班牙與葡萄牙，更允許或鼓勵通婚，並不見得強調特定文化或族裔的優越感。[4]

大英帝國的核心思想就是商業利益，但是卻以自由主義進行纏繞包裝。十八世紀下半葉的美國獨立戰爭讓倫敦理解到必須給予殖民地一定程度的自治權。與歐洲過去古代的帝國相較，大英帝國在意識形態上糾結著自由主義，尤其進入十九世紀，倫敦更認為自己代表一股正義與文明的力量。換句話說，一方面向殖民地強加自己偏好的商業貿易體系，大英帝國另一方面認為自由貿易象徵文明進步，理應推廣。

當然這樣的論點與當時社會達爾文主義的想法是貼合的，來自歐陸的帝國認為自己是上帝選中的，帝國擴張充滿道德正當性，為世界帶來普世文明。[5]換個角度來說，當殖民地的原住民要求「過分」權利的時候，帝國官員也會進行鎮壓。這種種族優越的概念在十九世紀下半葉更加明顯，帝國的擴張於是被論述成一種「文明使命」或責任。[6]建立殖民地，也要教導殖民地社會服從，帝國核心度區則高高在上，保持一種舒適與孤立的狀態，成為一個受到全球尊重的帝國國家。

十九世紀下半葉是大英帝國意識形態發展到最成熟的時期，英國成為肩負建立帝國殖民地，並且維繫殖民地繼續發展的祖國。英倫三島是帝國的政治中心，面對歐洲其他帝國的擴張，倫敦必須迎難而上。歐陸各個國家都開始工業化，並且擴大海軍，認為建立海外帝國是一種榮譽與責任。大英帝國發展的初期通常依賴「船堅砲利」的軍事行動，來維繫英國的海上貿易順暢，並且透過外交手段調解與不同歐陸帝國相互競爭的商業利益衝突。但是後來不見得都會成功，開始出現帝國間「大競逐」。[7]英國的情報間諜體系開始深入亞非殖民地，防堵來自其他帝國擴張吞併大英帝國殖民地的威脅，也因此無法不被捲入歐洲事務。

德意志帝國的首要目標就是擊垮大英帝國，這也是《帝國的密令》一書的主軸。德國統一後出現的德意志帝國首先威脅到鄰近的奧匈帝國，直接剝奪哈布斯堡王朝的帝國版圖，這也讓巴爾幹半島成為第一次世界大戰的火藥庫。德皇威廉二世擴張帝國版圖，野心勃勃對周邊列強合縱連橫，尤其是企圖結盟鄂圖曼帝國，甚至以為「先發制人」就可以大獲全勝。十九世紀的科技革命使帝國更易擴大，興建鐵路運送資源，同時在軍事上維持對廣大殖民的控制，搶奪地緣政經據點的港口和運河，以控制貿易航線。

德皇威廉二世太過浮誇高調的政策，使得大英帝國得以提早防範。尤其當德皇宣稱要建造一條橫跨歐亞的鐵路，從德國向東延伸進入中東波斯灣。還把自己誆稱為穆斯林的保護者，騙說自己已經歸化伊斯蘭教，並曾往麥加朝覲，意圖動員大英帝國殖民地上的穆斯林進行全面叛亂。眼高手低的對外政策其實難以務實地推動。

《帝國的密令》描述德意志帝國意圖建造從柏林到巴格達的鐵路，其實就是要打破大英帝國控制蘇伊士運河，霸佔歐洲與亞洲間的交通要道。如果成功，更可幫助德意志帝國向埃及周邊的大英帝國殖民地進行擴張。後來，原有歐洲國際均勢結構被打破，埋下二十世紀上半也兩次大戰的引信，[8]其實都是為求保衛自己或爭奪他人的帝國版圖。

《帝國的密令》描述德皇不惜宣傳自己也是穆斯林，而且還曾經私服前往麥加朝聖，來進行認知作戰。一八九八年，德皇威廉二世出訪鄂圖曼帝國，正式訪問當時隸屬於鄂圖曼的巴勒斯坦，造訪了耶路撒冷聖地，並聲稱也前往麥加朝聖。他嘗試形塑一個虔誠的穆斯林形象（事實上他是基督徒）。德皇藉由宣傳自己是一個政教合一的伊斯蘭教捍衛者的形象，煽動鄂圖曼帝國版圖下的阿拉伯人，還有英屬印度的穆斯林進行大規模的叛亂起義，意圖撼動反抗大英帝國的統治。

## 二、德意志帝國搗毀大英帝國的手段：英屬印度與鄂圖曼帝國

大英帝國用不到二十萬行政人員和軍隊統治印度殖民地超過兩億的人口。[9]到了十九與二十世紀交接，印度無論在經濟或地緣政治上都成為大英帝國不可或缺的一部分。英國六成的工業產品都銷往印度，因此印度也成為其他歐洲帝國垂涎的對象。

英國福音派曾經嘗試向印度傳教，同時英國菁英也想向印度社會推廣自由主義和功利主義的思想，嘗試抹去印度教作為社會控制的道德機制，但是並不成功。當然部分失敗的原因根本就是源於大英帝國無意投放資源，進行深度的社會變革。印度在當時被英國菁英描繪成無知和野蠻的象徵，必須用獨裁的方式和使用暴力來維持有效地統治。倫敦透過文明來論述帝國的正當性，但是印度社會的西

化之僅限於社會上流買辦階層。

一八六九年蘇伊士運河開通意味著印度的經濟重要性更增強，英國開始投入資金加強印度的農業發展，尤其是茶葉與棉花種植。並且也開始在印度設立軍事學校，開始建立印度陸軍。這些軍人在十九世紀末葉大英帝國在亞洲各地的殖民地，作為防衛與鎮壓之用。[10]簡單來說，印度不僅對大英帝國提供了市場和原料，後來供給軍隊和大量的勞動力。作為典型的殖民地，大英帝國印度投資的資源完全可以回收，而且還有極大的利潤。在第一次世界大戰之前，大英帝國佔據全球約四分之一的領土和人口，但是不是每一塊殖民地都像印度多功能又在商業上可以獲利。

十九世紀末葉大英帝國在地緣政治上原來最擔心俄羅斯帝國從中亞、高加索與波斯（伊朗）向南擴張，覬覦印度與周邊地區。《帝國的密令》多所描繪德意志帝國開始虎視眈眈，意圖夥同並利用鄂圖曼帝國在伊斯蘭世界的勢力(儘管正在式微)，策畫一場大膽陰謀的情節。過程中涉及外交官/間諜、軍人、政客所組成的網絡，嘗試在印度與高加索地區煽動並策畫叛亂；用當前的概念來講，就是進行一場認知作戰與攏絡在地協力者，在帝國間尚未正式開戰前，取得勝利。

德意志帝國意圖向東擴張，打通柏林到巴格達的鐵路線，直接從歐洲穿越中東進入波斯灣與印度洋，這一條鐵路牽扯到爭奪中東、中亞和非洲的最終戰略影響力，並打破大英帝國壟斷印度商貿的結構，踩入俄羅斯帝國的地盤。鄂圖曼帝國當時是伊斯蘭世界的精神和政治中心，德皇如果能與鄂圖曼結成盟友，從長遠來看，德國可以把影響力擴大到歐亞大陸的中間地帶，進入波斯、高加索，甚至印度。因此後來也牽連到德英兩國在印度、阿富汗、以及中東的情報作戰，與尋求支持的安排。

德意志帝國東擴當然也會直接碰觸到俄羅斯帝國的利益。也因此鄂圖曼帝國也願意將計就計，在第一次世界大戰，利用德國的力量直接衝撞有著世仇的俄羅斯帝國。在外高加索地區的亞美尼亞與亞塞拜然，基督徒與穆斯林犬牙交錯的地區，進行衝撞，儘管軍事上並不成功。作者詳細描寫外交官或間諜，在資源有限和危險的條件下，利用賄賂、欺騙和說服，來達到他們的目的。當然本書也詳述英國政府的情報部門對這些秘密威脅的進行反間諜的努力，以及對叛徒和嫌疑犯的鎮壓。

## 三、帝國擴張乃為彰顯民族光榮，抑或推動打造帝國型民族主義？

所有的歐洲以「民族國家」出現的近代政權可以說都充滿「帝國主義」的性格。[11] 傳統歐洲帝國其實將「帝國核心」，或說本土的民族國家，與海外「殖民地」分開對待。從這個角度，民族主義就是帝國主義，可以推動帝國擴張，貪婪追求並掠奪殖民地帶來的財富，追逐國際間權力極大化，再用帝國來提升或包裝自己核心民族的榮耀，爭取國內社會支持。[12] 換句話說，過去帝國主義可以成為民族主義的最高體現形式，更是一個群體，或說民族，甚至種族凝聚認同的方式。

歐洲傳統的帝國其實都有著分裂的國格，「帝國」和「民族」可以同時並存。就算是義大利和德國，他們十九世紀才統一成民族國家，隨即又追尋當時歐洲其他國家發展的路徑，朝向帝國發展，完全不覺得違和。

歐洲「民族國家」和「帝國海外殖民地」通常在地理上相隔遙遠，所以民族主義和帝國主義兩個路線的意識形態可以輕易分離，又同時存在，不會讓社會成員覺得不公平待遇而直接碰撞。當歐洲帝國官僚前往殖民地，高高在上進行治理時，其實展現出一種「族裔權貴式的帝國主義」(ethnocratic imperialism）。[13]這應該是大部分亞非國家國民教育所灌輸，也是我們熟悉的一種刻板印象。眾多亞非國家從帝國殖民地獨立出來，因此習慣將民族與帝國對立，去殖民化（decolonization）常常被理解成是一個建立民族國家的歷程，但事實情況並不應該這麼簡化。

歐洲之外的民族主義也不是只有擺脫帝國統治的「殖民地民族主義」（colonial nationalism），至少還有與「帝國型民族主義」（imperial nationalism）。[14]除去歐陸來的帝國，還有頗多原來就是一個傳統地理毗鄰的陸基帝國，像是亞洲的大清帝國、明治維新前的日本、鄂圖曼帝國、俄羅斯帝國。他們在歐洲工業革命之後，由於科技與生產力沒有辦法與西方帝國競爭而衰弱。換句話說，當歐陸帝國在二後退潮時，這些舊帝國不需脫離殖民地的身分，直接進行國家內部的重新定位與轉化。政權的終極目的是建立一個新的國家機器，並且在文化上得到新國家境內各個族群的精英支持，打造一個現代化國家認同。於是，這些傳統帝國型國家轉型其實只有兩種選擇：「殖民地民族主義」就一個去蕪存菁的過程，讓具有文化差異的領土自行獨立建國，分道揚鑣；而「帝國民族主義」則是原來帝國的主導群體強制其他弱勢民族進行同化，將舊帝國領土上的所有臣民強迫從屬，把帝國塞入民族國家的軀殼之內。

當歐洲跨越五湖四海的帝國離開之後，這些歐亞大陸上的陸基舊帝國延伸出來的政權，開始變化（當地政治菁英或稱「復興」）。不見得一定是朝向四分五裂的建國運動，也可以是對舊帝國政治型態開始重組，重新塑造舊帝國內部的文化認同，變成一個新的國家。

「帝國復興」的過程可以很漫長；像是大清帝國之後歷經中華民國與中華人民共和國，直到現在也沒辦法完全轉型「邊疆」；蒙古、新疆、西藏，港澳台的各種族裔人民並不見得認同現代中國。日本在明治維新後則是發散成西化的帝國，二戰後又再度收縮回歸成當前的典型民族國家。[15]鄂圖曼帝國向內收縮成現代的土耳其，但是伊斯蘭可否作為政治認同，以及周邊歐亞大陸中間的突厥族裔國家卻仍然糾結，泛突厥主義的呼聲依然此起彼落。[16] 俄羅斯帝國原為蘇聯直接繼承，後又崩潰，現在頗多菁英仍相信帝國與俄羅斯認同可以重疊，這也是烏克蘭戰爭出現的根源。

進一步從政治發展的角度來看，這是一個掌控政權的主導群體所進行的「融入」（inclusive）或「排斥」（exclusive）的選擇。「帝國型民族主義」目的就是多數民族對少數民族推動的「同化」，政策手段從溫和多元主義到激進文化滅絕策略，非常多樣。[17]

為了套入民族的外衣，「帝國型民族主義」其實也可以互換稱作是帝國核心主導群體推動的「國家建構式的帝國主義」（nation-building imperialism），端賴從「被統治者」，或是「統治者」的角度來看。我們可以在十九世紀下半葉的法國與德國找到很明顯的例證。無論是透過軍事殺戮或傳教，法國大革命期間的「語言同化政策」將巴黎口音指定為法語唯一的正確口語，俾斯麥的鐵血政策帶領普魯士統一德國各邦，他們都成功地透過動員民族意識來鞏固並確立帝國核心的疆界，建構出現代的法國與德國。

但是同樣的情況並沒有在十九世紀的大清、俄羅斯或鄂圖曼帝國崩解前出現；儘管當時帝國核心也一定程度（會被迫）進行改變，但似乎都是一種排他性的策略，烘托出帝國核心主導族群的優越感，也就是前面提及的「族裔權貴式的帝國主義」。例如大清帝國在盛清時期後的「漢化」，把權力分享給漢族重臣的目的是為求攏絡，並鞏固滿族統治階層的利益。[18] 俄羅斯從十九世紀到蘇聯所進行的「俄羅斯化」或「蘇聯化」，目的也是在確認東正教和俄羅斯文化在帝國中的不可或缺。[19] 至於鄂圖曼帝國青年土耳其黨人所進行的「突厥化」，迫害及暴力屠殺在鄂圖曼帝國境內的非土耳其其裔少數民族及基督徒，不切實際的想要推動泛突厥運動，也是為維繫當時突厥裔主導的，卻即將崩解的鄂圖曼帝國。

## 四、「帝國」未曾離去

俾斯麥從十九世紀中葉開始被任命為普魯士首相兼外交大臣，積極透過軍事及外交行動實現說德語的日耳曼地區的統一。他認知的德國應該是一個由日耳曼人組成的國家，或者有限度進行德意志帝國的擴張，不見得是後來德皇威廉二世意圖擊垮大英帝國的霸權，並取而代之的全球帝國。

但是德皇為了大肆擴張德意志帝國並企圖扮演主導國際的地位，英屬印度和當時仍名義上統治中東的鄂圖曼帝國就成為立即的目標。才有了《帝國的密令》的詳細描述，像是陰謀鼓吹印度民族主義進行武裝叛亂，甚至聯繫阿富汗加以配合。又像是誇張地宣稱要從柏林建造一條鐵路到巴格達，並不惜謊稱德皇威廉二世是伊斯蘭的守護者，以攏絡中東穆斯林鼓吹聖戰，爭奪蘇伊士運河掌控全球貿易的結構，擊垮大英帝國。德皇野心勃勃地打造海軍，浮誇地挑釁法國和俄國，破壞歐洲權力均勢，最後導致第一次世界大戰。

從民族主義角度發展來看，德意志帝國可能是歐洲「民族」與「帝國」兩個概念完美結合的典型產物。所先打造出一個統一的德國，出現了一個「民族國家」，似乎是標準的單一民族與政治政權完全密合的情況。因此，強烈的政治認同感導致愛國主義，透過向外擴張建立「全球帝國」，追求國富民強。帝國成為彰顯民族光榮的手段與成就。

「帝國型民族主義」或「國家建構式的帝國主義」簡化講就是一個打造同質政治認同或「同化」的

過程，最終的目標就是把帝國變成民族。而「族裔權貴式的帝國主義」，偏重某種特定的族群或文化必須佔據帝國內的主導地位，強調優劣上下層級關係，這是歐陸發展出來的帝國主義典型。《帝國的密令》描繪德意志帝國是當時標準的「族裔權貴式的帝國主義」，想要模仿並擊垮大英帝國，與當時列強爭霸的各種陰謀角力。

民族主義和帝國主義不見得互相排斥，甚至很多時候民族主義就是帝國主義，只是出現的順序與功能不同。從當前的例證來思考，烏克蘭戰爭的爆發應該反映著俄羅斯總統普欽與政治菁英對俄羅斯的認定，對於他們來說，俄羅斯最為優越的民族，帝國核心或民族應該包括大俄羅斯人（Великороссия）、白俄羅斯人以及小俄羅斯人（Малороссия，也就是現在的烏克蘭），繼承過去的基輔帝國、莫斯科帝國或聖彼得堡帝國。往外推一步，從十九世紀末期開始，俄羅斯民族主義就是一種帝國型民族主義，將泛斯拉夫主義的概念與帝國擴張的企圖相結合，主張斯拉夫族裔與信仰東正教的地區都應該被納入俄羅斯的版圖。[21]甚至再從地緣角度往外推，俄羅斯是一個統一的政治體，民族與帝國隨機可以互換，俄羅斯人位處「族裔權貴式帝國主義」的最高端，統治橫跨歐亞大陸多民族的版圖。

1 大英帝國與重商主義性格的研究汗牛充棟，基本讀物可參考John Darwin, *Unfinished Empire: the Global Expansion of Britain*, (London: Penguin, 2013)。另外PJ Cain and AG Hopkins, *British Imperialism: 1688-2015* (London and New York: Routledge, 2016)則是一本鉅細彌遺的大英帝國史教科書，闡述過去三百年大英帝國的擴張與收縮，以及在後殖民時代的運作方式。

2 以香港為例，英屬香港一直沒有民主化，主要的原因就是大英帝國無心於此，同時中共也堅決反對，所以一直延宕到一九九〇年代才有初步的民主改革。參見Ming Sing, *Hong Kong's Tortuous Democratization: A Comparative Analysis* (London and New York: Routledge, 2004)。

3 對於帝國殖民地的直接或間接統治的比較，以及對往後殖民地獨立後的影響，近期的反省，參見Carl Müller-Crepon, "Continuity or Change? (In)direct Rule in British and French Colonial Africa," *International Organization*, Vol. 74, No. 4 (FALL 2020), pp.707-741。

4 關於西班牙與葡萄牙殖民中南美洲並與土著通婚的研究早就是一門顯學，重要研究文獻的編撰合輯可參考Asunción Lavrin ed., *Sexuality and Marriage in Colonial Latin America* (Lincoln and London: University of Nebraska Press, 1992)。

5 研究帝國主義在歐洲的起源，無可避免地必須理解社會達爾文主義，基本讀物可見Jeffrey O'Connell and Michael Ruse, *Social Darwinism* (Cambridge, Cambridge University Press, 2021)。

6 當時最知名的英國籍文學創作者Rudyard Kipling就將十九世紀的帝國主義思潮融入傳奇故事和詩作，頗多作品也都翻譯成中文。他利用歐洲人種族優越或文明使命為大英帝國的版圖擴張尋求辯護。

7 「大競逐」原詞彙是用以形容十九世紀大英帝國和俄羅斯帝國爭奪中亞影響力，主要涉及阿富汗、波斯／伊朗、新疆和西藏。但是德意志帝國興起後，也嘗試瞭解歐亞大陸中間地帶的情況發展，後來的確意圖利用軍事和外交干預進行擴張。可參見Peter Hopkirk, *The Great Game: The Struggle for Empire in Central Asia* (New York: Kodansha International, 1992)；中文版：帝國的野心：十九世紀英俄帝國中亞大競逐，黑體文化，二〇二二。另可參考James Stone, "Bismarck and the Great Game: Germany and Anglo-Russian Rivalry in Central Asia, 1871-1890," *Central European History*, Vol. 48, no. 2, June 2015, pp.151-175。

8 關於第一次世界大戰起源地分析，James Joll and Gordon Martel, *The Origins of the First World War, 3rd Edition* (London and New York: Routledge, 2007)是一本詳實全面的基礎讀物。

9 大英帝國治理印度，以及印度相關基礎文獻，可參考The New Cambridge History of India，尤其是Christopher Alan Bayly, *Indian Society and the Making of the British Empire* (Cambridge and London: Cambridge University Press, 2002)。

10 大英帝國的擴張引起很多歐洲帝國的嫉妒，對於殖民地治理方式也引發很多危機與叛亂。Antoinette Burton, The Trouble with Empire: Challenges to Modern British Imperialism (Oxford: Oxford University Press, 2015)仔細地討論大英帝國的結構，十九世紀下半葉到二十世紀二戰之間各地殖民地所出現的不滿與反抗。

11 Stefan Berger and Alexei Miller ed., *Nationalizing Empires* (Budapest: Central European University Press, 2015)一書編撰並討論幾乎所有歐洲帝國如何運作「民族」和「帝國」兩個概念。

12 Krishan Kumar, "Empire and English Nationalism," *Nations and Nationalism*, 2006 Vol.12, no. 1 p.1-13

13 Pål Kolstø, "Is Imperialist Nationalism an Oxymoron?" *Nations and Nationalism*, 2019 Vol.25, no.1 p.18-44

14 這是英國倫敦政經學院已故的民族主義教授安東尼・史密斯的分類，用以說明亞非地區在二戰後政治獨立的國家內涵，請見

Anthony D. Smith, *National Identity* (London and New York: 1991)。也有研究者考察德意志帝國是否應該也被視作為一個未竟的「帝國型民族主義」（這可能是俾斯麥統一德國後的夢想）？相關討論可見Edward Ross Dickinson, "The German Empire: An Empire?" *History Workshop Journal*, No. 66, Autumn 2008, pp. 129-162。

15 Ernest Gellner, *Nations and Nationalism* (Oxford: Basil Blackwell, 1990 print)強調的民族與國家全面契合關係，日本似乎是一個很好的例子。

16 土耳其伊斯坦堡召開突厥語國家合作委員會第八屆峰會時，突然宣布改名為「突厥國家組織」（Organization of Turkic States），引起國際側目。目前正式成員國有亞塞拜然、哈薩克、吉爾吉斯、土耳其及烏茲別克。土庫曼已於二〇二二年取得觀察員地位。匈牙利則為觀察員國。

17 Michael Mann, *The Dark Side of Democracy: Explaining Ethnic Cleansing* (Cambridge: Cambridge University Press, 2005) pp.10-18，簡單介紹使用與不使用暴力的各類種族清洗方式。

18 美國「新清史」對相關問題有深入討論，新清史的導讀介紹，可參見蔡偉傑，〈美國「新清史」的背景、爭議與新近發展〉，https://bostonreviewofbooks.substack.com/p/534

19 Emil Pain, "The Imperial Syndrome and its Influence on Russian Nationalism" in Pål Kolstø ed., The New Russian Nationalism: Imperialism, Ethnicity, Authoritarianism 2000-15 (Edinburg: Edinburg University Press) pp.23-49

20 土耳其青年黨人的專著眾多，可參考M. Sükrü Hanioglu, Preparation for a Revolution: The Young Turks, 1902-1908 (Oxford: Oxford University Press, 2001)。

21 關於當前俄羅斯充滿「帝國式民族主義」的論述，可參見Andrei Kolesnikov, "Blood and Iron: How Nationalist Imperialism Became Russia's State Ideology," Carnegie Endowment for International Peace, December 6, 2023, https://carnegieendowment.org/research/2023/11/blood-and-iron-how-nationalist-imperialism-became-russias-state-ideology?lang=en。或 Ruslan Zaporozhchenko, "The End of 'Putin's Empire?' Ontological Problems of Russian Imperialism in the Context of the War against Ukraine, 2022," Problems of Post-Communism, 2024 Vol.71, no.2, pp.119–130。

# 前言

一九一四年夏季，德皇威廉二世發現自己嚴重誤判形勢，無可避免要與英國決一死戰。他發誓將對英國展開一場聖戰，永久消滅英國在亞洲的勢力。威廉二世下達諭令：「面對英國這個令人作嘔、說謊成性且厚顏無恥的國家，我們的間諜和特務必須讓穆斯林世界的怒火燃燒得更加旺盛。」如果戰爭無法避免，那麼這就是他扳倒整個大英帝國的機會。他會聯合鄂圖曼帝國的人民、高加索人、波斯人和阿富汗人，共同摧毀英國遍佈世界的帝國利益。他們會引燃導火線，將緊張情勢推往這些地區中最重要、卻也最脆弱的印度。如果能從英國手上奪走印度，那麼由虛張聲勢的大英帝國所掌控的其他地區也會跟著分崩離析。威廉二世的顧問向他保證，印度早已累積許多不滿情緒，就像一桶火藥，只需要一把革命火炬就可以點燃。事態發展若真如此順利，威廉二世或許就能從他厭惡無比的表弟喬治五世手裡搶來印度和整個英國的廣袤財富。

自登基以來，威廉二世的願望一直都是要把德意志帝國打造成世界霸權，以武力取代英國全球守護者的地位。他打算透過經濟優勢和外交滲透等手段，以及陸軍和海軍的堅強實力來實現他遠大的抱負，而非直接向英國王室和敵人發起戰爭。有了德意志銀行（Deutsche Bank）作為堅實的後盾，威廉二世的外交官和工業家籌劃著，要將自己國家在政治和商業上的利益和影響力擴張至全世界。

不過，德國人將大部分心力都投注於東方。他們在衰亡的鄂圖曼帝國身上看到大好機會，而為了確保德意志帝國能奪得先機，他們不惜一切：當時鄂圖曼帝國的蘇丹因為凌虐轄內少數基督徒族群而激怒全歐洲，德國卻選擇與他交好。威廉二世決定，要讓衰弱的土耳其在柏林的控制下，成為德意志東進擴張權力和影響力的經濟與政治基地。然而，實際上他的計畫出了嚴重差錯，不只使歐洲陷入戰爭的深淵，更將世界上幾乎所有國家牽扯進來。

在這場戰爭中，德意志帝國如何在盟友土耳其的幫助下操縱伊斯蘭武裝份子？這就是我想透過本書首度揭露的精彩故事。威廉二世和他的鷹派顧問們試圖透過煽動聖戰，將英國勢力驅離印度，並將俄國人趕出高加索地區和中亞。這個策略既大膽又冒險，因為在現代戰爭中，尚未有發動伊斯蘭聖戰的先例。然而，誠如德國歷史學家費里茨．費雪（Fritz Fischer）所言，這不過是威廉二世自一八九〇年代以來東進侵略政策的延續而已。普魯士曾經是個渺小的內陸國家，國土極為破碎，其他國家的國土穿插其中，因此領土各區相距甚遠。從那時開始，德意志便因首相俾斯麥（Otto von Bismarck）的政治手腕得以不斷擴張。而威廉二世相信，現在就是德意志在東方建立新帝國的絕佳機會。

這場於柏林策劃、在君士坦丁堡發動的聖戰是過去所謂「大競逐」（Great Game）更加邪惡的新版本。此一戰爭的參與者包括英國、威廉二世、鄂圖曼帝國蘇丹和沙皇情報機關，戰場從君士坦丁堡一路向西延伸至喀布爾、向東至喀什噶爾（Kashgar），甚至波及波斯、高加索地區和俄國控制的中亞。英屬印度和緬甸也未能倖免於難，柏林當局希望能藉由走私的武器和資金煽動當地的穆斯林、錫克人或印度教徒，掀起暴力革命。這場陰謀的魔爪甚至伸向亞洲以外的地區。柏林的遠大計畫中還包括美國的軍火商、作為軍事會合點的一座太平洋偏遠小島（在墨西哥外海），以及位於倫敦鬧區托特納姆宮路

（Tottenham Court Road），讓刺客用來制定計畫、完善演練的左輪手槍射擊場。計畫中還包含滿載武器的帆船，數量足以掀起第二次印度兵變（Indian Mutiny），還有一箱箱以英國經典文學作品封面掩護，走私進入印度的革命文學書籍。

然而，聖戰的主要攻勢會從君士坦丁堡向東展開，穿越中立的波斯和阿富汗，通過山口，進入印度。也就是說，柏林首先必須取得波斯沙阿（Shah）和阿富汗埃米爾（Emir）的支持。如果能夠獲得他們的支持，就能由德國和土耳其軍官率領兩國的軍隊，以豐厚獎賞提升士氣，往印度攻去。如此一來，除了少數精挑細選的軍官和士官，德國幾乎不用為聖戰付出任何代價，所需要的只有承諾和黃金。承諾在戰爭結束後才須兌現，而大部分的黃金只要從英國人開設在波斯的多家銀行搬走就好。若能說服印度眾多的異議份子同時起義，那麼英國將面臨內憂和外患。此外，土耳其會試圖與高加索和中亞地區的穆斯林結盟，邀請他們加入土耳其和德國的聖戰行列。情報機構傳回來的消息相當樂觀，柏林和君士坦丁堡的戰略家們已能預見整個亞洲陷入火海，而他們在英俄兩國的敵人被大火所吞噬。

威廉二世並未信奉伊斯蘭教，身為異教徒他自然沒有權力號召穆斯林參與聖戰。要發動這場戰爭，需要的遠遠不只黃金、武器和戰後兌現的承諾。確實也只有鄂圖曼蘇丹本人，也就是伊斯蘭教的哈里發（Caliph），才有權下達如此重大的諭令。因此，無論對於土耳其人民的利益而言是好是壞，土耳其都必須與德國結盟。雖然有些諷刺，但威廉二世在戰前培植土耳其及其不受各國歡迎的君主，可說是相當有遠見的做法，也一如預期獲得了回報。戰爭爆發後的三個月內，土耳其與德意志帝國、奧匈帝國締下盟約，一週後蘇丹便開始呼籲各處的穆斯林群起反抗，「無論身在何方，」都要除掉所有壓迫他們的基督徒。

就如德國所計畫的一樣，首當其衝的便是在印度的英國人，因為英國人所統治的印度是全球穆斯林人口最多的穆斯林帝國。英王喬治五世統治的穆斯林人口甚至超越了鄂圖曼蘇丹，更是俄國和法國的數倍。再者，威廉二世並沒有穆斯林殖民地或人民，因此多年來他一直宣稱自己是全球穆斯林的保護者。此說法總是讓英國、俄國和法國非常惱怒。蘇丹的宣言無疑使得在印度的英國人和協約國各國人民都非常緊張，因為他們四周都是穆斯林，而現代從來沒有人發起過對抗歐洲勢力的聖戰，也沒有人知道事態會如何發展。

但即使對於德國而言，聖戰也會導致一個尷尬的處境，必須妥善解決，否則整個計畫都會泡湯。一定有許多穆斯林都會問，為什麼一個信奉基督宗教的政權會想要煽動、資助這場殺害基督徒同胞的聖戰？（譯按：德國人信奉天主教與新教〔即台灣所謂的基督教〕，兩者人口皆很多。）不過，威廉二世的顧問團中有許多傑出的東方專家和學者，他們已經準備好回應這個問題。東方的清真寺和市集開始出現傳言，聲稱德意志皇帝已經秘密皈依了伊斯蘭教。他現在自稱「哈吉」．威廉．穆罕默德（“Haji” Wilhelm Mohammed），甚至便衣微行前往麥加朝聖。（譯按：哈吉〔Haji〕，原意為「朝覲者」，是伊斯蘭教中用以尊稱曾前往麥加朝覲，並完成「五功」之穆斯林，而所謂「五功」即：念〔唸誦證詞〕、禮〔跪拜祈禱〕、齋〔齋戒〕、課〔捐獻施捨〕、朝〔至麥加朝聖〕。）親德的穆斯林學者甚至聲稱，《古蘭經》的段落可以證明，是阿拉授命威廉二世去解放異教徒統治底下的穆斯林。後來更有消息傳出，德意志帝國的人民效仿他們的皇帝，全部皈依了伊斯蘭教。最後，再由情報人員釋出土耳其和德意志帝國已經取得勝利的虛假捷報，並歸功於土耳其和德國之間高尚正義的同盟。這一切都是為了讓德意志帝國在穆斯林心中擁有正當地位。

與此同時，柏林當局會挑選一些德國軍官前往東方執行任務，散播聖戰的消息，最終目標是讓戰爭之火延燒至英屬印度。他們會帶著無數的黃金、武器及煽動人心的文宣，從新一代「大競逐」的基地君士坦丁堡出發，悄悄潛入中立的波斯。當他們行經沙漠、穿越山脈前往阿富汗時，會向沿途部落和村莊散佈聖戰的消息，試著爭取當地人的支持。但在抵達阿富汗首都後，這群軍官的最重要任務才要開始：想辦法說服位高權重的埃米爾加入德意志同盟，並同意命令他麾下各部落的大軍一起攻打戒備鬆散的印阿邊境。同一時間，德意志帝國還會向德黑蘭的年輕沙阿施壓，試圖將沙阿與他的穆斯林臣民捲入聖戰。在印度方面，德國也會脅迫一些地位最高的王侯加入同盟，其中某些是獲得英國允許擁有私人軍隊的。執行任務的軍官們會帶著威廉二世親筆寫的信，以皮革精心包裝，準備送到目標人物手中。信中承諾，若這些人改變立場，德國就能提供他們想要的一切。

這就是我要說的故事。本書參考了那段歷史的參與者們所寫的回憶錄，以及秘密情報機關的報告。有鑑於「大競逐」在動盪不斷的地區從未真正終結，書中所講述的事件其實與時下局勢息息相關，尤其某些族群可能會害怕俄國和德國再次崛起，因此我的論述對他們來講別具意義。然而，最重要的其實是當年那些足智多謀的勇士們所經歷的事件。無論來自哪一陣營，他們身不由己，捲入各種陰謀中。我會盡可能透過他們的經歷與不幸進行敘事。

約翰．布肯（John Buchan）膾炙人口的諜報驚悚小說《綠斗篷》（*Greenmantle*）即是以德國這個巨大陰謀為主軸所撰寫，銷售量甚至更勝於他的《三十九步》（*The Thirty-Nine Steps*）。我在上一本書《帝國的野心：十九世紀英俄帝國中亞大競逐》中，揭露了吉卜林（Rudyard Kipling）經典間諜小說《基姆》（*Kim*）背後的真實故事，本書則與啟發布肯戰時暢銷作品《綠斗篷》的一連串奇特事件有關。事實上，讀者將會發現，《綠斗篷》裡面許多角色都有本書那些人物的影子。或許這一切沒什麼好令人訝異的，因為布肯自己當年就是情報工作的參與者，也有獲取機密報告的管道，可以知道當時德意志帝國對東方有何野心。布肯的朋友勞倫斯（T.E. Lawrence）在戰後如此評論：「《綠斗篷》裡面有不少情節都是真實事件。」（譯按：勞倫斯就是鼎鼎大名的「阿拉伯的勞倫斯」，也是具有軍方背景的情報人員。）

正因為有了這些人，「大競逐」鮮為人知的新篇章才能向前推進、充滿刺激。不過，要了解他們在波斯、阿富汗、高加索地區等戰場的經歷，必須先從故事的真正開頭說起。雖然威廉二世幾乎以救世主自居，狂熱推行著東進政策（Drang nach Osten，把德意志帝國往東方擴張），但他並不是第一個想出這個計畫的人。東進的概念要回溯到十九世紀中葉，當時威廉二世甚至尚未出生，俾斯麥也還沒帶領普魯士與同樣屬於德意志文化圈的諸國整併，成立我們如今所知的德國。當時，一些目光遠大的志士紛紛出頭，他們大多是軍人、政治經濟學專家、工業家，從鄂圖曼蘇丹麾下衰頹帝國裡人煙稀少的地區，看見了自己的願景或能成真，自己的問題也許可以獲得解答。從那時開始，向東擴張的魔咒就降臨德意志民族，帶來災難般的後果，如同我們將在本書中所見。（譯按：某種程度上，後來第三帝國的希特勒也是執行東進政策，只不過他選擇的東進目標是波蘭，以及後來的蘇聯。當然，這一樣也為德國帶來大災難——但他自己其實是奧地利人。）

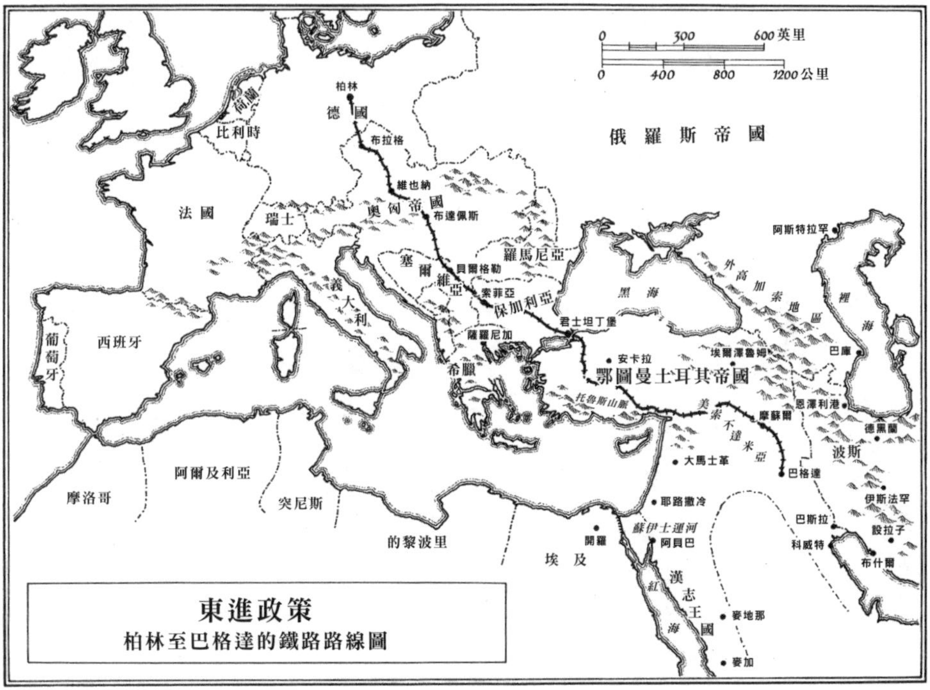


**東進政策**
**柏林至巴格達的鐵路路線圖**

奧克蘇斯河
塔什干
卡拉庫姆沙漠
布哈拉
撒馬爾罕
俄羅斯帝國
阿什哈巴德
梅爾夫
卡卡
杜沙克
捷詹
瓦罕
馬什哈德
喀布爾
開伯爾山口
白沙瓦
赫拉特
阿富汗
東波斯防線
斯
瓦罕
比爾詹德
奇哈德
坎達哈
奎達
克爾曼
扎黑丹
英屬俾路支斯坦
印度河
印度
0 100 200 300 英里
0 200 400 公里

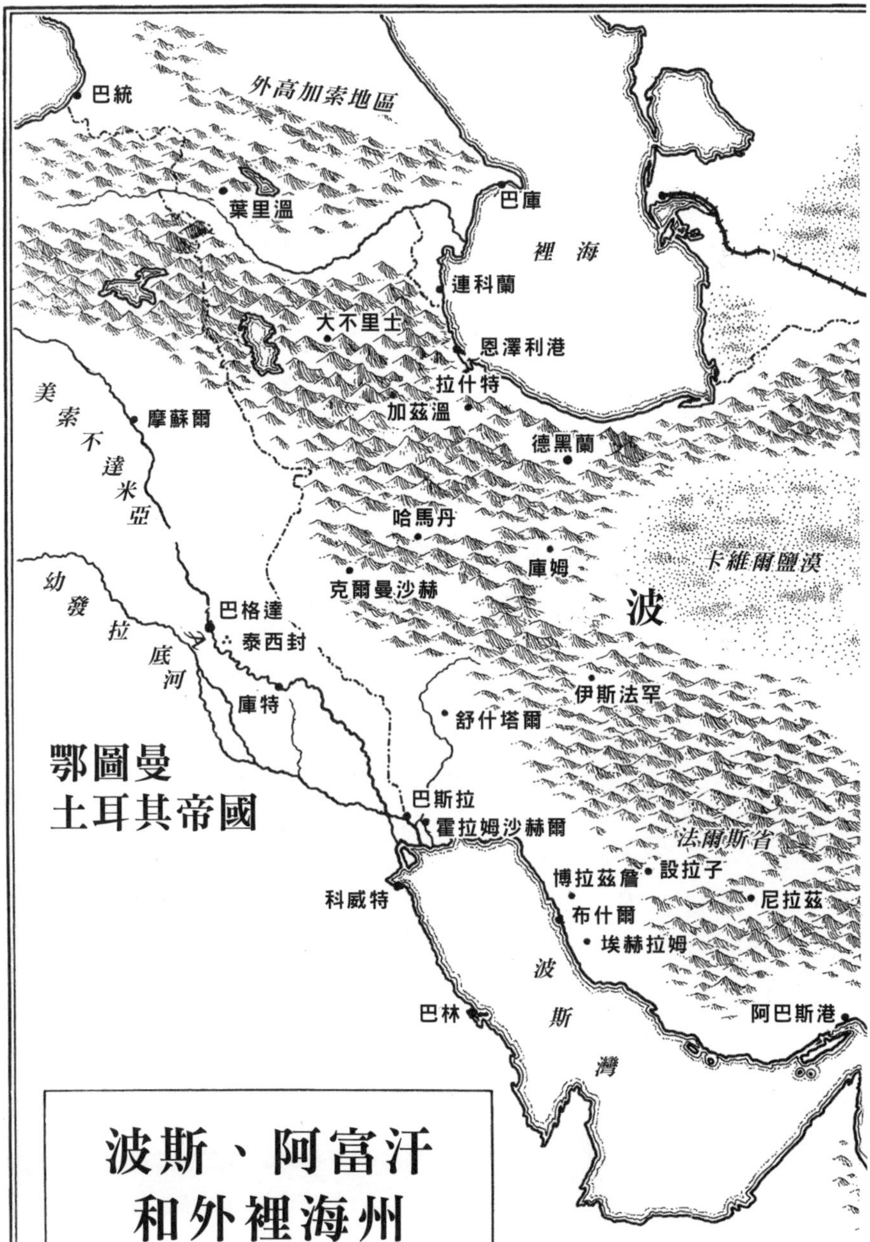
外高加索地區
巴統
葉里溫
巴庫
裡海
連科蘭
大不里士
恩澤利港
拉什特
加茲溫
摩蘇爾
美索不達米亞
德黑蘭
哈馬丹
庫姆
卡維爾鹽漠
克爾曼沙赫
幼發拉底河
巴格達
泰西封
波
伊斯法罕
庫特
舒什塔爾
鄂圖曼
土耳其帝國
巴斯拉
霍拉姆沙赫爾
法爾斯省
博拉茲詹
設拉子
科威特
尼拉茲
布什爾
埃赫拉姆
波斯灣
巴林
阿巴斯港
波斯、阿富汗
和外裡海州

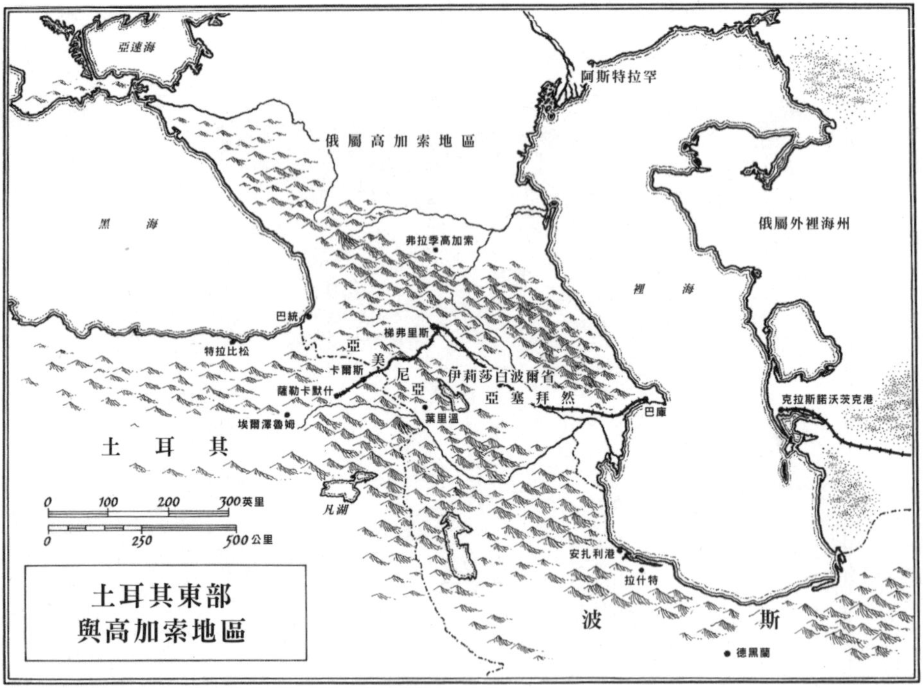

亞速海
阿斯特拉罕
俄屬高加索地區
黑海
弗拉季高加索
俄屬外裡海州
裡海
巴統
梯弗里斯
特拉比松
亞
美
卡爾斯
尼
伊莉莎白波爾省
薩勒卡默什
亞
亞塞拜然
巴庫
克拉斯諾沃茨克港
埃爾澤魯姆
葉里溫
土耳其
0 100 200 300英里
0 250 500公里
凡湖
安扎利港
拉什特
土耳其東部
與高加索地區
波斯
德黑蘭

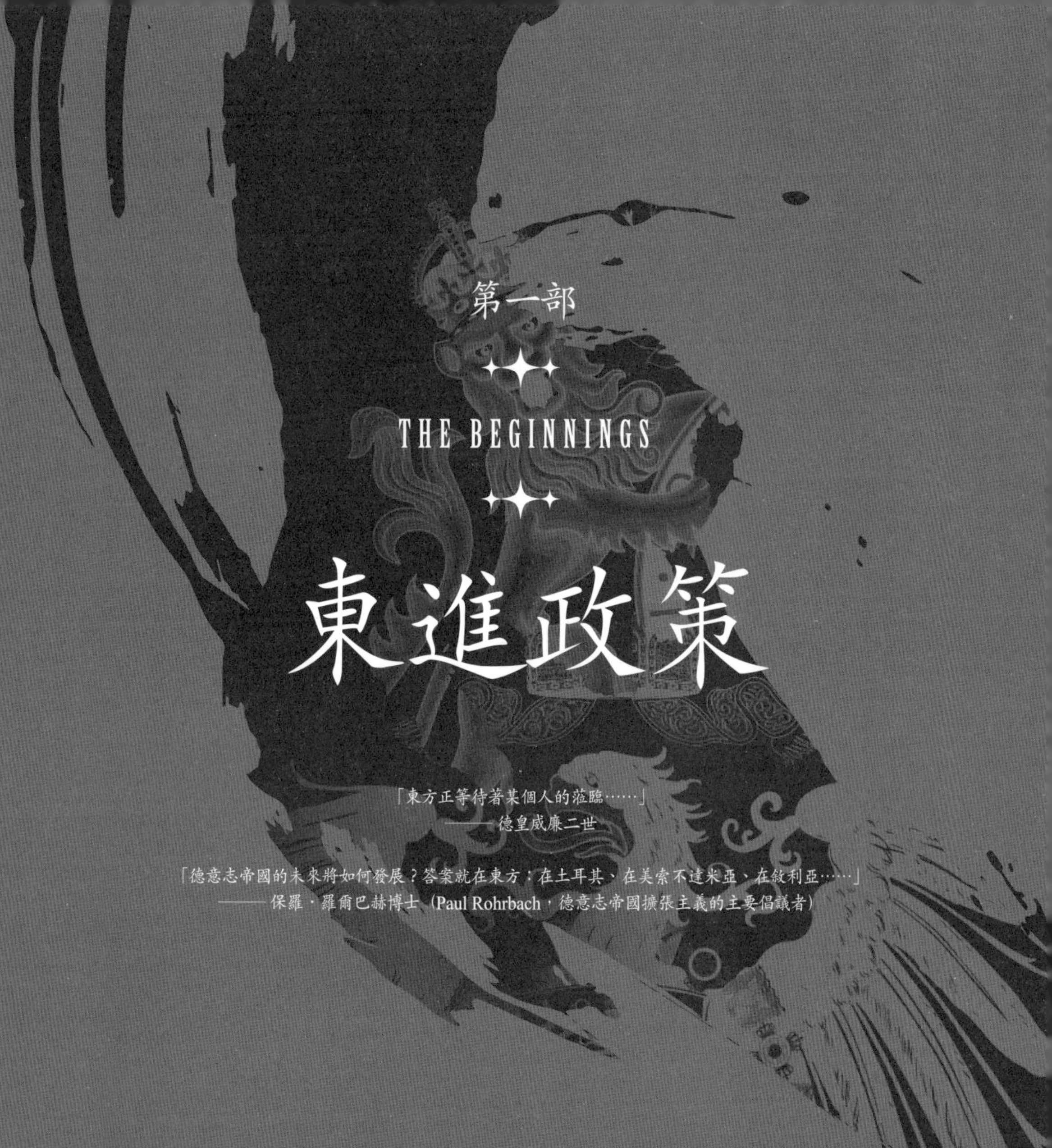

第一部

THE BEGINNINGS

# 東進政策

「東方正等待著某個人的蒞臨……」
——德皇威廉二世

「德意志帝國的未來將如何發展？答案就在東方：在土耳其、在美索不達米亞、在敘利亞……」
——保羅．羅爾巴赫博士（Paul Rohrbach，德意志帝國擴張主義的主要倡議者）

On Secret Service East of Constantinople

The Plot to Bring Down the British Empire

# 第一章 陽光照射之處

如果有人在一八三八年春天行經土耳其東部，可能會對自己的所見所聞感到驚訝，因為有一位年輕的普魯士軍官坐在偏僻的小山丘上，仔細地描摹著一座鄂圖曼帝國的城堡。然而對於這位赫爾穆特・馮・毛奇上尉（Helmuth von Moltke）而言，既然他決定要成為德意志最偉大的軍人，素描就不只是假日的休閒活動而已。他是為了執行任務而來到底格里斯河上游。三年前，他獲派來到鄂圖曼蘇丹的宮廷擔任軍事顧問，負責協助將普魯士近來所鋪設鐵路沿線的土耳其軍隊現代化。然而，他很快就發現，自己的建議總是不被採納，因此年輕的毛奇轉而觀察大局，在廣闊無邊的蘇丹領土上旅行數月，描摹、調查、記錄一切，越來越肯定鄂圖曼帝國的傾頹已是不可挽回。這個帝國腐敗和抗拒改革的程度之高，終將使其崩解，屆時列強都能分上一杯羹。

毛奇並不是第一個做出此結論的人。人們將鄂圖曼帝國的命運稱為「東方問題」（Eastern Question），歐洲政壇也已經關注許久。但是，這位未來的陸軍元帥相信自己找到了答案，而他在軍事方面的能力很快就會受到俾斯麥賞識。毛奇卸下蘇丹宮廷的職位後，於一八三九年回到柏林。他力勸長官仔細觀察土耳其。他認為，德意志民族將土耳其納為囊中物的時機已然成熟。無論在經濟還是軍事方面，柏林和土耳其都可以透過一條穿越巴爾幹半島的鐵路連接，這條鐵路是通往東方最短也最快的路線，而且德軍能利用此鐵路避開英國控制的海上航線。此外，毛奇指出，有兩個地區相當適合精力充沛的德意志同胞殖民，打造成適合下一代生活的地方：一個是美索不達米亞，位於底格里斯河和幼發拉底河中間的長條形區域；另一個則是巴勒斯坦。他認為這兩個地方能為德意志民族帶來絕佳機會。但是，德國的時間所剩不多，因為其他歐洲強權已經準備好瓜分蘇丹麾下的衰亡帝國，如同禿鷹一般在上空盤旋，而普魯士卻遲遲沒有出現在該地區。

不是只有毛奇認為德意志移民可以在垂死的鄂圖曼帝國土地上找到出路。一八四六年，政治經濟學家弗里德里希・李斯特（Friedrich List）就曾經寫道，多瑙河下游、黑海西岸和土耳其北邊等三個區域人煙稀少、土壤肥沃，非常適合德意志民眾殖民。就和毛奇一樣，李斯特也呼籲當局儘快搭建鐵路，連接柏林與巴格達。他認為，如此一來，德國就能完成由探險家、醫生、外交官和商人為首的「和平滲透」，而和平滲透也是德意志民族全球擴張計畫的一部分。因為提出此一願景，李斯特後來也被稱為「首位德意志帝國主義的倡議者」。另一個類似的觀點則來自萊比錫大學的威廉・羅雪爾（Wilhelm Roscher）教授，他深信蘇丹帝國崩解時，安納托利亞（Anatolia，鄂圖曼帝國的亞洲領土）是德國人民理應分得的戰利品。

擴張主義的浪潮在知識份子和學者之間不斷震盪、升溫，哥廷根（Göttingen）大學東方語言學教授保羅・拉加爾德（Paul Lagarde）也加入了毛奇、李斯特和羅雪爾的陣營。拉加爾德是泛日耳曼運動沙文主義的創始者，他相信向東擴張是德語民族的歷史命運。他聲稱，有些種族已經變得「墮落」，成為

「歷史的負擔」，包括土耳其人、猶太人和馬扎爾人（Magyars，即後來匈牙利的主要民族）。但是「墮落的種族可以為較為高貴的種族所利用」，而較為高貴的當然就是德意志民族。他還表示，「因為這些種族知道德國人的興盛會帶來他們的衰亡，因此他們憎恨、害怕我們。」此外，拉加爾德也認為巴爾幹半島和安納托利亞是德國殖民和經濟開發的理想地點。

當然，這個想法在當時可說是天方夜譚，因為歐洲的德語民族尚未統一，散居於各個規模不大的王國、公國（principalities）和獨立城市之中。德意志民族必須先組成統一的德國。直到一八七一年，普魯士擊敗丹麥、奧地利、法國之後，統一的德意志帝國才出現，當中除了俾斯麥的遠見之外，率領普魯士軍隊的軍事奇才毛奇將軍也功不可沒。這個由普魯士帶領的新國家初登上歐洲舞台，充滿年輕的活力和野心，往後也將證明自己絕非好相處的溫順鄰居。

支持德意志民族往東擴張的聲音逐漸增強，不再侷限於少數志士和專家學者。德國人普遍意識到，如果德國要和英國、法國、俄國及其他強權競爭，勢必要先擁有原物料和海外市場。極端愛國主義開始興起，有些人開始頌揚德意志文化的優越，有些人則要求獲得他們認為德國應該享有的歷史性權利。在所有聲浪之中，一個自稱「泛日耳曼聯盟」（Pan-German League）的組織享有最高支持度與影響力，他們主張發動東征，打造全新的德意志帝國，疆域從柏林延伸至巴格達，甚至更遠的地方也要納入帝國版圖。泛日耳曼聯盟的野心在一本名為《德國對土耳其的繼承權利主張》（*Germany's Claim to the Turkish Inheritance*）的小冊子中表露無遺。他們在手冊中信心十足地寫道，「一旦這一連串事件成功使鄂圖曼帝國瓦解，只要德國提出自己有權分得其中一部分，其他國家都不會反對。」該組織認為，比起歐洲其他早已擁有海外領土的強權國家，德國作為新成立的國家，對於「生存空間」（Lebensraum）的需求比較大、比較急迫。（譯按：「生存空間」後來也成為第三帝國納粹論述的概念之一。）

泛日耳曼聯盟的主張確實有其根據。當時，英國已經是世界上最大的帝國，俄國擁有西伯利亞和中亞，法國則在非洲擁有大片土地。相較之下，德國因為太晚加入帝國之間的競逐，殖民地少得可憐。雖然在一八八〇到九〇年代，德國有趕上列強對非洲的瓜分，僅僅用十二個月就搶得喀麥隆、西南非和部分的東非，但很少德國人願意移民到這些天氣炎熱、環境不佳的區域，而新幾內亞和薩摩亞的殖民地也是相同情況。因此，雖然殖民地總面積比起德國本土大上好幾倍，卻從來沒有超過兩萬名德國人居住在非洲和太平洋殖民地。事實上，每年移民過去的德國人甚至少於五十人。德國移民絕大部分都是前往美國，這使得泛日耳曼聯盟非常懊惱，因為他們認為如果有越來越多德國人移民成為美國公民，德國的生命力會逐漸流失。

除此之外，泛日耳曼聯盟也認為，這股跨越大西洋的出走潮將會持續下去，直到德國有辦法提供比非洲濕熱的雨林或遙遠的太平洋角落更好的土地，讓過剩的人口能夠在不需放棄德國國籍的前提下建立新生活。當時英國和法國的人口已經近乎停滯，僅有微幅增長，但生機勃勃的新德國人口不停飆升，每年增加五十萬人。從一八七〇年代起，德國就發現國內糧食產量無法滿足激增的人口，進口量也因此越來越大，但海外領土卻無法解決此問題，甚至還一直處於虧損狀態。

種種因素使得泛日耳曼聯盟和其他愛國組織的支持者日漸增加，德國人相信有了鄂圖曼帝國境內遼闊豐饒、人煙稀少的土地，他們的經濟就能好轉。在勤勞的德國人手中，曾經孕育輝煌文明的美索不達米亞平原能成為德國的糧倉。對於想要移民的人而言，比起西非和太平洋島嶼的瘧疾沼澤，美索不達米亞平原的前景也好上太多。然而，對於新增加的殖民地地位為何，以及殖民地要如何併入德國，擴張主義者之間存在著分歧的意見。最極端的一方希望新增加的領土完全成為德意志帝國的一部分，就像大英帝國的維多利亞女王擁有印度一樣，如此一來，威廉二世就能掌控蘇丹及其人民。比較溫和的擴張主義者則主張純粹的經濟殖民，認為此舉較不會引發與其他歐洲強權的衝突，可以透過秘密行動或是「和平滲透」完成。不過，所有人都認同，即使最後鄂圖曼帝國名義上還是屬於蘇丹，德國人還是可以在帝國的廢墟中打造「德國版的印度」。

俾斯麥既沒有參與擴張主義者雄心勃勃的偉大計畫，也沒有給予他們任何支持與鼓勵。俾斯麥相信，他一手打造的新德國不需要再進行擴張，並認為他的責任是鞏固邊防和避免與其他歐洲強權發生衝突。此外，由於殖民地花費的開銷過大，俾斯麥相當後悔取得非洲和太平洋上的殖民地，甚至一度考慮要把這些殖民地送給英國。不過，這並不代表他反對讓德國的影響力範圍擴大到歐洲版圖之外，也不表示他在德國受到威脅時不會維護國家利益。因此，即使俾斯麥非常謹慎，看似對鄂圖曼帝國漠不關心，德國還是漸漸地捲入土耳其事務的流沙之中。

平心而論，這並不是俾斯麥的過失，因為一開始是蘇丹先向德國尋求協助。時任蘇丹的阿布杜爾・哈米德（Abdul Hamid）失去了長久以來的盟友沙俄和英國，急切地想要找別的國家替代。土耳其和英國之間關係的裂痕始於一八八二年埃及的反歐起義，當時埃及還是鄂圖曼帝國的一部分。後來，英軍佔領埃及，君士坦丁堡和倫敦當局之間本就緊張的關係更是雪上加霜。土耳其與幅員遼闊的俄國關係甚至更糟，因為兩者才剛打完一場慘烈的戰爭。（譯按：應該是指一八七七到七八年的俄土戰爭。）俾斯麥的新德國有著令人聞風喪膽的軍事力量，而且似乎對阿布杜爾的領土沒有明顯意圖，是歐洲強權之中最適合土耳其尋求保護和建議的對象。不過，俾斯麥仍十分謹慎，避免破壞柏林與倫敦和聖彼得堡之間的關係。他雖然同意派遣顧問至君士坦丁堡，但訂下嚴格的規矩。首先，他們必須切斷與德國政府的一切聯繫，直接聽命於蘇丹，如此一來，如果發生任何事，他就能與這些顧問切割關係。

派遣到君士坦丁堡的顧問之中，有一小群普魯士官員肩負著協助歐洲鐵路沿線鄂圖曼政府現代化的任務。除了他們以外，還有一位傑出的將軍名為柯爾瑪・馮・德・戈爾茨（Colmar von der Goltz），負責指揮另一項普魯士的軍事任務：幫助土耳其軍隊現代化。然而，他的任務相當困難，因為蘇丹不時會從中作梗，讓他事倍功半。蘇丹生性多疑，非常害怕自己遭人暗殺或推翻，而且態度始終搖擺不定，不確定自己的部隊是否該現代化，並由受過歐洲教育的軍官率領。即便如此，這位將軍最後仍在君士坦丁堡任職超過十年，期間成功將蘇丹麾下訓練不足、裝備不齊的龐大軍隊現代化至一定程度。

雖然現代化的任務是為了幫助鄂圖曼政權而執行，但對柏林當局而言，馮・德・戈爾茨將軍常駐於君士坦丁堡也有相當多好處。他不只能將鄂圖曼帝國的情報傳送到柏林，更替德國的軍備製造商鞏固訂單，例如位於德國埃森的克魯柏公司（Krupp of Essen）就負責製造大砲，位於柏林的羅威公司（Loewe）生產步槍和機關槍，位於基爾的日耳曼尼亞公司（Germania of Kiel）則為蘇丹的海軍裝設最新的魚雷。同時，財大勢大的德意志銀行率領數家德國銀行在鄂圖曼帝國首都建立據點，提供比英國和其他歐洲銀行低上許多的利率，吸引該國大臣和高官貸款。德國出口商隨後跟上，派出訓練有素且積極進取的銷售員，使其他國家較為溫和的競爭對手都相形失色。《泰晤士報》派駐君士坦丁堡的記者寫道，「德國出口貿易的成功來自德國實業家的堅毅精神，他們仿效德國顧問的做事態度，從不忽略計畫中的任何細節。」

有些目光長遠的德國人則開始探索土耳其東邊疆界以外的地方，尋找新的市場、原物料和其他好機會。那裡還有沙阿治下衰頹的波斯王國，一直以來都是英國和俄國爭奪的目標，彼此都希望能將對方趕出去。波斯沙阿就和蘇丹一樣，認為嶄新且強大的德國足以和聖彼得堡及倫敦匹敵，因此迫不及待迎接德國人的到來。他不只請求俾斯麥派遣軍隊和民政顧問到波斯，也歡迎德國的開拓者來探索自己的領土。俾斯麥雖然相當謹慎，提防自己不被捲入英國和俄國之間的「大競逐」，但還是同意派遣一些退休的普魯士官員去擔任沙阿的顧問。不過，就和去到土耳其的官員一樣，都是以非官方的形式進行。沙阿也親自造訪德國，柏林與德黑蘭當局之間正式建立了外交關係。隨後，德國賣了些武器給波斯，但因為該地區情勢十分緊張，德國不希望觸怒英國或俄國，因此數量並不多。

只要俾斯麥仍然掌控德國對外政策，一切就會維持原樣。擴張主義者對此非常失望。然而，就在一八八八年的夏天，命運的天秤突然倒向了擴張主義者那一側。該年六月，威廉二世繼位成為德皇，這位新皇帝很快就讓所有人知道自己是個擴張主義者，泛日耳曼聯盟的支持者和不滿意保守對外政策的人都感到欣喜若狂。不同於俾斯麥的保守風格，二十九歲的威廉二世相信，他的國家能掌握東方的土地，又不影響到其他歐洲強權利益。怯懦的俾斯麥該下台了。

不幸的是，新皇帝雖然年輕，卻天生就有頸部神經壓迫的毛病。儘管找來了歐洲最好的醫生，他的左臂依舊萎縮且發育不全，無法正常運作，也比右臂短上幾吋。對於一個嚮往縱橫沙場的年輕男子而言，這個缺陷尤其殘酷。沮喪和不甘終其一生影響著威廉二世，塑造他相當自負、衝動的個性，總是言過其實，對別人有意無意的輕視非常敏感。此外，由於他的父母不喜歡他，使他強烈渴望得到他人的欽慕，並喜歡浮誇的言辭。他想證明家人大錯特錯——若是他並未命中注定要成為軍事大國的統治者，這也無關緊要。（譯按：威廉二世的父皇腓特烈三世〔Friedrich III〕在位僅九十九天就因為喉癌去世，年僅五十六，因此威廉二世可說是在意外中即位。）然而，威廉二世性格上的缺陷，再加上對自己領導才能的深信不疑，往後將對全世界造成悲劇般的後果。

更糟糕的是，家族的複雜狀況使他壓力更大，也更急於證明自己。威廉二世不只是維多利亞女王的外孫，還與俄國沙皇亞歷山大三世（Alexander III）有遠親關係，但他認為這兩位君主從來就沒有正眼看待他。既然已經登上皇位，威廉二世下定決心要贏得他們的尊敬。他會讓德國從陸上強權一躍成為世界霸權，比英國更加偉大，而他也會成為世界舞台的要角。俾斯麥太晚才認知到這位年輕君王的想法，為此付出了慘痛代價。剛開始，俾斯麥總是擺高姿態，鮮少詢問威廉二世有關對外政策的意見，就算威廉二世提出什麼想法，俾斯麥都以愚蠢或危險為由駁回。長久累積之下，威廉二世內心充滿怒火和屈辱，決心要罷黜這位礙手礙腳的首相，才能將德國的命運握入手裡。

於是，兩人之間的較勁就此展開。衝突在檯面下持續了十八個月，情況更是在一八九〇年三月一場格調盡失的爭執中加劇。過程中，憤怒的俾斯麥將公文袋摔在地上，機密文件散落一地。或許是俾斯麥這位資深的政治家有意為之，威廉二世搶到其中一些文件，上面的內容卻大大羞辱了他：他的遠親亞歷山大沙皇說他「低人一等，不值得信任」。於是局面進入無可挽回的階段，最終俾斯麥在支配歐洲外交二十餘載後，被他曾經認為愚蠢、無足輕重的威廉二世搏倒。俾斯麥的請辭立刻獲准，而剛愎自用的年輕皇帝終於可以自行掌控德國的未來。獲得勝利的威廉二世告訴全德國，「在名為國家的這艘船上，掌舵的責任現在落在了我肩上……機會就如海浪般不停拍打著我們的海岸。我們的方向不變，全速前進！」

德國的政策走向的確就此完全改變了。俾斯麥不介入近東事務的政策立刻遭到廢除，而他過去諄諄告誡眾人，激怒英國和俄國是非常危險的舉動，不該為了任何利益冒此風險，但威廉二世受到擔任德國駐君士坦丁堡大使十四年的保羅・哈茨菲爾德伯爵（Paul Hatzfeldt）鼓動，認為德國企業能從蘇丹未開墾的廣袤土地上收穫數不盡的報酬，而且英國對於鄂圖曼政權的影響力正逐漸下降，德國可以趁虛而入。如今沒有了俾斯麥的阻擋，哈茨菲爾德力促威廉二世盡快取代英國在鄂圖曼的勢力。威廉二世本就有意為之，不過他知道自己必須非常謹慎。他悄悄向德國外交部下令，往後與東方相關的政策都要比以往更加積極。德國不應該和其他歐洲強權一樣，只是等待鄂圖曼帝國崩解再參與瓜分，而是應該主動取代英國，成為鄂圖曼帝國的靠山。一八九四年夏天，德國外交部在機密備忘錄中，詳細記載了土耳其在東進擴張計畫中的用處。接下來，德國將土耳其視為德國商品出口的市場、珍貴原物料的來源地，以及長期投資的區域。

雖然德國企業的商業滲透從一八八〇年代就已經開始，但在俾斯麥的治理期間，並未獲得威廉二世的這般熱切支持，因此規模始終不大。如今，有了皇帝本人的全力支持和贊助，德國企業準備大力發展，把握絕佳的發展機會。從一八八〇年代起，德國工業快速進步，在短短十年內，德國就從農業國家轉型為現代工業大國。一八八〇年代初期，每年的鋼鐵出口還只有五十萬噸，一八九五年便躍升到三百萬噸，而且每五年數字還會翻倍成長。到了一九〇七年，德國取代了英國，成為歐洲最大的鋼鐵製造國，而其他工業領域也有相似發展，尤以化學和電子領域為最。

對威廉二世而言，德國當前的經濟奇蹟來得正是時候，提供他足夠的動能、資金以及正當理由，來實現擴張野心。難以否認，若要維持當前驚人的經濟成長，德國工業勢必得找到新的海外市場和原物料來源，因此德國對土耳其的興趣也不足為奇。一八九五年，英國就針對鄂圖曼帝國崩解後如何劃分土地作出提議，當中給予德國相當豐厚的分配。然而，令人意外的是，柏林當局對此提議竟興趣缺缺。事實上，威廉二世非常想要土耳其的土地，但他相信德國能透過商業滲透和外交引誘達成目標。

由於過去俾斯麥對於鄂圖曼帝國的漠不關心，德國人對於土耳其的經濟潛力所知甚少，但威廉二世認為此問題必須立刻解決。因此，在蘇丹的同意之下，一群德國專家被派往鄂圖曼帝國探查並記錄當地所產資源。這群專家花費四年時間，完成名為《小亞細亞自然資源》（*The Natural Resources of Asia Minor*）的大型官方調查報告。同時，在蘇丹不知情的狀況之下，帝國偏僻的省份也同樣納入了調查。

德國探險家以考古和人類學包裝，對迄今極少人去過的區域產生濃厚興趣。其中最為積極的便是馬克斯・馮・歐本海默（Max von Oppenheim），他是一位東方專家，也是德國東進擴張的狂熱支持者。他行遍美索不達米亞、敘利亞及鄂圖曼的領土，沿路繪製地圖、詳細記錄一切，從當地地形到部落及村莊裡帳篷和房屋數量，都不放過。過了不久，英國人開始懷疑他和其他德國學者是在為威廉二世的情報機關工作。後來，英國人就認定歐本海默為間諜。

一八九六年九月，威廉二世打出手上的王牌，以投機取巧的無恥策略，希望能贏過他的歐洲對手。當時亞美尼亞人要求獲得與其他鄂圖曼帝國公民相等的權利，卻遭到蘇丹血腥鎮壓，此事激起了歐洲各國的怒火。亞美尼亞人誤判情勢，認為俄國和其他基督宗教政權會伸出援手，因此他們在自己東土耳其的家園發起武裝起義，對抗鄂圖曼帝國。然而，這場起義遭到鄂圖曼帝國的殘忍報復。從一八九四年夏天開始，一直持續到隔年，總計有五萬名亞美尼亞人慘遭屠殺。一八九六年八月，亞美尼亞民族主義者做出最後的嘗試，希望能讓人們看見他們的困境和對於憲法保護的請求，帶著絕望，他們佔領了君士坦丁堡的鄂圖曼銀行（Ottoman Bank）。但這個舉動只是招來帝國的進一步流血鎮壓，在首都的街上，他們五千多名的亞美尼亞人同胞遭到殺害，最後是在外國使節的強烈抗議之下，才停止了這次大屠殺，而當時在位的蘇丹獲得「該死的阿布杜爾」（Abdul the Damned）名號，在歐洲及世界其他地方都惡名昭彰。

威廉二世卻將蘇丹的不受歡迎視為天賜良機，打算趁此時與這位受到圍剿的君主鞏固關係。為了示好，威廉二世在阿布杜爾生日時送了一張自己與家人的相片過去，上面還有他的簽名。歐洲各國得知此事後，自由派輿論皆是怒不可遏。至於阿布杜爾本人則是相當感動，對於自己在歐洲還能有這麼一位強大、富有同情心的朋友，感到非常感激。他立刻邀請威廉二世以他個人賓客的身分至君士坦丁堡拜訪，並安排盛大的帝國參訪行程，讓德國皇帝參觀各處。

這正如威廉二世所願。德國的東進政策即將如火如荼地展開。

# 第二章

# 「德國比真主阿拉更好！」

一八九八年十月十八日，威廉二世前往君士坦丁堡進行外交訪問。不過，這趟行程更像是德國的凱旋遊行。鄂圖曼帝國以諂媚般的鋪張奢華來迎接蘇丹僅存的盟友，場面盛大超越過去任何一位外國來賓。威廉二世自行設計了眾多華麗軍服，此時穿著其中一件，乘著馬車經過這座古老城市的鵝卵石街道，而土耳其人民甚至夾道歡呼。蘇丹無所不用其極，只為讓威廉二世感到舒適、享受，除了設宴款待以外，還有由德國訓練的鄂圖曼軍隊進行閱兵表演。兩國互相交換了價值不菲的禮物，其中威廉二世送給君士坦丁堡一座裝飾華麗的巨大噴泉，至今仍存放於伊斯坦堡的古羅馬賽馬場遺址上。對於好大喜功的威廉二世而言，此趟鄂圖曼帝國之旅可說充分滿足了他的虛榮心。不過，德皇的出訪還有更長遠的目的。在鞏固並利用他與阿布杜爾·哈米德的友誼之後，他打算進一步實現自己的野心，將蘇丹的領土據為己有，而計畫的關鍵就是巴格達鐵路。威廉二世的最終目標是讓鐵路連接柏林和波斯灣，甚至再向東延伸，跨越波斯、到達英屬印度，建立歐洲和亞洲之間距離最短、速度最快的路線，因此很多人都認為這構想非常具有創造力，也相當明智。但負責保衛印度的人可不這麼想，他們非常害怕巴格達鐵路的出現，因為這條鐵路不只威脅到英國皇家海軍，還會影響從英國前往印度和遠東的航線。到了戰時，平常載運德國出口貨物的火車甚至能輸送士兵和武器。然而，從柏林出發、經過巴爾幹半島後抵達君士坦丁堡的鐵路實際上早已存在，也已經有兩條支線分別進入安卡拉（Ankara）和科尼亞（Konia）。接下來要修築的部分位於爭議最大的區域，也就是向東南方延伸、通往巴格達和更東邊的鐵路。威廉二世此趟便是為了取得蘇丹的同意，才來到君士坦丁堡。

當時沒有人願意握住蘇丹沾滿鮮血的雙手，而德國仍然願意支持鄂圖曼帝國，蘇丹對此非常感謝。即便如此，老奸巨猾的蘇丹不相信威廉二世聲稱的永恆友誼會如表面上看到的一樣簡單。他很想知道，德國所圖究竟為何？雖然鄂圖曼帝國瀕臨破產，無法負擔修築鐵路的經費，但蘇丹也明白自己能利用巴格達鐵路維繫帝國偏遠地區的統治權。但德國人又能獲得什麼好處？或許，他們圖的是自己的領土。如果他的情報人員資訊正確，在美索不達米亞北部的摩蘇爾（Mosul），現在正有冒充為考古學家的德國地質學家偷偷進行著石油探勘。他的眼線透過一份攔截下來的德國報告發現，德國已經找到可能比高加索地區還要富饒的油田。雖然蘇丹樂於讓德國人幫他興建鐵路、開發沿路區域，使雙方都能收穫利益，但他不想要匆促做出決定。因此，當威廉二世和他的隨從離開君士坦丁堡，乘坐帝國蒸汽遊艇霍亨索倫號（Hohenzollern）前往聖地時，德國還是沒有取得修築鐵路的同意，後來又再等待了一年。（譯按：聖地即Holy Land，相當於今日的以色列與巴勒斯坦。）

儘管如此，威廉二世仍繼續參訪蘇丹的領土，包括與基督宗教史蹟有關的各地，並由湯瑪斯・庫克公司（Thomas Cook Ltd.）安排所有行程。威廉二世的行為引起極大爭議，批評聲浪不斷。十月二十九日，他騎著黑色戰馬，穿越蘇丹特意為他開闢的通道，志得意滿地進入耶路撒冷。這個新聞佔據了全世界報紙頭條，照片上威廉二世穿著潔白的德國陸軍元帥禮服，頭盔上鑲有一隻金光閃閃的巨大帝國老鷹。道路兩旁，土耳其騎警還需要用警棍擋住興奮的群眾。一位目擊者寫道，「威廉二世似乎想像自己是這座城市的征服者，而不只是參訪者。他的行為荒唐到難以言喻。」威廉二世浮誇豪奢的排場招致許多尖刻批評，也出現諸多不利於他的比較。有人說，即使是中世紀的征服者要進入耶路撒冷時，也會展現謙遜的態度，尊重這個受到三種信仰奉為聖地的區域，甚至連基督都選擇謙卑地騎驢進入這座城市。

十天之後，威廉二世來到了大馬士革。在穆斯林英雄薩拉丁（Saladin）的墓前，德皇獻上了花圈，掛上純銀製的燈，並下令建造一座石棺，必須使用最好的大理石為材料，花費一概由他負責。威廉二世向這位十二世紀時抵擋英格蘭人入侵耶路撒冷、神聖且英勇的戰士表達了自己深深的欽佩，因為他深知效率極高的德國國家宣傳機器會將這番話傳遍整個東方。（譯按：英格蘭人是指東征聖城的十字軍。）威廉二世還刻意表示，他非常厭惡基督教會之間爭執不休，如果自己並非生在信奉基督宗教的國家，他會選擇成為一位穆斯林的君主。他厚顏無恥的所作所為全是為了取悅世界各地的穆斯林，雖然當時許多在場的人幾乎無法相信自己聽到的內容。

為了取得穆斯林世界的好感，威廉二世的誇張舉動還不只如此。參訪過程中的盛情款待使他信心大增，而他在訪問結束所發表的言論，被許多觀察家認為是德國要聲援世界各地遭異族統治的廣大穆斯林群眾（這當然不包括一樣也統治許多穆斯林的土耳其人），以及他們的政治願景。十一月八日，在大馬士革一場為他而舉辦的宴會上，威廉二世發表了著名的言論，許多穆斯林重要人士也出席了這場宴會。他告訴與會者，「蘇丹陛下和尊其為哈里發的全球三億名穆斯林可以非常放心，德國皇帝現在是他們的朋友，往後也會一直維持這段友誼。」德國的宣傳專家同樣大肆宣揚了這段話，而德國外交部也會確保阿拉伯和土耳其的報紙有充分報導威廉二世的演說。同時，數千張印著這段話的彩色明信片將會免費分送，其中一大部分會寄往穆斯林世界，包括英屬印度和俄屬中亞。

直到此時，英國都還覺得威廉二世只是個虛榮的混蛋，認為他從小雖被寵壞，卻不會造成太大威脅，只要穿上荒謬的軍裝、打扮成士兵就會滿足。威廉二世對於這些羞辱人的言語再清楚不過了，總是對此懷恨在心。他希望全世界的人都能正眼看待他，尤其是英國人。他對於英國人的想法非常複雜，夾雜著欽佩、羨慕和厭惡。此次向穆斯林世界喊話的目標對象之中，有許多人是受到身兼印度女皇的維多利亞女王統治，威廉二世是在藉此警告英國人不能再壟斷東方的利益，藉此蔑視自己那些英國皇室親戚。威廉二世相當滿意自己的做法。

在威廉二世接受「該死的阿布杜爾」為期三週的款待時，漫畫家和諷刺家大肆批評他誇張滑稽的行為。英國的《潘趣》（*Punch*）雜誌刊登一幅諷刺畫，標題寫道，「德國比真主阿拉更好！」然而，在發生這麼多事之後，比較清醒的觀察家已經明白，少了俾斯麥的阻止，全世界必須對威廉二世嚴陣以待。這位德皇不只統帥全世界最強大的軍隊，還逐漸露出想與其他強權一較高下的野心。更糟的是，威廉二世身邊圍繞愈來愈多阿諛奉承之輩，只想利用皇帝的弱點來煽風點火、助長皇帝的野心，以換取自身利益，這些人包括政治投機份子、軍火商、資本家、鷹派的普魯士海軍與陸軍將領，全都是擴張主義者。當中也包括一些學者，在他們的歷史和經濟論述中，德國如果要存活，就必須擴張。這些學者對於德國學術界的影響甚鉅，更別提威廉二世本人當然也受到他們的影響。

奇怪的是，其中有一位學者竟是英格蘭人。他名為休士頓．史都華．張伯倫（Houston Stewart

Chamberlain），父親是英國海軍少將，但張伯倫自己一輩子幾乎都在德國度過，並成為日耳曼擴張主義的積極提倡者。張伯倫警告道，「德國如果沒有統治全世界的話，接下來就會從地圖上消失。」威廉二世對於能從他口中聽到這樣的看法感到非常高興，畢竟他是家世顯赫的英格蘭人，家族中出了一位陸軍元帥，還有數位將軍。為此，威廉二世還寫了一封熱情洋溢的信要感謝張伯倫。後來，這位學者被逐出家族，遭到英國媒體撻伐，因此決定歸化德國，而想法也變得更加古怪和極端。他認為莎士比亞、彌爾頓（John Milton）、但丁（Dante）、牛頓和笛卡兒（Descartes）其實都是德意志民族成員，身上流著條頓人的血液，並預測德語終將取代其他所有歐洲語言。

但張伯倫的言論和德國軍國主義者相比，可說相當溫和。一位泛日耳曼主義思想家宣稱，「無庸置疑，戰爭是所有生存競爭之中最好也最高貴的形式。」另一個人形容戰爭是「生物學中的必然，也是萬物的起源」，更表示「取代和被取代都是生命的本質」。還有其他人寫道，「其他強權帶有敵意的傲慢使我們不再需要擔負所有條約上的責任，更強迫我們要再次使用古老的普魯士征服手段，以捍衛自己重要的利益。」而此人也宣稱，德國砲兵部隊要前進埃及和印度，「這是個非常偉大的目標，值得做出壯烈的犧牲。」某位教授則寫道，未來的德意志帝國「一定會從北海延伸到波斯灣，橫跨荷蘭、瑞士、整個多瑙河流域、巴爾幹半島和土耳其。」還有人表示，德國人民「必須崛起，因為優越種族（master race）要統治歐洲其他民族，以及其他地方的原始民族。」（譯註：「優越種族」也是納粹論述的重要概念；相比於德意志民族，猶太人則是次等人種〔subhuman〕。）

再者，並不是只有德國思想家和政治家憧憬著所謂的「大德意志帝國」（Greater Germany）。普魯士掌控的軍隊也同樣嚮往能在戰場上贏得勝利，如同建國時俾斯麥領導前人打敗了丹麥、奧地利、法國。威廉二世寫道，「我經常在騎兵的衝鋒演習中，聽到馳騁在我身邊的同志們喊著：『如果這一切是真的，那該有多好！』」軍國主義和擴張主義的渴望開始進入德國人民的思想，他們尤其對於英國掌控全球事務感到不滿，樂見英國的統治範圍縮小。德國外交大臣馮·布勞伯爵（Count von Bulow）在寫給威廉二世的書信中提到，「非常幸運的是，至今沒有任何英國人意識到德國輿論非常排斥英國。」

威廉二世身邊的鷹派人士中，海軍元帥阿爾弗雷德·馮·鐵必制（Alfred von Tirpitz）是相當重要的人物。他是擴張主義的擁護者，同時也是德國的海軍部長。在威廉二世前往君士坦丁堡和聖地之前，鐵必制說服他，如果德國想要對抗當時在海上稱霸全球的英國，除了俾斯麥留下來的強大軍隊以外，必須再擁有一支同樣精良的艦隊。有了超級艦隊的火力支援，威廉二世就能居於上風，能夠要脅英國將東方的土地讓給德國，或者乾脆以武力直接奪取。這支艦隊可以讓德國從歐洲強國搖身一變成為世界霸權。從現在起，「世界政策」（Weltpolitik）成為德國外交政策和威廉二世個人野心的主導動力。「世界政策」對不同人而言有著不同的意義。對於大部分的德國人而言，這個詞代表了與其他強權並駕齊驅。但對於鷹派人士而言，這個詞只有一個意思——主宰世界，而且不惜以戰爭為代價。

鐵必制的艦隊提議自然受到德國鋼鐵及軍火商的熱烈支持，他們等不及要靠這龐大計畫財源廣進。德國國會方面，雖然三年之間鐵必制成功說服國會支付三十八艘新型戰艦的費用，但此次的新艦隊編組卻遭到反對。要完成艦隊的設置，至少需要數年的時間，而鐵必制向威廉二世保證，完成之後德國就會擁有一支令人望而生畏、技術領先全世界的艦隊。不過他也表示，戰艦尚未完工之前會有一段「危險期」，如果此時英國選擇如一世紀前對付丹麥人那樣，採取先發制人的策略，那麼德國尚無法與英國皇家海軍抗衡。為了降低風險，減輕英國人的疑慮，馮·布勞伯爵奉命與倫敦維持友好關係。

但鑒於威廉二世有輕易就能惹怒他人的特質，伯爵的工作非常不容易。威廉二世在大馬士革發表的演說不只激怒英國，更惹惱俄國和法國，因為有許多穆斯林都在這三個國家的統治之下。

不只如此，在出訪鄂圖曼帝國之前，威廉二世就曾經冒犯大英帝國。一八九六年一月，因為威廉二世自認前一年夏天受到索爾斯伯利勳爵（Salisbury）侮辱，所以藉由公開支持布爾人（Boers）對抗英國來報仇。（譯按：布爾人是南非境內荷蘭、法國與德國人的後裔，是英國在兩次布爾戰爭期間的敵人。）對倫敦當局而言，德國干涉英國的殖民事務非常無禮，此事也在英國國內激起了強烈的反德情緒。隔年，威廉二世在中國青島膠州灣建置強大的海軍基地，挑戰英國海軍在遠東的地位：他是以兩名德國傳教士在中國遭到謀殺為藉口，派遣海軍陸戰隊到中國，從無能為力的清廷手中奪走青島，再迅速打造為德國的海軍基地。他告訴馮．布勞伯爵，「德意志帝國終於在亞洲站穩腳步，數以百計的德國商人會為此感到欣喜若狂，」並補充道，「千千萬萬的中國人會覺得被德國的鐵拳擊中要害，為此瑟瑟發抖，而德國人則會對政府有氣魄的作為感到開心。」與此同時，英國海軍戰略家和負責遠東利益的人卻不太高興，而聖彼得堡的沙皇和其官員也相當擔憂威廉二世的任性妄為。因此，馮．布勞伯爵要負責消除英國和其他國家對威廉二世的疑慮，任務可說是非常艱難。

德國的擴張計畫中，除了鐵必制正在迅速推動艦隊建置，柏林至巴格達鐵路則是另一重要部分，而威廉二世此時取得了盟友阿布杜爾．哈米德蘇丹的同意，可以興建最後一段鐵路。起初，德國的工程師和軍事戰略家希望路線再更偏北一些，途經現今土耳其的首都安卡拉，因為就地形而言，這條路線最為簡單，而且能避開英國海軍的射程範圍。但俄國強烈反對此路線，認為這樣做會直接威脅他們在高加索地區的戰略及商業利益。最後，雖然相當不情願，德國還是同意將路線南移。由於新的路線需要額外挖掘隧道，工程成本提高許多，也導致德國籌措資金的問題，但本書在此不加贅述。最後，雖延宕多時，不屈不撓的德國終於一一克服難關，新的鐵路也開始無止境地向東延伸。

到了一九〇四年的秋季，鐵路的前兩百公里已經興建完成，並於蘇丹生日當天正式通車。但最艱難、成本最高的部分還在前頭，包括炸毀穿越土耳其東南部一萬英尺高山底下的隧道，而要處理這些迷宮般的隧道，每英里需花費五萬英鎊。除此之外，令德國工程師們頭痛的還有另一個問題，也就是鐵路的終點位置。雖然這條鐵路名為巴格達鐵路，其目標可不是載運德國出口貨物到這座杳無人煙的荒涼城市。德國建造這條鐵路有更重要的目的，以商業和軍事戰略層面而言，這條鐵路必須作為通往印度和東方的捷徑——有了鐵路就不須依賴蘇伊士運河，因為在戰時運河可能會對德國禁航。所以，在鐵路能延伸跨越波斯之前，德國需要一個港口，能夠銜接鐵路運輸和海運。

一開始，德國打算將鐵路從巴格達往南延伸至波斯灣的最北邊，並在那裡興建港口。此終點位於沙漠酋長國科威特的海岸。然而，對於負責防衛印度的英國人而言，他們一直都將波斯灣視為英國的湖，而讓德國人在波斯灣取得據點簡直就是噩夢。因此，當時的印度總督寇松勳爵（Curzon）立刻封鎖當地。雖然當時科威特名義上是鄂圖曼帝國的領土，但實際上處於模糊的地位。君士坦丁堡當局多年以來對這片荒漠不加聞問，寇松因而決定忽視蘇丹的所有權。

英國政府向上議院保證，他們已經發出警告，其他國家無論建立何種形式的基地，都會被視為對於英國利益「非常嚴重的威脅」，英國政府會採取一切可能的措施來抵抗。對英國而言，德國若在波斯灣的盡頭建立可以直接和柏林以鐵路連接的港口，肯定後患無窮。寇松以高度機密的方式派遣英國駐波斯灣的官員麥爾坎．米德中校（Malcolm Meade）前往科威特。表面上，米德中校只是去打獵而已，而這正是英國在「大競逐」中的用來掩飾任務的慣用偽裝伎倆。事實上，他是要趁夜黑風高，乘著單桅帆船橫越海灣，前往另一頭的大陸。因為他知道，此時港口正停泊著一艘來訪科威特的土耳其軍艦。在土耳其人不知情的狀況下，他拜訪了科威特的埃米爾，並與埃米爾簽訂秘約，希望能破壞德國的計畫。根據該條約內容，英國承諾會保護科威特的邊境，以及埃米爾的王位，而埃米爾則必須保證他和他的後代都不會將土地讓與任何國家，也不會接見別國的密使。如此一來，英國就能控制科威特的外交政策。不久之後，當鄂圖曼帝國與德國的聯合使節團拜訪埃米爾，與他商談新鐵路的終點時，使團發現埃米爾竟反對此計畫。他們很快就明白，自己被狡詐的英國人擺了一道。

事實上，若鐵路終點停在巴格達，或至少不要超過底格里斯河及幼發拉底河下游的巴斯拉（Basra），英國政府就願意支持巴格達鐵路的興建。但包括多位軍事戰略家在內，許多人都對德國的計畫感到疑懼，認為德國一心想取代英國在東方的地位，因為就連德皇身邊的人也如此相信。直至目前，英國和德國國內對於鐵路皆是情緒高漲，雙方的辯論家和紙上談兵的戰略家各執一詞，出版了大量的文章和宣傳手冊。與此同時，柏林當局並沒有因為受到英國阻撓而氣餒，仍舊持續嘗試滲透東方。首先，德國大規模地增加了外國領事，並在整個東方布建更多情報人員。過去，德國外交部苦於缺乏了解當地狀況的專家，也沒有德國人能在當地接應。如今，在波斯灣沿岸泥濘惡臭的城鎮，開始出現堅定的德國人移入。這些德國人效率極高、不苟言笑，一心一意為德皇服務，準備迎接德國命運轉變的關鍵時刻。

德國對於東方的滲透不僅是侷限於外交官、情報人員和鐵路工程師。幾年前，某位男子帶著一只手提箱就創立了羅伯特・文克豪斯公司（Robert Wonckhaus），這個小型進出口公司將要開始把業務拓展至整個波斯灣的港口。在一八九九至一九〇六年之間，文克豪斯公司陸續在巴林、布什爾（Bushire）、巴斯拉、霍拉姆沙赫爾（Mohammera）、阿巴斯港開設了營業所，以至於英國懷疑這公司是受到德國外交部的資助。此外，一九〇六年，德國一家名叫漢堡—亞美利加（Hamburg-Amerika）的航運公司開始提供德國和波斯灣之間的客運及貨運服務。這直接挑戰了長久以來英國對於歐洲運輸的壟斷，而且德國政府據信有出資補貼，使該公司得以降低貨運及載客費用，以削價方式與對手競爭。在代理商文克豪斯的鼓勵之下，這家航運公司也開始經營先前遭到英國忽略的港口。雖然最初的一兩年呈虧損狀態，但很快就開始獲利。另有一些德國銀行在波斯灣地區拓展業務，提供比對手英商波斯帝國銀行（Imperial Bank of Persia）更好的條件，以吸引客戶。同時，德國探勘者也開始競爭石油和其他礦產的探勘特許權，尤其著重於巴格達鐵路的沿線區域。德國積極主動、訓練有素的銷售人員也是滲透東方的關鍵之一，他們的目標是讓德國的商品能取代所有市場上的歐洲商品。

雖是初來乍到，但上述活動無論是純粹外交性質或帶有商業考量，都是這些積極、活躍的德國人有權採取的措施，完全正當。但由於德國尚有建置艦隊和興建鐵路的計畫，引起了倫敦和德里當局的擔憂，並對於德國滲透波斯灣逐漸提高警戒。因此，在一九〇四年春天，英國派了一位能力極佳的政治官員前往波斯灣，監視德國在當地的一舉一動，並盡其所能阻止他們。英國人認為，抵擋入侵者最有效的方式，就是鞏固英國與當地阿拉伯和波斯統治者的關係。但該地區飽受部族之間的敵對和猜忌蹂躪，需要特殊的人才才能完成任務。

英國政府選中的人是波希・考克斯少校（Percy Cox），他是印度陸軍軍官，擁有天生的語言能力和部族政治天賦，也曾經因此被調派到印度政府的精英政治部門工作。多年後，他的傳記作者寫道，「考克斯時值壯年，身材高大精壯，金髮藍眼的他動作敏捷，性情耿直。他能夠駕馭性情狂野的馬匹，還有速度極快的駱駝。」他也寫道，後來晉升為上校的考克斯少校是一位「話不多、總是在傾聽，不會遺漏任何細節的人。」考克斯漸漸贏得部族人民的信任和領袖們的友誼。對於想要將英國勢力趕出波斯灣的德國而言，考克斯是個非常棘手的人物。

與此同時，在歐洲，英國和德國之間的關係也越來越緊繃，主要原因是英國相當擔心威廉二世的超級艦隊有何用途。英國《每日郵報》（*Daily Mail*）問道，「德國海軍究竟有何企圖？」英國政府也同樣想知道問題的答案。一九〇七年一月，一位英國外交官員在機密備忘錄中寫道，「德國的目的絕對是稱霸全球政治、取得海上霸權，威脅鄰國的獨立，最終危及英國的存在。或者，德國並沒有明確的企圖，而是想要利用其作為世界強權的地位及影響力，擴展對外貿易、傳播德國文化，擴大德國的影響範圍，只要有機會可以以和平方式創造新的利益，任何區域德國都不會放過……。」但這名官員認為，執行全新「世界政策」的德國無論抱持何種想法，「對於全世界來說都是個威脅」。

英國的海事戰略家也表達了擔憂，認為威廉二世的新戰艦並不是為遠程航行打造，因此實際上是一支北海艦隊，對於英國造成明確的威脅。情報部門取得的資料中可以看到，鐵必制高度保密的艦隊建置計畫進展非常迅速，規模也比過去英國所知的大上許多。因此，儘管議會大力反對，英國政府還是決定擴編海軍，並進行軍隊現代化，雙方的火力也越來越強。這也成為現代首次軍備競賽的開端，其他強權如法國、美國、日本、奧地利和義大利也相繼加入。然而有些德國人預見了與英國進行軍備競賽的危險。一九〇七年二月，鐵必制身邊一位心腹顧問提出警告，表示如果德國造船廠將產能提高到一年生產四艘無畏戰艦（dreadnought），可能會帶來嚴重後果。此位顧問寫道，「全世界都會知道，在這場毫無意義的軍備競賽中，始作俑者就是德國，而這會在我們身上留下汙點。」他還補充道，如果英國加緊腳步，趕上德國建設的步調，從而「完全抹煞」德國在公海上挑戰英國的希望，就是更糟糕的結果。

如今，許多英國人已經開始意識到，他們勢必得和德國在軍備方面一較高下。更可怕的是，英國和德國都出現大量有關對方陰謀的小說和虛構作品。其中最有名的便是厄爾斯金・奇德斯（Erskine Childers）於一九〇四年出版的《沙之謎》（*The Riddle of the Sands*）。這本書至今仍廣受好評，內容描述一位水手偶然發現德國秘密組織的艦隊，並英勇地破壞了德國艦隊入侵英國的計畫。故事中，威廉二世是艦隊背後的指使者。《沙之謎》成為暢銷書，光是在出版第一年就售出了數十萬本，而這本書影響力如此之大，讓英國的第一海軍大臣下令要手下人員調查德國是不是真的有可能發動入侵。

兩年後，受《每日郵報》創辦人諾斯克利夫勳爵（Northcliffe）委託，威廉・勒丘（William Le Queux）所創作的驚悚小說《一九一〇年大入侵》（*The Invasion of 1910*）開始在《每日郵報》上連載。這本書接續奇德斯的作品，以驚悚方式講述德國成功入侵英國的虛構故事。包括德文在內，此書被翻譯成許多種語言，在世界各地售出兩百萬本，也大幅提升了《每日郵報》發行量。而德國則是有數本情節完全相反的小說出版，其中《海星》（*Seestern*）描述了英國打算先發制人，攻擊威廉二世新戰艦的陰謀。此外，德國開始出現「就是那天」（Der Tag）的說法，指的是「懲罰英國的那天」，人們甚至會為此舉杯慶祝，而此風氣在軍營中尤其見長。英國國內對於德國入侵和諜報活動的狂熱則是日益升高，充斥許多荒唐的故事，包含德國服務生或是其他身分的人滲透了英國南方各郡，要為德國裡應外合，迎接「懲罰英國的那天」。然而這些故事並不是空穴來風，因為早在一八九七年，威廉二世就要求他的官員調查入侵英國是否可行。

英國並不是唯一對威廉二世的軍事和擴張野心感到害怕的國家，俄國也越來越擔憂，認為德國的東進政策會威脅到自己的區域利益，因為柏林對君士坦丁堡的影響力日漸增加，而君士坦丁堡控制了黑海的唯一出海口，俄國對此地已經覬覦許久。此外，俄國也相當擔心威廉二世圖謀自己在高加索地區礦產豐富的土地。和英國人一樣，俄國人還沒忘記威廉二世號召全世界穆斯林的所作所為，許多穆斯林可是住在俄國所屬的高加索和中亞地區。也因為如此，俄國才會堅持要巴格達鐵路路線向南遷移，遠離俄國與土耳其東部的交界。

沙皇的擔憂十分合理，因為先前他才在遠東的國境上打輸了日俄戰爭，正要開始恢復元氣，沒有多餘心力與德軍較量，而且人民對於軍隊表現不佳和國內經濟疲弱感到失望，導致俄國社會和政治動盪不斷，此時的沙皇尼古拉二世（Nicholas II）需要所有軍隊幫忙保住他的王座，控制革命浪潮。正因如此，沙皇急於停止與宿敵英國在亞洲的競逐，而德國在東方的崛起又讓這件事顯得更為急迫。與此同時，英國在南非遭受到布爾人猛烈攻擊，又因入侵西藏受到全世界的責難，因此同樣希望能盡快與聖彼得堡當局握手言和。一九〇七年，英國和俄國簽訂了《英俄條約》（Anglo-Russian Convention），消弭兩國之間長期以來的分歧，結束了「大競逐」。雖然在德里人們對於俄國的懷疑仍未消散，但英國本土恐懼的對象已由俄國轉為德國。

新簽訂的協約針對先前英俄爭奪的波斯、阿富汗、西藏等地，劃分出英俄的政治和經濟勢力範圍。雙方雖都承諾尊重波斯的主權及獨立，但波斯仍被劃分為三個區域。俄國獲得北部區域，南部區域交由英國，中間則為兩方共同勢力範圍。此外，在西藏問題方面，條約規定兩國都不能干預西藏的內務，任何事務都只必須通過其宗主國中國來解決。最後，阿富汗則是成為英國的勢力範圍。協約內容沒有說明英國不會干涉俄屬中亞，也沒有提及俄國不能插手英屬印度事務。

德國當然沒有參與協約的簽訂，因此不受協約規範的約束。《英俄條約》的最主要目的是防止德國滲透波斯，但成效不彰，甚至為德國的東進政策剷平許多困難。英俄兩國在未徵求波斯意見的情況下，就將其領土與彼此「分享」，波斯感到極端受辱，國內各方也出現對於英俄的強烈敵意。德國自然不會放過這個機會。阿富汗同樣對此協約相當憤怒，他們事先也不知道條約的內容，而德國也打算利用這個情況，增加自己的優勢。

儘管如此，一九〇七年夏天，威廉二世還是感到非常不安。不只英國和俄國盡釋前嫌，三年前英法兩國也從世仇化為盟友，而俄國和法國早在一八九三年就已經結盟。面對德國的崛起，三國放棄舊有的對立和競爭，稱為三國協約（Triple Entente）：這與俾斯麥任內的秘密盟約不同，當時他推動的是德國、奧匈帝國、義大利的三國同盟（Triple Alliance）。如今威廉二世突然感覺自己遭到圍困，而且這些國家也沒有如他打的如意算盤那樣，在他追求擴張大夢時自相殘殺。他知道自己不能再忽視各國對於德國逐漸加深的敵意，其中尤以英國最為嚴重。在各項計畫還沒完成、艦隊尚未啟用之前，威廉二世不想冒著與英國開戰的風險，因此迫切地想要緩和局勢。

一九〇七年十一月，他帶著善意拜訪英國，希望能減輕英國人對德國擴張的焦慮和懷疑，特別是針對柏林至巴格達的鐵路和鐵必制的新建超級艦隊。威廉二世身穿英國榮譽海軍上將的制服，由外交隨行人員、其他官員及戴著頭盔的普魯士衛兵陪同，開始為期一週的行程，出席官方和其他活動，並與英國的高級部長進行談話。他下榻在溫莎城堡，接受包含愛德華七世在內等英國皇室表親的暖心招待，雖然眾所周知愛德華七世並不喜歡威廉二世。回到德國時，他相信自己已經消弭了英國人的恐懼，兩國也恢復了友好的關係。然而，雖然兩國政府都認為威廉二世此次出訪相當成功，英國人的懷疑仍未消散，因為即使考慮到和平的好處，英國也不停施壓，要威廉二世減緩世界政策的步調，他還是不打算改變方向。況且，威廉二世留下了一顆炸彈，隨時有可能炸毀此行改善雙方關係的成果。

參訪英國的期間，威廉二世與友人愛德華．斯圖亞特—沃特利（Edward Stuart-Wortley，是一位英國陸軍中校）長談，討論英德關係。數個月之後，斯圖亞特—沃特利決定要在《每日電訊報》（*Daily Telegraph*）上以訪談的形式發表威廉二世的觀點。他先將文章寄給威廉二世，並在信中詢問威廉二世是否同意刊出此篇文章，而威廉二世對於訪談內容很滿意，尤其君王很少有被印在報紙上的機會，他感到相當榮幸。一九〇八年十月二十八日，報紙刊載了這篇文章，引發轟動。訪談一開始，德皇威廉就表示，他是最希望能和英國保持友好關係的人。但他提出警告，他對於英國媒體還有其他評論家的持續抹黑逐漸失去耐心。他認為自己「不停釋出善意」，但善意總是遭到糟蹋，並表示批評、誤解他的動機是「對他個人的中傷」。在德國設置新艦隊這方面，威廉二世也告訴斯圖亞特—沃特利，有鑑於日本在遠東的勢力日趨強大，說不定未來英國會為此感謝德國。他繼續說道，「英國人非常憤怒，接近瘋狂。到底為什麼如此偉大的國家需要懷疑別的國家呢？」威廉二世表示，他與大英帝國重修舊好的目標非常困難，因為雖然不包括他自己在內，但「大部分」的德國人對英國人沒有好感。

這篇訪談刊出後，英國輿論一片譁然。威廉二世的本意是呼籲兩國之間應該要增進對彼此的理解，但卻適得其反，而且他不只激怒了英國人，訪談之中，他還得罪了法國、俄國和日本。就連德國國內也出現憤怒的聲音，右翼認為威廉二世過度親英，而左翼則是不滿於其他方面，不在本書討論的範圍。

馮・布勞伯爵本應在訪談刊出前先行審查，但他卻只有在事後向議會解釋德皇立意良善，未來不會再以個人名義進行外交工作。英國輿論幾乎都在取笑威廉二世的努力，因為德國人不喜歡自己的北海鄰居已經是眾所皆知的事情。至於根據德皇所言，英國皇家海軍以後會為在遠東有盟友感到高興，《泰晤士報》指出，大部分德國戰艦的運煤量不足，無法前往北海以外的地方，更別說要航行到印度洋或太平洋。群情激憤的同時，英國和德國仍在持續生產戰艦，兩國關係也日益惡化。

但《每日電訊報》的災難並非威廉二世遇到的唯一阻礙，他還要面對土耳其和波斯之間的意外麻煩，而兩者對於東進政策的成敗都非常關鍵。一九〇五年，土耳其軍隊突然跨越波斯邊境，佔領數座村莊，並宣稱當地為蘇丹的領土。波斯沙阿向英國和俄國求助未果，轉而請求德國說服土耳其撤兵。沙阿的請求使威廉二世的立場十分為難，一方面他已經付出大量心血培養土耳其，不想與蘇丹交惡，但另一方面他也需要沙阿的友誼才能實現德國東擴的夢想。然而德國人初到此地，並不知道同時與世仇雙方交好的後果，於是德國大使虛應故事地說服君士坦丁堡撤軍，但遭到蘇丹本人拒絕，並要求德國申明立場。整起事件隨後陷入僵局，雖然所有國家都知道錯的一方是土耳其，卻也不願意捲入其中。在此同時，德黑蘭又爆發革命，土耳其趁勢持續派兵進入爭議區域。

儘管發生上述問題，威廉二世仍設法繼續與蘇丹和遭受夾攻的沙阿維持友誼，雖然兩方都是因為沒有其他人可以求助，才與德國交好。但是，就在一九〇八年七月，威廉二世接收鄂圖曼帝國的秘密計畫遭受到致命的打擊。有一個受到民主啟發、自稱為土耳其青年黨（Young Turks）的革命組織，由於受夠了蘇丹的專制統治，在軍中支持者的協助下，強迫阿布杜爾・哈米德放棄獨裁權力，將政權交給與西式民主議會。土耳其人、阿拉伯人和亞美尼亞人在大街上相擁，人們似乎終於迎來了千禧年。一夜之間，民主便取代了好幾世紀以來的東方專制政權。然而，就像要給歐洲強權國家希望一般，蘇丹又重回王位，雖然此次在位時間不長。隔年，在保守派的支持之下，蘇丹打算奪回政權，但最終以失敗收場，不只遭到廢黜，同時也在屈辱中被流放。後來，他性情溫和的弟弟穆罕默德五世（Mohammed V）即位，成為鄂圖曼帝國的聽話繼承人，而新蘇丹溫吞的程度，使其被土耳其青年黨取了一個外號，叫做「橡皮圖章」（irade makina）。

在新蘇丹即位之前，因為德國是阿布杜爾．哈米德的主要支持者和盟友，所以能在鄂圖曼帝國首都享有較高地位。但突然之間，德國發現自己遭到冷落，因為土耳其青年黨對於專制的德國皇帝和其他君主沒什麼興趣。一九〇八年十月，威廉二世在君士坦丁堡的地位又遭進一步動搖，因為他的盟友奧匈帝國併吞了巴爾幹半島上兩個土耳其的省份，分別是波士尼亞（Bosnia）及赫塞哥維納（Herzegovina），但威廉二世卻對此事沉默不語。於是，十年過去，德國人發現自己又繞回了原點，回到威廉二世握住阿布杜爾．哈米德雙手沾滿鮮血的那時候。對於其他國家派駐君士坦丁堡的大使而言，德國勢力已經垮台，而英國因為過去曾是土耳其的盟友，可能會取代德國，成為鄂圖曼首都的最大外國勢力，而且大多數土耳其青年黨成員都把英國看作新議會民主的學習對象。

但英國放棄了這個機會，不願意接下德國的位置，也無意支持土耳其經驗不足的新任領導者。英國人對於土耳其青年黨有所疑慮，認為他們行事毫無原則，喜歡以言論煽動大眾，而且容易受猶太知識份子或其他外國人控制。然而後來的情勢發展證明英國的觀點大錯特錯，而且代價高昂。英國此時沒有把握機會，反而退縮不前，想等狀況明朗之後再做決定。

德國則不然。能俯瞰博斯普魯斯海峽的德國大使館展開了秘密行動，他們注意到土耳其青年黨分為兩派，分別是真誠的理想主義者，以及會為了奪取權力不擇手段的派系，而德國選擇培養後者，認為後者才會成為土耳其最終的領導人。不久之後，德國就收穫了回報。

一九一三年一月二十三日，三名據說與德國大使關係密切的男子帶領武裝暴徒闖入名為「高門」（Sublime Porte）的宮殿群，那裡是土耳其內閣舉行會議的地點。他們先破壞了電報線路，使內部無法向外求援，再強行闖入宮內，射殺了試圖阻擋他們的戰爭大臣及兩名陸軍軍官。接著，暴徒抵著槍逼迫大維齊爾（Grand Vizier，即宰相）及其他民選政府官員立刻辭職。達成目標後，他們以軍隊和人民的名義，宣布接管土耳其及整個帝國，並允許當時已經是傀儡君王的穆罕默德蘇丹保留王位，讓新政權得以維持表面上的正當性。

英國大使館立即發送電報給外交部，通知他們鄂圖曼帝國發生政變，並警告軍政府「作風非常像德國人」，因為眾所周知的是，帶領暴徒攻擊大維齊爾辦公室的年輕軍官恩維爾少校（Enver）曾經在德國接受訓練，並擔任土耳其駐德國武官。他與同謀的親德立場相當有名，同時他還是德國大使康拉德．馮．旺根海姆男爵（Konrad von Wangenheim）的好友，而這位大使則是威廉二世的心腹。隨後，有消息指稱，叛亂者在數天前就已將他們的邪惡計畫告訴德國大使，但大使並沒有勸阻他們，也沒有警告執政當局，甚至有人認為旺根海姆大使不只是知情而已，他就是政變的主謀。

看到德國恢復了對君士坦丁堡的影響力，威廉二世欣喜若狂，因為這對他的擴張夢想而言至關重要。然而對英國來說則是天大的壞消息，一位外交部官員甚至以「糟糕透頂」形容。不過，無論其他國家如何看待政變，接下來六年，恩維爾和他的同伴控制了土耳其的命運，並造成深遠的影響，範圍不只限於土耳其，而是擴及全世界。往後的事件證明，土耳其三位領導人當中野心最盛的恩維爾懷抱著擴張的企圖。

在土耳其政變之前，只有威廉二世有著近似於拿破崙（Napoléon Bonaparte）的野心，擴張領土的企圖威脅到英國在東方的利益，但一夕之間，恩維爾也加入了。有人問道，這兩個同樣討厭英國的瘋狂領導者，會不會結盟對付英國，以實現他們擴張的夢想？畢竟過去差一點就發生類似的事件。一百年前，拿破崙和俄國沙皇亞歷山大一世（Alexander I）曾經考慮派出法俄聯軍穿越波斯和阿富汗，攻打大英帝國治下最富饒的英屬印度。但最後兩人失和，對英國造成的威脅也煙消雲散。

在二十世紀，任何類似的想法似乎都是天方夜譚，但負責保衛印度的人可不這麼想，他們總是緊盯著是否有新的危險產生，甚至到了有些偏執的地步。如今俄國的威脅似乎已經消退，其他國家卻又出現對印度有興趣的領導者，最明顯的莫過是威廉二世和恩維爾，但又不是只有他們讓印度國防官員寢食難安。過去一段時間以來，英國當局逐漸意識到還有另一個威脅存在，從暗處向英屬印度伸出邪惡的手。

上：威廉二世皇帝曾夢想在東方煽動一場針對英國及其盟友的穆斯林聖戰。

下：狼吞虎嚥吃下整個世界——英國的戰時宣傳如此描繪德意志皇帝擴張領土的野心。

PUNCH, OR THE LONDON CHARIVARI.—November 11, 1914.
TURKEY
HIS MASTER'S VOICE.
The Kaiser (*to Turkey, reassuringly*). "LEAVE EVERYTHING TO ME. ALL YOU'VE GOT TO DO IS TO EXPLODE."
Turkey. "YES, I QUITE SEE THAT. BUT WHERE SHALL *I* BE WHEN IT'S ALL OVER?"

土耳其上了德國的當——1914年11月號《潘趣》雜誌（*Punch*）刊登了這幅諷刺畫，標題是〈主人對他說〉，德皇威廉二世與土耳其之間的對話如下：
威廉二世用安慰的語氣說：「一切都交給我，你只需要好好爆炸就可以了。」
土耳其說：「好的，我懂了。但爆炸完之後我豈不是一命嗚呼？」

上：土耳其蘇丹阿卜杜勒・哈米德二世（綽號「被詛咒者」）：雖然他被歐洲各國君主與政治家排斥，卻與威廉二世皇帝建立了友誼。

下：恩維爾帕夏：土耳其戰時的最高軍事領袖，這邪惡的天才夢想著在中亞雕琢出屬於自己的偉大鄂圖曼帝國。

威廉二世皇帝宣稱自己是全世界穆斯林的保護者，並透過這張德國宣傳明信片在整個伊斯蘭世界廣泛散播。

1914年11月，在君士坦丁堡發布號召聖戰的命令，這道宗教法令在奧斯曼帝國境內的每座清真寺中宣讀。

上：點燃東方的火焰。根據戰時某本德國雜誌封面的描繪，宣布發動聖戰對抗協約國後，眾多穆拉走上街頭遊行。

下：巴庫爭奪戰中，前線的守軍保持警戒，防禦著可能往前挺進的土耳其部隊。

反英的印度革命分子維納亞克・薩瓦卡，在他倫敦的秘密總部內謀劃著暗殺及爆炸行動。

哈爾・達亞爾是薩瓦卡的弟子，曾在牛津大學受過教育，企圖利用革命組織「加達爾」來推翻英國在印度的政權。

Seine Hoheit

Asaf Jah Muzaffar-ul-Mumalik Rustam-i-Dauran Arastu-i-Zaman Nizam-ul-Mulk Nizam-ud-Daulah Nawab Mir Osman Ali Khan Bahadur Fateh Jang Nizam von Haiderabad

Euerer Hoheit beehre ich mich, hierdurch den Gruß der Kaiserlichen Regierung zu entbieten und den freundschaftlichen Gefühlen Ausdruck zu verleihen, die das Deutsche Reich Indien und seinen Fürsten gegenüber von jeher hegt. Seitdem die Engländer ihre Fremdherrschaft in Indien errichtet haben, haben sie ihr Bestes getan, um die indischen Fürsten und das indische Volk von jeder Berührung mit dem nichtenglischen Ausland abzuschließen. Andererseits hat Deutschland in sorgfältiger Beachtung der anerkannten Regeln des internationalen Verkehrs keinerlei Versuche gemacht, mit den indischen Herrschern in unmittelbare Verbindung zu treten.

Der von England und seinen Verbündeten, Rußland und Frankreich, in leichtfertiger Weise heraufbeschworene Krieg, der dem Dreiverband schon so schwere Verluste, Deutschland, Österreich-Ungarn und der Türkei

這些被截獲的精美書信，是由德國特工攜帶，準備送交印度的土邦君主。信中承諾豐厚的回報，試圖換取他們在戰時的支持。

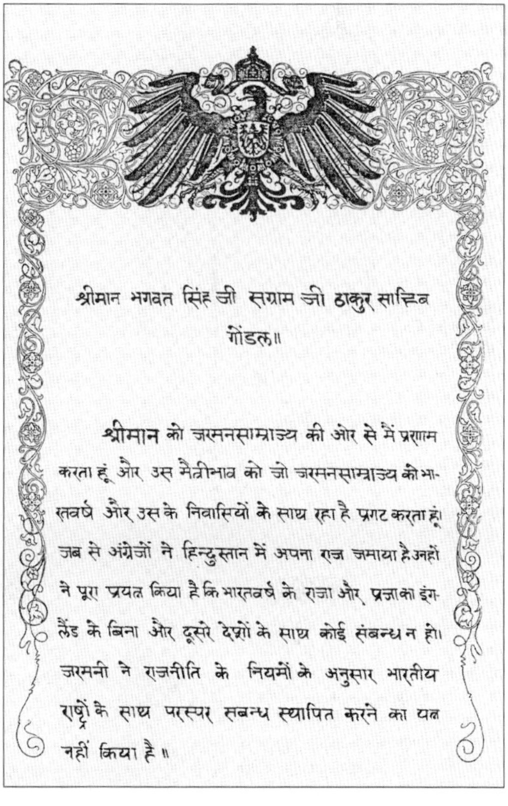

श्रीमान भगवत सिंह जी सग्राम जी ठाकुर साहिब गोंडल॥

श्रीमान को जरमनसाम्राज्य की ओर से मैं प्रणाम करता हूं और उस मैत्रीभाव को जो जरमनसाम्राज्य को भारतवर्ष और उस के निवासियों के साथ रहा है प्रगट करता हूं। जब से अंग्रेजों ने हिन्दुस्तान में अपना राज जमाया है उनहों ने पूरा प्रयत्न किया है कि भारतवर्ष के राजा और प्रजा का इंगलैंड के बिना और दूसरे देशों के साथ कोई संबन्ध न हो। जरमनी ने राजनीति के नियमों के अनुसार भारतीय राष्ट्रों के साथ परस्पर सबन्ध स्थापित करने का यत्न नहीं किया है॥

旺根海姆大使：他在君士坦丁堡的德國大使館（下圖）內指揮聖戰的行動；後來於1915年在當地中風去世，長眠於博斯普魯斯海峽旁的墓園裡（左圖）。

HANS FREIHERR
V·WANGENHEIM
KAISERL·DEUTSCH
BOTSCHAFTER
GEB·8·JULI 1859 ZU
GEORGENTHAL
GEST·25·OKT·1915 ZU
KONSTANTINOPEL

德國特務威廉·瓦思穆斯，充滿領袖魅力但也冷酷無情，這是他喬裝打扮成波斯人的模樣。

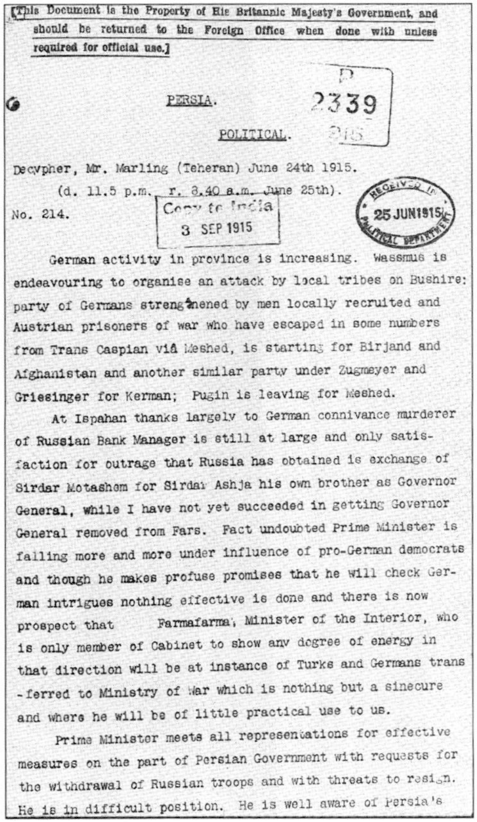

[This Document is the Property of His Britannic Majesty's Government, and should be returned to the Foreign Office when done with unless required for official use.]

PERSIA.

POLITICAL.

P 2339 1915

Decypher, Mr. Marling (Teheran) June 24th 1915.
(d. 11.5 p.m. r. 8.40 a.m. June 25th).
No. 214.

Copy to India 3 SEP 1915

RECEIVED IN 25 JUN 1915 POLITICAL DEPARTMENT

German activity in province is increasing. Wassmus is endeavouring to organise an attack by local tribes on Bushire: party of Germans strengthened by men locally recruited and Austrian prisoners of war who have escaped in some numbers from Trans Caspian viâ Meshed, is starting for Birjand and Afghanistan and another similar party under Zugmeyer and Griesinger for Kerman; Pugin is leaving for Meshed.

At Ispahan thanks largely to German connivance murderer of Russian Bank Manager is still at large and only satisfaction for outrage that Russia has obtained is exchange of Sirdar Motashem for Sirdar Ashja his own brother as Governor General, while I have not yet succeeded in getting Governor General removed from Fars. Fact undoubted Prime Minister is falling more and more under influence of pro-German democrats and though he makes profuse promises that he will check German intrigues nothing effective is done and there is now prospect that Farmafarma, Minister of the Interior, who is only member of Cabinet to show any degree of energy in that direction will be at instance of Turks and Germans transferred to Ministry of War which is nothing but a sinecure and where he will be of little practical use to us.

Prime Minister meets all representations for effective measures on the part of Persian Government with requests for the withdrawal of Russian troops and with threats to resign. He is in difficult position. He is well aware of Persia's

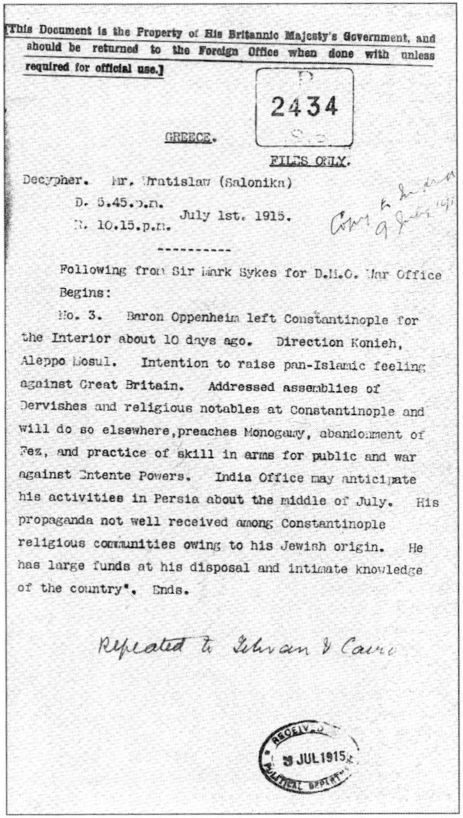

[This Document is the Property of His Britannic Majesty's Government, and should be returned to the Foreign Office when done with unless required for official use.]

P 2434 1915

GREECE.

FILES ONLY.

Decypher. Mr. Wratislaw (Salonika)
D. 5.45.p.m. July 1st. 1915.
R. 10.15.p.m.

Copy to India 9 July 1915

----------

Following from Sir Mark Sykes for D.M.O. War Office Begins:

No. 3. Baron Oppenheim left Constantinople for the Interior about 10 days ago. Direction Konieh, Aleppo Mosul. Intention to raise pan-Islamic feeling against Great Britain. Addressed assemblies of Dervishes and religious notables at Constantinople and will do so elsewhere, preaches Monogamy, abandonment of Fez, and practice of skill in arms for public and war against Entente Powers. India Office may anticipate his activities in Persia about the middle of July. His propaganda not well received among Constantinople religious communities owing to his Jewish origin. He has large funds at his disposal and intimate knowledge of the country". Ends.

Repeated to Tehran & Cairo

RECEIVED 3 JUL 1915 POLITICAL DEPARTMENT

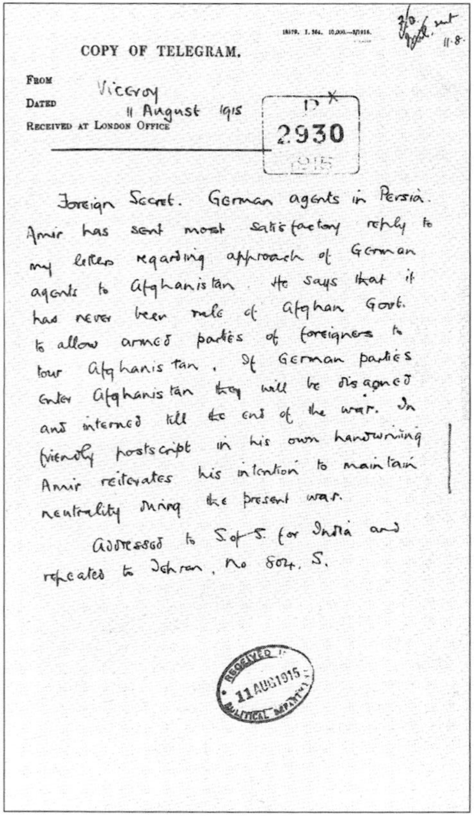

COPY OF TELEGRAM.

From Viceroy
Dated 11 August 1915
Received at London Office

P 2930 1915

Foreign Secret. German agents in Persia. Amir has sent most satisfactory reply to my letter regarding approach of German agents to Afghanistan. He says that it has never been rule of Afghan Govt. to allow armed parties of foreigners to tour Afghanistan. If German parties enter Afghanistan they will be disarmed and interned till the end of the war. In friendly postscript in his own handwriting Amir reiterates his intention to maintain neutrality during the present war.

Addressed to S of S. for India and repeated to Tehran, No 804. S.

RECEIVED 11 AUG 1915 POLITICAL DEPARTMENT

一份英國機密報告，陳述德國特務通往阿富汗和印度路上的活動。

在喀布爾安全無虞的馬亨德拉・普拉塔普拉賈（中間），乃是德國機密任務的官方領導人，兩旁坐著奧托・馮・亨蒂格（左）及奧斯卡・馮・尼德梅爾上尉（右）。

上：德國人希望利用阿富汗埃米爾的部落軍隊來對抗英屬印度。

下：意志堅強的尼德梅爾上尉（照片中間者），成功擺脫英國人的追蹤，但與馮·亨蒂格就各自的職責產生了爭執。

負責英軍巴庫任務的指揮官——萊諾·鄧斯特維爾少將（照片右），正穿越波斯前往目的地。

亞美尼亞新兵正在學習使用步槍，以準備抵禦土耳其軍隊對巴庫的進攻。

巴庫之戰：前線守軍警戒著土耳其軍隊的進攻動向。

異鄉的一角：第一位英軍陣亡士兵被安葬在裡海之畔。

雷納德・麥克唐奈爾少校：英國外交官，後擔任情報處軍官。他在逃往波斯後被巴庫的布爾什維克判處死刑。

英國情報官愛德華・諾爾上尉：他曾被波斯民族主義者判處死刑，但最終改為長期囚禁並戴上鐵鏈。

波洛夫佐夫將軍：被布爾什維克通緝追捕的沙俄軍官，在麥克唐奈爾和諾爾的幫助下喬裝成美國傳教士，才得以偷偷離開高加索地區。

這是雷金納德・蒂格－瓊斯上尉罕見的照片。這位英國情報處軍官遭控訴殺害了二十六位布爾什維克英雄後，被迫隱姓埋名、銷聲匿跡。

斯捷潘·邵武勉，命運多舛的巴庫委員領袖，與妻子及年幼的兒子們在更為幸福的時光中合影。

邵武勉一家位於巴庫的住所，曾是麥克唐奈爾與委員之一的兒子一起玩火車遊戲的地方，後來成為共產主義的紀念聖地。

С. Г. Шаумян

М. А. Азизбеков

П. А. Джапаридзе

И. Т. Фиолетов

Я. Д. Зевин

И. В. Малыгин

Г. Н. Корганов

М. Г. Везиров

Г. К. Петров

А. М. Амирян

М. В. Басин

С. Г. Осепян

Э. А. Берг

В. Ф. Полухин

Ф. Ф. Солнцев

А. А. Борьян

И. Я. Габышев

М. Р. Коганов

Б. А. Авакян

И. П. Метакса

И. М. Николашвили

А. М. Костандян

С. А. Богданов

А. А. Богданов

И. А. Мишне

Т. М. Амиров

Как братская могила Степана,
Алеши и других не знает
ни армянина, ни грузина,
ни татарина, ни еврея,
так и бакинский пролетариат
не знает никакой национальной
розни. Вожди бакинского
пролетариата как при жизни
не различали трудящихся
по национальности, так
и после смерти они, как бы
демонстрируя великую идею
межнационального мира
и солидарности, находят
покой все в единой могиле...
Вечная память
великим учителям!

Г. К. ОРДЖОНИКИДЗЕ

布爾什維克的英靈殿——二十六名巴庫委員的肖像，這些委員在卡拉庫姆沙漠中被革命對手處決。邵武勉位於左上角。

《殉難的巴庫政委們》——由革命派畫家艾薩克·布羅茨基（Isaac Brodsky）憑藉想像而繪制，畫面最左邊可隱約看出有幾位英國軍官在場。

處決地點：位於卡拉庫姆沙漠中心的紀念碑悼念被害的委員們（左圖）。碑文將他們的死歸咎於英國干涉者。這片荒涼之地位於裡海鐵路沿線，正是當年二十六名委員被拖下火車的地方（右圖）。

神話的終結：一位革命雕塑家花了二十五年時間完成這座描繪委員殉難的紅色花崗岩浮雕（左圖）。然而，1990年1月某個夜晚，一群憤怒的穆斯林群眾將它徹底摧毀（下圖）。

# 第三章
# 「彷彿隱藏之火」

一九一一年夏季，英屬印度安全局（Indian Security Service）局長查爾斯・克里夫蘭爵士（Charles Cleveland）警告英國政府，他的手下發現了一個詭譎危險的陰謀，意圖推翻英國在印度的殖民政府。克里夫蘭爵士在一場於辛姆拉（Simla）舉辦的國防官員會議上表示，這煽惑民眾的陰謀已蔓延至印度各地，「彷彿隱藏之火。」即使撲滅了一處的火焰，其他地方又會燃起新的火苗。而這群陰謀家並不是一般的煽動者或莽夫，因為他們早已遭當局掌握並嚴加管控。那群陰謀家非常聰明，而且組織嚴密。他們悄悄在印度各地進行暗殺、爆炸、武裝搶劫等行動以獲取資金，而且看來這一切行動背後暗藏某個針對英屬印度而來的整體戰略，計畫非常周密。至於幕後主使是誰，爵士也說不清楚。他對在場的官員表示，「我認為有個非常厲害的人正在指導和控制這群人，但究竟是誰？」與會者都曉得，以發現當地人民陰謀、將謀反者送上絞刑台聞名的能力而言，克里夫蘭爵士享有傳奇般的名聲，一位他的同事曾經評論道，「克里夫蘭爵士在這方面的天賦相當驚人。他解決問題的才能真是不可思議。」然而，連這位牛津大學貝里歐學院（Balliol College）出身的情報機關首長都坦承自己和最精良的部下遇上了難關。

當天早上，年輕的印度陸軍情報官員諾曼・布雷中尉（Norman Bray）也是其中一位聽眾，他記下了克里夫蘭所說的話。中尉寫道，如果克里夫蘭麾下那個「幾乎是全世界最有效率」的安全局也無法找到陰謀的首腦，那只有一個解釋說得通。幕後主使者肯定是在印度以外的地方操控指使，因此克里夫蘭的手下才會追查不到。

大英帝國的臣民占全球人口總數五分之一，但他們的生活和命運卻只少數英國人控制著，因此這些掌控者對於受到外部指使、資助的內奸甚感疑懼。此次的計畫經過精心策劃，還受到外國敵對政權或代理人的協助，而且自一八五七年的印度兵變（Indian Mutiny）以來只過了半個世紀，當地歐洲人仍活在可能發生另一場大屠殺的恐懼之中，目前尚有在世之人經歷過那一次血腥的動亂事件。許多人害怕在熟睡之中遭到僕人殺害，而情報官員最大的恐懼則是印度陸軍會武裝叛變，心懷不滿的印度士兵將手中武器轉向英國軍官。

克里夫蘭發出令人擔憂的警告之際，印度各地的暴力事件愈演愈烈，尤其在孟加拉地區，而且大部分都是衝著英國而來。一九〇七年冬季，發生了兩起爆炸案件，密謀炸毀孟加拉副省長安德魯・弗雷澤爵士（Andrew Fraser）的專用列車，雖然最終都以失敗收場，但第二起爆炸案在列車上造成了五呎寬的破洞。隔年，一位印度學生試圖以左輪槍在近距離暗殺弗雷澤，而此計畫也因槍枝故障而宣告失敗。一九〇九年十一月，印度總督敏多勳爵（Earl of Minto）與妻子乘車正要穿越亞美達巴德（Ahmedabad）街頭，有人向他們乘坐的敞篷馬車投擲了兩顆炸彈，但均未命中。（譯按：印度兵變後，總督的全銜改為Viceroy and Governor-General of India，意思是「副王兼總督」，增加了代表王權的威嚴。）然而，兩名英國婦女遭一顆炸彈炸死，因為犯案者認為她們的馬車裡載著某位才剛從包裹炸彈案中倖存的英國官員。

還有一名印度教僧侶射殺了一位英籍地方行政官，兇器為現代白朗寧自動手槍，經查發現是與其他手槍一起裝在手提箱的底部走私進入印度，表示此謀殺案並非獨立案件，而是境外策劃之陰謀的一部分。進一步的搜查隨即證實了以上的猜測。除了手槍以外，還找到一本被走私進印度的炸彈製造手冊，手冊篇幅長達六十頁，內容相當複雜，鉅細靡遺地以圖表解釋如何製造炸彈和炸藥，還有如何使用在特定對象、公共建築、銀行、警察局、軍營、鐵路和其他重大目標之上。不久之後，警察攻堅時開始會看到這本手冊的複印本，以及手冊中推薦用來製造炸藥的化學藥劑，但完全無從得知手冊的作者是誰，也不知道來源國家為何。

雖然警方逮捕了一些人，有些罪犯也被處以絞刑或長期監禁，但幕後主使始終逍遙法外，而英國人也越來越害怕是否有一樁精心策劃的天大陰謀正在進行中。雖然英國祭出了新的緊急法律，以打擊查爾斯．克里夫蘭爵士所說的「政治犯罪活動」，各地的逮捕人數仍不斷攀升，犯罪也持續在各地擴散、增加。現在，犯罪行為還包含武裝襲擊載運金塊的火車和印度富人。與此同時，又有兵工廠被搶劫、地處偏僻的警察局遭人奪取武器、維多利亞女王和英屬印度英雄的雕像被淋上瀝青或遭到截肢、英國俱樂部和教堂受到攻擊，以及在幾個大城市發生暴動和其他混亂事件。不過，截至目前為止，都沒有明確證據指向任何一個國家，而密謀者雖幾經嘗試，也沒有成功殺死任何一個英國高官。所有的受害者幾乎都是印度人，包括警察、法官、警方線人和英屬印度基層官員。

然而，一九〇九年夏季，一名年輕的印度刺客在倫敦市中心槍殺了印度事務大臣威廉．寇松．威利爵士（William Curzon Wyllie）。來自旁遮普省的刺客丁格拉（Dhingra）在中央刑事法院受審時，並沒有要為自己辯護，僅是堅持自己的行為在道德上是正確的。丁格拉在庭上表示，「就像德國不該佔領你們的國家，你們也不該佔領我的國家。」並繼續說道，如果有英國人因為德國佔領英國而殺害德國人，那人們會為他歡呼，視他為英雄。最後，丁格拉遭判有罪，並在本頓維爾監獄（Pentonville Prison）處以絞刑。他的最後請求是，遺體一定要由印度教徒來處理，並希望自己的衣服可以拿來募款，用於資助反對英國殖民統治的行動，但遭拒絕。他的遺骨被埋葬在監獄的墓園，直到一九七六年才運回印度。

寇松．威利爵士遭到冷血謀殺的案件震驚了全英國，因為他是一位善心人士，非常關心印度學生在倫敦的各項生活福祉，而如此不知感恩的行為令人們不可置信。即便如此，還是沒有人知道就在當局監管眼皮底下的倫敦發生了什麼事。倫敦市中心有一座印度之家（India House），是專門給印度留學生住宿的官方旅館。這座維多利亞時期風格的大宅院坐落於倫敦海格特區（Highgate）克倫威爾大道六十五號，裡頭住著三十名學生。當局不知道的是，這裡其實是印度革命運動在英國的秘密總部，會舉辦各式各樣的講座，主題從革命哲學和策略到炸彈製作、刺殺技巧都有，只有經過審慎挑選的聽眾才能參加。總部後方有一個被稱為「戰爭工廠」的外屋，攻讀化學的印度學生會在那裡進行炸彈製作的實驗，而宅院的其他地方則是用來製造煽動文宣，再走私進入印度，包括炸彈製作說明書、鼓吹印度群眾對英國人實施暴力的手冊，而且有一些手冊的目標是煽動印度士兵叛變、謀殺歐洲軍官。除此之外，宅邸裡面還有一個小型的軍火庫，準備要神不知鬼不覺地將武器運往印度。

這些惡毒行徑背後的主謀是二十七歲的印度知識份子維納亞克．薩瓦卡（Vinayak Savarkar），也是掌管該座宅院的人。他在一九〇六年前往倫敦，表面上是為了學習法律，但實際上是為了學習炸彈製作和革命鬥爭。十六歲時，他在神聖的印度杜爾迦女神（Durga）前慎重發誓，要將英國人趕出他的家園。

從那之後，他就把自己的生命奉獻給革命運動，為了上述所說的任務招募、訓練印度人。他會在炸彈製作工廠待上好幾小時進行實驗和教學，一位他的夥伴回憶道，他出現的時候，「手上往往沾有有明顯的黃色三硝基苯酚汙漬。」他和印度之家其他的年輕革命份子經常前往托特納姆宮路附近的手槍靶場排練暗殺計畫，但他們非常小心，沒有讓靶場的英國經營者發現。

薩瓦卡還寫了一本內容極具煽動性的書，從印度人的視角描繪印度兵變，書名是《印度獨立戰爭》（*The Indian War of Independence*），最初是以馬拉地語（Marathi）寫成，準備要在印度出版、大量發行。但英國政府不知從何得知消息，設法取得了一部分的內容，因此這本書在出版之前就因為煽動群眾而遭禁，而印度的印刷廠即使支持文章的觀點，也不敢冒險承印。英文版本雖已完成，但英國內政部向英國出版商和印刷廠警告，這本書內容呼籲印度人再次起義對抗英國壓迫者，煽動情節嚴重，以致也未能在英國出版。

在英國外交部的施壓之下，法國政府也禁止這本書在巴黎出版。一九〇九年，有一間德國印刷廠同意印製，而這次英國政府發現時則是為時已晚，革命成員已經把那本書偽裝成《匹克威克外傳》（*The Pickwick Papers*）和其他經典文學作品，大量走私進入印度。這本書很快就成了印度政治極端份子的聖經。《泰晤士報》外文編輯瓦倫泰．奇洛爾（Valentine Chirol）透過管道拿到了早期的版本，形容其為「反叛史中重要的一頁」。他觀察道，這本書中包含「大量的考證研究，卻嚴重扭曲事實，而作者有深厚的文學造詣，但滿懷憤恨。」大英博物館也因為書中內容過於煽動，沒有將其收為館藏，避免讓倫敦的印度學生有機會讀到。印度當地則是將其列為禁書，直到四十年後英國統治結束才解禁。但禁書越是惡名昭彰，越有更多人想要閱讀，甚至連在歐洲的印度人也有所耳聞，因此人們不停轉手高價賣出複印本，並將賣書所得奉獻革命事業。隨著各種來源的經費越來越多，革命份子以遭到英國人處絞刑的先烈為名成立獎學金，鼓勵印度年輕人來倫敦學習革命之道。

看到這裡，或許讀者們會有一個疑問：為什麼倫敦當局沒有注意到印度之家暗藏邪惡陰謀？主要的原因是查爾斯．克里夫蘭爵士麾下位於辛姆拉的英屬印度安全局與蘇格蘭警場（Scotland Yard）之間幾乎沒有交流，而且當時蘇格蘭警場對於政治犯罪也不甚熟悉。（譯按：蘇格蘭警場是位於倫敦的警察總部。）一九〇七年夏天，印度事務副大臣威廉．李—華納爵士（William Lee-Warner）就曾抱怨，在搜集英國的印度革命家資料時，蘇格蘭警場簡直是「完全無用」。隔年，印度總督回倫敦時，他的私人秘書就寫信警告他，印度學生對於英國的統治敵意變得越來越重。因此，一九〇九年，英國和印度政府之間協議，倫敦當局要雇用一位政治經驗豐富的退休印度警官，由其監視極端主義團體的一舉一動。此後，印度之家就開始受到英國人的懷疑，甚至被媒體取了「秘密之家」（the House of Secrets）的綽號，政府也會透過收買印度線民來滲透印度之家。但這一切都沒能來得及從刺客的槍口之下拯救威廉．寇松．威利爵士，而且後來經過調查發現，手槍就是由薩瓦卡親自交付給刺客丁格拉。

即使薩瓦卡在暗殺當天為求謹慎離開了城鎮，使警方證據不足，無法用從犯的罪名指控他，他也知道自己從此成為了倫敦當局的眼中釘，總有一天會遭政府逮捕。因此，一九一〇年一月初，薩瓦卡逃到巴黎，決定要將那裡當成新的革命總部，阻絕英國政府的監視。然而，在他逃離英國之後，倫敦和印度的警探還是持續進行調查，並找到證據證明他與走私進入印度的武器有所關聯，而且其中一把槍枝是殺死某位英國軍官的兇器。薩瓦卡不知道的是，英國政府已經發出懸賞令，一旦他再次踏上英國土地，就會遭到逮捕，而且政府同時也已啟動引渡程序，要將他送至印度受審。

一九一〇年春季，薩瓦卡不顧朋友們的告誡，決定短暫回到倫敦，而且據說是受到女性誘餌的引誘而上當。等他到了維多利亞車站（Victoria Station），一踏出火車車廂，就馬上遭到埋伏的倫敦警方逮捕。他遭控多條罪名，其中包括「發動或唆使他人發動對抗印度皇帝的戰爭」及「密謀奪取英屬印度國王的統治權」。（譯按：印度皇帝的全銜是His Majesty the King Emperor of India，當然就是指英國國王，當時為愛德華七世。）此外，更具體的罪名包括購買和分發武器、煽動他人謀殺，以及發表煽動言論。先前在印度，屢屢有人在薩瓦卡的唆使下行兇，即使情節較他輕微，也都已遭處以絞刑。

鮑街（Bow Street）法官允許引渡之後，薩瓦卡就在武裝警察的戒護之下被送上前往孟買的船，然而快到馬賽港的時候，他就趁警察轉身之際逃脫，從窗戶向跳進海中。薩瓦卡掙扎著上岸，岸上已經安排好有朋友們會開車來接他。不幸的是，朋友在咖啡館逗留太久，來不及趕到，因此他又被警察抓住，銬上手銬，並拖回船上。由於此事發生在法國的領土，引發了國際的爭論，不過那時警方已順利將薩瓦卡押抵孟買。英國政府深知，若將薩瓦卡處以絞刑，只會讓他變成殉道烈士。因此，這位被孟買省長形容為「印度最危險的人」的男子就這樣遭英國政府判處終身流放至安達曼群島（the Andaman Islands）——也就是當時英國的「惡魔島」。（譯按：惡魔島即Île du Diable，是法屬圭亞那外海的島嶼，曾被法國政府用來流放罪犯。）政府認為，如此一來薩瓦卡的思想就不會再流傳下去。然而，對於薩瓦卡召集的反英革命份子而言，他永遠都是精神榜樣。此外，革命份子之中，有一些人非常渴望能接替薩瓦卡的位子，奪取大英帝國的權力。其中之一便是極具煽動力的印度人哈爾·達亞爾（Har Dayal），先前他曾就讀劍橋大學，但卻放棄獎學金和光明的前途，理由是他不想受到「敵國」資助。

雖然薩瓦卡只年長一歲，但卻深深影響著曾在印度之家工作的達亞爾。達亞爾曾短暫旅居巴黎，當時巴黎是孕育革命思想和活動的溫床，他在那裡認識了許多流亡法國的俄國革命家，他們樂於與他分享自己付出痛苦代價後才獲得的經驗。然而，達亞爾很快就發現，對於如何對抗英國在印度的統治，自己和其他印度密謀者看法不同：他認為，暗殺英國官員雖能以戲劇化的方式吸引大眾對革命事業的注意，但沒辦法感召人們一起進行全國規模的起義，也就無法推翻英國的統治。達亞爾認為，他們要做得更多。他主張，「我們必須斬草除根，」而不只是修剪樹枝而已。革命份子需要的不是殺手，而是一支受過訓練且對革命懷抱熱忱的軍隊，讓他們滲透到印度各地，從走私軍火庫拿取武器。而且哈爾．達亞爾也知道哪些地方可以徵召到這些人。

一九〇五至一〇年之間，旁遮普省屢屢遭季風侵襲，當地發生嚴重飢荒，數萬名錫克人因此移民緬甸、馬來亞和中國。還有許多錫克人甚至冒險前往更東邊的區域，定居在美國和加拿大的太平洋沿岸地區。錫克人和印度人很快就在舊金山和溫哥華地區建立起龐大社群，並興建了各自的宗教建築和學校，而移民者中許多體格健壯的男人都曾是印度陸軍成員。但對於大部分移民者而言，北美洲並不如他們想像中的那樣美好。當地居民大多來自歐洲，對他們遵循的傳統相當陌生，加上雙方語言不相通，因此多數當地人將他們視為不速之客。此外，這些移民即使薪水微薄也願意工作，激怒了各個工會，而他們迅速增加的人數也引起了移民局的注意，處境越來越孤立，受到的騷擾也越來越多。就在這時候，哈爾．達亞爾在一九一一年九月移居加州，將革命總部設置在這群移民者之中，遠離英國當局的監視。

同時，在印度，雖然薩瓦卡已遭放逐，恐怖主義仍持續活躍，每兩週就會發生一起暗殺事件，受害者大多是為英國政府工作的印度裔警察。隨後，在一九一二年十二月二十三日，極端主義份子發起了迄今最大規模、企圖明顯的一次攻擊。趁著總督哈丁勳爵（Lord Hardinge）和妻子騎乘大象，隆重進入印度新首都德里時，他們向總督丟擲炸彈，爆炸聲遠在六英里之外都能聽到，但總督夫婦逃過一劫。然而，哈丁勳爵受到重傷，背部遭到炸彈中包裹著的釘子、螺絲和小針嚴重割裂，而儘管現場有五百名制服警察排成的隊伍，還有兩千五百位便衣警察混在人群之中，刺客仍成功逃脫。這起攻擊激起了英國民眾以及旅印英國僑民的憤怒和恐懼，並反映在當時的新聞報紙上。其中一篇社論表示，每發生一起暴力行為，就要對二十五名恐怖份子處絞刑；另一篇社論則呼籲，政治煽動者必須「被城市清潔人員公開處以鞭刑」，唯有如此才能消滅恐怖主義。

雖然哈爾・達亞爾立刻聲稱自己策劃了此次攻擊，但真相可能永遠無法水落石出。英國人開始對美國政府施加各種壓力，要求美國政府逮捕並引渡達亞爾與他的黨羽，但由於英國沒有證據證明他是恐怖攻擊的共犯，而且美國輿論界對於印度的革命事業有一定程度的同情，因此英國達成目標的希望相當渺茫。與此同時，加拿大當局派了一位資深的前印度警官威廉・霍普金森（William Hopkinson）前往舊金山調查哈爾・達亞爾的行蹤。說著一口流利印度語的霍普金森以假名入住一間地點相當接近革命份子基地的旅館，他的任務是讓查爾斯・克里夫蘭爵士掌握哈爾・達亞爾的一舉一動，並收集他從事不法活動的證據，才能說服美國政府不要讓達亞爾將美國當成重起爐灶的避風港，否則將會嚴重破壞英美關係。

霍普金森很快就弄清楚了達亞爾的陰謀，他在第一次向克里夫蘭回報時，表示哈爾・達亞爾是他遇過「最危險」的印度極端份子，並警告道，這位表面上在加州大學教授東方哲學的年輕煽動家很可能會影響該校的印度學生。事實上，霍普金森還發現，達亞爾正在利用他的教職吸引學校最聰明的學生加入革命事業，並與他的同夥在純樸且多半不識字的錫克教徒和其他移民之間散佈革命福音，影響這群居住在太平洋沿岸、對北美洲感到幻滅的印度移民社群。然而，霍普金森還不知道的是，達亞爾就是打算招募這些健壯的新移民加入他的秘密軍隊，將英國勢力逐出印度。達亞爾將他的革命組織命名為「加達爾」（Ghadr，意思是「反抗」），並出版了一份極具煽動性的同名新聞刊物，郵寄給全世界的支持者，因為他的目標對象不只是北美洲的印度移民。他的影響力很快就跨越了太平洋，延伸到任何有印度移民的地方，包括緬甸、中國、馬來亞、日本等地，並在各地成立秘密分支，組織成員的人數也激增為成千上萬，而所有成員都發誓要推翻英國統治，建立一個自由選舉的共和政府。

此時，哈爾．達亞爾和他的革命同夥意識到，他們能夠透過一個過去不曾想像的方式得到協助。過去幾個月以來，他們發現歐洲列強之間有可能發生戰爭，尤其是英國和德國。他們推測，如果這兩國之間爆發戰爭，英國的危機可能就是他們的大好機會，而且如果印度革命份子與德國結盟，就有可能獲得柏林當局的協助，包括武器、資金和專業軍事指導。著名的普魯士軍國主義者及泛日耳曼運動支持者弗里德里希．馮．伯恩哈迪將軍（Friedrich von Bernhardi）所著之煽動書籍《德國和下一場戰爭》（*Germany and the Next War*）更是使他們備受鼓舞。在這本宣揚戰爭的書中，伯恩哈迪將軍盡情宣洩德國的不滿，尤其是對英國的憤怒，並呼籲德國必須發動戰爭來取回自己的權利。他寫道，如果德國要負起歷史的使命，這場戰爭無可避免。

不僅如此，在書中名為〈當不了世界強權，就會衰亡〉（World Power or Downfall）的那一章裡面，將軍提到英屬印度非常脆弱，彷彿是一個火藥桶，只需要小心地點上一根火柴，就能使其爆炸。他指出，印度民族主義運動正迅速興起，再加上印度本地穆斯林在英國統治下從來就不安份，如果這兩個族群聯合起來反抗壓迫他們的歐洲人，將軍預測道，伴隨而來的劇變會動搖大英帝國的根基。假設英國和德國之間真的發生戰爭，印度一定會出現暴力叛變，埃及也非常有可能發生類似事件。

將軍的看法對哈爾．達亞爾和他的同夥而言無非是一劑強心針，說明了德國人有注意到印度的革命運動及目標，也可能願意與他們合作，尤其是在戰爭爆發的情況下。因此，哈爾．達亞爾決定要聯絡柏林當局，並立刻開始謹慎地試探德國是否會因為與英國失和而幫助印度人發動革命。達亞爾透過駐美國的德國外交官打聽，而德國也以同樣小心的態度回覆，而且答案讓印度人振奮不已。事實上，一九一三年十二月三十一日，在舊金山一場印度革命份子舉行的會議上，德國顧問還與哈爾．達亞爾等革命領袖一同坐在台上，以「特別嘉賓」的身分出席，德國的鼓勵態度可見一斑。據傳，哈爾．達亞爾在那場會議上警告與會者，德國和英國之間很快就會發生戰爭，而「為了即將來臨的革命」，他們必須準備好前往印度。此外，達亞爾在演講中還引述了伯恩哈迪將軍的書。

在此同時，德國的媒體也開始對印度產生興趣。一九一四年三月六日，《柏林日報》（*Berlin Tageblatt*）刊登了一篇內容詳盡的新聞報導，標題是〈英國政府在印度陷入麻煩〉（ENGLAND'S INDIAN TROUBLES），指出有一個計畫周詳的陰謀正在進行，準備要從海外推翻英國統治。這篇報導表示，革命的主謀大多聚集在加州，並從當地走私武器和彈藥進入印度。這個消息對美國政府而言也非常嚴重，兩週後便逮捕了哈爾．達亞爾。就在哈爾．達亞爾的同夥於印度受審時，美國政府之所以急於做出這個舉動，也許是因為美方發現一張印有「加州大學」字樣的信箋，上面寫著「必須殺光歐洲人」。

在達亞爾向舊金山各大報發表的聲明中，他坦率表示自己一生致力於推翻英國在印度的殖民地政府，但否認宣揚暗殺或無政府主義。他認為美國政府逮捕他是「卑劣的親英舉動，對英國卑躬屈膝」，並指控美國當局的行為無異於「舔英國的靴子」。拘留兩天後，達亞爾以一千美元保釋金獲釋，但他很快就逃出美國，將加達爾組織的日常運作交給一位他信任的副手，而他的追隨者為了向美國當局和媒體解釋他為何消失，堅稱他是被英國特務綁架。然而，一個月後，達亞爾就出現在瑞士，在當地繼續指揮加州和其他各處的革命組織。除了最親近的夥伴以外，他對所有人保密行蹤，以免真的遭到綁架。他待在瑞士，熱切地期盼英國和德國之間爆發全面戰爭。這願望過沒多久就成真了。

導致戰爭開打的一連串險惡事件就不在此重述了。總之，一九一四年六月二十八日，奧匈帝國王儲斐迪南大公（Franz Ferdinand）與妻子遭到一位塞爾維亞學生射殺。雖然沒有證據顯示暗殺是受塞國政府指示，但在德國的催促之下，奧地利立刻向塞爾維亞宣戰。隔天，支持塞爾維亞的俄國開始在該國與德奧接壤的邊境動員軍隊，而德國迅速跟進，同一天英國政府也命令皇家海軍出海，為看來已無可避免的戰爭做準備。威廉二世沮喪地發現他的盤算錯誤，一切都太遲了。他賭上一切，以為英國會保持中立，而他的軍隊就可以先解決法國，再全力對付面臨內憂外患的俄國。德國到最後關頭仍試圖讓英國維持中立，但遭到英國外交大臣愛德華．格雷爵士（Edward Grey）拒絕。一週之內，威廉二世發現自己與英國、法國、俄國、比利時處於戰爭狀態，不久之後又再加上了日本。

他痛苦不已，先是對「令人嫌惡、說謊、無恥且充滿小店主的國家」英國感到憤怒，後來怒氣更是衝著「卑劣的無賴」格雷而去。〔譯按：「充滿小店主的國家」（nation of shopkeepers）是指涉英國的常見詞彙，但有時會被外國人拿來取笑英國。〕當時，許多社論都批評威廉二世是「歐洲的狂犬」。他指控英國故意與其他同盟國家密謀，想要弄垮德國政權；他還聲稱，「儘管我國政界極力避免此事發生，但德國被全面包圍終究成為事實。即使我們早已孤立無援，包圍網卻還是突然就鋪天蓋地落在我們頭上。英國嘲笑德國，從持續多年的反德國世界政策中取得亮眼成果。」威廉二世看到自己的帝國計畫慘遭打擊，深感憤怒，向所有在東方的德國特務和外交官發布了著名的命令，要求他們務必讓「整個穆斯林世界」一股腦把怒氣發洩在他的英國表親身上。

# 第四章
# 德皇威廉二世的聖戰

德國國內有許多人相當熱衷於威廉二世的偉大計畫，非常支持德皇煽動東方各部落及民族，共同對抗德國的敵人。在這些鷹派人士之中，最積極的當屬著名的東方學者馬克斯・馮・歐本海默，而且當初就是他先提出了這個構想。數年以前，戰爭尚未開打之時，歐本海默在開羅透過外交工作掩護，替外交部的長官準備了一份秘密備忘錄，裡頭寫著德國軍隊或許能在戰時操控伊斯蘭武裝份子，並會帶來「莫大的效果」。有證據顯示這的確激發了威廉二世的靈感。毫無疑問的是，戰爭爆發時，柏林當局也找來了歐本海默，要他準備一個周全的計畫，說明如何對協約國發動恐怖行動，尤其是針對英國。

另一位支持德國將聖戰納入核心策略之中的倡議者則是赫爾穆特・馮・毛奇將軍，他是當時德國的參謀總長。他的伯父是曾擔任普魯士陸軍參謀長達三十年之久的老毛奇，名聲顯赫的老毛奇早在七十年代還只是個上尉時就已經注意到，德國能在東方找到無限的機會。〔譯按：老毛奇（Moltke the Younger）與小毛奇（Moltke the Younger）的名字很像，但全名不同，前者是Helmuth Karl Bernhard Graf von

Moltke，後者則為Helmuth Johann Ludwig von Moltke，兩者相差四十八歲。」現在，毛奇將軍聲稱，德國可以利用「伊斯蘭狂熱主義」，在印度和高加索地區煽動暴力起義，以此打擊英國和俄國。瑞典探險家斯文・赫定（Sven Hedin）也替毛奇的主張背書，這位著名的探險家非常討厭英國和俄國，因此將自己對於東方的了解和在當地的經驗全部傳授給德國，任憑威廉二世自由運用。

德國另一位全心支持威廉二世野心的重要人物則是普魯士鋼鐵大亨奧古斯特・蒂森（August Thyssen），他非常渴望能看見印度和其出產的珍貴原物料脫離英國掌控。在戰爭剛開打時，蒂森發表了一份內容相當挑釁的備忘錄，說明由於德國的工業對自然資源有極大需求，因此德國必須永久併吞自然資源豐富的區域，包括盛產礦產和石油的高加索地區，而且他主張德國可以穿越溫順的波斯，對印度發出「致命的一擊」。柏林大學土耳其歷史教授恩斯特・耶克（Ernst Jäckh）也是德國聖戰的擁護者之一。他是狂熱的擴張主義者，非常享受威廉二世對他的信任，不停鼓吹皇帝進行偉大的冒險，並保證東方的民族已經準備好要響應。

雖然有些軍隊高層對於耶克所言抱持懷疑的態度，但身為威廉二世親信的外交部卻是全力支持聖戰的策劃。先前提及的歐本海默和耶克為聖戰計畫的顧問，而主要負責人則是年輕時曾被派往東方擔任外交官的外交副大臣阿圖爾・齊默爾曼（Arthur Zimmermann），因此聖戰計畫也被稱為「齊默爾曼計畫」。（開戰兩年半之後，他升任為外交大臣。）德國駐君士坦丁堡大使康拉德・馮・旺根海姆也是聖戰計畫的要員，他的大使館建築相當宏偉，可以從高處眺望博斯普魯斯海峽的天際線，往東望去則是波斯、阿富汗和印度，因此這使館往後也成為德國發動聖戰的基地。

美國大使亨利・摩根索（Henry Morgenthau）多年之後回憶道，旺根海姆大使當初曾向他透露，「德國的最大目標就是煽動穆斯林世界。」摩根索表示，「當時，旺根海姆大使坐在辦公室，抽著一根巨大的黑色德國雪茄，向我坦承德國的策略就是煽動整個穆斯林世界起身對抗基督徒。」但是，旺根海姆也告訴摩根索，德國必須先設法讓當時還保持中立的土耳其加入德方，因為只有身為伊斯蘭哈里發的蘇丹有權發動聖戰。摩根索繼續寫道，因此，「威廉二世是否能成功統治世界，完全取決於旺根海姆的任務表現，」而任務內容就是確保土耳其會加入戰局，成為德國的盟友。此外，摩根索也表示，「旺根海姆相信，如果他成功達成此一任務，他多年來希望能成為德意志財政大臣的心願也就能夠實現。」

對於德國而言，發動聖戰的主要誘因之一是所費人力和金錢成本皆不高。只需要幾位積極的特務，再加上一些友好的親德部族，就能完成通常需要數個步兵兵團才能解決的任務。不過，要取得勝利，必須考慮周全，而德國人恰好非常擅長於制定計畫。在拉攏土耳其之後，德國當局必須找到適合的領導者，並針對特定任務進行訓練。由於齊默爾曼認為旺根海姆一定能成功將土耳其拉入戰局，這項工作也立即展開。雖然當時並沒有很多人知道，但齊默爾曼明白，在一九一四年八月二日，也就是德英雙方開戰的兩天前，旺根海姆與恩維爾帕夏率領的土耳其內閣親德派簽訂了秘密軍事同盟。雖然德國未能讓土耳其承諾加入德方並參戰，但也已經取得相當的進展。（譯按：帕夏〔Pasha〕是土耳其高官的頭銜，當時另外有兩位帕夏。）

事實上，德國當時並沒有想要催促土耳其加入戰局，因為歐洲的計畫才剛起步，而且威廉二世的部下相信自己能迅速取得勝利，除非有任何意外，否則他們不需要土耳其的幫助。土耳其可以等到他們征服歐洲，準備好前進到東方之後再加入。另一方面，恩維爾同樣不希望土耳其必須立刻參戰。他需要三、四個月的時間來動員軍隊，讓人民先做好心理準備，因為土耳其人絕不會對這場戰爭抱有任何好感，他們長期以來都非常害怕俄國人覬覦自己的土地，尤其是君士坦丁堡和博斯普魯斯海峽等地方。況且，在克里米亞戰爭期間，許多英國人和法國人為了土耳其而犧牲，因此土耳其人大多都不討厭英、法兩國。再加上許多與德國人打過交道的土耳其人認為德國人太過專橫跋扈，如果一夕之間風雲變色，肯定會讓他們難以接受。

當時，英國造船廠正在為土耳其海軍製造兩艘軍艦，落成之後將會成為土耳其艦隊之中最為巨大且現代的艦艇，而費用是藉由公開呼籲後集結公眾募資而來。為了土耳其海軍的榮譽，以及為了對抗俄國的黑海艦隊，鄂圖曼帝國各層級的政府官員都接受了減薪。土耳其海軍已經啟程前往英國，準備接回軍艦，而在他們沿著博斯普魯斯海峽航行時，君士坦丁堡也特別將那些日子訂為「海軍週」，以歡迎新艦艇的到來。然而就在此時，英國海軍大臣溫斯頓・邱吉爾（Winston Churchill）突然宣布，要將兩艘土耳其新艦艇徵收為英國皇家海軍之用。諷刺的是，邱吉爾宣布的當天，德國和土耳其正好簽訂了秘密軍事同盟，雖然倫敦當局尚未發現兩國之間的協定，但這足以證明邱吉爾的決定非常正確。

新聞報導土耳其無法獲得新軍艦時，國內輿論既失望又憤怒。數千名將零用錢捐獻給船艦購買的中小學生上街遊行，抗議英國政府的行徑。雖然土耳其拿回了全部的款項，但隨後英國政府就發現了德國與土耳其的軍事同盟，因此英土兩國之間的關係來到史上最糟糕的狀況。對於恩維爾和親德派內閣而言，土耳其的輿論導向可說是老天給的大好機會，因為此刻土耳其民眾一定會欣然接受與德國之間的秘密條約。隨著國內輿情沸騰，恩維爾與他的親德同夥準備好要打出手上的王牌。

邱吉爾宣布徵用土耳其軍艦的一週後，德國巡洋艦格本號（*Goeben*）及布雷斯勞號（*Breslau*）受到英國海軍強力追擊，因此駛進博斯普魯斯海峽尋求庇護。而在後頭追捕的英軍艦隊則停留在土耳其水域之外，向當時仍是中立國的土耳其政府進行抗議。英國海軍要求土耳其依國際法拘留德國的船隻和船員，或是命令他們離開中立水域，自行面對英國皇家海軍。然而，土耳其的回應令英國震驚不已。土耳其宣布政府已經將這兩艘德國巡洋艦買下來，用以替代邱吉爾徵用的兩艘英製軍艦，而且這兩艘德國巡洋艦立刻就冠上新的土耳其名字，德國船員也披上土耳其海軍制服、戴上氈帽。

這件事僅僅是個開頭，往後的一連串事件更是讓土耳其無可奈何地被拖進戰爭的泥淖。由於歐洲的計畫不如威廉二世手下原先預測的那麼順利，柏林當局認為是時候祭出東方的計策，但在土耳其內閣之中，還是有位高權重的成員認為土耳其應該要維持中立。旺根海姆和恩維爾已經等不及要將土耳其拉入德方，而且當時溫和派的支持度正緩慢上升，因此兩人決定要採取激進的措施，讓溫和派不得不出手。

十月二十七日，戰爭開打後的兩個半月，格本號和布雷斯勞號已重新命名為賽利姆蘇丹號（*Sultan Selim*）以及邁德里（*Medilli*）號，這兩艘巡洋艦帶著密封的命令，與蘇丹麾下其他海軍軍艦一起駛入黑海，他們徑直前往俄國奧德薩港（Odessa），在沒有宣戰的狀況下，開始發動砲擊，包括一艘俄國巡洋艦在內，土耳其的攻擊造成港口許多船隻沉沒、儲油槽起火。砲擊鄰近的俄國港口之後，蘇丹雇用的德國海軍將領就指揮軍艦回到位於博斯普魯斯海峽的土耳其基地。土耳其內閣溫和派非常震驚，海軍竟以他們的名義進行攻擊，其中四名立刻辭去了職務，而一手策劃整起行動的恩維爾則聲稱是俄國先行開火，但沒有任何人相信。雖然各方都要求恩維爾向俄國道歉，但一切都已經太遲了。俄國旋即向土耳其宣戰，並驅逐駐俄大使。此外，由於溫和派辭去內閣職務，親德派系從此完全掌控了土耳其的命運，恩維爾也毫無疑問成了國家的獨裁者。

十月三十日，英國和法國大使請求先行回國，並建議國民儘速離開土耳其，因為與土耳其交戰只是時間早晚問題。兩天後，英法駐土耳其大使將無法帶走的機密資料銷毀，搭上沿線只會經過中立國的火車離開君士坦丁堡，返回各自的母國。東方快車的終點站錫爾凱吉（Sirkeci）火車站陷入混亂，外國僑民都想儘快離開土耳其，因為據傳異教徒將會遭到大屠殺。當時，美國的摩根索大使協助英法兩國的撤僑工作，他還到車站送別兩國大使。後來，他寫道，「車站人滿為患，瀰漫既激動又恐懼的情緒。全副武裝的警察在那裡推著人潮向後，車站擠滿士兵、憲兵、外交官和土耳其官員，以及他們的行李，場面非常混亂。」人們心情暴躁，到處都有被打飛的帽子、撕破的衣服。摩根索大使還看到英國大使路易斯．馬勒爵士（Louis Mallet）「與一位多管閒事的土耳其人吵了起來，不過很快就吵贏了」，也看見法國大使「用力地搖晃一名土耳其警察」。

不是所有土耳其人都樂見於外國大使離去。許多人並不像恩維爾一樣盲目地崇尚德國，反而對未來感到不安，當中包括土耳其的大維齊爾，他一直以來都強烈反對土耳其參戰，更是不願加入德方。路易斯．馬勒爵士在前往車站、離開土耳其之前，還前往大維齊爾俯瞰金角灣（Golden Horn）的辦公室辭行。雖然大維齊爾名義上是整個國家權力最大、只需服從於蘇丹的宰相，但他和蘇丹如今都只是傀儡，恩維爾留下他們只是為了讓政權能夠體面一些。在最後，大維齊爾毫無保留地流著淚，懇求馬勒不要拋棄他和反對恩維爾的人們。絕望之中，他啜泣著用法語說：「不要走！」但局面已經無可挽回，四天之後，英國就對鄂圖曼帝國宣戰了。

土耳其參戰後三週，蘇丹正式宣布要對英國及協約國盟友發動聖戰。無論蘇丹本人心意為何，他幾乎沒有任何決定權。在土耳其新的戰時領導者恩維爾統治之下，他幾乎是遭到軟禁。對於恩維爾而言，從這時開始，他終於能夠實現自己的夢想，建立一個由他本人統治的土耳其語民族帝國，疆域從君士坦丁堡延伸至中國邊境。在紀念征服者穆罕默德二世（Mehmet the Conqueror，亦即數個世紀前從基督教統治者手中奪回君士坦丁堡的偉大鄂圖曼帝國蘇丹）的清真寺前，恩維爾舉行了肅穆的儀式，由宗教地位僅次於蘇丹哈里發本人的謝赫伊斯蘭（Shaikh-ul-Islam）宣告正式發動聖戰。（譯按：謝赫伊斯蘭是鄂圖曼帝國的伊斯蘭教最高領袖，到一九一七年以前也是內閣成員。此時的謝赫伊斯蘭是Ürgüplü Mustafa Hayri Efendi。）謝赫伊斯蘭召集各處的穆斯林加入聖戰，命令他們團結起義，擊敗各處的異教徒壓迫者。隔日，蘇丹極為煽動的號召便在各個清真寺裡宣讀，並印在每一份報紙上，傳遍鄂圖曼帝國。

然而，柏林和君士坦丁堡當局的呼籲對象，其實是英俄統治底下的數百萬名穆斯林。他們要將蘇丹的伊斯蘭教令（fatwa）傳至當地，才能以聖戰為由，煽動暴力起義，並說服英俄兩國軍隊中的穆斯林分隊拒絕攻打土耳其或盟友德國。君士坦丁堡的印刷廠製作了成千上萬份文宣，走私進印度、埃及、高加索地區、中亞地區和其他穆斯林居住的區域。美國大使摩根索也拿到了一張。傳單是用《古蘭經》的共同語言阿拉伯文寫成，以便各地的伊斯蘭教領袖穆拉（mullah）和伊瑪目（imam）閱讀，並傳播給信眾。摩根索寫道，傳單的文字充滿宗教狂熱，傳遞了種族和宗教仇恨的訊息。這位曾當過執業律師的美國大使形容土耳其的文宣是「一個縝密的計畫……是為了暗殺、滅絕所有基督徒而設計，只有德國人能倖免於難。」

在《博斯普魯斯海峽的秘密》（*Secrets of the Bosphorus*）一書中，摩根索生動描寫了戰時的君士坦丁堡，在敘述這一段時期時，他大量引用了傳單上的文字。其中一段文字向穆斯林宣告：「你們不會因異教徒的鮮血流淌在伊斯蘭土地上而受罰，唯有穆斯林政權已經承諾安全、與之結盟的人們除外。」另外一段則命令：「但凡你見到他們，抓住他們，殺了他們。無論手段為何，即使只殺了一名異教徒統治者，都將受到真主的獎賞。無論身在何方，讓每一位穆斯林立下誓言，至少要殺死三、四名異教徒統治者，因為他們是真主和伊斯蘭信仰的敵人。完成任務的穆斯林將從審判日的恐懼中得救。」摩根索認為，很明顯是「德國在幕後操控這一切」，因為文宣中不斷強調只要剷除「統治穆斯林」的基督徒，而與穆斯林訂下「盟約」的人們則能夠倖免。他寫道，號召穆斯林殺害無辜人民的文宣悄悄傳遍了整個穆斯林世界，包含英屬印度和埃及在內。

這就是幾週前旺根海姆大使所說的重大目標，而德國大使館一定也參與其中。當時，摩根索還出言相勸，警告旺根海姆「在一群宗教狂熱的群眾之中散播煽動文宣的危險」，但旺根海姆卻說發動聖戰是為了迅速結束戰爭，因此是「一個偉大且和平的進攻手段」。但德國大使也承認，將英國拖入戰局是一個嚴重的錯誤。如果能在印度、埃及和其他英國屬地煽動叛亂，那麼大英帝國就會被迫要從此戰場抽身。摩根索繼續寫道，「旺根海姆相信，就算英國的穆斯林拒絕叛變，國內可能出現暴動的威脅也足以誘使英國拋下協約盟友比利時和法國。」後來，摩根索因為暴徒攻擊首都裡的基督徒商店和其他機構，親自向恩維爾表達抗議，但這位土耳其獨裁者表示一切都是誤會，首都沒有任何人會受到傷害。

與此同時，土耳其卻愈加堅定的在穆斯林世界推動聖戰。阿拉伯歷史學家喬治・安東尼烏斯（George Antonius）寫道，「許多人背負著宣傳聖戰的使命出發，包括傳教士、學者、博學多聞的神學家、專職煽動者和德國東方學者在內，各種使者前往各地，有些人也成功潛入了埃及、蘇丹和其他受協約國統治的非洲地區，企圖說服當地信仰伊斯蘭教的非土耳其民族加入聖戰，尤其是阿拉伯人。不過，往後此舉導致阿拉伯人起義反抗土耳其統治，他們反被自己的行為所害，相關事件可參考勞倫斯（T.E. Lawrence）的生動敘述，而歷史學家安東尼烏斯也曾在《阿拉伯的覺醒》（*The Arab Awakening*）一書中提及，這本書專門介紹阿拉伯民族振奮人心的重大時刻。不過，本書只會提及前往君士坦丁堡的人，他們的目標是將聖戰的消息傳播至波斯、阿富汗、高加索地區和中亞，最終抵達英屬印度。

雖然聖戰一開始是威廉二世的主意，但恩維爾很快就發現這場戰爭能夠幫助他實現建立帝國的願望，因此在土耳其參戰的前幾週，他提出建議，要柏林當局挑選軍官加入土耳其和德國的聯合秘密任務，目標是讓波斯和阿富汗也加入戰局，而在土耳其精良部隊的護送之下，這些軍官於聖戰宣告發動的同時就已抵達波斯。恩維爾解釋道，波斯向來不喜歡英俄兩國，因此德黑蘭當局很可能會加入聖戰的行列，或者至少能睜一隻眼閉一隻眼，保持中立，放任他們在境內宣傳聖戰。抵達喀布爾後，這些軍官要想辦法說服阿富汗埃米爾加入聖戰，並命令他的軍隊和各部族人民從山口進入英屬印度。恩維爾的間諜向他保證，阿富汗人對於英國異教徒敵意非常重，他們不需要強迫埃米爾，埃米爾也會自己選擇加入。同時間，在土耳其特務的帶領之下，一支鄂圖曼軍隊會入侵高加索地區，號召當地的穆斯林加入聖戰、驅逐俄國人，在進入中亞地區，解放他們同樣系出突厥族的同胞。至於君士坦丁堡和柏林當局要如何瓜分得到的領土，就留到事後再行解決。

一九一四年秋天，德國便開始招募阿富汗任務團隊的成員。兩個月後，土耳其宣布參戰，並發動聖戰。三十多歲的威廉・瓦思穆斯（Wilhelm Wassmuss）是前幾位被選入阿富汗任務團隊的成員，他在戰爭開打之前是一位外交官，過去曾經被派駐東方。雖然他是德國駐波斯灣的領事，但英國人一直以來都相信他其實是情報官員，負責推動威廉二世的擴張計畫。瓦思穆斯相貌堂堂，能說流利的波斯語和阿拉伯語，曾經旅行至波斯南部的部落，與其中一些部落首領關係密切。他的體格強壯，個性堅忍，非常適合擔任煽動叛亂。齊默爾曼和歐本海默選中瓦思穆斯來領導任務團隊，並負責德國與阿富汗之間的外交事務。

此外，他們選擇奧斯卡．馮．尼德梅爾上尉（Oskar von Niedermayer）來當瓦思穆斯的副手。尼德梅爾曾經去過波斯、俾路支斯坦（Baluchistan）和印度，非常適合代表德國的軍事情報部門。他個性堅毅不拔且機智多謀，當時的人們形容他是「能讓德國軍隊所向披靡的那種人物」。當時，尼德梅爾還在西線戰場（Western Front）擔任步兵軍官，但他向來渴望前往遙遠地區冒險，因此當他被召回柏林參與任務時，他欣然接受，並負責此次任務的軍事部分。瓦思穆斯和尼德梅爾的強大組合即將面對艱鉅且危險的任務。他們將成為德國版的「勞倫斯」，英國軍官則稱他們為「黑暗天使」，因為他們的任務是以聖戰的名義傳遞暴力和叛亂的訊息，並煽動東方人民反抗英國與其盟國。（譯按：因為他們扮演的角色就像前述的英國軍官勞倫斯，只不過角色完全相反：勞倫斯是負責拉攏中東地區各阿拉伯部落起義反抗鄂圖曼帝國。）

除了瓦思穆斯和尼德梅爾兩人之外，任務團隊的其他軍官和士官也大多擁有特殊技能，或是因為曾經待過非洲殖民地的悶熱內陸地區，有足夠經驗適應波斯和阿富汗一樣惡劣的環境和氣候。當時，柏林當局對於政治作戰或非常規戰爭幾乎沒有任何經驗，往後發現有些早期加入團隊的成員（尤其是曾在非洲殖民地任職者）非常不適合此任務，因此有進行人員更替。雖然依據英國情報官員的日記和其他文件看來，任務團隊成員的數量為八十四名，但由於更換成員的緣故，無法確認這個數字是否正確，而且這還不包括後來加入隊伍的三名印度革命家、親德部落人民和波斯傭兵，也不包括從中亞的俄國戰俘營逃出後加入任務的德國士兵。

現在，任務團隊啟程前往聖戰總部君士坦丁堡。然而，這麼一大群體格精良、軍人氣息濃厚的役齡男子浩浩蕩蕩經過中立的羅馬尼亞時，很難不引起英國間諜的注意，更不用提羅馬尼亞當局了。為了避免任務團隊遭到拘留，他們決定喬裝成巡迴馬戲團，將行李和裝備都貼上相應的標籤，例如清單上的「帳篷柱」其實是高大的金屬無線天線，用來聯絡君士坦丁堡的旺根海姆大使。

雖然任務團隊已經進行偽裝，小道消息還是流入了當局的耳裡，內容聲稱柏林和君士坦丁堡當局對英屬印度有所企圖。儘管是在意料之內，蘇丹哈里發號召穆斯林發動聖戰的消息仍在德里引起一陣恐慌，因為英屬印度擁有全世界最多的穆斯林人口，必定會成為土耳其和德國的主要目標。此時英國在北方必須處理阿富汗這顆倒數計時的定時炸彈（暗殺和恐怖主義在當地橫行），其他戰線又急需印度軍隊的支援，處境相當不利。關鍵在於英國統治底下的七百萬穆斯林究竟是否會回應蘇丹的號召，但沒有人知道問題的答案。自從七世紀的阿拉伯大征服以來，再也沒有發生如此大規模的聖戰，也從未把現代歐洲國家當成征戰目標。印度總督哈丁勳爵在寫給朋友的信中提到，「事實上，現在英國在印度的處境可說如賭博一般，非常冒險。」

但英國還得面對更糟的情況。德里當局接獲消息，幾艘載著錫克教革命者的船隻已經從舊金山出發，準備橫越太平洋，而目的地正是印度。

# 第五章
# 印度大陰謀

表面上這群錫克移民是因為戰爭爆發，匆忙趕回自己的祖國，而他們身為英王兼印度皇帝的臣民，完全有權力這麼做。但印度戰時情報首長查爾斯．克里夫蘭爵士深知，錫克教徒突然回來的理由並不如此單純，也絕對不是要效忠英王。這群錫克人隸屬於哈爾．達亞爾麾下誓言將英國人趕出印度的秘密革命軍。回到祖國之後，他們就會四散各地、伺機而動，等到事先約定好的信號通知出現，就會出來組織暴力起義，並使用走私而來的德國武器，讓英國人因為措手不及而潰敗。

先前曾任印度警官的威廉．霍普金森已被當局派往加州滲透當地的革命運動總部，因此克里夫蘭大多都是從他那裡得到革命計畫的情報。然而，霍普金森在被錫克教極端份子發現身分後，便遭射殺，此一消息管道也隨之封閉。不過，經過仔細研究攔截到的《加達爾》（*Ghadr*）秘密新聞報之後，克里夫蘭即掌握了革命組織的計畫。有一則新聞標題寫道，「殺了所有的英國人！」另一條則道出全盤計畫，寫著「徵求：傳播革命的英雄士兵。薪水：死亡。獎賞：成為烈士。戰場：印度。」

英國當局非常清楚，錫克教革命者回到印度時必須小心處理，以免殖民地緊繃情勢惡化，導致其他印度人的親英態度改變，不再對英國表示忠誠。因此，當局通過了一條緊急法令，給予政府在戰時的額外權力，以處理海外移民突然大量回國的狀況。這條法令允許政府限制任何可能造成威脅的社會活動。同時，克里夫蘭也向印度各港口的移民官員發出一條告誡他們的秘令：「所有從美國或是加拿大回來的印度人，無論是工人、工匠還是學生，都要將他們視為可能的革命份子，或是可能會同情、支持革命組織的人。」同時，他也警告，有些加達爾組織活躍份子會先在新加坡稍作停留，再換乘其他航班前往印度，避免被懷疑。

並不是所有錫克人都是從美國或加拿大回來。哈爾．達亞爾的組織會從上海、香港和其他遠東地區的印度社群招募人手，因此有些船隻會中途停泊，將這些人接往印度。根據克里夫蘭的說法，一九一四年十二月一日大約有一千名海外錫克人抵達印度，而他認為這還只是一個開始。他表示，「德國在全世界大肆傳播假消息，對於這些無知移民有極大影響，此問題不容忽視。我們能肯定，這些回來的移民是一支大軍的先鋒部隊。」往後的事件也證實了他的猜測。接下來幾個月，總計約有八千名錫克人從海外回到印度，返回他們過去在旁遮普省的家園。

錫克人從一開始就對革命事業懷抱極大熱情，無法掩藏他們即將舉事的意圖。早在八月七日時，美國一家在太平洋沿岸發行的報紙就以〈印度人回鄉加入革命〉為頭條標題，報導有大批錫克人即將從舊金山搭船前往印度。報導中還寫道，「由於英國現在忙於歐洲的戰爭，錫克人在舊金山租了一艘船，準備加入計畫在印度發起的革命。」克里夫蘭還看到另一篇來自夏威夷的報導，寫著錫克人乘著一艘船經過當地，炫耀著他們的計畫已經準備完成，十月就會發動起義。在前往印度之前，錫克人分成好幾個革命小組，每組都有各自的領導者。他們接收到這樣的指令：「你的任務非常明確，就是前往印度，煽動各地叛變。你必須劫富濟貧，以獲得大眾的支持。抵達印度時，你就會獲得武器。如果沒有拿到的話，就要去搶劫警察局的步槍。」加達爾革命份子會設法在美國拿到手槍和其他武器，分發給錫克人，也會在航程途中的各個港口購買。

由於事先獲得示警，霍普金森在遭到謀殺前也提供政府相當詳細的情報，因此英國當局已經做好萬全準備，對大批錫克人湧入印度嚴陣以待。航班抵達時，乘客會發現自己要面對許多英國移民官員，而且這些官員都有接收到克里夫蘭的警告，也已經清楚知道許多加達爾組織高層的姓名與特徵描述。移民官員會與所有來到印度的人進行面談，並記錄乘客的危險程度，如果認為某人可能構成重大威脅，將會立即拘留，並移送法辦。八千名錫克人之中，有大約四百人受到拘留。雖然有些人危險程度較低，但仍需嚴加控管，當局會限制他們不得離開自己的村莊，而各地首長和警察會負責監視他們，總共約有兩千五百名錫克人受到此限制。其他素行良好的人則獲允回鄉，但地方政府都會收到相關通知，也會監視他們。

雖然英國當局已經執行了非常徹底的篩查，有些最危險的革命份子仍成功逃過，也有些人在檢查之前就逃回家鄉。他們立刻就和錫克社群中對英國抱有不滿的人建立聯繫，並聯絡印度其他地方的革命份子。旁遮普即將歷經持續數月的暴力浪潮。省長麥可・奧德懷爾爵士（Michael O'Dwyer）後來寫道，「爆炸案不斷發生，旁遮普省各地接連有警察遭謀殺，對英王忠誠的公民也被射殺或炸死，尤其是幫助當局的錫克人。」革命份子為了籌措事業資金，也經常進行武裝搶劫，大多針對印度富人的住宅或商家。此外，他們還建造了秘密炸彈工廠，並持續說服印度陸軍中的錫克軍隊加入革命。奧德懷爾觀察道，「並非所有嘗試都是徒勞無功的。」

當時，革命份子最傷腦筋的是武器不足的問題。他們以為自己抵達印度的時候就會有人提供充足的武器，但其實沒有人知道武器來源為何，不過有些錫克人相信德國有承諾要供應武器給他們。事實上，的確有一些證據顯示柏林當局有此意圖。某艘載滿武器和彈藥的德國船隻被發現正要前往東方，但在戰爭爆發時就遭義大利扣留。根據路透社的報導，拜仁號（*Bayern*）載著「五十萬把手槍、十萬把步槍、二十萬箱彈藥和兩座無線電塔」，而且這還只是其中一部分。（譯按：在德文中，「拜仁」就是巴伐利亞。）由於船上的手槍比起其他武器多出許多，印度的英國軍事專家因此推測，這些武器不是為一般的部隊所準備，而是要給大型的革命運動使用。果真如此，那麼武器極有可能是要運往印度。包括英國政府官方報告撰寫者在內，有些人則認為德國承諾會在錫克人到達時就準備好武器，是為了「鼓舞加達爾革命份子而捏造」，並試圖攏絡立場較不堅定的人。

真相大概永遠無法揭曉了，但除了無法拿到預期中的武器、許多錫克革命領導者遭到英國逮捕以外，錫克人抵達印度時還要面對更多令他們失望的事情。在舊金山時，有人向錫克人保證，整個印度現在動盪不安，在他們的帶領之下，能將動亂情勢升級為暴力起義。他們是點燃印度革命大火的火炬，將以血腥殘忍的方式結束英國對印度的統治。但他們面臨的狀況並非如此。雖然很少印度人真心喜愛英國人，但這群歐洲入侵者為他們原本混亂的家鄉帶來相對的穩定，許多人因此發達起來。其他大部分的人也對於現狀十分滿意，並不想改變。事實上，革命份子很快就發現，許多錫克同夥已經打算向英國人舉報他們，而地方的村長則會毫不猶豫地把他們交給警察。此外，印度周圍沒有能讓他們在行動之間撤退的邊境，附近也沒有支持他們的政府願意提供協助。不過，即使暴力運動距離計畫中的全國起義還有一大段差距，還是沒有澆熄革命份子的熱情。他們決意要以生命為代價，向統治印度的英國政權發動戰爭，並創建一個烏托邦，就和哈爾．達亞爾在舊金山承諾他們的一樣。

一九一四年十二月左右，身在旁遮普的加達爾領袖們試圖與東南方孟加拉的印度教革命份子聯繫，兩邊距離超過一千英里。孟加拉人素有暴力反抗英國統治的傳統，對於恐怖主義戰術也相當有經驗。其中，最有名的革命者非拉希．比哈里．鮑斯（Rash Behari Bose）莫屬，始終高居於英國懸賞恐怖份子的名單之上。鮑斯承諾孟加拉人會與錫克人合作，並提議兩方在不同地區同時發動起義。克里夫蘭迅即發現孟加拉人與錫克人有所聯繫，簡短地發布報告，通知他的部下和線人，「孟加拉和旁遮普已經結為推翻政府的聯盟。」然而，他們尚未發現革命者的陰謀為何。

一九一五年二月十二日，孟加拉人和錫克人在拉合爾（Lahore）舉行秘密會議，擬定合作計畫。他們與印度陸軍中某些心懷不滿的部隊合作，而計畫的成功與否，完全仰賴於合作是否順利。過去一段時間以來，加達爾的煽動者一直向印度軍團的軍營和部署陣線散播令人不安的謠言，包括德國是如何攻無不克、錫克教徒被政府強迫剪去長髮，以及在西線戰場印度部隊會被部署在英軍前方當擋箭牌等。

根據在拉合爾、拉瓦爾品第（Rawalpindi）、白沙瓦（Peshawar）、密拉特（Meerut）、貝拿勒斯（Benares）等地部隊中進行的調查，士兵們已經準備好接收信號、加入革命。叛變的部隊會謀殺他們的英國軍官和其他的政府官員、攻佔兵工廠和彈藥庫、衝進監獄釋放政治犯、搶奪金庫和銀行，並加入加達爾領導者的陣營，抹去所有歐洲殖民政府在印度留下的痕跡。

革命份子已經將獨立宣言準備好，也製作了以三種顏色組成的旗幟，包括代表印度教徒的紅色、代表錫克人的黃色，以及代表穆斯林的綠色，將會成為印度的新國旗，象徵自由且團結的印度共和國。起義當天要帶領加達爾不同革命小組的領袖們都會收到這面旗幟，而起義的口號是「消滅英國人」（*Maro Ferangi Ko*）。奧德懷爾認為，起義計畫的範圍從旁遮普延伸至東孟加拉首都達卡（Dacca），「並沒有出乎我們意料。」革命份子打算在夜間發起行動，首先會切斷電報線，讓警報無法傳送給其他地方的駐軍。由於遲遲沒有收到任何德國可能提供武器或其他協助的信號，他們將二月二十一日定為起義日，當天印度人會在相隔一千多英里的兩地起身反抗壓迫者。

正當革命份子為起義做最後準備時，世界的其他角落發生了重大事件，重挫了德國和其盟友土耳其。在西線戰場，威廉二世和他手下的將軍原本以為德軍初次進攻就能摧毀法國，沒想到法軍卻頑強抵抗，甚至擊退了德軍。這導致德軍無法順利對俄國發動攻勢，而且在接下來的三年內，德國都深陷其中，東西兩邊戰況膠著，雙方前線推進都不超過幾英里，但傷亡人數卻快速上升。除此之外，在戰爭初期的兩個月內，德國就失去了薩摩亞和新幾內亞兩個太平洋殖民地，分別由澳洲和紐西蘭佔領。接著，日本又奪走了中國沿海的青島，英國和法國則佔領了西非的多哥蘭（Togoland）。隨著戰事持續進行，德國在戰前建立的殖民帝國一點一滴地被協約國蠶食鯨吞。

戰爭剛開始的前幾個月，土耳其就接連受到兩次重創，而且兩次都與蘇丹不久前宣布發動的聖戰有關。第一次是俄國發起的進攻，時間點是在一九一五年一月。如今恩維爾帕夏成為土耳其軍隊最高統帥，而他一直以來的夢想都是從沙俄手上收復失土，奪回鄂圖曼帝國在高加索的諸省，他打算在達成此目標、解放當地的土耳其人民後，向東進攻俄國的中亞地區，建立一個偉大的穆斯林新帝國。他的野心還不只如此。除了向東之外，他還想前進東南方、奪取擁有廣大的穆斯林人口的英屬印度。他和他的盟友威廉二世一樣，也渴望著那片土地。不過，第一步是要將俄國人趕出高加索地區。當時，德國在東線戰場重挫俄國，恩維爾認為最好的進攻時機已然來臨。他相信自己是足智多謀的戰略家，也是偉大的指揮官，決意要親自率領軍隊，向俄國異教徒發起聖戰。雖然德國相當懷疑土耳其是否能打贏俄國，但仍然非常支持恩維爾的計畫，因為他的計畫能把俄國軍隊分散至高加索地區，減輕德國在東線戰場的壓力。一月初時，恩維爾將軍隊的指揮權交給他的高級參謀和德國顧問，離開了君士坦丁堡，前往黑海沿岸的特拉比松（Trebizond），再從當地經陸路至埃爾澤魯姆（Erzerum），抵達土耳其第三軍團總部，而該軍團將會是進攻俄國的主要兵力。

土耳其東部和高加索地區此時已是嚴冬之際，氣溫在光禿禿的山坡上陡降至零下三十度，山口也遭到大雪掩埋，通道幾乎完全消失。隨著天氣惡化，土耳其和俄國軍隊在邊境的戰爭也停了下來，陷入拉鋸，大致處於平手狀態。雙方現在正在為即將來臨的漫長冬天做準備，部隊的首要任務成了抵禦酷寒、生存下去。恩維爾親自任命的土耳其指揮官如今只能沮喪地聽著他的長官描述他野心勃勃的計畫。恩維爾指示道，「你們必須立刻行動，現在就要消滅俄國人。」這位經驗豐富、能力出眾的土耳其將軍曾經在參謀學院當過恩維爾的老師，他試圖和恩維爾爭論，力勸道，「我們等到冬天最冷的時候過去，道路又能夠通行的時候再出發。如果現在出發，只是自取滅亡而已。」恩維爾對於下屬的批評感到非常憤怒，立刻解除了他的指揮官職位，對他怒吼道，「要不是你以前當過我的老師，我就立刻斃了你！」後來，這位將軍立即退役，換成由恩維爾本人親自執掌土耳其第三軍團。恩維爾將第三軍團改名為「伊斯蘭軍」（The Army of Islam），期望這個軍團能在聖戰中發揮作用，並使土耳其得以重新劃分亞洲地圖。

恩維爾從來沒有指揮過軍團，更不用說全國的陸軍部隊了。然而，他現在必須掌管一個總共有九萬名士兵的軍隊。俄國指揮官手下只有六萬人，但能夠透過鐵路運輸食物和彈藥，也能增加援軍。土耳其士兵的冬季裝備卻少得可憐，有些人甚至是來自南方炎熱的平原地帶，只帶了輕便的夏季軍服、阿拉伯頭巾和磨損的皮革涼鞋就來到這裡，而儘管這群士兵在嚴酷環境下展現過人的勇氣、毅力和絕對的服從，他們並不知道自己為何而戰。另一方面，俄國士兵則擁有長大衣、毛氈靴和長毛皮帽，大雪落在他們的肩頭時，看起來就像巨人。

恩維爾的進攻計畫細節太過複雜，組成軍團的三個軍各自執行了不同的行動，在此不加詳述。不過，整起行動是否能夠成功，要看他麾下其中兩萬五千名士兵能否穿越一條秘密山徑，抵達俄國駐軍的小鎮薩勒卡默什（Sarikamish，這小鎮如今是一座不起眼的滑雪度假村）。恩維爾的推論是，如果薩勒卡默什陷落，俄國的前線就會崩潰，高加索的穆斯林就能順勢起義，加入土耳其解放軍的行列。接下來，土耳其就能將目標轉向外裡海州和突厥斯坦（Turkestan），最後則是印度。因此，就在安納托利亞地區正值寒冬之際，行動的成敗取決於薩勒卡默什之役。

一開始，恩維爾的計策似乎奏效了。俄國軍隊無法繼續向埃爾澤魯姆前進，被迫要撤回薩勒卡默什，甚至補給線和撤退線後方也受到土耳其側翼行動的威脅。俄軍相當絕望，只能下令全面撤退，才能保住整個軍隊，避免遭到團殲。然而，土軍的情況也相當艱困，士兵們腳下的積雪有時深達五、六英尺，但仍必須在暴風雪中冒險前進，才能達成恩維爾及其參謀的目標（參謀中有部分德國人）。因為酷寒而傷亡的人數相當駭人，每個部隊多則損失一千名士兵，少則一百名。即使土耳其人向來健壯且堅忍不拔，在零下的環境中，缺乏抵禦寒冷的裝備，又因飢餓而身體虛弱，大量士兵因此凍死。一位土耳其軍官寫道，「這些士兵蜷縮在松樹旁凍死，能這樣死去實在是萬幸。」有些士兵在死去之前，因為痛苦、飢餓和絕望而發瘋。其餘的部隊則繼續前進。

聖誕節當天，儘管土耳其人死傷慘重，但是當他們越過山脈，逼近薩勒卡默什鎮時，似乎仍有機會贏得這場戰役。俄軍雖擁有冬季裝備，仍飽受嚴冬侵襲，官方統計約有七千名士兵凍死。隔天，土耳其打算炸毀鐵路，阻止俄國增派援軍、運送食物和彈藥至被圍困的軍營。俄軍發現有一支土耳其部隊準備要切斷他們的撤退線，又截獲文件發現有另外兩萬五千名土耳其軍正在穿越偏僻的山間通道、朝他們攻去，士氣變得非常低落，如果連接卡爾斯（Kars）和梯弗里斯（Tiflis）的鐵路命脈遭到摧毀，似乎就會證實他們的恐懼。災難即將來臨的消息傳到梯弗里斯，身處高加索地區首府及軍事總部的驚慌人群包圍了火車站，希望能逃離接下來土耳其即將發動的大屠殺。

然而，俄國人並不曉得土耳其人也是大難臨頭。穿越山徑的兩萬五千名士兵中，只剩一萬名士兵活著，其他都凍死了。負責切斷俄軍後勤補給的土耳其部隊也狀況慘烈，失去了七千名士兵，超過部隊兵力的三分之一。土耳其軍死傷慘重的原因許多，首先是恩維爾除了完全沒有擔任指揮官的經驗以外，對土耳其東部的酷寒更一無所知，他不知道無論士兵有多麼強壯或勇敢，都無法承擔裝備不足的殘忍後果。此外，恩維爾和他的參謀使用的地圖相當不準確，經常嚴重誤判距離。舉例而言，他們以為某段路只有十五英里，僅需行軍五小時，但實際上距離卻是兩倍。最後，飢餓又疲憊的土耳其軍度過了惡夢一般的十九小時，途中有數千人因此死亡。恩維爾為了加快抵達薩勒卡默什的速度，還命令部隊輕裝行軍，他宣稱，「我們的補給基地就在前方。」因此，在痛苦不堪的漫漫長夜中，即使被雪覆蓋的光禿土地上沒有任何樹木能供士兵砍伐、焚燒，他們也沒有能用來升火的燃料，難以保持溫暖、維持性命，教人難以置信。如果俄國報告可信，其中有些土耳其部隊更接收到要將大衣和背包丟掉的命令，如此一來才能加快速度。最後，當土耳其部隊終於翻越山嶺，天上開始降下大雪。大雪很快變成了呼嘯的暴風雪，封鎖了恩維爾的伊斯蘭軍。

在土耳其截斷鐵路之前，俄國援軍抵達了薩勒卡默什的軍營，俄軍總數來到接近一萬四千人，其中大多數為步兵。此外，雖然土耳其以為俄軍沒有野戰砲，他們實際上擁有三十多座。至於恩維爾以為是秘密的路線，雖然俄軍原先不認為山徑適合大型部隊通過，但俄軍的戰略地圖上，確實清楚標出了這條路線。由於俄軍截獲了土耳其的文件，俄國指揮官已經對敵軍的接近有所警戒，也準備好應對土耳其軍隊來自東邊的進攻，不打算讓他們破壞俄軍的撤退路線。他將步兵和砲兵部署完成，準備面對土耳其的進攻。俄國人不知道寒冷的天氣對土耳其造成多大的破壞，認為對方可能有四萬五千名士兵，還會有火砲和其他部隊待命。

土耳其軍在十二月二十九日發起攻擊，從兩個方向進攻薩勒卡默什，與俄軍預測的相同。飢餓疲憊的土耳其軍沒有料到會出現砲擊，從東邊發動的攻勢最終遭到哥薩克騎兵擊退。同時間，從西北邊進入山區、才剛從痛苦征途存活下來的土耳其士兵試圖穿越厚重積雪，前往小鎮周圍的俄軍營地。抵達時他們只剩下六千人，個個衣衫襤褸、飢寒交迫，很快就被吃飽穿暖、養精蓄銳的俄軍趕回山坡上。當晚，在恩維爾的指示之下，土耳其軍再度嘗試攻入薩勒卡默什，他們展現了強大的決心和勇氣，成功進入薩勒卡默什，但為時甚短。暗夜中，雙方進行了激烈的肉搏戰，小鎮街道上屍橫遍野。土耳其軍一度成功佔領小鎮另一端的軍營，但最終還是因俄軍的近距離猛烈砲擊而遭到驅逐。那是他們最接近拿下薩勒卡默什的一刻了。

雖然雙方在周圍山區持續相戰數日，恩維爾自己也十分清楚計畫已然失敗，戰役最後在相當慘烈的狀況下終於結束。土耳其傷亡極為慘重，恩維爾率領的九萬名士兵中，只有一萬五千人倖存。死亡士兵的屍體遍佈在山口和雪地上，被土耳其東部山區的狼群吞噬。約翰・布肯（John Buchan）在描寫戰爭的歷史時寫道，「土耳其部隊在領導不力和裝備短缺的狀況下，仍有英雄一般的戰鬥表現，他們的痛苦在歷史上幾乎無人能及。」在戰爭結束之後，恩維爾將混亂局面交由其他軍官收拾，匆匆回到君士坦丁堡。回去之後，他極力隱瞞事實，任何談及這場戰役的人都有可能會被處死。某天晚上，他甚至無視七萬五千名同胞仍屍骨未寒，前往參加一場音樂會。在場的一名中立國外交官表示，「他看起來相當愉快。」

土耳其未來的領導人凱末爾・阿塔圖克（Kemal Ataturk）當時是年輕的中校，曾經在恩維爾剛從薩勒卡默什回來時與他會面。阿塔圖克注意到，恩維爾看起來相當蒼白瘦弱。

凱末爾對他說，「您一定很累。」

恩維爾答道，「不，我還好。」

「發生什麼事了？」

「就是打仗，沒有什麼特別的……」

「現在情況如何？」

「非常好……」

凱末爾不想讓長官難堪，決定不再追問下去。

這還不是土耳其遭遇的唯一挫敗。在戰爭初期，恩維爾就損失了一整支部隊，但這位戰爭大臣匆忙離開東方濺滿鮮血的雪地之後，土耳其再度歷經了重大打擊；鄂圖曼帝國三巨頭中，另外一位領導者同樣打著聖戰的旗幟，想要率領士兵執行更加困難的計畫。

先前，恩維爾離開君士坦丁堡，誓言要將俄國異教徒趕出高加索地區時，軍事權力僅次於恩維爾的傑馬勒帕夏（Djemal Pasha）也正要施展他的宏圖大略，前往過去曾為鄂圖曼帝國領土的埃及，驅逐當地的英國異教徒。大馬士革將會是這場戰役的軍事總部，當傑馬勒準備離開首都前往大馬士革時，他向送行的人們立誓：「在征服埃及之前，我不會回到君士坦丁堡。」他要前往南方，指揮當時駐紮在敘利亞的土耳其第四軍團，帶領部隊解放英國統治下的埃及人民。傑馬勒相當渴望權力，打算以埃及為中心，在中東建立自己的帝國，與恩維爾想要在中亞建立帝國如出一轍。當時，恩維爾認為，土耳其部隊前進到高加索和其他地區時，各地的穆斯林會響應聖戰的號召，而傑馬勒和他的顧問也相信，到了解放之日近在咫尺時，埃及人民也會燃起對於英國的憤怒。

傑馬勒的首要目標是蘇伊士運河。如果他能佔領蘇伊士運河，幾乎就能肯定各處的埃及人民會起義反抗壓迫者，而且英國通往印度和遠東的捷徑也會落入他手中。如此一來，印度起義時，英國就無法立刻增派援軍前往。埃及的聖戰運動只是剛好能幫傑馬勒實現他的野心，但其實此區域的聖戰本來是土耳其和德國的戰略中相當重要的一部分，對於扳倒大英帝國和俄國的東方勢力非常關鍵，就和恩維爾的高加索聖戰一樣。至少，曾經與馬克斯．馮．歐本海默一同策劃聖戰策略的德國外交大臣阿圖爾．齊默爾曼是這麼相信的。但針對埃及問題，卻有人持不同想法，其中一個反對者就是德國駐君士坦丁堡大使旺根海姆男爵。

如果土耳其能佔領蘇伊士運河，或至少封鎖英國的這條捷徑，旺根海姆是樂見其成；不過，對於土耳其拿下埃及，他卻有不同看法。他向美國大使亨利・摩根索吐露了他的狡猾心思，雖然此舉可能不甚明智。一開始，摩根索還不明白旺根海姆的想法，他後來回憶道，「我本來以為旺根海姆肯定是擔心土耳其會打輸，但他向我坦誠，他其實是害怕土耳其會取勝。」旺根海姆事實上並不想讓埃及落入土耳其人手裡，因為一旦歸為土耳其所有，勢力版圖就再難改變。他覺得參戰各方很快就會被迫坐上由美國主持的談判桌，進行無情的討價還價。他向摩根索解釋道，「如果土耳其征服了埃及，他們就會堅持要保留這個豐饒的省份，並預期德國會支持他們的主張。」然而，如果各國要開始談判，德國就沒有興趣再繼續幫土耳其推動鄂圖曼帝國的重建，更甚可能阻止這件事。如果談判時埃及仍在英國手裡，德國會以取得美索不達米亞作為交換條件，同意英國保留埃及。這樣德國就能完成連接柏林與巴格達的遠大計畫。然而後來的事情發展證明，旺根海姆根本不必為了埃及而犯愁。

一九一五年二月三日，傑馬勒對蘇伊士運河發動第一次攻擊，在兩萬五千人的部隊中，包含了頭戴錐帽的蘇菲教派托缽僧（dervish），為此次遠征添加了神聖氣息，並能讓士兵感覺自己所向無敵。在一萬四千隻駱駝的幫助之下，土耳其部隊日夜兼程，拖著槍枝和跨越運河用的浮橋，在沙漠裡走了一百三十英里路，終於抵達運河。據戰略家所言，這個距離相當可觀。德國工程師已經暗地裡挖好沿路的水井，士兵們只需攜帶主要由餅乾和橄欖組成的特殊「沙漠口糧」即可。傑馬勒的計畫是讓五千人的先鋒精銳部隊迅速在運河西岸的伊斯梅利亞（Ismailia）建立灘頭堡，最好能讓英軍猝不及防，這樣就能替他爭取時間，將剩餘的兩萬名兵力也帶往當地。後來，他在自己的回憶錄中承認，「我把一切都押在我軍是否能乘英軍不備時取得先機。」此外，傑馬勒收到了埃及人民已經準備好反叛英國的消息回報，信心大受鼓舞之下，他更是全心全意相信，「在看到土耳其軍佔領伊斯梅利亞後，埃及的愛國者會為之振奮、群起反抗，只需用上些許兵力，就能在短時間內解放埃及。」

結果證實，傑馬勒的兩個賭注都以失敗收場。埃及人民雖討厭英國、支持德國，他們卻也不想讓鄂圖曼帝國的嚴苛統治取代英國相較之下較為仁慈的統治。因此，當土耳其軍隊已經深入至蘇伊士運河一帶的消息傳來，埃及人民並沒有要回應聖戰的號召。另一方面，傑馬勒也沒能讓保衛運河的英軍措手不及。英國的情報單位在土耳其軍隊集結於敘利亞南方時，就已經開始留意他們的動向，也預測到土耳其會向埃及發起攻擊。為了反制土耳其的威脅，英國先是考慮要在加里波利（Gallipoli）登陸，奪取君士坦丁堡。即使英國已經有所察覺，傑馬勒的部隊仍成功橫越沙漠，到達相當接近運河的地方，但他們比原定時間更晚抵達，等到先鋒部隊準備降下浮橋、搶攻灘頭堡時，天色已經亮了。

傑馬勒後來寫道，因為如此，「土耳其軍的行動直接在英軍面前展開。」另外一種說法則是土耳其人非常不明智地帶了幾隻雞在身邊，雞發出的叫聲讓英國警覺到土軍的行動。還有一個版本是，進行空中偵察的飛行員率先發現了危險，而約翰・布肯則說，夜晚站崗的哨兵有看見「不明人士」將浮橋拖到伊斯梅利亞南邊，因此才發出警示。

無論事實為何，土耳其軍都已經被對岸的猛烈砲火困在運河旁，雖然他們還是想辦法架起了六座浮橋，但都被機關槍打得千瘡百孔，最後沉入水中，只有其中一座搭到對岸，但抵達對面的土耳其部隊很快就遭到擊斃或是俘虜。這時，土方的主要部隊開始接近運河，戰爭範圍擴大，綿延了數英里。運河上有許多載著槍砲的英國軍艦和裝甲艦，全都將砲口對準了土耳其部隊。雖然土耳其人驍勇善戰，但由於浮橋已經沉沒，他們也只能隔著運河開火，而在三英里外山坡上觀察情勢的傑馬勒明白，自己的賭注已然失敗。英國很快就會從駐紮在埃及的十五萬兵力中調派增援，此時繼續攻擊英軍只是徒勞無功，如果他現在不將軍隊撤回，很可能會導致全軍覆沒，如同一個月前恩維爾在薩勒卡默什戰役中的慘敗。事實上，雖然傑馬勒聲稱，包括陣亡、受傷和俘虜在內，土耳其只有失去十四名軍官和一百七十八名士兵，但根據英國的資料統計，這場戰役中土耳其部隊共有兩千人喪生。傑馬勒損失的兵力肯定比英國估計的更多。英國在埃及的總指揮官約翰．麥斯威爾爵士（John Maxwell）因為這場戰役而備受批評，認為他放任帶著武器的土耳其軍穿越沙漠逃跑，沒有上前追擊，予以殲滅。

短短五週內，德國和土耳其聖戰戰略家提出的兩大計畫都宣告失敗，而且對於土耳其而言都是以相當羞辱的方式結束。雖然傑馬勒事後表示這次的冒險只是為了勘查埃及的軍事實力，以便日後全面入侵當地。在此期間，印度的錫克和印度教革命份子正準備發動他們自己的聖戰、反抗英國。無論德國是否會給予協助，都不會使情況有所改變。

革命將於二月二十一日發動，陸軍中叛變的印度部隊會屠殺英國軍官、佔領軍火庫，並將武器分發給其他革命者，再一起向德里進攻，並在德里宣布成立印度共和國。錫克人在離開美國和加拿大、前往印度之前，哈爾．達亞爾和其他革命份子說德國會給予他們武器和資金，但他們兩者都沒有拿到。當時，由於英國當局密切管控外來信件，錫克人也因此與舊金山的革命領導者斷了聯繫，尤其是他們再也沒有收到來自革命領袖哈爾．達亞爾的消息。他身在歐洲某處，顯然無法參與革命，可能也沒有冒著風險參與印度起義的意願。印度革命份子只能自行想辦法，與孟加拉革命經驗豐富的印度教徒合作，共同發動起義，而且他們認為此次是從半世紀前印度兵變以來規模最大的革命。

然而，這場革命注定無法一帆風順。二月十六日，距離發動起義只剩五天時，革命領袖們突然遭遇一次危機。革命份子總是非常害怕組織中有克里夫蘭的特務，或是計畫外洩，因為一旦東窗事發，他們就只有死路一條，必須接受絞刑。二月十六日時，他們認定其中一位名為基帕爾・辛格（Kirpal Singh）的錫克革命成員其實是警方祕探。前一天晚上，基帕爾應該要悄悄溜進印度第二十三騎兵團的軍營，告訴反叛的士兵起義時要負責什麼工作，但他卻被看見與一名陌生人在拉合爾火車站談話，神情嚴肅。此外，基帕爾還問了一些與他沒有直接相關的計畫細節，因此革命的領袖們疑心大起，雖然仍裝作非常信任他的樣子，但開始暗中監視他。他們非常確定基帕爾就是警方的線人，而帶領此次聯合起義、革命經驗豐富的印度教革命家拉希・比哈里・鮑斯也因此決定要提前兩天發動起義，但他們必須低調行事，不能讓叛徒得知這個消息。他們緊急派人傳訊，通知所有人日程提早，改為二月十九日晚上發動起義。

十九日當天早上，負責傳訊的人返回位於拉合爾的秘密革命總部，要回報第二十三騎兵團已經收到計畫改變的消息，也準備好在當晚起義。不幸的是，他當著基帕爾・辛格的面講了出來，在場沒有人來得及阻止他。於是，基帕爾・辛格這名錫克祕探設法避開監視者，向一名負責監視革命總部的便衣警官示警。所有政府和軍事機關立刻就收到了警報，革命總部也隨即遭到當局突襲攻堅。革命份子意識到自己受到背叛後，決定殺掉叛徒，但已經為時已晚。警方衝進革命總部，逮捕七名革命領袖，並查扣了炸彈、炸彈製作設備、武器、煽動文宣和革命旗幟。翌日早晨，由於昨晚聯絡好的部隊並沒有如計畫叛變，有另外六名領袖來到總部查看狀況，想知道發生了什麼事，但他們也同樣遭到逮捕。與此同時，英國軍方接收到警報之後，立刻將所有看守軍火庫的印度衛兵和哨兵換成英國武裝士兵，並由英國步兵部隊巡守軍營城鎮的營地和街道。在英國軍方的當機立斷之下，加上革命主謀大都已經遭到逮捕，起義尚未開始，就已經結束。叛變的士兵在冰冷的刀刃前失去了勇氣，煽動他們的人也早已逃離。連裝備精良的叛變士兵也沒有回應革命的號召，加達爾領導階層原本期待會群起加入起義的「農民軍團」自然也就沒有出現。

現在，英國殖民政府在印度進行嚴酷的清算。往後兩年內，九個特別法庭審判了一百七十五名革命份子。其中一百三十六名遭定罪，三十八人被判處絞刑，一些人終身流放，其餘則是遭到監禁。最終，只有十八名死刑犯被處決，印度總督哈丁勳爵減免了其他人的刑罰，改為終身流放。此外，有十八名叛變士兵因參與陰謀而被軍事法庭判處死刑，但最後只有十二名被處決。自稱曾經於一九一二年時向哈丁勳爵扔擲炸彈的革命主謀拉希·比哈里·鮑斯則逃離了印度，先是前往貝拿勒斯，後又逃往日本。雖然日本是英國的盟友，但鮑斯在當地受到政府高層人士的庇護，因為這些人懷著向亞洲擴張的野心，希望能與印度革命家保持友好關係。後來，鮑斯再也沒有回到印度，但在一戰期間他不停嘗試偷渡武器進印度，卻從來沒有成功。二次世界大戰期間，他的革命熱情並未因年齡增長而削減，甚至再次組織了一支軍隊，試圖解放印度。一九四五年，鮑斯在東京逝世，未能親眼見證兩年後英國殖民統治的結束。

鮑斯和他的革命同伴在策劃這樁起義時，所有人都不曉得柏林當局其實有同意提供武器，而且已經開始執行計畫，要從美國購買大批武器，透過走私送進印度。事實上，德國原本想儘早取得歐洲戰場的勝利，但希望破滅之後，柏林當局便更想在印度製造動亂，甚至為了在印度教徒、穆斯林和錫克教徒等革命份子之間居中協調，還在柏林成立了名為印度革命委員會（Indian Revolutionary Committee）的德印聯合機構。然而，由於英屬印度政府持續監控可能造成危險的人物，又密集攔截可疑信件，柏林和印度之間的聯繫變得極其困難，更可能影響相關人士的安全。鮑斯和其他革命份子沒有意識到援助即將到來，又因為過度熱情而將革命計畫提前了好幾個月，沒有耐心等待，才落得災難一般的下場。

不過，雖然大多數加達爾領袖們目前都無法參與革命活動，印度其他地區還是有許多革命份子，正在等待著德國提供武器，尤其是孟加拉地區。他們從錫克人失敗的旁遮普起義中學到寶貴的一課，已經準備好要在英國管轄範圍以外的秘密倉庫接收武器。

其中一個倉庫位於偏遠的泰緬邊界，革命份子在當地建立了基地，用來規劃行動、儲藏武器，也會有德國教官前往基地訓練士兵。此外，當時緬甸還是英屬印度的其中一省，革命份子也會向駐守當地的印度陸軍傳輸反叛思想。一九一五年春天，首批德國資助的武器離開美國，消息傳來，革命份子們大受鼓舞。根據傳言，到了十二月，一切就會準備就緒。

然而，這場凶險殘忍的「大競逐」中，還有更多事件即將上演。英國當局收到了相當令人擔憂的情報，德國特務正在穿越波斯，他們要前往喀布爾，說服性烈如火的阿富汗人加入聖戰、入侵印度。

# 第六章
# 恩維爾帕夏丟出震撼彈

原先，君士坦丁堡和柏林當局是計畫進行聯合任務，雙方人員一起前往阿富汗。德國分隊是由齊默爾曼和歐本海默挑選出合適的隊員，土耳其則派出了大約一千人的強大部隊。前往波斯的長征途中，雖然他們希望能順利讓地方部族加入聖戰行列，不過如果遇到任何狀況，土耳其軍隊會聽從德國顧問的指揮，負責所有軍事行動。

此外，由於他們聲稱此趟長征也是聖戰的一部分，隊伍又必須深入穆斯林的地盤，任務內容相當敏感，因此團隊達成共識，執行任務時德國隊員務必保持低調。恩維爾甚至提議讓德國隊員穿著土軍制服、配戴軍階徽章，但遭到拒絕。現階段，德國隊員在任務中的角色仍不大明確，不過抵達君士坦丁堡後會再進行討論及安排。他們除了擔任長征的軍事顧問以外，抵達喀布爾後還要執行非常重要的外交任務，還要負責將威廉二世充滿奉承的信件和極具誘惑的承諾傳達給阿富汗埃米爾。

恩維爾的特務深深相信，時任阿富汗埃米爾的哈比布拉汗（Habibullah Khan）會毫不猶豫地加入聖戰，繼而命令麾下狂熱的部族戰士穿越山口、前往英屬印度，而特務們振奮人心的報告也呼應了瑞典親德探險家斯文・赫定的觀點：阿富汗人「深切渴望」要將英國異教徒趕出鄰國印度。果真如此，對於威廉二世和恩維爾而言，他們只需要以最少的人力和最低的成本，就能讓伊斯蘭的怒火燒向他們共同的敵人，似乎相當不錯。

然而，計畫剛開始就遇上了意料之外的難題。德國隊員打算偽裝成巡迴馬戲團，經過中立的羅馬尼亞後再前往君士坦丁堡。他們的行李也同樣貼上馬戲團的標籤，會透過鐵路運送到土耳其首都。不幸的是，貨運單上標示著「帳篷柱」的無線天線從包裝中凸了出來，露出白色的陶瓷絕緣體，使得一名眼尖的羅馬尼亞海關官員起了疑心。進一步檢查後，海關在行李中發現了行動無線電台、步槍、機關槍和其他危險物品。德國隊員雖已平安抵達君士坦丁堡，但沒有這些裝備，他們就無法執行任務。德方緊急安排了新的裝備，並由布加勒斯特的德國特務先行收買羅馬尼亞海關，才讓行李成功通過當地。延遲數個禮拜之後，德國隊員終於在君士坦丁堡收到他們任務所需的裝備。

德國隊員在不耐煩地等待行李時，還與土耳其人之間產生了一些嫌隙。這個狀況其實應該歸咎於齊默爾曼和歐本海默，因為德國的隊伍是由他們挑選組成。雖然他們選到幾位具備特殊能力、適合此任務的隊員，其他人卻都完全不適任，包括一些曾經在德國非洲殖民地服役的士官。這些人相當強悍、勇猛，過去也曾經居住於極度炎熱的環境，但缺乏此趟聯合任務所需的政治和個人敏感度。土耳其人漸漸對於德國隊員粗魯和專橫的態度感到不滿，而且就連德國分隊的自己人也受不了。恩維爾很快就要求將這些德國隊員遣送回國。雖然不適任的隊員的確有被遣送回去，但他們先前在君士坦丁堡的餐廳和各個地方吹噓自己要前往阿富汗，對於任務造成嚴重傷害，甚至連任務團隊下榻在佩拉宮飯店（Pera Palace Hotel）的消息也傳到了駐君士坦丁堡的中立國外交官耳裡，秘密任務也隨之曝光。就連英國情報機關也因為與美國大使摩根索交情甚好，而得到了這個資訊。

即使不適任的德國隊員已經離開，土耳其人和德國人之間仍不甚和睦，德國分隊內部也存在著意見分歧。聯合團隊的成員們個個心情焦躁、沮喪，因為任務不只日程延宕，更是進展緩慢，而且他們都性格固執、堅持己見，還不習慣一起工作，造成許多摩擦。團隊裡有軍事背景的人和其他人分成了兩派，時常出現意見不一致的狀況。此趟任務中，除了外交官瓦思穆斯擔任總指揮官、軍官尼德梅爾擔任他的副手以外，還有其他身在柏林的外交部官員和參謀也能下達命令，但團隊內並沒有明確的指揮關係。除此之外，還有另一個問題：包括此次的長征在內，恩維爾堅持所有東方的任務都要由土耳其指揮。恩維爾已經開始擔心柏林對於東方的長期目標會與他自己的利益互相衝突。更糟糕的是，德國人在無意間發現恩維爾偷偷派了一個外交小組前往喀布爾，顯然是想要搶先一步。雖然這個小組最後沒能成功抵達當地，但也不能平息德國人的憤怒。

這趟長征還面臨了其他困難。由於土耳其在薩勒卡默什戰役遭到俄國重挫，又在蘇伊士運河之戰慘敗，恩維爾決定面對令他不安的現實，不再執著於拿破崙式的大夢，也不再妄想要進軍中亞。因此，對他而言，當前有遠比阿富汗長征更緊急的事：集結於波斯北部的俄國軍隊，威脅到了土耳其的東部邊境。長期以來，俄國人在軍事上都將波斯西北部省份視為沙皇所有，即使這明顯違背了沙皇宣稱的中立立場。即便土耳其已經向德黑蘭當局施加外交壓力，卻還是無法驅逐俄國軍隊，因此君士坦丁堡當局派遣了一支結合土耳其正規軍和庫德族非正規軍的部隊，在一九一五年一月進入波斯北部，攻打大不里士（Tabriz）的軍事大本營。沙阿向君士坦丁堡和聖彼得堡抗議，認為土耳其的舉動侵犯了波斯的中立，卻遭到無視，因為交戰雙方都知道沙阿的統治幾乎只有在德黑蘭才能起作用，而兩國在戰爭期間也就持續漠視波斯的中立。

俄國人並不是土耳其東部邊界的唯一威脅。英國與土耳其之間的戰爭爆發時，德里的軍事當局就緊急派遣了海上特遣隊前往波斯灣北部，保衛英國的利益，尤其是對英國皇家海軍而言非常重要的油田。對此，恩維爾不安地意識到，英國軍隊會對巴格達造成嚴重威脅，因為巴格達是土耳其其重要的軍營城鎮，也是地區首府，離底格里斯河只有三百英里的距離。更令他擔憂的是，君士坦丁堡的土耳其和德國軍事專家們認為，協約國隨時會對達達尼爾海峽地區發動攻擊，而俄國會在同時間越過黑海，登陸博斯普魯斯海峽沿岸。基於上述這些情況，恩維爾對於阿富汗任務的熱情不再，或是改變心意，決定不要派出一千人的土軍部隊，似乎都並不奇怪。

瓦思穆斯是否有先行得到消息，可能永遠不會為世人所知。但就在一九一五年的一月，他將德國分隊的指揮權交給了尼德梅爾，獨自一人踏上了冒險旅程。即使是二十年後就開始撰寫瓦思穆斯傳記的克里斯多夫・賽克斯（Christopher Sykes），也無法解釋為什麼他會離開分隊，更不知道柏林當局是誰批准了這個突如其來的任務變更。其中一個可能原因是瓦思穆斯與分隊其他人關係惡化，無法再繼續擔任領導者，另一個解釋則是他與尼德梅爾無法就任務指揮權達成協議，因為這個任務既與外交有關，卻也摻雜了軍事成分，而德國人從來沒有類似的經驗。不過，根據其他人的日記所述，瓦思穆斯個性喜怒無常、難以相處，因此其他人對於他的離去似乎也並不感到可惜。

無論瓦思穆斯離開的原因為何，他告訴同伴自己要前往波斯南部，向他在戰爭前就認識的部族首領傳播聖戰的消息，藉此逼迫英國在當地部署更多兵力，以保護英國在波斯灣西岸的利益。接著，他似乎打算在部族的支持下向東前往阿富汗，與尼德梅爾和任務團隊會合，再一起攻打印度。然而，無論是何種解釋似乎都不符合史實，而且瓦思穆斯後來也沒有到達阿富汗。不過無論如何，他的確造成英國在波斯南部的利益嚴重受損。

瓦思穆斯或許早已預見這一天的到來。他宣布離開之後不久，恩維爾就親自終結了土耳其和德國的聯合任務。一九一五年二月第一週，德國分隊剛抵達巴格達，雙方先前約定於此集合，但德國隊員們隨即接獲了任務取消的消息。原本要參與任務的土耳其高級軍官拉烏夫·奧爾貝（Rauf Bey）向尼德梅爾表示（譯按：Bey另一個常見的拼法是Orbay），「三天前我接獲命令，宣布取消土耳其的阿富汗長征，我對此感到非常遺憾。我奉命要將所有人員、武器和裝備轉移到土耳其於美索不達米亞的最高指揮部底下，以在巴斯拉地區部署兵力對抗英軍。」

由於土耳其人先前將任務一延再延，尼德梅爾與他的同伴已經等了非常久，一時之間相當錯愕。他們詢問拉烏夫任務取消的原因，而這位土耳其軍官提供了幾個原因。首先，拉烏夫·奧爾貝表示，土耳其方無法與阿富汗埃米爾取得聯繫，因此他們不知道一千名武裝士兵是否能獲准通過阿富汗的邊界。對此，尼德梅爾在事後諷刺地說，幾個月前恩維爾的喀布爾間諜提出了非常樂觀的報告，可說是和土耳其取消任務的藉口完全相反。土耳其之前信誓旦旦表示，埃米爾和他的人民非常渴望加入土耳其和德國的行列，一同對付印度的英國人。其次，拉烏夫·奧爾貝還把任務取消的責任歸咎於德國分隊，認為德國某些隊員「口無遮攔」，雖然已經遣送回國，仍造成機密洩露，使英國人有所警覺。此外，他還指責德國破壞雙方原已達成的共識，堅持要擁有更多自主權和控制權，而恩維爾無法接受這點。最後，他還表示穿越波斯相當艱困且危險，認為團隊不會如預期一般受到波斯人民的歡迎。

雖然尼德梅爾與他的隊員對於土耳其的決定非常失望，但仍然決定繼續執行任務。他們維持原定目標，要將阿富汗拉入戰局，也會試著說服波斯參戰。尼德梅爾寫道，「只要柏林當局沒有改變主意，就算沒有土耳其的協助，計畫還是會繼續進行。我們還是有很高機率能成功。」然而，少了土耳其軍強而有力的武裝護衛，德國必須重新規劃整個行動。不過，尼德梅爾認為，德國單獨行動也有好處。近來土耳其人讓自己在波斯越來越不受歡迎，他們不只在波斯的中立國土上與俄國交戰，恩維爾對波斯領土的野心更是昭然若揭。除此之外，在波斯西北部的土耳其軍隊雖與俄國交戰，卻對當地人民相當殘暴。事實上，在土耳其人和波斯人之間，除了雙方都厭惡俄國人、不喜歡英國人以外，共同點只有伊斯蘭教信仰，而且就連信仰也不盡相同，因為土耳其人是遜尼派穆斯林，而波斯人則是什葉派。因此，尼德梅爾樂觀地認為，「德國單獨行動比較不會受到懷疑。」

然而，君士坦丁堡當局認為波斯是土耳其的勢力範圍，拉烏夫已經下令要阻止德國分隊離開土耳其進入波斯。在此期間，土耳其持續派遣軍隊跨越邊界，前往波斯北部攻擊俄國的哥薩克部隊，但也因為波斯人對土耳其的入侵相當不滿，雙方經常發生流血衝突，導致土耳其與波斯的關係更加惡化。土耳其的舉動使德國在該地區的良好名聲大受打擊，尼德梅爾曾試圖勸阻土耳其入侵波斯，卻無功而返。他現在唯一能做的，就是把任務總部移到德國在德黑蘭的公使館，如此一來他才能遠離恩維爾和拉烏夫的監視，重新規劃阿富汗行動，並揣摩沙阿和波斯人民的想法，觀察他們是否願意加入聖戰。問題是，他必須想辦法在土耳其盟友的監視之下悄悄離開，帶著他的小隊跨越戒備森嚴的邊境，進入波斯。

不過，德國分隊相當幸運。此時，德國駐波斯宮廷的公使亨利・羅伊斯親王（Prince Henry of Reuss）恰好結束他在德國的休假，在返回德黑蘭的路上來到巴格達，他下令要不計一切地將波斯拖入戰局，因此給予尼德梅爾一切所需協助，讓他能達成任務。此外，他還宣布尼德梅爾和他的隊員將陪同他前往波斯。礙於亨利．羅伊斯親王的高貴身分，土耳其人不敢有任何異議。即使如此，到了最後一刻，土耳其人還在試圖阻撓尼德梅爾一行人，強行徵收了他們大多數的裝備，包括機關槍等武器在內，為了用來對付南方的英軍。他們還沒收了通訊設備，使德國分隊無法聯絡柏林和君士坦丁堡。尼德梅爾與同伴要離開巴格達時，土耳其邊境地區的首長更拒絕讓他們通過，他毫不掩飾自己的反德立場，試圖阻止德國分隊進行任務。不過，後來在拉烏夫．奧爾貝制止之下，這位首長不得不讓步，因為拉烏夫希望極力避免柏林和君士坦丁堡之間出現任何重大外交衝突。一九一五年四月三日，尼德梅爾一行人終於獲准進入波斯。

尼德梅爾後來寫道，「我無法用言語形容我們有多高興能離開這個苦難之地。」不過，擺脫土耳其其的阻撓之後，他們就得開始面對敵人了。英國和俄國對於德國的意圖相當清楚，因此當尼德梅爾率領分隊進入波斯時，兩國的特務已經準備好回報他們的一舉一動。尼德梅爾寫道，「在波斯邊境的克爾曼沙赫（Kermanshah），英國鋪天蓋地的情報網已經開始運作。」英國的特務甚至滲透了土耳其的領土，其中一名特務被發現身上攜帶著尼德梅爾等人的詳細情報，而且資料是由理當維持中立的義大利駐巴格達領事提供。與此同時，駐德黑蘭的英國公使強烈抗議，表示中立國波斯境內不該有德國武裝人員，英國特務則在波斯煽動當地部族，利用德國盟友土耳其在當地的惡行來敗壞波斯人對德國的印象。

然而，這一切對於尼德梅爾而言，不過是一個挑戰而已，在戰爭和任務之中可說是稀鬆平常。他意志堅定，決心和野心過人，相當期待能在這片早已因旅行而熟悉的土地上，利用智慧及鋼鐵般的意志來與英國和俄國的對手一較高下。他的同伴也已經蛻變，不再是君士坦丁堡集合時那樣的雜亂無章、經常爭吵，他們大多渴望與敵人一決勝負。不過，首先他們必須準備好面對漫長且艱辛的路途，穿越波斯、前往阿富汗邊境，向東行進七百英里，橫越地球上最惡劣也最荒涼的沙漠。

尼德梅爾與亨利．羅伊斯親王前往德黑蘭時，他決定將其他人派往南方兩百英里處的古代絲路商隊小鎮伊斯法罕（Isfahan），帶著沒被土耳其人搶走的僅剩裝備，建立長征的基地，盡可能遠離北方的俄國人和南方的英國人。隊員還在等待尼德梅爾回來的期間，德國特務會先出發，賄賂一路上的波斯官員和當地部族，或是與他們交好，讓接下來的任務更加順利。與此同時，尼德梅爾與親王會嘗試說服沙阿參戰，即使波斯不同意與土耳其結盟，也可以加入德國的陣營，或者至少讓沙阿同意對武裝德國人員視而不見，因為德國人需要經過波斯的中立國土，才能再向東前往阿富汗。

表面上來看，在當前的戰爭中，就算英俄兩國沒有被打敗，波斯人肯定也非常希望他們能受盡屈辱，因為幾年前波斯就是受到這兩個強權的羞辱。一九〇七年夏天，在沒有知會沙阿的情況下，英國和俄國簽署《英俄條約》，要將沙阿的王國劃分為雙方的勢力範圍。俄國得到波斯北部，此區域涵蓋了波斯大部分的主要城市；英國則是佔領了波斯南部，得以控制波斯灣的入口及通往印度的南方陸路。而兩者勢力範圍的中間有設立一個中立區。英俄之間的條約還包含了有關阿富汗和西藏的協議，結束了兩國多年以來對於亞洲的「大競逐」，俄國人退出印度，而英國人也撤離俄屬中亞。《英俄條約》並無條文提及德國，但該條約簽訂的目的就是防範德國的東進政策。雙方都相當害怕柏林當局對於東方的野心，才會加快和談的速度。

雖然英俄兩國皆聲稱會尊重波斯的獨立和國土範圍，但倫敦和聖彼得堡當局的瓜分行徑卻絲毫沒有考慮波斯人的感受，引起他們的怒火。波斯人認為，英俄兩國接下來就會將波斯的領土占為己有，分別併入兩個巨大的鄰國：英屬印度與俄羅斯本土。不過，即使波斯人憎恨英國和俄國，也不代表他們現在會比較尊敬土耳其或德國。恩維爾已經入侵波斯領土，而且他從來不掩飾自己佔領波斯的野心，使得土耳其和波斯雙方更不可能在聖戰中合作。因此，現在只有德國人有機會說服波斯參戰，一同對抗協約國。然而，對於德黑蘭當局而言，德國人也不是完全清白。《英俄條約》簽訂後，德國在波斯的聲望創下新高，因為波斯人認為威廉二世是他們的保護者，能讓他們免受英國和俄國的擴張野心侵擾。然而，就在一九一一年的夏天，德皇與俄國的尼古拉沙皇二世簽署了協議，正式承認俄國在波斯享有特殊利益。對波斯人而言，德國此舉形同背叛，從此德國人失去了波斯人的友誼與信任。不過，由於德國現在正與英俄交戰，多少修補了一些過去造成的破壞，尼德梅爾也因此保持著審慎的樂觀態度。

正當尼德梅爾在德黑蘭揣摩波斯人的想法，而他的隊員在伊斯法罕為阿富汗長征做準備時，戰爭在其他地方奪走了許多人的性命，整體局勢卻停滯不前。西線戰場陷入僵局，無論是協約國還是德國都無法取得進展，雙方損失慘重。英國遠征軍面臨德軍令人恐懼的毒氣攻勢，而且嚴重缺乏砲彈。協約國的海軍在長時間砲擊土耳其的堡壘後，聯合部隊終於登陸了加里波利半島，卻面臨與法國戰場相同的狀況，被困在原地動彈不得，而且死傷無數。經過多次的外交周旋，協約國和同盟國都在奮力爭取義大利加入己方陣營，而義大利為了對抗鄰國奧匈帝國，最後選擇加入協約國一方。在美索不達米亞平原南部，土耳其軍和英屬印度軍隊展開激戰。在博斯普魯斯海峽和馬摩拉海（Sea of Marmara），君土坦丁堡當局則是眼睜睜看著英國潛水艇擊沉了多艘土耳其軍艦。船上載有兒童及中立美國公民的英國郵輪盧西塔尼亞號（Lusitania）遭到德國U型潛艇擊沉後，英國利物浦發生了反德暴動。德國的齊柏林飛船飛越了北海，轟炸英國東部各郡。

同時，身在柏林的威廉二世仍舊熱衷於打擊他的英國表親，希望能正中要害。就算沒有土耳其從旁協助，他還是決定要繼續煽動波斯和阿富汗人加入聖戰，攻擊印度戒備鬆懈的邊境。如此一來，英國人就必須將原本應該前往其他戰線的軍隊調往印度，而且如果印度人起身反抗英人的統治，英國甚至可能會被迫撤離印度。順利的話，威廉二世可以預見自己在不遠的將來接受加冕，成為印度皇帝。

德國的軍事高層則是在研究一個更為遠大的計畫。陸軍元帥馮・德・戈爾茨是擁有豐富東方經驗的軍人，曾經擔任蘇丹的顧問。他提出了德軍入侵印度的計畫，並引用了過去成功入侵的例子，包括亞歷山大大帝和波斯納迪爾沙阿（Nadir Shah）的豐功偉業。他認為，沒有任何事能夠阻擋意志堅定、裝備精良的德國軍隊。在「大競逐」時代，俄國的將軍也曾提出類似的見解，也已經規劃了詳細的入侵計畫，但最後卻沒有付諸行動。然而，馮・德・戈爾茨指出，巴格達鐵路可以輸送大批軍隊到波斯灣東北部，也可以定期供應火砲至前線，使得入侵計畫變得更加可行。

如前所述，英國戰略家早在巴格達鐵路的概念提出時就已經注意到此一風險。德國人現在唯一的問題就是巴格達鐵路尚未興建完成。包括行經土耳其南部托魯斯山脈（Taurus）的隧道在內，最為艱困危險的路段還沒修築好。如果要入侵印度，最有可能的出發地就是巴格達，但如果部隊現在要前往巴格達，或是要輸送軍火至當地，都必須大費周章，透過卡車和騾子才能通過山口。因此，馮・德・戈爾茨敦促道，德國必須不惜一切代價，儘速開炸隧道。向來對軍隊持批判態度的旺根海姆大使卻認為，剩下的鐵路至少還需要三年才能修建完成，到時候戰爭都已經結束了。他從過去就一直批評柏林的官員沒有好好思考威廉二世的偉大計畫，才會遇到許多問題，包括與土耳其人失和也是其中之一。

不過，柏林當局卻沒有這些疑慮，而且他們已經在研究其他方法，要摧毀英國的東方勢力。除了在德黑蘭的尼德梅爾、南方的瓦思穆斯以外，他們還有另一個武器，也就是德國在印度的內應。一九一五年二月，英國鎮壓了加達爾起義，而在事件發生前不久，德國外交部在柏林成立了名為印度革命委員會的秘密機構，當時沒能來得及協助印度的革命。這委員會是由德國人進行嚴格的管理，統合印度教徒、穆斯林、和錫克教徒的革命份子，以煽動印度當地的反英起義，而德國也會提供革命份子武器、彈藥和資金。這個委員會的成立目的是從印度內部推翻英國的統治。德國相當重視委員會的活動，以及任職其中的二十五名印度工作人員，甚至連委員會位於維蘭德街（Wielandstrasse）三十八號的三層樓建築也被授予了完整的大使館地位。

德國很快就開始暗中為熱切等待的印度革命者購買武器。他們認為，上次的起義會失敗，主因就是革命份子缺乏武器。這一次，德國會提供足夠的武器，而且因為英國和印度軍隊留守印度的人數減少，都已經調往其他戰線，他們相信這一次肯定會成功。由於英國皇家海軍封鎖了德國的港口，威廉二世的軍需工業無法提供印度武器，而且光是供給德國國內就已經到達產量的極限，因此印度革命委員會和德國外交部決定要從中立的來源購買武器，再透過中立國的船隻偷渡進入印度。他們決定選擇美國這個最方便的來源，因為在美國不只容易取得武器，也不會遭到太多質疑。

一九一五年二月，法蘭茲．馮．巴本上尉（Franz von Papen）手下的德國和印度特務完成了武器採購。這位上尉表面上是柏林駐華府大使館的軍事外交專員，但其實是德國戰時的情報機關負責人。特務分別向五名軍火商購買了三萬把步槍和手槍，以及大量的彈藥，這些軍火商有三名來自紐約、一名來自費城，還有另一名來自加州。同時，特務也向美國船主租借了安妮・拉森號帆船（*Annie Larsen*），還有透過馮・巴本提供的資金購買了馬佛里克號郵輪（*Maverick*），並加以修整、改裝。買來的武器會先移往太平洋沿岸的聖地牙哥港，安妮・拉森號也會在當地停泊，等待裝載。

接下來，德國計畫先以帆船將武器運到墨西哥外海的一座偏遠小島上，再搬到更大的馬佛里克號上，一路橫越太平洋，前往印尼爪哇。到了爪哇以後，會再次從船上卸下武器，移到當地德國領事官員租借的小型漁船上，進行最後一段最危險的航程，再分送武器給焦急等待的革命份子。這些武器大部分都是為了印度革命者而準備，他們會在暗夜的掩護下，從孟加拉海岸偏遠的小港口取走武器。不過，還有一些武器是要送去鄰近的緬甸，當地也正在計畫起義，會與印度同時發起行動。要送往緬甸的武器會先走私進入泰國，因為泰國的官員比較可能接受賄賂。接著，再將武器運到泰緬邊境，存放在秘密倉庫中。菲律賓的德國領事也正在洽談軍火交易，希望能再購買五千把步槍和五千把手槍，並租借一艘電動帆船，將買到的武器走私至泰國。這艘電動帆船上除了武器之外，還會有兩名德國軍事教官，負責協助在偏遠叢林中建立訓練營。其他武器則會由前革命份子在中國購買，再從偏僻的陸路運到緬甸和印度。德國已經計畫周全，準備要為他們的印度內應提供充足的武器和彈藥。

當尼德梅爾還在德黑蘭時，阿圖爾・齊默爾曼和他的顧問於柏林做出決定，要給予尼德梅爾的喀布爾團隊更多支持，因為他們覺得土耳其退出聯合任務後，完全由德國人組成的團隊可能無法說服埃米爾。為了解決這個問題，他們決定要讓一名有聲望的印度人加入團隊，成為團隊表面上的領導者。這個印度人必須能夠代表所有印度人民，請求埃米爾協助解放印度、趕走英國統治者。然而，誰能擔任這個角色呢？

如今，傳奇人物維納亞克．薩瓦卡已因從事革命活動，遭到終身監禁於安達曼群島。另一個人選則是加達爾組織的創辦人哈爾．達亞爾，他因為逃避美國司法單位的緝捕而避居瑞士。戰爭剛爆發時，哈爾．達亞爾立刻前往君士坦丁堡，希望能為土耳其效命，但很快就因為戰略上的分歧而退出。他發現旺根海姆與他的想法更為接近，於是一九一五年一月時，他同意前往柏林，進一步與德國外交部和印度革命委員會進行討論。然而，儘管哈爾．達亞爾非常聰明，他從來不認為自己是一位行動派革命者，總是將自己定位為一位目光遠大的革命戰略家。他並不想領導前往阿富汗的秘密任務。此外，他的健康情況太差，無法負荷穿越波斯炎熱沙漠的艱辛路程。

不過，他認識一個非常適合這個任務的人。馬亨德拉．普拉塔普拉賈（Raja Mahendra Pratap）是一位印度王子，雖然在王室地位不高，但他年輕且富有魅力，而且從不掩飾對於英國的強烈厭惡，總是希望能將英國人逐出印度。二月時，德國邀請住在中立國瑞士的拉賈前往柏林商討此事。然而拉賈的自尊心相當高，表示除非他能私下覲見德國皇帝，否則他不願意去柏林。柏林當局對這位印度王子抱有非常高的期望，因此齊默爾曼安排了拉賈與德皇見面，自己在一旁等待，顯示對他的尊重，而拉賈則和德皇討論如何將英國人驅逐出印度。為了表示敬意，當局還為拉賈舉辦了盛大的宴會，德國報紙上則稱他為「印度王子」。他還受邀搭乘飛機，觀看戰爭在白雪皚皚的俄羅斯戰線上持續進行。此外，德國政府高層非常仔細地聆聽了拉賈的想法，與他討論如何推動印度大規模起義，並贏得其他印度王子支持。這些禮遇都讓他非常滿意，決定答應成為喀布爾任務的掛名領導者。

由於當時威廉．瓦思穆斯已經前往南方，尼德梅爾的小隊缺少了一位外交官，而這位外交官必須擁有權力和知識，以負責與埃米爾協商及簽訂條約。因此，被選中陪同「印度王子」的是二十九歲的沃納・奧托・馮・亨蒂格（Werner Otto von Hentig）。亨蒂格精通波斯語，戰前曾經在德黑蘭、君士坦丁堡和北京任職。他是個優秀的騎士，旅行經驗豐富，也對亞洲非常熟悉。戰爭爆發時，亨蒂格自願參加騎兵兵團，並持續待在俄羅斯戰線，直到德國外交部為了東方的秘密情報工作而將他召回。如今，他要負責掌管任務的外交部分，主要工作會在團隊抵達喀布爾之後才開始。為了取得埃米爾的信任，團隊中還加入了一位名為穆罕默德・巴拉卡圖拉（Mohammed Barakatullah）的穆斯林革命領袖。巴拉卡圖拉在戰前就開始推動反英運動，因此被迫逃離印度。戰爭爆發後，他立刻投身德國陣營，進入柏林的印度革命委員會。除此之外，任務團隊還配有一支小型的武裝護衛隊，由曾經是印度陸軍的士兵組成，他們從印度叛逃，加入了土耳其和德國的聯軍。

任務團隊除了攜帶黃金，要賄賂波斯和阿富汗官員、疏通管道之外，還帶了許多精緻的禮物，準備贈送給埃米爾及他的官員，包括鑲滿珠寶的金手錶、金鋼筆、鑲金楞杖、裝飾精美的手工製步槍和手槍、雙筒望遠鏡、相機、指南針、放映機，還有德國最新發明的收音機鬧鐘十二台。這些禮物都是希望能迎合東方統治者的貪婪，並展示德國工業的進步。團隊也帶了德皇及土耳其蘇丹寫給埃米爾的私人信函，表達友誼之情，並力勸他們的盟國參與聖戰，對抗英國和俄國。最後，團隊還帶著至少二十七封德國總理親自簽名的信件，收信人是尼泊爾國王和有可能反英的印度王子，而且其中一些王子擁有私人的小型軍隊。這些信件都是以收信人熟悉的語言寫成，外面以奢華的皮革包覆，希望能說服這些王子加入德國和土耳其的陣營，並命令他們的軍隊和人民參與即將到來的革命。信件會從喀布爾走私進入印度，再由秘密信使轉交給收信人。

四月十日，一切準備就緒之後，拉賈、亨蒂格和巴拉卡圖拉就搭乘火車離開柏林，前往君士坦丁堡。他們入住豪華的佩拉宮飯店，而這座充滿鄂圖曼風情的奢華飯店至今仍然讓遊客深深著迷。待在君士坦丁堡的期間，他們得知協約國聯軍四月二十五日登陸加里波利的消息，使他們的任務變得更為緊迫，必須儘快讓英國把軍隊調派到印度等其他需要的地方。前往巴格達和波斯邊境之前，他們在博斯普魯斯海峽旁的宮殿覲見了蘇丹，而蘇丹祝福他們在危險的任務中一切順利。在出發之前，他們也與恩維爾帕夏進行最後討論，而恩維爾越來越懷疑柏林當局的意圖，因此指派了一名土耳其軍官同行，以密切監視他們。終於，一九一五年五月初，一行人啟程前往巴格達，沿著正在修建但尚未完工的鐵路前行，並騎馬越過了托魯斯山脈和其他人跡稀少的地區。他們從巴格達進入波斯，前往伊斯法罕，在當地與尼德梅爾的分隊會合，再一同向東騎行，前往喀布爾。

與此同時，尼德梅爾已經離開了德黑蘭。他認為，只要土耳其還佔據著波斯的土地，說服沙阿和他的官員參加聖戰就是徒勞無功，因為波斯對於貪婪的土耳其極為憤怒，甚至曾經考慮要聲明自己支持協約國。因此，尼德梅爾重新加入了他在伊斯法罕的隊伍，卻發現亨蒂格和兩名印度革命份子正在等待他的到來。尼德梅爾和亨蒂格之間立刻發生爭執，兩人都認為自己才是任務的總指揮官。不過，柏林當局很快就終結了這場爭論，軍事方面由尼德梅爾全權負責，他必須讓任務團隊安全抵達喀布爾，而亨蒂格則是掌管任務的外交部分，尤其是要負責與阿富汗統治者進行關鍵談判。

這個隊伍在七月一日時終於出發。對於拉賈和巴拉卡圖拉兩位印度人而言，肯定非常緊張。除了路程的考驗相當嚴峻、危險以外，他們非常清楚，一旦落入英國人手中，等著他們的就是絞刑台。

第二部

THE NEW GREAT GAME

# 新一波大競逐

「「我的眼線遍佈世界各地：南俄國的小販、阿富汗的馬商、土庫曼（Turcoman）
的商人、前往麥加的朝聖者、北非的酋長、黑海沿岸貿易船上的水手、
披著羊皮衣的蒙古人、印度的苦行僧、在波斯灣做生意的希臘商人，
還有那些受人敬重但其實擅長密電的領事官員。他們傳回來的消息十分一致：東方世界正等待著某種啟示，
等待著從西方前來的新星。德意志民族很清楚這點，而他們手裡的這張牌即將震驚全世界。」
——約翰·布肯於一九一六年所出版的小說《綠斗篷》中，
英國秘密情報局局長華特·布利萬特爵士（Walter Bullivant）對理查·韓內（Richard Hannay）進行的簡報內容。

On Secret Service East of Constantinople

The Plot to Bring Down the British Empire

# 第七章
# 德國版勞倫斯

一九一五年春天，歷經千辛萬苦，一路南行的威廉・瓦思穆斯終於抵達波斯灣沿岸，準備展開聖戰，攻擊當地孤立無援的英國人。他身穿波斯裝束，說著一口流利的波斯語，假裝成皈依伊斯蘭教的信徒，煽動當地部落，挑起諸如謀殺、暴力、突襲等爭端，試圖將英國趕出波斯灣，或迫使英軍軍力分散，讓他們不得不離開真正需要軍隊支援的地方，前來處理這些紛爭。瓦思穆斯在布什爾擔任德國領事的經驗告訴他，這些駐軍的小地方僅由當地徵集而來的兵力保護，因此十分脆弱易攻；再加上第一次世界大戰開戰前，他常至內陸旅行，並在部落的帳篷或村莊留宿，因此與當地許多部落領袖關係良好。英國認為，瓦斯穆斯利用德國提供的金子，許下華而不實的承諾，著手大肆利用這些人脈。

不過，瓦思穆斯其實不必花費太多心力說服族人：自從英國禁止他們從沿岸走私軍火至印度西北邊境，斷了他們的金援後，他們便對英國深惡痛絕。這些族人最想看到的就是自稱「波斯灣守護者」的英國人被永遠逐出他們的土地。瓦思穆斯向他們表示，他會改變信仰是因為德意志皇帝已聽從伊斯蘭教的感召，要求所有人民也皈依伊斯蘭教。他說皇帝甚至私下至麥加朝覲，正因如此，皇帝才會頭戴神聖的綠色纏頭巾，並更名為「『哈吉』．威廉．穆罕默德」。

瓦思穆斯也告訴這些見識淺薄又單純的部落族人，他經常透過無線電報直接和皇帝聯絡。為了增加這個謊言的可信度，他會戴上耳機，使用金屬天線和磁鐵，在黑暗中製造火花，宣稱這些是德意志皇帝要他親自轉達給各部落族長的「私人訊息」。瓦思穆斯接著口吐虛華不實的詞藻，說服族人加入德意志和土耳其的聖戰，對抗英國異教徒。當然，瓦思穆斯手上可沒有什麼無線電報儀，最近的一台儀器在約三百英里遠的伊斯法罕，也就是尼德梅爾阿富汗之行的中繼站。

這一連串作為，除了讓身為前德國領事的瓦思穆斯馬上成為英國的眼中釘，更嚴重威脅了英國在波斯灣地區的地位。這場單人游擊戰，使得英軍不情不願地稱他為「德國版勞倫斯（the German "Lawrence"）」。不過，幾週前，瓦思穆斯可是差點成為英軍的囊中之物。事情是這樣的：早在戰爭開打前，英國就非常清楚德軍特務會假扮成領事和商人，在波斯灣進行非法活動，不過卻無從阻撓。他們早就猜測瓦思穆斯不是什麼普通的領事，後來的事件也證實了他們對德國的揣測：一九一四年十一月，土耳其參戰時，英國為了護衛在保護國巴林附近定錨的石油平台，派出特遣部隊至波斯灣北部。某名德國商貿特務在撰寫一份關於英國軍力強度及構成的報告時（內容十分詳細且準確），被英軍逮個正著。巴林沒有無線電發射器，因此一艘單桅帆船正在待命，好將該名商貿特務的報告迅速送至最近的布什爾德國領事館，再傳送給其他單位。此時，英國情報人員得知，德國駐布什爾領事李斯特曼博士（Dr. Helmuth Listermann）正在煽動當地部落居民攻擊位於城鎮幾英里外、易受攻擊且偏僻的駐紮官辦事處。雖然李斯特曼有外交豁免權，英國還是決定立刻逮捕他。

搜索德國領事館時，除了李斯特曼憤怒的抗議之外，英國沒有遇到其他阻力，而大量不光彩的證據，諸如電報、機密文件及指示等也暴露在陽光下。其中一則電報告知李斯特曼，瓦思穆斯即將啟程南行，在他的領事轄區進行一系列反英及反印行動。另外，李斯特曼奉命煽動部落族人攻擊布什爾的英國駐紮官辦事處，切斷與印度間的陸上電報線路（出人意料的是，對此李斯特曼語帶無奈地向上級回報，他沒有相應的資源手段）。英國堅稱，這些證據都證實了德國計劃透過在波斯挑起爭端，破壞波斯的中立地位，因此李斯特曼應不再享有外交豁免權。另外，查獲的文件及電報也顯示，波斯灣地區其他德國僑民或多或少都參與了柏林當局的陰謀，因此英國下令立即逮捕所有當地的德國人，而李斯特曼則被移送至印度拘留待審。

波斯當局應負起法律責任，確保所有境內外國人的安危，而且德國要破壞的是波斯的中立國地位，因此這類行動理應由波斯當局處理。不過，雖然英國強力要求波斯約束德國外交單位在國內城鎮所進行的非法活動，在沙阿統治下疲弱不堪又四分五裂的政府，卻不願與柏林正面衝突。雪上加霜的是，布什爾地區的部落對於德黑蘭當局非常不友善。由瑞典軍官指揮的六千人憲兵團理應在波斯中部及南部維持法律及秩序，但卻對德國人特別寬容。因此，英國人心知肚明，他們無法仰賴該地區的軍力保護領事館及其他駐紮地。與此同時，越來越多德國人以領事的名義，帶著聲稱用以防衛土匪的小規模武力進入波斯。雖然他們沒有德黑蘭當局的正式許可，不過地方政府也沒有能力阻止他們。瓦思穆斯正是其中一員：此時此刻，他正從巴格達向南出發，要前往布什爾一百二十英里外的設拉子（Shiraz）擔任德國領事。此時此刻，真相大白，瓦思穆斯的真正目的暴露，迅速逮捕瓦思穆斯便成為重要關鍵。

與兩位德國人同行的瓦思穆斯，照理說應該不會懷疑英國已經知道他來到波斯，更不會知道他肩負的任務，但他還是選擇了一條隱密的路線，希望能迴避無謂的爭端。他沒有消息管道可以知道英國已經搜查德國領事館，使他們的計畫曝光，更不知道李斯特曼博士被逮捕的消息，還希望他抵達中繼點舒什塔爾（Shushtar）時，李斯特曼能將最新消息捎給他。抵達舒什塔爾後，瓦思穆斯很驚訝沒有收到李斯特曼捎來的消息，不過還是決定繼續前進。三月五日，瓦思穆斯等人被一群英國僱傭的騎兵突襲，這才發現當地的間諜始終在監視他們一路以來的行動，而他們已直直走進英國佈下的陷阱中。

其實，瓦思穆斯認識那位下令逮捕所有德國人的英國軍官——他們以前在布什爾共事過。讓我們回到一九〇四年，當時德國在波斯灣的行動引起了德里以及倫敦當局的注意，年輕的政戰官波希．考克斯少校被派遣至當地，密切監控德國的行動，擾亂他們的陰謀。瓦思穆斯則是在一九〇九年來到布什爾，他後來寫道：「私底下，考克斯在德國人和英國人之間都非常受歡迎。不過，身為領事，他不是很好相處，常用威脅怒罵來彌補外交手腕上的不足。」十一年後的今天，波希．考克斯已經被封為爵士，而且官拜少將，他這次回到波斯灣將與瓦思穆斯再次正面對決。因為考克斯十分了解部落之間的政治角力及行事風格，因此被委以重任：同時擔任英國派往英屬印度的駐紮官（Resident），以及巴斯拉地區遠征隊的政戰總指揮官。（譯按：駐紮官又稱Resident minister，是宗主國派往藩屬地的聯絡官，例如袁世凱就曾任清廷駐朝鮮的駐紮官。英屬印度駐紮官的職責是在殖民政府與各個邦國〔princely states〕之間進行協調。）因為布什爾距離這場聖戰的真正戰區有些距離，考克斯決定選擇巴斯拉為駐地，並透過無線電報與駐紮官辦事處人員頻繁保持聯繫。

聽聞瓦思穆斯已遭逮捕的消息後，考克斯麾下的英國情報官員愛德華．諾爾上尉（Edward Noel）立刻帶領一支武裝小隊，準備將囚犯關押至軍營。途中，他收到一則訊息，詢問他是否須要按照波斯的慣例，將犯人拴上鐵鍊。諾爾認為這種行為過於野蠻而拒絕，但要求手下嚴密監視囚犯，確保他們無法逃脫。不幸的是，諾爾在戰時仍堅持以文明的方式對待戰犯的做法，即將遭到反噬：當諾爾的部隊抵達犯人所在的地點時，發現瓦思穆斯早就消失得無影無蹤。

瓦思穆斯實際上如何逃脫已不可考，但世間流傳著好幾種版本。其中一種說法是他堅稱他的馬生病了，假裝一副擔憂的模樣，經常到拴著馬的地方照料馬匹。不斷重複這樣的行為後，看守者便開始掉以輕心，不再陪同瓦斯穆斯前去栓馬的地方。瓦思穆斯小心地評估合適的時機，並在一個月黑風高的夜晚，安靜地騎著馬越過沙漠，到一位他在開戰前就認識的族長那裡尋求庇護。另外一種說法是他趁看守者分心時從帳篷底部的縫隙爬出去，赤腳逃跑。不過，其他被抓住的人（包含他的兩位德國同僚）就沒有這麼幸運了。隔日早晨，囚犯、槍砲、彈藥，以及大量以煽動性文字撰寫的文件，被一併移交給諾爾。這些文件很明顯是衝著印度而來，內容呼籲當地部隊起身反叛，加入聖戰。不過，被搜出來的還不只這些：瓦思穆斯沒辦法帶走的機密文件內，包含一本譯碼簿。搜查時，英國並沒有意識到這本簿子的重要性；不過，文件寄回倫敦後，馬上就有人識破它的真正用途。隨後我們將會發現，這本譯碼簿在懂得如何使用的人手裡將完全改變聖戰的戰局，甚至可說翻轉了戰爭的結果。

因為布什爾的英軍沒有足夠的軍力，無法在可能遇到敵對勢力的地區追捕瓦思穆斯，所以他最終逃往一百英里外法爾斯省（Fars）的首府設拉子。在這裡，他繼續利用德國領事的身分，從零開始重啟計畫。理應準備完善的行動卻被逮個正著，再加上失去兩名同僚以及所有的器材，氣憤的瓦思穆斯發誓要向英軍報一箭之仇。不過在那之前，他決定先透過法爾斯的波斯總督對英軍施壓，要求他們放了他的兩名同僚，並歸還他們的隨身物品。相反的，英軍則要求波斯立即將瓦思穆斯逐出設拉子，並警告波斯當局，若他們或瑞典軍官帶領的憲兵團不制止瓦思穆斯和其他德國「領事」的非法行為，英國將會率領部隊親自處理。瓦思穆斯知道自己無法透過外交手段救出同僚、拿回器材，於是他決定轉移注意力，開始遊說部落居民加入聖戰，將部落的憤怒矛頭指向英軍。

瓦思穆斯原本不僅計劃將設拉子當成攻擊布什爾的基地，更要當作進攻印度的據點。在這裡，他將點燃叛亂的火炬，並讓大火一路向東延燒，越過波斯，引爆印度西北邊境部落居民的不滿。他將散播德國及土耳其在西線戰場大勝的謠言，謊稱英軍和俄軍被打得四處逃竄，印度各地也爆發了叛亂。他將在部落之間大肆宣傳這些捷報，證明土耳其與德國之同盟和聖戰的正當性，強調聖戰唯一且高尚的目的在於從英國及俄國的壓迫中解放東方人民。不過，因為遺失所有物品，包含特別為此準備、翻譯成當地語言的一捆捆聖戰宣傳單，大幅打擊了瓦思穆斯想對印度展開的行動，並迫使他將範圍縮小，全力投入對抗波斯南部的英國勢力。

行動中，瓦思穆斯最重要的盟友就是驍勇善戰的坦格斯坦人（Tangistani），他們定居在布什爾沿岸的平原，而且許多領袖及部落長者皆是瓦思穆斯在戰前就認識的。在本該保持中立，實際上卻十分親德的當地憲兵團中，他也有熟人，這些朋友對他狡詐邪惡的行徑睜一隻眼閉一隻眼，不論英國怎麼抗議都沒有用。瓦思穆斯能成功拉攏坦格斯坦領袖，是因為他們對英國人積怨已久。為了不要讓坦格斯坦北邊的鄰居兼宿敵巴赫蒂亞里人（Bakhtiari）影響經過他們領土的英國—波斯聯營石油運輸線，英國以巨款收買巴赫蒂亞里人。相反的，坦格斯坦人連一毛錢都沒收到，因此他們嫉妒巴赫蒂亞里人，對英國人的憎恨也逐日升高。

瓦思穆斯一路南行，經過巴赫蒂亞里部族的領土時，曾經試著說服巴赫蒂亞里領袖們加入聖戰，一同對抗英國。「憑什麼要把你們豐富的石油資源與貪婪的英國人分享呢?」他用略帶責備的口吻對領袖們說，「幫我們把英國人趕出你們的領土，這些石油就全是你們的了。」當領袖們表示部落無法自行抽取石油時，瓦思穆斯向他們保證，德國很樂意派技術人員來協助他們。不過，他的讒言沒有進到部落領袖的耳裡，因為他們早就知道德國在波斯灣沒有油輪，更重要的是，水路歸英國皇家海軍管控。即便如此，巴赫蒂亞里的族長們決定善加利用瓦思穆斯的提議，反過來要求英國，以更多的金錢換取他們的忠誠。但英國沒有接受他們的要求，因為他們明白這些部落有多依賴他們的金援，而且無論是瓦思穆斯或其他任何人，都無法提供令巴赫蒂亞里族更為滿意的條件。

不過，此時坦格斯坦部落的情形恰恰相反。瓦思穆斯彷彿如魚得水，大肆宣揚加入聖戰的好處，使用他的假無線電報儀，假裝收到德國皇帝對部落讚不絕口的訊息。有人拍下他此時的裝扮：照片中的人影擁有某種獨特的魅力，身穿波斯長袍，留著亞麻色的長髮和鬍鬚，背帶上插著一把毛瑟手槍。他的雙眼仰望天空，帶著那麼一點救世主的味道。「喔，親愛的波斯同胞們，」他說，「現在正是聽從神聖的感召，奉獻己身的時候。如果你們害怕犧牲，那伊斯蘭教受異教徒威脅，審判日來臨時，你們又該如何回應先知的質疑?」瓦思穆斯向坦格斯坦族保證，再過不久，德國和土耳其就會入侵印度，讓東方世界掙脫異教徒的枷鎖，重獲自由。他說自己遠從兩千英里外前來，就是為了協助他們把邪惡的英國人逐出族人的地盤。從坦格斯坦人的角度看來，他們親眼看到、親耳聽到瓦思穆斯與德國皇帝頻繁聯繫，而且皇帝親自下達展開聖戰的命令。

波希．考克斯爵士很清楚這位堅毅又有領袖魅力的敵人構成的威脅不容小覷，再加上波斯當局不但沒有能力，又不願意和瓦思穆斯交手，因此考克斯決定親自動手，以高額懸賞金通緝瓦思穆斯。不論是死是活（當然若是死的更好），只要能把瓦思穆斯帶到他面前，他就重賞五千英鎊，後來甚至加碼至一萬五千英鎊。在波斯灣地區，這筆金額高到不可思議，對於那些考慮要背叛的人來說，更是巨大的誘惑。由於這些部落族人不難收買，所以只要假以時日，此一策略肯定會成功——只可惜到頭來還是行不通。懸賞通緝令發布的當下，倫敦的外交部官僚認為此舉驚世駭俗，表示即便是戰爭的非常時期，面對危險的敵人，暗殺及綁架不符合英國人應有的禮儀。倫敦和德里之間的關係原本就不怎麼緊密，英國外交部和印度事務部（India Office）之間的關係也不怎麼友好，而一位外交部的資深官員抨擊考克斯的行為「令人深惡痛絕」。考克斯收到立即撤回懸賞金的命令，印度總督同時下令刪除所有關於此事的文字記錄。但是，不久後，事態發展就證明考克斯的做法才是正確的。約六個月後，瓦思穆斯開始對英國在波斯南部的地位造成實質威脅，焦急不已的倫敦政府回過頭來問考克斯，該如何根除這個問題人物。考克斯不加掩飾，語帶嘲諷地回應：「為了避免犯下英王陛下政府認為令人深惡痛絕的罪行，我無法提供進一步的建議。」

事到如今，倫敦當局只能盡其所能，設法讓那些聖戰的號召者失去宗教上的信譽。蘇丹自稱為所有伊斯蘭文明之哈里發，但這始終沒有獲得伊斯蘭國家普遍認可。因此，英方大肆宣揚、報導許多懷疑蘇丹正統性的伊斯蘭教神學家理論。同時，英國正努力不懈地說服阿拉伯國家加入協約國，嘗試分裂穆斯林世界，以削弱聖戰的影響力。英國的首要目標是說服麥加謝里夫（Grand Sherif of Mecca，他是各個伊斯蘭聖地的守護者），呼籲鄂圖曼帝國的阿拉伯人透過武力反抗他們的土耳其統治者。（譯按：當時的麥加謝里夫名為Hussein bin Ali，稍後將會在本書第十五章出現。）與此同時，君士坦丁堡則竭盡全力對麥加謝里夫施壓，要求他加入聖戰，一同對抗協約國。年長的麥加謝里夫遲遲沒有做出回應：一方面，他向沒有起疑心的土耳其保證他會虔誠地為聖戰祈禱，另一方面，卻偷偷與英國進行協商。

懸賞令取消後，瓦思穆斯將行動總部從設拉子搬至一處僅離布什爾約二十英里的地方。在這裡，英國國旗在風中飄揚，象徵英國在波斯灣的權力，不過當地的駐紮官辦事處僅由一百八十名緊急被調派來的印度部隊保護，因為孤懸於偏遠之處所以很脆弱。瓦思穆斯打算用這個辦事處來測試坦格斯坦戰士的戰鬥力，他早已派出間諜，確認辦事處緊急佈署的防線還有備戰情形。幸運的話，人數遠勝英軍的坦格斯坦人將會擊垮守軍，對英國在波斯灣的名聲及地位造成致命打擊。即便駐紮官辦事處能抵禦攻擊，英國也會被迫派出更多士兵來懲罰這些部落戰士，防範布什爾及其他英國於波斯南部據點受到攻擊。這次突襲的消息若加上一些適當的誇飾，瓦思穆斯和他的同僚便可以在波斯的其他地方煽動輿論，讓沙阿和政府官員被迫順從民意參戰。要是行動成功，便能為前往阿富汗尼德梅爾和亨蒂格提供巨大助力，能更加順利說服埃米爾加入聖戰。

坦格斯坦的攻擊部隊分為兩隊，一隊約有幾百人。他們預計同時從東邊及南邊進攻，打算把英國人殺個措手不及。不過，一九一五年七月十二日早晨，也就是齋月的三天前，英國收到消息，表示一小群武裝的坦格斯坦戰士從南部橫越沙漠行進。英國立刻派出少校及上尉各一名，率領著偵查隊前往一探究竟，卻撞見人數比預期中多出許多的坦格斯坦部隊。在戰鬥中，該名上尉受到致命傷，少校英勇地嘗試救下他，卻不幸失去了性命。坦格斯坦使用德國機關槍，讓印度軍隊也出現不少死傷，幸好一部分的軍人及時逃回英國據點。受到這次勝利鼓舞，得意洋洋的坦格斯坦人喊著聖戰的戰吼，衝向英軍設在駐紮官辦事處面向內陸那一側，已經往沙漠內部推進一英里左右的前哨陣地。在該處的壕溝中，英國守軍正屏息以待。

英軍一直到坦格斯坦部隊進入能輕易攻擊的範圍，才由受過良好訓練的印度士兵以步槍及機關槍開啟衝突的第一槍。過去幾年，坦格斯坦與其他部落衝突不斷，但從未見過破壞力如此強大的精準火力。他們死傷慘重，因此只能鳴金收兵，逃離戰場。即便如此，他們的勇氣卻沒有被死亡動搖：隔日清晨，坦格斯坦人在夜幕的掩護下，再次發動攻擊。可惜的是，他們再度死傷慘重，不得不撤退。天亮之後，英國派出巡邏部隊，打算防範更多來自東方的攻擊，卻找不到一絲一毫坦格斯坦人的蹤跡。其他坦格斯坦族人大概是從遠處看見同胞紛紛殞落，決定以沙塵當掩護，消失在沙漠裡。

我們並不清楚瓦思穆斯對於行動失敗作何感想，但有件事的確如他的預期發展。英國害怕將來坦格斯坦人會再次攻向領事館，而且部隊人數更多、武力更強，因此決定立刻佔領布什爾，逼波斯當局交出行政權。英國警告德黑蘭政府，他們會持續執政，直到波斯同意自行防禦德黑蘭，並確保駐紮官辦事處人員的安危為止。同時，皇家海軍及印度士兵從海上出發，要好好教訓坦格斯坦人一番，讓他們短時間內都會害怕到不敢再次出兵。在距離布什爾幾英里的位置，座落著坦格斯坦的首府（其建物大多為泥造），英軍在此登陸，破壞堡壘，砍去無數坦格斯坦人賴以維生、更是他們主要經濟來源的椰棗樹。如此專橫的行為正中瓦思穆斯的下懷。這般野蠻的行動必定會激怒波斯大眾，引發巨大的輿論壓力，可能迫使沙阿政府對入侵國土的英軍宣戰。

起先，瓦思穆斯的計畫看似會成功，僅憑一己之力便逼迫波斯加入聖戰。和他預計的一樣，英國的行動促使憤怒的人民走上街頭，在波斯首都的德國外交官及親德人士則也把握這個機會，大肆宣傳。不過，沙阿政府疲弱不堪，內部意見早已分歧，再加上害怕俄國趁亂奪取德黑蘭，波斯不希望再和英國起武力衝突。最終，人民氣憤的抗議浪潮落幕後，德黑蘭同意撤換尸位素餐的布什爾省長，懲戒坦格斯坦族長，並出資補償受害的英國及印度軍眷。英國則同意讓布什爾回歸波斯治理，撤回駐軍，把部隊調派至更需要軍力的地方。

雖然布什爾的動亂已經平息，瓦思穆斯的行動也暫時受挫，不過，德國在波斯中部和南部的影響力正在迅速擴張。因為親德憲兵團放任的態度，越來越多德國人及當地的支持者成為關鍵城市的掌權者，其中包括伊斯法罕和克爾曼沙赫。伊斯法罕成為德國行動的主要基地，而克爾曼沙赫所掌控的補給線，讓德國得以從巴格達偷渡武器、金子及聖戰宣傳品，更重要的是，德國軍官及士官能夠經由這條路線進入波斯。許多德國人的小型部隊以伊斯法罕為中繼補給站，向波斯內部前進，宣傳聖戰，並散播德國及土耳其大勝協約國的消息。

其中某些部隊更是想將聖戰的戰局擴大。這群人之中，最重要的就是尼德梅爾和亨蒂格的部隊，因為他們身負說服阿富汗埃米爾入侵印度的重大使命。其他部隊則由尼德梅爾個別指派任務，持續製造麻煩侵擾在印英國人。在伊斯法罕的英國特務回報，祖格瑪雅中尉（Zugmayer）及葛利辛格中尉（Griesinger）已經動身，向東南方近四百英里遠的城市克爾曼（Kerman）前進，該地十分接近阿富汗和俾路支斯坦邊境。在正式紀錄上，他們是要至克爾曼擔任領事，帶著一群武裝護衛，宣稱這些士兵是為了保護他們不受當地出沒的強盜幫派侵擾。一週後，輪到尼德梅爾往阿富汗出發之前，他又向東南邊派出另外兩名德國軍官、八名士官、三十二名波斯徵兵，還有一把機關槍和好幾頭駝著滿滿彈藥的騾子。與此同時，從巴格達出發，向伊斯法罕行進的部隊則有許多從俄國戰俘營逃出的軍官及士兵紛紛加入，抵達伊斯法罕後直向波斯南部前進。

對於負責防衛印度的軍官來說，阿富汗若加入聖戰，那便是噩夢成真。雖然沙阿的軍力弱得像個笑話，不過埃米爾的部隊可就不容忽視了。如果阿富汗決定和德國和土耳其站在同一陣線，他們可能會翻轉整場戰爭的結果。平時，經過良好訓練的印度陸軍能輕鬆應對這類威脅，不過這是非常時期，許多印度士兵被調往其他戰場，使他們的人力嚴重不足。這問題嚴重到英國戰爭大臣基奇拿勳爵（Herbert Kitchener）先前於一九一五年六月，曾要求印度總督加派部隊至其他前線，但卻慘遭拒絕。若阿富汗加入敵軍陣線，英國與印度必定會陷入苦戰，因此他們必須盡全力阻止德軍進入阿富汗。

印度總督哈丁勳爵迅速展開行動。他發出緊急電報，向波斯東部的英國領事傳達命令。在東北方城市馬什哈德（Meshed）的沃爾斯利．黑格中校（Wolseley Haig）收到的指示如下：「印度政府鄭重宣布，絕對不能讓任何德國部隊進入阿富汗。」因為馬什哈德在俄國的佔領區內，黑格也收到進一步的命令，要求他向俄國部隊尋求幫助，協助他們「殲滅或逮捕」任何前往阿富汗邊境的德國部隊。指示也寫道：「與此同時，你可以隨意使用機密情報局的資金，調查德國部隊的人數、行進路線及軍備。」上述情報應立即透過電報傳送至德里，還有該路線上的所有英軍駐紮地。祖格瑪雅及葛利辛格的目的地，也就是位於波斯東南部的克爾曼，當地的英國領事克勞德．達克特（Claude Ducat）也收到了類似的指示。不過，鄰近地區沒有俄國或其他協約國的部隊，因此他收到的命令是使用機密情報局的資金，讓當地的「意見領袖」反對德國的行動，並在德國人能於當地扎根之前，把他們逐出城鎮。此時此刻，領事們奉命與俄國一起部署由哥薩克人所構成的封鎖警戒線，印度陸軍騎兵部隊則被緊急調派至阿富汗及俾路支斯坦邊境，擋下並殲滅那些從他們眼底下溜至邊境的德國部隊。這就是所謂的「東波斯防線」（East Persian Cordon）。

這樣的部署等於侵犯了主權獨立國家波斯的領土，這惡劣行徑等於是公然忽視了波斯的中立立場。不過，東波斯防線要擋下的德國武裝部隊也同樣讓波斯無法繼續保持中立。如果波斯當局或憲兵團不願妥善管理波斯（諷刺的是，憲兵團大部分的金援來自英國政府），英國及俄國則會為了保護自身利益，被迫出手。即便如此，還是有些官員對此舉有所疑慮，例如常駐於沙阿政府的英國公使查爾斯・馬林（Charles Marling）便認為這樣的行動會進一步刺激原本就搖擺不定的波斯人，令其投身德國陣營。他表示，只要對沙阿的政府官員施加壓力，並運用金錢收買某些關鍵人物，就可以說服他們強硬地站在德國的對立面。不過，印度總督認為時機已晚，來不及嘗試這種策略。如果策略失敗，甚或德國能提供的甜頭比英國更加誘人，則印度的下場將不堪設想。

當然，沒有人能保證東波斯防線可以守住執意通過的德國部隊。單單英國在東波斯防線上管控的區域，南北距離就長達五百英里，而且橫越人跡稀少的沙漠和高山。完全封閉整條路線顯然不可能：英軍需要上千名士兵才有辦法辦到，不過英國沒有這麼多額外的軍力。因此，防線必須由多個小規模輕裝印度陸軍巡邏部隊組成，他們身騎駱駝或步行，不分晝夜地隨時待命，一旦發現敵軍的情報傳回軍營，就能馬上動身。奉命至東波斯防線服務的印度陸軍為第二十八輕騎兵師及第十九旁遮普步兵師。防線上，英軍駐紮地之間距離遙遠，他們被派駐的地點一路延伸至英國及俄國佔領區相接的邊境，也就是北方的綠洲城市比爾詹德（Birjand）。不過，因為防線極長，一路上除了惡劣的地形及氣候外，為這些遙遠的據點提供充足的食物、飲水及彈藥也十分困難，因此需要大量時間才能完成部署，並讓東波斯防線正常運作。英國心知肚明，要是構築防線期間德國聽到什麼風聲的話，必定會馬上展開攻勢。

因為風險極高，所以尼德梅爾從伊斯法罕出發一週後（一九一五年七月六日），印度總督寫信給阿富汗的哈比布拉埃米爾，告知德國有所謀圖，並「善意提醒」阿富汗有履行與英國之合約的義務。在檯面上，阿富汗是中立國，但根據其與英國在「大競逐」時期以來的協議，阿富汗的外交事務完全受英國在德里的政府管轄。不過，要是埃米爾最終選擇背叛英國，英國也無法強制阿富汗履約，除非派出軍隊鎮壓。背棄英國等於立即失去英國政府每年給埃米爾的鉅額補助，因此如果讓哈比布拉自行選擇，印度總督堅信他不會走上這條道路。不過，德里政府的官員都知道，埃米爾身邊充滿反英的親屬及官員，無一例外，都較為親德或親土耳其，這些人包括埃米爾擔任總理的親弟弟納斯魯拉（Nasrullah）以及埃米爾的長子阿曼諾拉（Amanullah）。如果德國成功帶著誘人的禮物和浮誇的承諾抵達阿富汗首都，埃米爾的親信可能會要求他加入聖戰，否則就要面對可能慘遭推翻的巨大壓力。因此，總督的信中字斟句酌：他的文字讀起來不能像是在命令埃米爾，避免正中反英皇室成員的下懷。

總督寫道：「最近，我聽說一群德國特務正在波斯境內準備製造紛爭，此舉牴觸中立原則，而且意圖將波斯捲入目前正在進行的大戰中。這些德國特務分散成小規模的部隊向東行進，很明顯是為了要進入阿富汗。」總督接著附上德軍與盟友的人數、攜帶的武器等資訊，他預估每個部隊約有一百八十名士兵，有德國人、奧地利人、印度人、土耳其人及波斯人。

總督繼續寫道：「在中立國中，這類型的武裝部隊竟然可以自由行動，嘗試製造紛爭，這很明顯違反中立原則。」他接著強調，雖然英國向波斯當局施壓，要求結束這種無政府狀態，不過某些德國人以及他們的盟友還是可能入侵「埃米爾陛下的領土」。總督進一步表示，因為「阿富汗是遵守中立原則的政府」，屆時埃米爾可能必須「比照其他同樣強而有力的中立政府」，對德軍做出處置措施，包括逮捕、沒收槍械，並拘留入侵者，直到戰爭結束。總督的結語如下：「透過這樣的處理方式，埃米爾陛下除了能繼續維繫您一直以來嚴格遵從的中立原則，捍衛阿富汗的中立地位，更能預防這些外部勢力以金玉其外、敗絮其中的故事和謊言影響埃米爾陛下的人民。」

之後，他也持續向埃米爾更新傳至德里的最新情報，包括德軍的動向及任務進展。他也告知埃米爾英國及俄國政府預計在阿富汗邊境部署「東波斯防線」的決策，目的在於避免德國及盟友進入阿富汗，或進入英屬印度最靠近阿富汗的領地俾路支斯坦。總督表示：「我認為有必要即時告知埃米爾陛下您我們將採取的策略，關於俄軍及英軍在波斯活動的傳聞流傳到喀布爾時，您才不會誤信一些毫無根據的傳言。」他向埃米爾保證，這些部隊士兵人數不多，「且只會維持在足以支持當地波斯政府對抗這些惡徒的規模。」這部分，他沒有將實情全盤托出。據我們所知，波斯政府並沒有阻止德國的非法行為，而防線上的部隊當然也沒有協助波斯當局的必要。總督這麼說是希望能合理化協約國的介入，不過，或許聰穎且見多識廣的埃米爾早已看破了他的手腳。

與此同時，東波斯防線緊急從軍管城鎮奎達（Quetta）開始部署，在刺痛皮膚的沙塵暴和熔爐般的熱氣下迅速執行任務。當參謀官忙著佈署長達數百英里的補給線時，情報官則用金錢組織了一個由當地軍情人員所構成的情報網絡，負責跟蹤並報告阿富汗及俾路支斯坦一路上，是否有人停留在沿途為數不多的村莊及水源處。不過，在這個比英國大兩倍，而且沒有肉眼可見的道路及電報線路的沙漠裡，要回報這些在波斯東部出沒不定的入侵者，是十分吃力不討好的工作。就像其中一名資深英國官員所說的：「貓抓老鼠的遊戲開始了，但這場遊戲中，老鼠占盡優勢。」

# 第八章
# 喀布爾大競走

一九一五年七月，奧斯卡・馮・尼德梅爾上尉率領部隊，向東前往伊斯法罕，但情況看起來很不妙。他們眼前是條一千英里的征途，途經地球上最嚴苛的地形，即便在沒有戰事的承平時期，要在酷暑下穿過波斯的沙漠地區，許多人便認為是有勇無謀，甚至是瘋狂的行為。不過，這些德國人可沒有選擇的權利：威廉二世親自下達諭令，要他們盡其所能，迅速前往喀布爾。除了太陽的蒸騰熱氣、沙塵暴揚起窒息嗆人的塵土外，光是為人員和馬匹尋找水源，就是一個無限循環的惡夢，而且地面上蠍子和毒蛇橫行，不論對人還是動物來說都十分危險。除此之外，以打劫沙漠旅行隊為生的不法之徒及盜匪成群結隊，燒殺擄掠。尼德梅爾的部隊易受攻擊，簡直就是他們眼中的肥羊：大家都知道，他們身上除了有金子、武器之外，還有要贈送給阿富汗埃米爾的各式貴重禮品。

除了這些存在已久的危險和穿越沙漠的不適外，還有一些前人不曾遇過的威脅在等著他們。打從尼德梅爾一行人踏入沙漠前早就知道，敵軍的巡邏部隊正監控著這條從波斯往阿富汗的路途。每個稍作停留的村莊，都有埋伏在暗處的間諜和告密者，準備將他們的行蹤通報給英國或俄國。因為沿途都受到監視，尼德梅爾一行人不敢在一個地方停留太久，深怕中了埋伏，就算疲憊不堪也要繼續前進。就算平安無事抵達阿富汗邊境，也有可能被埃米爾要求原路折返，甚或被移交給英軍或俄軍。成功的機率微乎其微，但這似乎無法阻止他們持續前進的決心。他們知道，倘若遊說阿富汗加入聖戰的任務成功，便能憑一己之力，大幅扭轉大戰戰局，並改變祖國的命運。

不過，要不是先前戰略失誤，他們其實根本不用經歷這一切的危險和痛苦。假若瓦思穆斯沒有獲准放棄任務，讓德國沒有人能夠代表政府出面談判，尼德梅爾一行人現在大概早就安全抵達喀布爾。從此時的情勢看來，德國人已經錯過關鍵時機。若尼德梅爾一行人不用等奧托．馮．亨蒂格和他的兩名印度同僚，可能早就在幾週前春光明媚時出發，並能因此避開波斯的酷暑，行動更加迅速，而且在英國和俄國有時間部署間諜和巡邏部隊干擾德國部隊行動前，到達阿富汗邊境。

分屬軍事及外交部門的成員之間原本就關係緊張，而延遲出發一事可說是雪上加霜。雖然柏林當局承認尼德梅爾是軍事總指揮，亨蒂格及兩位印度同僚負責任務的政治及外交層面，但從他們所留下的記錄很明顯能看出，尼德梅爾與亨蒂格都認為自己才是作戰總指揮。雙方領導人之間的誤會一直沒有釐清，使任務從開始便諸事不順。這一切都要怪罪柏林的負責人沒有清楚規劃指揮架構，而且命令總是模稜兩可。

英國透過派遣間諜和攔截無線電訊號，隱約觀察出德軍內部不和及延遲出發的主因，並對此沾沾自喜。在經歷過「大競逐」之後，英國對這種軍事合作和政治操作背後的角力可說是再清楚不過。經歷兩次阿富汗戰爭和榮赫鵬（Francis Younghusband）帶兵入侵西藏拉薩的任務後，英國付出了龐大而痛苦的代價才領略這些道理，不過，德國是第一次採用這種戰爭策略，使得內部氣氛越來越緊張，爆發各種情緒衝突。對英國來說，看到一向效率高超的普魯士軍人陷入混亂，過往推崇的鐵血紀律因個人爭執而難以維繫，實在令人倍感安心。話雖如此，面臨共同敵人和將來未知危險的尼德梅爾和亨蒂格，還是決定先拋下歧見，為了德皇及祖國攜手合作。但即便如此，許多不滿還是在看似和平的假象下慢慢發酵。

規模龐大的沙漠旅行隊很難隱藏行蹤，再加上在光禿禿的沙漠中，幾乎不可能每天都為所有任務成員取得足夠的食物和飲水，因此德國最後決定將部隊拆成兩個分隊，相隔幾天出發，各自行動。如果不是因為這些考量，這個歷時一個月、前往阿富汗邊境的任務，應該集中軍力，全力推進才是。若遇到敵軍巡邏部隊突襲，或遭到武裝盜賊襲擊，部隊才有足夠的武力能與之對抗。雖然無法一起行動，但德軍決定在抵達邊境前先在某個地點會合，整備兩隊軍力後再討論闖向邊境的最佳方法。部隊總人數為約一百名騎兵，包含數十名德國軍官和士官，其中幾位是從俄國戰俘營逃出的德軍；其他部隊成員先前則是效力於親德波斯領袖，是僱來的武裝傭兵團；還有幾位率先出發的軍官和士官，探勘行進路線，並用德國政府的金子買通途中的強盜首領，讓部隊能夠安全通過。

雖然領導一支分隊的亨蒂格有記錄下危險萬分的向東之行，但另一支分隊的領隊尼德梅爾所寫下的紀錄更加詳細具體。用尼德梅爾的話來說，他們為了「躲避波斯毒辣的豔陽」以及英國的眼線，部隊通常在夜間行動，不但經常因此迷失方向，還往往會遇到一些意料之外的「驚喜」。離開伊斯法罕的第三晚，他們發現自己正騎著馬踏過「趁夜色出來覓食的滿地毒蛇」，嚇得他們冷汗直流。在其中一匹馬因為蛇毒倒下後，尼德梅爾如此敘述當時的情景：「我們必須讓走在前方的成員穿上皮製護腿，帶上鞭子，為我們清出一條道路。」隔日早晨，毒蛇僅留下沙子上的痕跡，消失地無影無蹤。這時換大型蠍子出場，牠們爬滿部隊營帳，有些甚至為了躲避沙漠的熱氣，爬進士兵的衣服中。尼德梅爾寫道：「我們必須仔細檢查每件衣服，甩一甩後才能穿上身。」除此之外，他們的衣物也被各式各樣的昆蟲大軍襲擊，尼德梅爾表示：「波斯的每棟建築內都不乏這些昆蟲的身影，但當地居民好像都不受影響，只是冷靜地把蟲子從衣物中挑出，也不會殺了牠們。」

沙漠的高溫令人難以忍受，某幾天，才早上九點，陰影處的氣溫便高達約攝氏四十度。德軍珍貴的巧克力，甚至是日常所需的蠟燭，都融化再凝成一坨坨難以辨認原型的塊狀物。進入卡維爾大鹽漠（Kavir）之後，情況日趨嚴峻，早晨的氣溫高達驚人的攝氏四十五度，而且無論何時都無情地刮著熱風。「這是我們第一次嘗到遊牧民族所謂『波斯煉獄』的滋味，」尼德梅爾寫道，「當你直接盯著太陽時，光線之強反而讓你暈眩地感覺一片黑暗；背對陽光時，整片沙漠卻看起來一片雪白。」

路邊駱駝和其他牲畜的白色骨骸標識著小徑的路線，德軍沿著路徑在零星的水源之間穿梭。「只有駱駝和騾子喝得下那種臭氣沖天的髒水。」尼德梅爾回想道，「不管煮沸多少次，水質還是一樣糟，我們只能瓜分所剩無幾的瓜果解解渴。」此時此刻，不論是德國還是波斯軍人，都因為痢疾而衰弱不少，讓他們的行進速度更加緩慢。有一次，因為強風吹散了足印，尼德梅爾突然發現幾名成員沒能跟上前方隊伍，消失在隊伍之中。他立刻派人一路往回找，還好及時發現他們，但已經有好幾個人因為口渴難耐而昏倒，意識不清。部隊的坐騎也因為熱氣及缺乏飲水備受折磨，馬匹尤為嚴重，有些甚至已脫水而死。雖然兩個部隊目前還沒有太多士兵倒下，但意志如鋼鐵般的尼德梅爾行軍速度極快，即便是當地出身的波斯護衛兵都受不了，也幾乎沒了出發時的熱忱。

最終，筋疲力盡的部隊終於離開卡維爾大鹽漠，接近位於伊斯法罕和阿富汗邊境最近點的中繼站

——一個叫做奇哈德（Chehar Deh）的小村莊。這是尼德梅爾和亨蒂格先前決議的會面點，他們將在此整備部隊，決定下一步該怎麼走。走過三百英里嚴酷路程的部隊急需休憩，因為就算他們能平安到達阿富汗，遠離英國和俄國巡邏部隊的追趕，他們還要再走五百英里才能抵達喀布爾。尼德梅爾和亨蒂格先前都猜想前方有英軍和俄軍駐紮，但他們在奇哈德才第一次收到明確資訊，證實了這個猜想。更令人不安的是，敵軍在邊境部署的火力比他們預期的還要強大許多，他們很可能得和對方決一死戰，因此尼德梅爾和亨蒂格決定統籌集結所有兵力，一起向兩百英里遠的邊境前進。

尼德梅爾寫道：「我們只有十五到二十名受過訓練的德國士兵，其他都是當地僱來的波斯護衛。」尼德梅爾心裡明白，波斯士兵在面對訓練過的軍隊，可能沒辦法發揮多大的用處，更何況是有機關槍的部隊。他提到：「我軍沒有配備機關槍或大砲，唯二的無線電報儀也留在伊斯法罕，行動時還得隱藏行蹤，讓敵人無法摸透我們的行軍路線。」他們顯然無法在奇哈德逗留太久。停下的每一天，都是在給敵軍加強防線的寶貴時間，並讓他們得以調查德軍的所在位置及部隊人數，除此之外，村內一定有被英國或俄國收買的告密者。「我們禁不起冒險，即便要多花時間佯攻或繞路，都要用最謹慎的方式離開村落。」尼德梅爾寫道，「接下來這幾天的行動將決定我們的命運。」

當德軍還在討論接下來關鍵的幾步該怎麼走時，一場意外讓他們深刻體會到自己身處多麼危險，以及極度警惕的必要性。其中一名士官在外出買肉時，偶然間在路上看到一個放滿錢的皮袋，並馬上認出這是本次任務為數不多的資金袋。袋子被拙劣地藏在舊泥牆角落，盜賊顯然是想晚點再過來取走。該名士官馬上通知部隊進入警戒狀態，並馬上發現其中一名波斯士兵消失地無影無蹤。尼德梅爾回憶道，他們在一間茶館發現在抽鴉片的嫌犯。「我們把他拖出來訊問，他在抗拒搜身並嘗試逃走時遭射殺。」過沒多久，德軍找到他備好馬鞍，準備用於逃脫的馬匹——德軍這次可說是僥倖脫險。尼德梅爾寫道：「他打算在那天晚上向俄國告發我們的行動。」

在這個死氣沉沉的中亞小村落，沒有無線電報機或任何與外界聯繫的方式，尼德梅爾和同袍沒有任何方式能獲得外界的資訊，更無法得知他們即將進入的無人之地現況又是如何。事實上，「東波斯防線」離完成還差得遠，某些區域甚至無兵駐守。防線最大的缺口在英國及俄國佔領區的交界處，也就是建物大多為泥造的城鎮比爾詹德附近，這裡對於雙方軍隊來說都是最偏遠的地點，還來不及部署軍力或補給品。其實，這個地點恰巧就是尼德梅爾和亨蒂格一行人預計到達阿富汗邊境之前的最後停靠點，可惜他們並不知道那裡就是防線缺口。然而此時，德里的防線指揮官正努力調派軍力，補上比爾詹德這個漏洞，並積極聯絡俄軍，要求他們迅速派兵。馬什哈德的英國總領事沃爾斯利．黑格奉命徵召當地約莫一百五十名哈扎拉人（Hazara），想要攔截武裝的德軍。這些部落戰士曾經在「大競逐」時代以印度陸軍的身分加入英軍，是英國人的老相識了。不過，此舉卻引來俄國抗議，表示根據《英俄條約》，俄國對馬什哈德有絕對的管轄權。不過，俄方還是承諾派出哥薩克騎兵隊趕往比爾詹德，而且沒過多久，英軍就聽到部隊已經出發的消息。雖然做了這麼多準備，但若要真正阻止德軍進入阿富汗，英國與俄國還得與時間賽跑。

另一方面，從喀布爾傳來消息對英國人來講算是稍微好一點。總督哈丁勳爵向英國內閣報告：「對於我告知德國特務打算進入阿富汗一事的信件，埃米爾給予十分令人滿意的回覆。埃米爾表示，阿富汗一向不允許武裝的外國部隊入境。倘若德軍真的進入阿富汗，埃米爾會沒收他們的槍械，並拘留德軍直到戰爭結束。」總督也表示，埃米爾「親筆在信末闡明」戰爭時，將嚴守阿富汗的中立立場。雖然埃米爾的承諾使人心安，但總督本人和他的顧問都明白，現在阿富汗動盪不安，極易陷入暴亂，因此埃米爾必須先守住王位，才能兌現承諾。一名從喀布爾回來的英國人表示：「哈比布拉汗是全阿富汗唯一站在我們這邊的人。」其他人民無一例外，都十分怨恨英國。一九〇七年，阿富汗和波斯一樣，在那場並未受邀與會的第二次海牙和平會議中，他們的命運被強權定奪，所受的屈辱至今仍憤恨難平。他們也沒有忘記一八三九年及一八七九年英國兩次入侵阿富汗，佔領首都的血淚史。如果德軍順利抵達喀布爾，一定還有不少人願意接收德國帶來的訊息。

諷刺的是，如果說阿富汗大部分人民親德的話，與德國同盟的土耳其卻恰恰相反。東方世界開始懷疑德軍行動的真正目的，尤其是對於鄂圖曼帝國的野心。戰爭開打前，掌握土耳其實權的三位帕夏私底下便經常炫耀他們是如何獲得柏林當局的金援，利用德國的科技讓土耳其現代化，使軍事和工業都朝向歐洲的水準邁進。（譯按：如前所述，其中兩位是前面已經提及的恩維爾和傑馬勒。）其中一位甚至表示：「一旦我們達成現代化的目標，二十四小時內就會和德國切斷合作關係。」這麼說是因為，由德國出資建造的巴格達鐵路在落成的一瞬間，土耳其就能馬上將其國有化。不過在那之後，民意的風向變了。人民開始懷疑，假設土耳其在這場戰爭中獲得勝利，國土是否會直接被德意志帝國吸收，威廉二世又是否會以新德意志帝國皇帝兼蘇丹的身分，統治柏林至緬甸一帶？許多土耳其人民生活愈加困苦，看著傷亡人數日漸增加，開始對強迫他們參戰的德國以及在君士坦丁堡的親德權貴感到越來越憤怒。因為英國曾經保護土耳其其傳統免受俄國侵害，因此沒有多少人對英國懷抱恨意，而民意也開始認為盟友德國越來越專橫，因此偏向英國。

土耳其首都謠言四處流竄，最後終於傳入德國大使旺根海姆男爵耳中——而他正是當初為了說服蘇丹政府加入聖戰而煞費苦心的人。市集小巷中，謠傳著肉品短缺是因為柏林當局下令優先將補給品運送至德國。除此之外，土耳其人民很快就把所有國內的問題都怪到德國頭上。僑居土耳其首都的德國外交、軍事和商界人士擔心，一旦協約國取得勝利，城內所有基督徒都會遭屠殺殆盡，而那裡的基督徒除了他們自己與眷屬之外還有誰？

旺根海姆和德國同胞都在同年春天親眼見到發動聖戰是如何造成不堪設想的後果：恩維爾在薩勒卡默什大敗給俄軍後，東土耳其的基督徒亞美尼亞人悲慘地成為戰敗的代罪羔羊。當時，旺根海姆其實是唯一有資格勸戒恩維爾的人，手中握有阻止屠殺或後續驅逐亞美尼亞人的權力。但旺根海姆事不關己地向美國大使亨利．摩根索表示，德國無法插手如此敏感的土耳其國內事務，否則可能對德國及土耳其的關係造成負面影響。恩維爾除了需要軍事失利的代罪羔羊之外，還想將鄂圖曼帝國從君士坦丁堡拓展至喀什噶爾。不幸的是，亞美尼亞剛好擋在他想要擴展版圖的路徑上。旺根海姆向摩根索表示，當時德國唯一的首要目標只有「參戰並且獲勝」。

不過，亞美尼亞人恐怕面臨大屠殺的消息走漏風聲後，美國對此不斷施壓，使柏林當局也開始憂慮了起來，擔心他們的漠視可能會使土耳其遭美國輿論撻伐，連帶影響德國的名聲。對於德國來說，美國必須保持中立，才能達成他們的戰爭目標，因此六月中旬，旺根海姆的態度便開始轉向。但一切都太晚了，土耳其已經開始對亞美尼亞人大開殺戒。德國大使雖向君士坦丁堡抗議，表示協約國會以此大做文章，但絲毫沒有動搖土耳其的決心。上天彷彿要懲罰旺根海姆的毫無作為，四個月後，旺根海姆便因為腦中風而永遠從戰場上缺席。這位曾經夢想在戰後坐上德意志帝國總理大位，輔佐皇帝的男人，現在被葬在他夏日度假屋的原址，面向美麗的博斯普魯斯海峽，身邊陪伴他的，都是因為他執意執行「偉大的計畫」而在戰時冤死的同胞。

話說回來，在君士坦丁堡，甚至在整個鄂圖曼帝國，這類的勾心鬥角其實像呼吸一樣自然。檯面下，不知道有多少黑暗與背叛情事在蠢蠢欲動。一九一五年十二月，當時正處於亞美尼亞種族滅絕的最高峰，協約國收到一項終結大屠殺，結束戰爭的驚人提議。這項提議不是來自其他人，而是當時正在大馬士革指揮土耳其南路部隊，身為主導土耳其戰事的三巨頭之一——傑馬勒帕夏本人。他提議協約國提供軍事協助，與他一起攻下君士坦丁堡、推翻恩維爾、逮捕恩維爾的德國顧問、停止對亞美尼亞的種族滅絕，並讓土耳其退出戰爭。作為交換條件，他將以蘇丹的身分，坐上新鄂圖曼帝國的大位，並將首都遷移至大馬士革，完全放棄君士坦丁堡和對黑海海峽的掌控權，並將該地區割讓給一直想在地中海地區建立戰略據點的俄國，或是轉交給國際組織管理。傑馬勒帕夏管轄的區域將僅僅包含土耳其其位於亞洲的地區、敘利亞、美索不達米亞、巴勒斯坦和阿拉伯半島，而亞美尼亞人和庫德人則會擁有所謂的「自治權」，但主權還是歸土耳其所有。

不過，擁有自治權也必須付出相對應的代價：土耳其境外富有的亞美尼亞人必須付出鉅款。其中，某些款項會被用來買通正在土耳其東部大肆屠殺亞美尼亞族的人，並用來購買食物或其他救濟物資給受害者；剩下的錢則會按照傳統東方習俗，全部進到傑馬勒的口袋裡，當作居中協調的費用。對於亞美尼亞領袖來說，只要可以拯救他們的人民，維繫一族的血脈，這點付出不算什麼。事實上，就是因為某些亞美尼亞政要與聖彼得堡的高層能夠互通聲息，傑馬勒才能私下向協約國提出這樣的協議。

傑馬勒的行動等同背叛了另外兩位帕夏，也就是恩維爾和塔拉特（Talaat）；對於蘇丹來說，則是罪證確鑿的叛國罪。但傑馬勒提出協議的時間點也經過精挑細選，恰好在英軍和盟軍因為佔領君士坦丁堡的行動失敗，損失慘重，充滿屈辱地吞下敗仗，逃離加里波利半島時提出。傑馬勒很清楚，這是讓協約國保住面子的絕佳時機。英國一開始對於這項提案是想欣然接受的，如此他們就不用想辦法補償他們在加里波利半島的慘敗，而且土耳其再也不會對埃及造成威脅，英國便能夠將部隊調派至急需兵力的西線戰場，用來對抗德軍。俄國也非常歡迎這項提議，因為傑馬勒的交換條件是他們一直以來都想要的君士坦丁堡，同時俄國還能把軍隊從高加索調派至他們節節敗退的東歐。只有法國立即拒絕這項提議，因為他們想要的是從十六世紀開始便和他們關係密切的敘利亞。雖然比起德國，傑馬勒很明顯比較親法，但法國不想要就這樣把敘利亞拱手讓人，因為最後如果協約國獲勝，法國人便能順理成章把敘利亞當成戰利品納為己有。

另一個影響協約國是否接受傑馬勒提議的因素，就是先前協約國其實已經開始討論（至少已經進入紙上作業的階段），東線戰場獲勝後該如何瓜分蘇丹的領土。一九一五年四月，為了避免俄國中途退出戰爭，協約國同意將君士坦丁堡和黑海海峽再加上一部分的土耳其東部，給予聖彼得堡當局作為報酬。同年五月，為了勸誘義大利對土耳其宣戰，協約國答應將一部分南土耳其分給義大利。同時，英國鎖定了戰後的美索不達米亞，覬覦當地豐富的油田，也因為戰略因素，想要繼續控制埃及和賽普勒斯（Cyprus）。這還不是全部呢。為了感謝希臘加入協約國的陣營，當協約國在戰後分配鄂圖曼帝國的土地時，希臘可以獲得土耳其西部的一部分。為了獲得其他國家的協助，協約國更把腦筋動到阿拉伯人和猶太人的頭上。不過，一旦接受傑馬勒的條件，這些承諾就無法兌現，因為傑馬勒很明顯要鄂圖曼現有的大多領土維持完整。整體來說，只有俄國會從中獲得領土上的利益，能夠提早且確實地掌控君士坦丁堡，還能確實將其納入囊中。

協約國的爭論持續了好幾週，但最後，他們拒絕了傑馬勒的提議。英國和法國寧願放手一搏，如果能打敗土耳其，戰後才能獲得最多的領土。無法確實擴張領地的俄國看似失去許多，但這個局面下真正的輸家是命運多舛，現在正持續被屠殺的亞美尼亞人，還有因為戰線拉長，接下來幾個月將在血腥的戰場上犧牲性命的千千萬萬協約國及土耳其士兵。傑馬勒很幸運地在提出這項兩面手法的計畫時，都沒有被恩維爾和塔拉特發現，若無其事地以同志的身分繼續與他們共患難。另一方面，摩根索大使則持續為亞美尼亞人發聲，嘗試說服恩維爾和塔拉特放棄屠殺，甚至提議讓亞美尼亞人可以集體移居至美國西部。即便協約各國強權也表示，將在戰後清算三位帕夏，讓他們個別為此付出代價，但摩根索的努力還是落空了。「不管你怎麼說都不會改變我們的決定。」身為內政部長的塔拉特如此向摩根索表示，「亞美尼亞人公開支持我們的敵人，在高加索地區為俄國人提供協助。土耳其大部分的失利都可以算到他們頭上。」不幸的是，塔拉特並沒有完全說錯。沙皇麾下高加索部隊中，有好幾個單位的成員都是亞美尼亞志願軍。他們協助同為基督徒的俄軍，希望在土耳其戰敗後就能由俄國來保護他們，獲得一塊主權獨立的領土。

與此同時，君士坦丁堡的德國大使館重整旗鼓，繼續推動聖戰。一九一五年十月，旺根海姆驟逝後，規劃聖戰的主要成員馬克斯．馮．歐本海默從柏林出發，抵達君士坦丁堡，接續指揮德皇的機密行動。過沒多久，大量武器、金子和宣傳品透過與柏林之間的鐵路運送過來，好讓他麾下在波斯行動的特務使用，而若事情順利發展，這些物資也可以用來收買阿富汗，甚至其他地區。在這之前，這些敏感的物資無法大量運送至君士坦丁堡，僅有少數貨物能夠藏在鐵路貨車的假地板下偷運過來，但通往土耳其唯二的鐵路行經維持中立的保加利亞和羅馬尼亞，因此物資運送受到阻撓。另外，鐵路還容易受到懷有敵意的塞爾維亞攻擊。不過在一九一五年秋天，保加利亞參戰並與德國和土耳其站在同一陣線後，德國、奧匈帝國及保加利亞軍隊便齊手攻下塞爾維亞，開啟一條直接連接柏林與君士坦丁堡的補給線。道路暢通之後，終於能從德國運送一直以來短缺的彈藥給德軍和土耳其軍，而這個消息也促使協約國加速撤離加里波利。協約國在加里波利大敗一事在歐本海默團隊的宣傳官口中，成為聖戰取得巨大勝利的證據，大肆宣傳。

不過，並非所有與土耳其武裝部隊一起行動的德國軍官和顧問都同意歐本海默的作法，有些人甚至不覺得發起聖戰是明智的抉擇。許多人認為發起聖戰是在浪費人力和資源，最終德國可能會嘗到反噬的苦果。因為內部意見不合，許多派駐土耳其首都的資深德國軍官與大使館的外交同僚關係不好，這種不合的情況甚至延燒至軍事部門之外。其中一名持強烈反對意見的人是《科隆報》（*Kölnische Zeitung*）派駐君士坦丁堡的記者哈利・施圖默博士（Harry Stuermer），他認為馮・歐本海默為私利大幅扭曲了伊斯蘭教的教義。一九一七年，施圖默在獲得瑞士的政治庇護後，寫下《君士坦丁堡戰時兩年紀》（*Two War Years in Constantinople*）一書，指控馮・歐本海默和同僚嘗試在穆斯林國家引起史上「最喪心病狂的宗教狂熱」，敗壞他們「用耐心和犧牲」換來的社會法律、秩序與文明，讓「穆斯林社會倒退好幾年」。

施圖默更表示，聖戰吸引了各類「貪婪之輩」加入，批評尼德梅爾和瓦思穆斯假裝成東方文化專家，用花言巧語欺騙德國大使館的官員，從馮・歐本海默手中獲取巨額資金。而馮・歐本海默的團隊還「傻傻地信了這些把德國大使館當成無限提款機的人」，讓他們以推廣聖戰之名，行詐騙之實。許多資金最終流入了君士坦丁堡的「低俗場所」，根本不是計畫盤算的用途。其中一名投機取巧的人士，是來自巴庫（Baku），能講一口流利俄文的德國事務官，他宣稱自己能說服高加索地區的穆斯林加入聖戰，藉此官拜少校，獲得大量軍火、金援和宣傳品，協助他順利完成任務。施圖默寫道：「德國給他大把大把的金子，讓他能私下買通穆斯林，遊說他們加入聖戰。」但最終，他沒能夠說服任何人加入聖戰，而是把資金拿在君士坦丁堡過上奢華的生活。施圖默更批評道，對於掌控東方事務大權的馮．歐本海默，應該不會愚蠢至此，被這些低賤的人欺騙，但他「除了選擇自行出資，把大筆馬克浪費在這些人身上之外，還動用國庫來資助」這些人所創造出來的「虛假幻象」。

不論施圖默口中所述君士坦丁堡的貪汙腐敗與笨拙無能有幾分真實，對於英國來說，聖戰所造成的威脅可是確確實實。德國仍持續在加強對波斯的管理，擴張他們的版圖。從俄國戰俘營逃出的俘虜陸續加入德軍的行列。一九一五年秋天，根據英國情報人員所傳回來的消息，約有三百名身強體壯且武器精良的德國人和奧地利人加入戰局。除此之外，德國還僱用了約一千名波斯傭兵，多名印度陸軍逃兵和士兵也加入了土耳其和德意志帝國聯盟的麾下。德國對波斯中部及南部的滲透之深，以致波斯境內十七間由英國管理的波斯帝國銀行，竟有高達七間落入德國的手中，任其掏空這些銀行的金庫，來資助聖戰。德軍也佔領多間電報局，據為己有，而不讓英國使用。德國縝密的滲透，使大部分波斯地區處於無政府的狀態，而親德的憲兵團仍然毫無作為。

許多英國和俄國領事官員暗殺事件層出不窮，這些明顯由德國煽動的事件使英俄人員死傷慘重。情報顯示，瓦思穆斯現在將行動基地從布什爾移師位於波斯內陸的設拉子，在當地以德國領事的身分活動。所有人都知道設拉子的波斯領袖和憲兵團部隊都站在瓦思穆斯這一邊，因此這項佈署對當地規模小又沒有守軍的英國領事館造成巨大威脅。還好，在俄國控制的波斯北部，有驍勇善戰的哥薩克部隊追殺這些德國特務，不讓德國摧毀協約國在當地的影響力，也不讓德國遊說年輕沙阿將一千萬國民拽入聖戰之中。即便如此，德國公使亨利・羅伊斯親王仍相信德國能使波斯放棄中立地位，後文我將進一步詳細說明。不過，這有點超出我們目前的時間線了。讓我們再回到一九一五年七月月底吧，此時還待在奇哈德村的尼德梅爾和其同伴，正準備闖過英軍和俄軍嚴守的波斯東側邊境。

這支德國部隊與外界毫無聯繫，對君士坦丁堡、德黑蘭和其他區域所發生的紛擾可說是一無所知。他們的首要目標是在不被發現的情況下，平安抵達阿富汗邊境。理論上，一旦他們能進入埃米爾的領域，就能躲開協約國的追捕。雖然英國和俄國在沙阿管轄的土地上能狂妄地無視法律，施以私刑，但他們可不敢在阿富汗這樣橫行霸道。這麼做除了會激怒埃米爾之外，更會給反英的民眾一個發洩怒氣的出口。若真如此，那麼德國連手指都不用動一下，英俄可能便會直接引爆阿富汗對英屬印度的聖戰。

對於德里當局來說，最好的狀況是能在德國部隊抵達邊境以前擋下他們。事實上，此時此刻，倫敦、德里、聖彼得堡和幾個散佈於東波斯防線上的據點之間正密切聯絡，希望能贏得這場佔地廣闊的鬼抓人遊戲。在一九〇七簽下和平協議後僅僅過了八年，阿富汗和英屬印度之間的情勢再次一觸即發，並揭開以中亞為舞台之新一波「大競逐」的序幕。

# 第九章
# 虛張聲勢的尼德梅爾

該如何躲過協約國巡邏部隊的重責大任，現在落在可靠又能幹的奧斯卡・馮・尼德梅爾上尉身上。尼德梅爾除了負責此次遠征的軍事統籌，在開戰前也曾在波斯四處遊歷，甚至曾經親自去過馬什哈德的英國總領事館。他現在的策略是利用誘餌、佯攻和假訊息行調虎離山之計，只要敵軍的巡邏部隊暫時離開主要德國部隊前往邊境的行進路線，他們就能趁機從這個缺口溜進阿富汗。不過，若要趕在追兵察覺實情而回頭追趕之前，順利抵達邊境，那麼已然疲憊不堪的士兵和馱獸都必須以突破極限的速度，再向前行進兩百英里才行。

尼德梅爾眼前有兩個必須以智取勝的敵手：從北邊向南行進的俄國巡邏部隊，以及從南方趕來的英軍。同時，他得確保主要隊伍前方的敵軍防線破口大開，才能迅速通過，因此他派出三個小型武裝巡邏部隊，並簡單對他們說明任務：第一支小隊被派往東北方，志在分散哥薩克部隊的軍力；第二支小隊被派往東南方，用以欺騙英軍；第三支小隊則由德國軍官華格納中尉（Kurt Albert Wagner）加上三十名武裝的波斯士兵組成，獲派提早出發，至前方為主要隊伍偵查敵軍，並在敵軍防線出現缺口時立即回報。同時，第一支小隊將哥薩克部隊引向錯誤的方向後，不會回歸主要隊伍，而是往回退，在沙漠中建立一個隱密的基地，讓主要隊伍中因病無法向邊境進行最後衝刺的士兵稍事休息。第二支小隊若幸運騙過英國巡邏部隊，則將試著前往克爾曼，在那裡與祖格瑪雅和葛利辛格中尉會合。另外，還有一招欺敵戰術是，三支小隊會對沿途接觸到的村民或遊牧民族散播謠言，誤導他們的動向，並留下假冒的機密文件，進一步加強這些假訊息的可信度。

雖然尼德梅爾自己的人馬身經百戰且意志堅決，值得他全心全意的信任，但佔部隊大宗的波斯護衛就不是這麼回事了，這些武裝的部落族人是否忠誠，還有待商榷：他們會加入聖戰，不是被德國金子迷昏了頭，就是因為宗教狂熱主義和長期以來痛恨英國和俄國。面對訓練精良且很可能配備機關槍的協約國部隊，波斯士兵可能會嚇得魂飛魄散，拋棄自己的德國金主，讓德軍自生自滅。這個隱憂顯然讓獨自帶領一群波斯人的德國將領身陷危險之中，而稍後我們就會看到，這的確會嚴重危害誘餌小隊。

此時，英國不知道使用何種方法，透過他們的情報網絡得知德國已經在前往阿富汗的半路上了，更令人震驚的是，他們居然在烈日當空的七月中成功穿越卡維爾鹽漠。從「大競逐」時代拿破崙和沙皇亞歷山大共謀經由波斯入侵印度以降，英國便一直認為這條路線是絕對行不通的。雖說德國武裝部隊走的是整個沙漠最短的路線，但還是歐洲人第一次成功向東穿越鹽漠。德里和倫敦當局對此感到驚慌不已。一名英國資深外交部官員如此警告，「德國現在要向前推進可說是輕而易舉。」另一名官員寫道，「現在一切端看埃米爾的態度。」還有一位官員則表示：「埃米爾雖明智，但還是有可能被讒言所惑。」

印度總督這邊也可說是陷入愁雲慘霧。在聽聞德國正步步進逼東波斯防線上防衛相對鬆散的比爾詹德後，總督發出電報給倫敦，通知他們東波斯防線尚未完全佈署完畢，俄軍部隊必須加緊腳步，趕緊到防線上就位才行。他也警告倫敦當局，情報顯示還有第二支部隊正從克爾曼而來。電報抵達倫敦的時間是凌晨兩點二十分，幾個小時內，外交大臣愛德華．格雷爵士便發送電報給聖彼得堡的英國大使：「緊急電報。德國隊伍正在全速接近阿富汗邊境，部隊共有一百九十六名成員，其中包括三十名德國人和十五名奧地利人。」尼德梅爾領軍的分隊正從奇哈德村的方向迅速前進，而祖格瑪雅的部隊則從克爾曼的方向來。俄國在波斯東北方有駐軍，若他們能說服俄國出兵至英俄兩方防線相交的比爾詹德，阻止前來的德國部隊，那麼英軍就能全心處理那些據稱將從克爾曼前來的德軍。不過，英軍隨即發現，會有部隊從克爾曼過來只是子虛烏有的假情報。

此時，總督也以電報通知埃米爾，德軍正在全速向阿富汗邊境前進，呼籲埃米爾若德軍成功溜過協約國的警戒線，埃米爾應迅速逮捕德軍「以及他們僱佣的殺手護衛」。總督更進一步表示：「關於土耳其及德國聯軍將通過阿富汗，準備入侵印度等蓄意誇大的謠言，正在阿富汗和邊境上的各部落之間流竄。相信我不用提，埃米爾陛下也知道這些只是愚蠢的無稽之談，現在波斯境內沒有任何土耳其的部隊，更遑論德國或奧地利的軍隊。」不過，他建議埃米爾應該公開制止這種傳言繼續流竄，「假如這個德國部隊真的到達邊境，陛下較容易上當的人民才不會誤以為德國之後還會再派大批援軍前來。」最後，他向埃米爾保證，雖然目前協約國沒有什麼特別光彩的戰績，但「最有判斷能力的人」都能明顯看出戰爭最終的結果會是如何。協約國除了人數和經濟資源遠勝對手之外，他們還掌控了公海，因此長遠來看，協約國肯定能擊退德國和土耳其。

不過令總督和防務長官們失望的是，俄國似乎不急於將哥薩克部隊派往英國認為東波斯防線上最脆弱的破口，也就是位處比爾詹德北部、英軍和俄軍各自負責防線的交界處。俄軍行動緩慢的原因單純就是優先順序與英國不同罷了。德國特務滲透阿富汗一事，對俄國所造成的衝擊遠小於英國；除此之外，俄國需要集中哥薩克軍力協防波斯北部，因為那裡才是他們真正受到土耳其、德國和當地敵人威脅之處。但不論為何俄國延遲派兵，沒有及時彌補上兵力空缺一事，讓德里更加愁雲慘霧。這樣的情緒，英國當天送出的機密文件中便能略知一二。一名官員在七月二十七日，也就是尼德梅爾準備動身離開奇哈德的那天，於一個標示為〈在波斯之德國特務〉的檔案中寫道：「我擔心德國會絲毫不受阻撓，直接通過防線。俄軍應該無法及時擋下德國部隊。」這還不是最糟的，根據情報人員傳回來的資訊，俄軍對當地居民的態度很有可能會引爆穆斯林對於協約國的不滿，促使更多居民投入聖戰。根據其中一則傳到英國耳裡的傳聞，俄軍派往防線增援的哥薩克部隊把馬匹栓在清真寺中，觸怒大批民眾。一名英國官員對此用嘲諷口吻表示：「真是典型的俄國佬作風！」

雖然英國如此悲觀，但尼德梅爾的行動其實也不是順風順水。在離開奇哈德村後，他們一行人馬上就遇到了棘手的問題。在華格納中尉率領的偵察隊先行出發，並分別向北方和南方派出誘餌小隊後，尼德梅爾前進約四十英里，到下一個村莊等待華格納的消息。為了防範告密者，尼德梅爾在村莊四周布下武裝軍隊，禁止任何人離開村落。等待時，一名機密傳令兵從伊斯法罕帶來戰事發展順利等鼓舞人心的情報，和一些四個月前的德國報紙，但華格納那兒還是無消無息。

過了好一陣子，終於有消息傳回，但是消息糟糕透頂。華格納不但沒有找到英國和俄國軍力的缺口，還在比爾詹德北邊約五十英里處遭哥薩克巡邏兵襲擊。看來哥薩克的第一批部隊已經抵達防線。華格納和部隊成員晚上被突襲，得以趁著夜色逃走，但他們失去了金子在內的所有行囊。好消息是，他們在反擊時成功讓敵方軍力折損，而且沒有成員因此喪生。現在，華格納的部隊在尼德梅爾停留的村莊前方約三十英里處重整旗鼓。為了重新思考下一步該怎麼走，尼德梅爾下令華格納回到他所在的村落。隔天部隊抵達時，尼德梅爾說他們「狀況奇差無比」。原來這一切會發生，是因為知道華格納一行人帶著金子行動的當地波斯居民，將他們的行蹤出賣給哥薩克部隊。奇怪的是，哥薩克部隊並沒有進一步追捕，可能是擔心前方會有德軍佈下的陷阱。總而言之，尼德梅爾明白，他們沒剩多少時間了，往後只會有更多哥薩克部隊從北方抵達戰場，更多英軍從南方而來。他們必須在所剩無幾的時間內迅速離開此地，避免敵軍發現他們的行蹤，否則，他們將被敵軍全數殲滅，屍體在荒漠黃沙中半掩半現。

當他們還在討論作戰細節時，一群騎馬的不明人士突然在遠方出現。沙漠中，士兵經常把塵捲風和海市蜃樓誤認為來襲的部隊而虛驚一場。不過，透過望遠鏡仔細確認後，尼德梅爾認為前方的人影並不是什麼幻象，只是要等對方靠近到一定程度才有辦法確認是敵是友。若是敵方，到時再逃走就來不及了。因此，尼德梅爾下令部隊馬上打包行囊，小心地離開村落，向南穿越沙漠，希望對方不會發現他們的存在。還好，當時太陽正準備西沉，天色漸暗，而且傍晚總是強風不停，能迅速抹去沙塵中的腳印，遮掩紮營的痕跡。

至今為止尼德梅爾的計畫（若可以稱得上是計畫的話）就是從偵查兵找到的任何軍事破口溜過去。為此，部隊被迫在夜間行進，將所有部隊成員和他們的馱獸逼至極限。四周都是敵軍的眼線，而一旦有人發現大規模的沙漠旅行隊在往阿富汗邊境前進，一定會馬上起疑，因此尼德梅爾一行人必須非常小心。「為了不被發現，我們沒有點火，在一片黑暗中前進。」尼德梅爾寫道，「但我得多次阻止隊上的波斯馬伕用乾草引火來點燃他們的鴉片煙管。大部分波斯人都沉溺於此道，吸了鴉片才能繼續上路。」他們偶爾會暫時停下，感激地抓緊時間躺下休息。有些趕不上部隊腳步的波斯人，則永遠離開了部隊——部隊可沒有時間等待那些落後的人追上。情況逐漸嚴峻，尼德梅爾發現自己有時竟開始羨慕起這些吸鴉片的波斯人。他寫道：「他們多幸運呀，可以沉浸在虛華不實的美夢裡，哪像我們，現在唯一能想到的只有多希望能把身體泡在冷冽的泉水中。」

現在，部隊通往阿富汗邊境最近的路線上，僅剩比爾詹德這座城鎮，只要再走三天路就能抵達。此時此刻，在這個偏僻的泥造小城，除了原本就有派駐領事的俄國之外，英軍大概也已經在那裡等著他們的到來。顯然，他們無論如何都得避開敵軍才行，但他們應該向哥薩克部隊駐守的北邊前進，還是向南邊正在追殺他們的英國人那裡走？這是尼德梅爾的「地獄二選一」，因為部隊的性命都全仰賴他做出正確的決斷。不過，在德軍逐漸接近這個極度危險的地區時，他們卻沒有任何方法能得知英軍和俄軍的部隊是如何部署的，更無從得知哪條路線比較安全。尼德梅爾最終決定向北繞，因為同行的波斯人表示，比爾詹德北邊的沙漠以嚴峻出名，尤其是夏天，因為水井稀少，要通過那裡可說是難上加難，因此敵軍起疑的機率也最低。幸運的話，敵軍甚至會將有限的軍力集中在比爾詹德南部的路線。尼德梅爾先向比爾詹德東南方派出一支小隊當誘餌，並散播主要隊伍將會從後方跟上的謠言後，部隊便向北邊的荒蕪之地出發。

此時此刻，從英國的情報報告中可以發現，尼德梅爾的誘餌小隊和錯誤資訊開始成功混淆視聽，讓想監控他們行蹤的英軍困惑不解。根據其中一份報告，英軍拿到一封寄丟的德軍信件（至少德里當局是這麼相信的），表示部分德軍已經跨過阿富汗邊境，並因此讓英軍認為繼續追捕德軍可能沒有意義。這封信大概是華格納中尉先行向北偵查時，刻意「遺失」的信件，最後落到馬什哈德的英國總領事手中，其中內容經由電報傳至德黑蘭，再轉發給德里和倫敦。另一個由尼德梅爾散播的假資訊，使英軍大幅錯估向阿富汗前進的部隊中，德軍和奧軍對比波斯傭兵的人數，有些情報甚至顯示德軍及奧軍的人數高達四百人。而最後一個假消息，就是總督事先向倫敦提出的警告：第二批由祖格瑪雅和葛利辛格中尉共同率領的德國部隊，此時正向極易受攻擊且幾乎無人駐守的南阿富汗及俾路支斯坦全速前進。這我們就不知道是不是尼德梅爾的傑作了，但能確定的是，總督其實白擔心一場了，因為這兩名軍官其實現在還被困在克爾曼。不過，此項假訊息確實分散了德里向東波斯防線派出的軍力，而這正是尼德梅爾所渴求的結果。

其實，當尼德梅爾的部隊在比爾詹德北部的沙漠備受折磨的時候，他們無從得知祖格瑪雅和葛利辛格在克爾曼的遭遇，想盡辦法要避開敵軍的念頭也逼著他們只能專注在眼前的情況上。部隊好不容易發現的水坑竟然只是一片鹽巴，白高興一場之外，他們還從當地居民口中得知，兩天前這裡曾有正在追捕他們的英國部隊經過。「烈日非常折磨人，」尼德梅爾如此寫道，但他們因為不能在這個危機四伏的地區浪費一絲一毫的時間，部隊不分晝夜地前進，不論是人還是動物都達到了臨界點。沒過多久，其中幾名波斯護衛再也受不了了。「有幾個人決定直接癱倒在路邊，」尼德梅爾回想，「當時，連我都難以保持清醒。」有些人則用手上的武器威脅士官交出珍稀的水和幾匹馬後，就此脫離部隊。

現在，再往前進四個小時，尼德梅爾一行人就能通過連接比爾詹德和馬什哈德南北向的主要道路，那之後只要再走八十英里，他們就能抵達阿富汗邊境。尼德梅爾推測前方的道路上應該不乏英軍和俄軍的巡邏隊伍，還會有祕探密切關注任何想通過阿富汗邊境的部隊，因此他們接近邊境時必須極為小心，而且得趁著夜色通過這條主要道路。為此，尼德梅爾先派出偵查兵，要他們確認前方的地形，並向主要隊伍回報路途上敵軍的動向。等待回報時，尼德梅爾下令部隊減輕行囊。為了全速前進，士兵只能攜帶必要的行李，而那些被丟下的物品會被埋在沙漠裡，之後有機會再回來取。他們丟掉的物品包括威廉二世準備給埃米爾的禮物中太大或太重以致攜帶不便的部分，還有大捆大捆的聖戰宣傳單。與此同時，士兵也抓緊時間休息。但不久後，尼德梅爾的斥候便捎來了消息，表示目前部隊前進的路線上並沒有任何英軍或俄軍，不過前陣子剛有敵軍騎兵部隊經過這條道路，而他們應該很快就會折返，因此他們應該儘速通過主要道路。

「緊張的心情讓我們克服了身體的疲憊。」尼德梅爾寫道。他和另外一名軍官先行出發，在接近跨越主道路的地點，等待主部隊跟上。所有人抵達現場時，天色一片漆黑，也沒有人開口說話。「我們兩側的偵查兵耳聽八方，注意任何最微小的聲音。」尼德梅爾回想道。確定前方安全無虞後，尼德梅爾下令部隊通過道路。他這麼寫道：「我們像鬼魂一樣，無聲地溜過眼前的大道，消失在東側的群山之間。」即便如此，他們眼前仍然危機重重。雖然成功通過整個旅程中最容易受攻擊之處，但他們還得在敵方佈署部隊的區域裡再向前進八十英里。另外，在他們逃出英俄的東波斯防線前，還有最後一道險阻，也就是向東延伸三十英里的所謂「山道」。這條路上，協約國拉了一條和防線上各駐軍地保持聯繫的電報線，因此沿途德國敵軍的巡邏兵肯定不少。若協約國發現尼德梅爾成功從他們眼皮底下溜過，甚至通過比爾詹德和馬什哈德之間的道路，那他們一定會試著在這條山道上擋下尼德梅爾，因為這是德軍一行人成功跨過阿富汗邊境前，最後一次能擋下他們的機會。

雖然協約國在該處的部隊人手吃緊，但若他們可以集中所有兵力，全力對抗尼德梅爾，現在大概早就抓到他了。可惜的是，英國除了要調派更多士兵，彌補俄國哥薩克部隊來不及趕到比爾詹德北部的缺口之外，他們還以為另一個德國部隊正全速從克爾曼趕來。這的確是祖格瑪雅和葛利辛格原本的計畫。他們在七月四日抵達克爾曼時，原本是想在當地吹響聖戰的號角，但馬上就遇到了意料之外的難題。「起初，一切似乎都進展順利。」祖格瑪雅向駐德黑蘭德國公使亨利．羅伊斯親王如此報告道，「當地居民興高采烈地歡迎我們的到來。認為我們可以制衡他們恨之入骨的英國及俄國，並對抗那些收錢辦事的當地親英省長、副省長和警察首長，讓他們不用繼續面對壓迫。」祖格瑪雅表示，這些當地官員每個月都從英國領事那裡收取大額賄賂，「好讓他們把當地德軍的活動密告給他。」據我們所知，克爾曼的英國領事的確收到德里當局的命令，使用「秘密情報局的資金」，試圖破壞德國在波斯東南部的陰謀詭計。

不過，英國的詭計只是德軍必須處理的問題之一，另一個問題是德黑蘭的波斯官員也嚴重受到英國及俄國的勢力影響。祖格瑪雅和葛利辛格表面上是以德國領事和副領事的身分被派至克爾曼的，雖然德國向德黑蘭發送一連串的電報，希望當地能正式承認兩人的領事身分，但最終仍然沒有成功。沒有外交人員禮遇的祖格瑪雅和葛利辛格，電報必須以未加密的文字、通過普通的波斯管道傳送電報。這代表當地波斯省長可以閱讀他們的訊息，並將內容透露給英國金主知道，甚至直接銷毀德方的訊息。德黑蘭遲遲不承認祖格瑪雅和葛利辛格的領事和副領事身分，因此兩人也無法讓德國意志的國旗飄揚在他們選定的領事館屋頂上，使他們在當地顏面無光。祖格瑪雅在一封透過德國士官送往德黑蘭給亨利親王的信中如此抱怨道：「我們的對手明目張膽地大肆慶祝，嘲笑德國公使館的無能為力，等著我們恥辱撤離的那天。」他要求亨利親王代表他們對德黑蘭施壓，如此他們才能「按照德國外交部和陸軍的規劃」，挑起聖戰來對抗英國。不過，日子一天天過去，他們仍遲遲沒有獲得領事的身分。

兩位德國軍官會感到如此挫折可說非常合理。他們身上帶著數量充裕的聖戰宣傳品，用極度反英的文字寫成，順利的話能引起好幾次的反英暴動。這些素材是馬克斯．馮．歐本海默，以及其他柏林和君士坦丁堡的官員精心準備的，包括以波斯語、普什圖語（Pushtu）、烏爾都語（Urdu）等亞洲語言寫成的傳單、宣傳手冊和報紙，上頭的消息表示德國和土耳其在陸戰及海戰中大勝，協約國大敗落跑。其中一張用印度斯坦語（Hindustani）寫成的傳單甚至說英王從王位上落荒而逃，英軍紛紛投奔至敵軍陣營；另一張用烏爾都語寫成的傳單，說俄軍在高加索地區大敗，聖彼得堡居民受飢荒折磨，而埃米爾本人已經承諾加入聖戰，對抗協約國。他們也說此時此刻，東方的幾百萬位穆斯林也決心投入聖戰，包括好幾個叛變的印度陸軍部隊。而這在德國宣傳官和印度同夥憑空虛構的消息中，只是一小部分而已。一般人民沒有其他獲得戰爭新聞的管道，因此會深受這些傳單刺激——前提是這些資訊要能更快地傳到這些人民手中。

亨利親王對於祖格瑪雅一行人的問題如此文風不動，大概是因為當時，他也正在水深火熱地執行另一場陰謀。他嘗試利用一樁一千多年前，發生在穆斯林歷史上的重大事件來激起波斯人民壓抑已久的怒氣，藉此逼迫沙阿政府加入聖戰。當時，協約國一些較小型的據點逐漸遭受當地居民的暴力威脅，因此俄軍對波斯首都步步進逼，使不滿的情緒在波斯人民之間爆發。亨利親王的計畫是要動搖又懦弱又易受讒言左右的沙阿，讓他帶上幾位波斯政要，進行穆斯林所謂的「聖遷」（*hejira*）——意思是「儀式性地遷移至安全之地」。最初的「聖遷」為西元六二二年，先知穆罕默德從麥加移居至麥地那（Medina），因此亨利親王希望藉此迅速激起波斯易怒人民的宗教狂熱，正好為聖戰揭起序幕。這次，沙阿預計會離開位於德黑蘭的皇室宮殿，向南遷徙至兩天路程遠、安全無虞的聖城庫姆（Qum）。

德國將大肆宣傳沙阿的「出逃」，將一切怪到身為異教徒的俄國人頭上，挑動波斯居民對於宗教的敏感神經，使波斯全國上下都投向德國和土耳其的陣營。亨利親王佈的這一場局非常聰明：德黑蘭的協約國部隊情緒越緊張，俄軍就會越接近首都，在當地居民之間引起反協約國的歇斯底里情緒，進一步對沙阿和其官員施壓，促使他們趁著還來得及時逃往庫姆。亨利親王和同僚自稱將伴隨沙阿前往庫姆，而庫姆則會成為波斯聖戰的首府——至少親王的如意算盤是這麼打的。不過，因為整體計畫風險極大，也不能冒著訊息被首長或其他反德勢力監聽到的風險，所以他無法對人在克爾曼的祖格瑪雅和葛利辛格說明，以免被英國得知詳情。祖格瑪雅和葛利辛格只能再耐心等待一陣子了。

這一切發生的同時，德國也逐漸加強對波斯其他地區的管控，尤其是那些哥薩克部隊不足以造成威脅的地點，以及那些默許德方發起聖戰的憲兵隊之駐地。至今為止，因為有波斯傭兵團的協助，德國又成功接管更多座本來由英國人擁有的波斯帝國銀行，大肆掠奪金庫以作為聖戰的資金使用。德國武器和特務持續從巴格達跨越波斯邊境湧入，前往尼德梅爾在伊斯法罕所建立的基地。在那裡，一些武器連同從英國那裡偷來的金子，被轉交至親德的波斯愛國主義份子手中。這些極端份子自稱「波斯民主黨」（Persian Democratic Party），發誓就算不惜動用武力，也要完全抹消英國和俄國在這塊土地上的所有影響力。因為有共同的敵人，因此他們決定與德國站在同一陣線。其他偷渡至波斯的武器，再加上更多英國的金條、銀條，悄悄地向南運送到瓦思穆斯的地盤，以分送給當地親德的部落。此時，這位「德國版勞倫斯」因為極有可能對英國造成巨大威脅，所以英國使用的地圖上，特別在整個波斯西南部分用註記他的名字，而且每個字母都大寫。

瓦思穆斯在布什爾的行動受挫後，向內陸撤退至法爾斯省的首府設拉子。除了駐守當地的憲兵隊之間有他認識的友人之外，當地也有一個十分誘人的靶子：一座又小又缺乏外界聯絡管道的英國領事館。設拉子的領事弗雷德里克・歐康納爵士（Frederick O'Connor）官拜少校，曾在榮赫鵬爵士遠征拉薩時擔任部隊的首席情報官。奉德黑蘭長官的命令，他摧毀所有機密外交密碼，只留下其中一種。瓦思穆斯顯然想在設拉子扳回一城，弭平在布什爾時被英軍擊敗，以及李斯特曼博士領事被逮捕的恥辱。歐康納的兩名部下已經被瓦思穆斯麾下的部落居民殺了：一九一五年九月，印度裔的設拉子英國副領事據稱在被憲兵隊護送時，遭殺手從後腦勺開了一槍；幾天後，歐康納手下的一名通信騎兵（*ghulam*）也被類似的手法暗殺。當地憲兵隊的瑞典軍官本該保護所有外國居民，在當地維護法律及秩序，但卻很明顯地偏袒瓦思穆斯一行人。雪上加霜的是，憲兵隊內的波斯隊員都是極度反協約國的波斯民主黨成員，因此也默許德國人的行徑。

雖然歐康納有一支十名印度陸軍組成的隊伍護送，但他心裡明白，若領事館受瓦思穆斯領導的部落居民攻擊，尤其還是在憲兵隊默許的情況下，領事館必定會失守。他唯一能做的就是向上級報告目前設拉子有多危險，並說明他們可能淪為人質，甚至面臨死亡的危險。對此，上級命令歐康納盡可能地拖延時間。但實際上，因為英國援軍必須打敗沿途的敵對部落，只會讓情況火上加油，所以英國是不可能從布什爾派軍馳援的。最終若英軍必須從領事館撤離，就像關閉其他波斯境內領事館時一樣，德軍到時會吹響號角，宣揚他們再次擊退了異教徒。現在，一切端看歐康納的決定。最後，他決定留在當地，守護領事館。在見識過眼前德國人的勢力有多凶殘之後，他能在如此無助的情勢下有如此決斷，著實是英勇卓絕。但沒過多久，他和當地的一小群英國人便會嘗到此決定的苦果。

在這一切開展的同時，德里和倫敦收到了對他們來說最糟的消息：兩名煽動反英情緒的印度異議份子、尼德梅爾和亨蒂格，以及一群德國軍官和士官，平安跨過邊境，進入阿富汗。

# 第十章
# 晉見埃米爾

尼德梅爾成功在英國的眼皮下溜出波斯，雖然英國政府已經料到事態會這麼發展，但這消息還是讓德里當局以及位於白廳（Whitehall）的英國中央政府捏了一把冷汗。不過，值得讚揚的是，英國算是輸得很有風度，坦承這次德軍的確完成了不可能的任務。戰爭結束後，一位英國戰爭史家如此寫道：「尼德梅爾和其同夥所展現出來的勇氣、技術和韌性，非常值得欽佩。」英國軍方對於波斯東部的地勢十分了解，因此最讓他們驚訝的還是德國部隊驚人的行軍速度。印度總督將這個壞消息報告給倫敦當局時，也提到德軍曾在七天內就走了兩百五十五英里。這些人員和馱獸除了極度疲憊，還飽受口渴及飢餓折磨，卻能在一個半月內通過全世界地形最嚴峻的區域，實在是了不起的成就。一名英國官員如此抱怨道：「德國部隊前進的速度太快，我們根本無法即時獲得關於他們行蹤的情報。」諷刺的是，其實整個波斯東部到處都是英國的間諜和拿他們錢辦事的線民。

不過，要是沒有尼德梅爾鐵血風格的領導，還有他想以智取勝英國和俄國的決心，這個因為許多人脫隊而顯得有點七零八落的部隊絕對無法順利通過鹽漠。尼德梅爾這麼寫道：「無論如何，我們都得繼續前進，守住僅存的一點點優勢。」他們很少有機會可以停下來小睡片刻，尼德梅爾甚至得用踢的才能把部隊成員叫醒，催促他們上路。「為了阻止疲憊不堪或膽小窩囊的成員逃走，我們可是費了好大一番心力」他如此回想道。

隊上的波斯人一個接一個累倒在滾燙的沙子上，寧願就此死去，也不想繼續這痛苦的旅程。尼德梅爾指出，歐洲人的身體及心靈似乎都比波斯人更為強壯。這不太令人意外就是了，畢竟波斯人沒有真的全心投入這場聖戰的理由。某些德國的評論家表示，對於部隊能平安通過沙漠一事，尼德梅爾給自己攬了太多功勞。不過，這次任務名義上的領導人，人稱「印度王子」的異議份子馬亨德拉・普拉塔普拉賈則在事後簡短記錄道，部隊能存活下來，全都是靠尼德梅爾個人領導能力和策略上的功勞。

此時，部隊人數已減少到只剩一群尼德梅爾稱為「行走殭屍」的隊員。一行人從伊斯法罕出發後恰好七週，終於在一九一五年八月十九日深夜，抵達標示阿富汗邊境所在位置的地標：一處乾涸的水窪。途中不少人死亡或離隊，因此部隊人數現在只剩原本的一半；不過，隊上的德國人、奧地利人和印度人都還好端端地在隊伍中，而旅程開始時，他們帶著的馬和馱獸共一百七十隻，現在也只剩不到七十四匹了。即便他們順利逃過了英軍和俄軍的死亡魔掌，危機仍遠未告終：部隊上的人和動物都受到口渴所苦，更不用說餓得前胸貼後背。若這些人員和動物要避免因為孱弱不堪而死亡的話，部隊必須找到新鮮的水和食物。進入阿富汗三小時後，他們找到另一個水窪，雖然還有一點點水，但全是駱駝的糞便。即便如此，隊伍上的動物還是爭先恐後地享受著得來不易的水分，而淨化水源後，尼德梅爾和部隊隊員也決定好好啜飲一番。

總之，他們在嚴苛的條件中撐了下來，希望過沒多久就能找到可以提供食物和水源的村落。「現在我也不知道當初我們是怎麼走過最後四十英里的，」尼德梅爾寫道。熬夜趕路後，隔天清晨五點，他們在茫茫沙漠中找到一個被遺棄的小村莊，一個沒有標示在地圖上的地方。他們多希望能在這裡找到一口井，可惜希望馬上就破滅，而動物們也只能繼續喝鹹水。但沒過多久，奇蹟發生了：有人找到了一個被遺棄的灌溉系統，管線中竟然還有一些淡水。「雖然水中都是水蛭，」尼德梅爾如此回想道，「但好幾天沒能大口喝水，不論是人還是動物都大肆暢飲了一番。」這支德國隊伍成功獲得水源，迴避了口渴而死的命運。現在，他們重拾氣力，準備向赫拉特（Herat）前進。只要兩天路程就能抵達這座阿富汗西部地區的首府，尼德梅爾希望能在那裡與喀布爾當局的人員接觸。

這些累壞的隊員現在最擔心的就是阿富汗當局會怎麼迎接他們。阿富汗會不會與預期的一樣熱烈歡迎他們，把他們當作伊斯蘭大軍的開路先鋒，或是能將阿富汗從英國手中解放的救世主？還是阿富汗會按照中立原則，沒收他們所有武器，拘留他們？甚至是將他們移交給印度的英國官員？或是單純被阿富汗遣返，只能回到波斯領土，途中再次面對英國和哥薩克的追兵？現在，尼德梅爾的任務已經結束，這些政治決策的責任落在身為德國政府代表的奧托・馮・亨蒂格以及他兩位印度同僚的肩上。最後一批波斯傭兵收到報酬並解散後，部隊現在大部分由一群謊稱已皈依伊斯蘭教的歐洲人組成，因此，亨蒂格決定先派出其中一位印度人：穆罕默德・巴拉卡圖拉。幾乎所有穆斯林世界的人都知道他的大名，更不用說英國當局了。在英國的文件中，他們認為巴拉卡圖拉效忠德國，而且「極度危險」。亨蒂格現在派給他的任務，就是要立即結交赫拉特總督，並說明他們此行的主要目的。巴拉卡圖拉將會對阿富汗當局表示，他們帶著一封德意志皇帝威廉二世命令必須馬上轉交給埃米爾的私人信件，還有許多要運送至喀布爾獻給埃米爾的禮品。

雖然疲累不堪且蓬頭垢面，巴拉卡圖拉還是順利完成任務，成功說服總督現在來到他們面前的德國使節有非常重要的任務在身。總督馬上就派出一名上校率領部隊，將一行人護送至赫拉特。部隊找到德軍等人時，剛歷經艱困旅程的他們在一個小村落休養生息，當地的阿富汗居民因為從來沒看過歐洲人，紛紛露出困惑的樣子。亨蒂格和尼德梅爾不想以如此不堪的模樣進入赫拉特，擔心阿富汗會對他們的母國懷抱錯誤的印象，因此很想在這裡多待一些時間。他們不只疲憊不堪、衣衫襤褸還臭氣沖天，好幾名隊員也生病了，其中一兩個人甚至神智不清，但上校堅持他們必須遵從總督的命令，立即打包行囊，前往赫拉特。在習慣了波斯政府相對隨興且聽話的行事作風後，上校的堅持就像是一種全新的文化衝擊，令這支德軍部隊頗不適應。

歷經在波斯漫長而痛苦的旅程，一九一五八月二十四日，一行人順利抵達天堂般的赫拉特。在抵達赫拉特這座由高牆包圍的阿富汗西部首府之前，他們先是通過草木茂密、物產豐饒的赫拉特峽谷，只見兩旁片片美麗的果園和花園，還可以眺望遠處的山景，四周空氣沁人心脾，一片綠油油的景象。抵達赫拉特後，馬上有人護送他們前往埃米爾的省府宮殿。阿富汗官員告訴他們，這是埃米爾駐蹕赫拉特省時的行宮，而在獲得喀布爾進一步的決策之前，德國隊伍將在這裡留宿。前景似乎一片看好：他們好似被當成阿富汗的貴客般對待，一張大桌子上還放滿各式東方特色菜餚供他們享用。「伴隨著花園令人迷醉的香味，眼前的場景就像童話故事般美妙，」尼德梅爾這麼寫道，馬亨德拉．普拉塔普拉賈的說法也與尼德梅爾相互呼應：「在那一刻，先前經歷的一切苦痛都被我們拋諸腦後。」

接下來幾天，德軍一行人坐立難安地等著喀布爾的回應。終於，在三十名武裝士兵的陪同下，總督騎著白色軍馬前來拜訪。在交換禮物和正式打過招呼之後，亨蒂格解釋他們此行的目的，並傳達了德皇和鄂圖曼蘇丹要轉達給埃米爾的訊息。接著總督對他們表示，德軍一行人可以在兩週內整裝打點，再向東走四百英里，從赫拉特前往喀布爾。在那之前，總督會提供乾淨的衣物、馬匹和其他旅途上的必需品。拉賈寫道：「總督自掏腰包，派了一群工匠來，有馬具工人、鐵匠、裁縫師和鞋匠，為我們提供全新的裝備，滿足我們的所有需求。」除此之外，昂貴的香油、香水和香皂也一一在他們眼前排開，這對於在沙塵暴和熱氣中掙扎，幾週無法洗澡的士兵來說，是超乎想像的奢侈品。看來部隊可以過上幾天好日子了，一切也會按照計畫順利進行。

在其他隊員抵達赫拉特與巴拉卡圖拉會合之前，其實英國早就透過間諜得知德方抵達的消息，也知道阿富汗張開雙臂歡迎他們的到來。英國除了警告埃米爾之外，也立刻派人調查，德國到底是怎麼躲過他們的偵查，如何甩開所有的追兵。根據英國的推測，他們認為尼德梅爾一行人不過是先鋒部隊罷了，如果阿富汗的回應是正面的，其他部隊便會隨後跟上。而事實的確如英國人所預想的，阿富汗的反應如此友善，尼德梅爾甚至已經傳送一封機密電報至伊斯法罕，建議德國派另一支部隊在協約國補上防線缺口前，趕緊動身闖過協約國防線。與此同時，英國從比爾詹德派出一名經驗豐富的情報官員，嘗試建構出尼德梅爾部隊行經的確切路線，找出沿路上是誰提供他們食物、水源和方向的指引。但歷經一番調查，他只發現波斯東部的部落首領大多願意接受任何一方的酬金，而且會聽從出價最高者，如果情況允許，甚至會答應雙方的請求。不過，大部分的人還是比較認同土耳其和德國，因為自「大競逐」時期以來，英國和俄國便不斷干預波斯國內事務，導致波斯人非常討厭英國和俄國。

與此同時，德國的武器、金援和其他資源持續跨過邊境運送至波斯西部，準備對英屬印度展開聖戰。柏林當局相信，亨蒂格與其餘在喀布爾的人馬，再加上德黑蘭亨利・羅伊斯親王精明的詭計，沒過多久，聖戰便即將展開。除了武器之外，據稱還約有三百名戴著波斯帽子、手戴德國臂章的土耳其士兵抵達克爾曼沙赫，也就是通往德軍大本營伊斯法罕的中繼站。克爾曼沙赫和伊斯法罕一樣，現在儼然已經成為德國的領土，當地的英國和俄國領事館早就因為安全考量而關閉。波斯政府派出新任的克爾曼沙赫省長前往當地阻止德國的活動，他表示將會讓協約國的領事館重新開張，但卻遭亨利親王要脅：要是他繼續堅持，德國將會出手阻止他上任。因此，英國估計德軍單單在克爾曼沙赫便僱有超過一千名傭兵，其中大部分人即將前往伊斯法罕以及更東邊的駐地。此時約為一九一五年秋天，英國收到一則情報，表示兩個德國部隊過沒多久將從伊斯法罕出發，跟上尼德梅爾和亨蒂格的腳步。

此時，尼德梅爾、亨蒂格和部隊士兵在經過充分休息之後，從赫拉特出發，向東跨過高山，向喀布爾前進。在阿富汗部隊的陪同之下，雖然他們走的路線最短，卻也最嚴峻。若走另一條比較容易卻遙遠的路線的話，他們會先向南抵達坎達哈（Kandahar），再向位於東北方的首都喀布爾前進，並藉此繞過中間的山路。但是，阿富汗方面顯然想盡可能避免牽動阿印邊境部落居民的敏感神經，也不想讓德軍已經抵達阿富汗的消息傳入部落居民的耳裡。

一般情況下，要到達喀布爾得花上一個月的時間。不過，因為部隊快馬加鞭，有時甚至一天走兩天的距離，因此他們在十月二日就抵達喀布爾，整整早了五天。第一批前來迎接他們的是當地的土耳其僑民，「頭戴著紅色毯帽（fez）的他們一看就知道是土耳其人。」亨蒂格說，他們高聲歡呼，歡迎部隊的到來，「讓我們覺得在喀布爾好像已經有了盟友」。在他們逐漸接近被群山包圍的首都時，第二批前來歡迎他們的是阿富汗儀隊，軍官身著土耳其樣式的制服，高喊一聲「敬禮！」他們抵達的消息很快在首都傳了開來，興奮的人們開始聚集在路旁，想一探究竟。亨蒂格寫道：「街道上、屋頂上的群眾齊聲歡呼，歡迎我們的到來。看得出來他們期盼著我們的蒞臨，阿富汗也會迎來嶄新的氣象。」

此時，部隊被護送至埃米爾舒適的迎賓宮，也就是位於喀布爾市郊的巴布爾花園（Bagh-i-Babur），將以阿富汗國賓之尊入住。那裡的風景壯美，可以仰望群山，俯瞰蓊鬱山谷，內部的花園和噴水池也一樣頗有可觀之處。不過，德軍興奮的心情卻馬上被冷水澆熄：埃米爾本人並不在首都，而是到深山裡的涼爽夏宮避暑。更令人失望的是，因為當地前陣子剛爆發霍亂，他短期內似乎沒有要趕回喀布爾的打算。對於亟欲儘快說服阿富汗加入聖戰的亨蒂格和尼德梅爾來說，這消息簡直是晴天霹靂。

不過，當德軍在等待埃米爾主動回到喀布爾時，他們也忙著說服喀布爾的平民轉而支持土耳其和德國。他們在這遇見了幾名意料之外的盟友：約二十名居住在首都的奧地利士兵。這些士兵都是從俄國的突厥斯坦戰俘營逃出來的，一路從奧克蘇斯河（Oxus）來到中立的阿富汗，獲准留在當地。其中幾名士兵是身懷絕技的工匠，為了贏得民心，亨蒂格和尼德梅爾馬上招募這幾名士兵入隊。其中有幾人協助阿富汗居民建了一座小醫院，根據亨蒂格的說法，醫院「採用德國對於燈光亮度、空氣品質和清潔的最新衛生標準」，將全新的衛生觀念引進阿富汗；一位在和平時期本職為雕刻家的士兵，甚至為該醫院刻了一座合適而令人印象深刻的雕像，另一名裝修工則好好裝潢了小型的手術室、候診室及醫院旁的簡樸清真寺。與此同時，曾是戰俘的其他人也身懷絕技，將各種能對生活有助益的技巧傳授給當地的工匠。亨蒂格表示：「阿富汗人還是想知道外面的世界發生了什麼事，尤其是目前戰況如何發展，以及戰爭的結果將會如何影響他們的生活。」這對於德國來說可是天賜良機——還有比現在更適合宣傳對英屬印度之聖戰的時機嗎？

有趣的是，此時恰好有一名歐洲人也在喀布爾生活。這名英國男子叫做林奇（Lynch），是埃米爾親自請到喀布爾的工程師，協助當地建立用以生產肥皂、蠟燭和無煙火藥的工廠。當這支德國部隊抵達喀布爾，開始對當地居民宣傳反英思想後，他便決定辭職，回到印度。回到德里後，他向當局表示他經常看到德國人在市集行動，不過他從來沒有和對方交談過。當英國官員進一步詢問關於這批使節的任何資訊時，他只是說：「我們只是擦身而過，低聲咒罵彼此而已。」雖然根據林奇的說法，這些德國人「像是來拜訪的皇室成員一般」，備受阿富汗人民禮遇，但亨蒂格和尼德梅爾卻逐漸感到不對勁。日子一天又一天過去，幾封他們寫給埃米爾的信還是無消無息，讓他們也擔心了起來。同時，他們的行動也逐漸受限。有一次，尼德梅爾想騎著馬到花園外，讓他的馬匹活動活動，卻遭守衛以刺刀擋下。他向負責的阿富汗軍官抗議時，對方表示，阿富汗認為德軍的性命受到英國秘密特務威脅，而限制他們的行動是為了維護他們的安危。當然，這可一點都說服不了這些德國人。

最後，德軍再也受不了了。他們決定絕食抗議，禮貌地拒絕廚師為他們準備的美食。雖然這樣的做法絕對不會在英國外交官薩道義爵士（Ernest Satow）的經典之作《外交實踐指南》（*Guide to Diplomatic Practice*）中看到，但德軍的策略對於以客為尊的阿富汗民族立刻奏效。埃米爾擔心世界數一數二的強權在自己的領土作客時飢餓而亡的消息傳出去，因此讓步了。十月二十六日，從德軍跨越邊境進入阿富汗以來超過兩個月，三輛勞斯萊斯抵達迎賓宮，將德軍送往埃米爾在深山之中的避暑宮殿。汽車開始爬上喀布爾的山麓時，尼德梅爾、亨蒂格和兩位印度同僚心裡明白，接下來這幾個小時將決定聖戰的命運，甚至影響整個戰爭的結果。如果他們能從阿富汗開始，逐漸說服全亞洲的穆斯林站在英國和俄國的對立面，那這場戰爭德國和土耳其就贏定了。現在，他們必須一肩扛起如此巨大的責任。

因為德軍所造成的問題如此棘手，在這一切發生的同時，英國也沒有閒著。首先，他們努力補上東波斯防線上的缺口，避免其他據說即將與尼德梅爾和亨蒂格會合的德國部隊再次通過防線。但他們眼前最迫切的問題，還是尼德梅爾和亨蒂格現在顯然要在喀布爾煽動群眾加入聖戰。雖然埃米爾三番兩次向印度總督表示會遵守條約，並讓阿富汗維持中立，但德里當局心裡也明白，埃米爾身邊滿是想與英國算舊帳的有力人士。沒有什麼比埃米爾宣布加入聖戰，對抗異教徒的印度統治者，更能讓這些政要高興的了。

除此之外，由查爾斯·克里夫蘭爵士所率領的印度政府情報機關得知，此一德國部隊身上還帶有德意志皇帝及蘇丹以極為煽動語句所寫成的信件，鼓吹埃米爾加入聖戰。他們雖無法阻止德軍將這些信件送至埃米爾手中，但要是他們能推出更誘人的方案，還是有可能抓住埃米爾的目光。至今為止，英國政府和埃米爾之間的溝通都是嚴格遵守條約，透過印度總督進行；此時，英國決定讓英王喬治五世寫一封私人信函給埃米爾，並使用上面有白金漢宮專屬壓印的信紙親筆書寫，親切地感謝埃米爾與英國之間保持堅貞不變的情誼，並再次保證協約國即將迎來勝利。這與先前英國和阿富汗之間的互動模式頗為不同，而且似乎還承認兩國是平等關係。小說家吉卜林向來熟知皇室的微妙禮數，用他的話來說：「現在這是國王和國王之間的往來了。」

不過，若英王喬治五世於九月二十四日寫下的信件，要能比德國帶來的信紙讓埃米爾更加心動的話，他們就必須加緊腳步。當倫敦還在安排這一切，準備將信件送至德里時，總督先是寄了一封電報給埃米爾，表示信已經在寄送的路上。英國決定把信件交給埃米爾時儀式越隆重越好。不過，因為兩國之間合約的限制，禁止英國官員及外交官進入阿富汗，因此這個隆重的交付儀式必須在開伯爾山口

（Khyber Pass）最靠近印度一端的英國駐軍地舉行。為了強調此封信件的重要性，英國要求埃米爾派出位階相當的官員前來取信，而埃米爾也立刻派出一名親信的阿富汗貴族，帶上穿著嶄新制服的武裝護衛，舉著一面大旗，浩浩蕩蕩地前往約定好的地點。一條小溪旁，英國開伯爾步槍兵團（Khyber Rifles）的儀隊身著禮服，在那裡等著他們。英國架起的大營帳裡，英軍以莊重的禮節交付信件，接著阿富汗貴族一行人便迅速返回埃米爾所在的地方，迅速將信件交到埃米爾手上。

據說，為了表示對英王的尊重，埃米爾哈比布拉汗是站著從阿富汗貴族手中接過信件的。送信的貴族因為身負重任且感動到淚流不止，甚至一開始沒有注意到埃米爾伸出的手有些不耐煩。不過，他傳遞信件的速度非常快速，因此埃米爾仍然重重獎賞，而那些護送他和這封歷史性信件的每一位隨從也被授予一把英製的李—梅特福步槍（Lee-Metford rifle）——這對於阿富汗的當地民族來說，可是極高榮譽的象徵。接著，埃米爾終於打開信件。為了不讓阿富汗君王曲解原意，德里當局甚至附上了翻譯。畢竟，光憑這封信可能就會決定神經敏感的阿富汗人要戰爭還是和平：前者就是選擇加入聖戰，後者則是選擇保持中立。

身兼英國國王及印度皇帝之喬治五世的信件以「我親愛的朋友」開頭，接著寫道：「我很高興從我的總督那裡聽說，您是如此真誠又富有榮譽感地嚴守阿富汗的中立，履行您戰爭開始時的承諾。這不只是單單因為您遵守與我之間的約定，更是因為您優先考量阿富汗國民及伊斯蘭教的利益。」信中繼續寫道，英王相信埃米爾會繼續遵循一貫的行事原則，「直到協約國戴上勝利的王冠。按照目前的情勢看來，我們已離勝利不遠。」信函的結語是：埃米爾保持中立，「進一步強化我個人非常重視的雙方情誼，並使兩國團結一致，延續自您父親以及我崇敬的先人維多利亞女王之間的情誼。」與此同時，總督也附上一封自己寫的信，表示為了感謝他對英國的忠貞，將埃米爾的年度個人補助提高至兩萬五千英鎊——這在一九一五年可是一筆鉅款。此舉也是為了避免埃米爾受到德國以金錢誘惑動搖。不過，若德國要在金錢上贏過英國，他們可得提出一筆鉅款才行。除了上述補助之外，埃米爾在德里可運用的資金還有大約八十萬英鎊左右，於倫敦也還有其他額外投資。即便如此，眼前的狀況還是十分棘手，但英國現在只能心急如焚地等待埃米爾的回應。

這一切在進行的同時，埃米爾也在他的深山避暑宮殿中，第一次接見了幾位來自德國和印度的賓客。在這裡，他們所談論的一切似乎都不會被英國情報特務或任何相關團體知道。但真的是這樣嗎？多年後，《泰晤士報》刊登了一篇關於查爾斯．克里夫蘭爵士的訃聞，雖然沒有署名但內容豐富，其中提到克里夫蘭似乎成功滲透了此次德國人晉見埃米爾的會談。不過，我至今仍無法在印度政府的情報文件中找到關於此事的證據。要是克里夫蘭的某位特務當時在場，那麼他們回報給總督的報告應該更加完整，而不是總督收到的那個簡略粗糙版本。若我們想知道埃米爾的會客室中到底發生了什麼事，可能還是得倚靠亨蒂格、尼德梅爾、馬亨德拉．普拉塔普拉賈，以及德國外交資料庫中的紀錄了。

會談持續了一整天，中間只有停下來祈禱和吃午餐。在場地位最高的阿富汗人包括哈比布拉埃米爾、他時任總理的親弟弟納斯魯拉，以及終將繼承王位的兒子阿曼諾拉，另外還有幾名位高權重的部長、宮廷官員及顧問。值得注意的是，這幾名在場的人員，包括納斯魯拉和阿曼諾拉在內，都是極度反英的人士，因此非常有可能認同這幾名賓客的理念。尼德梅爾、亨蒂格和兩位印度同僚搭乘的勞斯萊斯駛抵宮殿前（與其說是宮殿，此處更像一棟巨大的平房），他們驚訝地發現好幾頭大象被鐵鍊拴在宮殿外。「此舉既浪費又毫無必要，」亨蒂格寫道，「這代表埃米爾認為自己是印度半島上最偉大的領導者之一。」

會談一開始，德軍便將來自德意志皇帝及土耳其蘇丹的信，以及幾個尺寸雖小但極有價值的禮物上呈給埃米爾，其中包括工藝精緻、設計新穎的幾支金錶。亨蒂格回想道：「當時，我們也向埃米爾說希望之後還有機會，能再將那些留在波斯的大型禮物呈上。」埃米爾接下來問的問題則使現場的空氣有些尷尬：他問皇帝和蘇丹為何會派出如此年輕、年齡都不過四十的代表來與他談這麼重要的國事？對此，亨蒂格則表示，那些蓄著灰色鬍鬚、年紀較大的代表，可能沒辦法撐過如此艱難的旅程。相較於蘇丹的手寫信，德意志皇帝的信是用打字機撰寫的，埃米爾也表示驚訝，像是在懷疑這封信是否可信一般。再一次，亨蒂格又交出令人滿意的答覆：「我對埃米爾表示，皇帝本人正在野戰司令部，並沒有抄寫員能協助他撰寫信件。」實際上，關於這封信的真實性仍有令人存疑之處，因為原始信件上寫明瓦思穆斯才是任務負責人。德軍大概是在傳遞信件的過程中，巧妙地修改了內文罷。

埃米爾接著問道，是什麼讓亨蒂格一行人在全世界戰爭進行得如火如荼的此時，從德國遠道而來？亨蒂格解釋，他們是奉皇帝之命，前來向埃米爾表示，德國和英國及俄國不同，完全承認阿富汗是由埃米爾獨立領導的主權獨立國家，並希望德國可以和喀布爾當局正式建交。德國人會這麼說，理由在於他們明白許多以己國為傲的阿富汗人（埃米爾也包含在內）之所以如此痛恨英國，就是因為阿富汗就算有自己的外交政策，但英國拒絕承認他們是完全主權獨立的國家。即便如此，此時埃米爾仍然面無表情，讓人無法看透他對德意志皇帝之提案有何想法。

接下來輪到印度異議份子穆罕默德．巴拉卡圖拉，聲稱自己代表印度百萬名穆斯林教徒，希望能與埃米爾建立良好的關係。他直截了當地對埃米爾提問，身為宣誓過的穆斯林，他是否準備好帶領自己的國民投入聖戰，解放英屬印度內備受壓迫的穆斯林同胞？他還問道，埃米爾是否願意讓德軍、土軍進入阿富汗，整合德、土及他麾下聖戰士（*mujahedin*）的軍力，一起入侵印度？埃米爾的回應雖有些小心翼翼，但十分直白。雖然作為穆斯林大國，阿富汗不應規避自身的宗教責任，但他們地處兩個世界強權——英屬印度和沙俄之間，德國和土耳其反而距離遙遠。雖然埃米爾亟欲保護自己的國家，但他的部隊可能無法贏過這兩個強大的鄰國，軍隊未曾與配備最新型武器的歐洲國家交手過，也未曾執行過複雜精細的軍事策略。除此之外，要是倒戈德國和土耳其，埃米爾就會馬上失去英國的金援，還有寄放在印度政府那兒的資金，要是如此，他還付得出部隊的薪水嗎？若他要像德國所說的一般投入聖戰，他首先會需要武器、金源以及大量的德國或土耳其部隊，但德國與土耳其的距離遙遠，而且時間緊迫，更何況還有東波斯防線擋在面前，這些資源與人力要怎麼交到他手中？

對於埃米爾意料之外的要求，亨蒂格和其同僚被問得啞口無言。他們沒有得到柏林和君士坦丁堡當局的授權，無法承諾兩國將提供任何軍事或經濟上的支援，即便這一切只要埃米爾點頭答應加入聖戰，雙方政府大概就會提供他所要求的物資。這場會議的提案只是為了激發埃米爾的宗教憤怒，讓他派出阿富汗的部落居民對英屬印度展開攻擊，並引發當地對當權者不滿的民眾起義。若德國和土耳其的部隊要進入阿富汗，亨利．羅伊斯親王的策略必須先成功才行，但當時親王說服波斯沙阿投入聖戰的計畫才剛剛開始沒多久而已。即便計畫成功，德方所希望的是派出由德國人率領的波斯軍隊對抗英屬印度，而不是其他地區迫切需要的德軍和土軍。德國和土耳其會想發起聖戰的主因，就是因為計畫的成本幾乎是零，但若是成功，便會迫使英國將大量軍隊駐守在印度邊境，否則將可能失去印度。

使節團與埃米爾的第一次會談持續到傍晚，是時候結束了。本此會議雙方來往直白，但還算友善，埃米爾很會討價還價，協商時總能奸巧地要求更多利益。對此，尼德梅爾表示：「埃米爾不是用目眩神迷的小玻璃珠就可以買通的人。」而事實也的確如此。出乎德方的意料之外，埃米爾對於他們歷經千辛萬苦帶來的禮物，以及承諾之後會帶來的禮品（包括一台一噸重的電影放映機）好像不怎麼滿意。不過，他倒是很認真地聽尼德梅爾說德國最終必將贏得軍事勝利，若埃米爾選擇繼續和英國保持友好，那麼最終阿富汗將會孤立無援。善於言詞的馬亨德拉．普拉塔普拉賈和巴拉卡圖拉則指出，若埃米爾協助將英國逐出印度，那麼到時大片領土也會歸他所有。

不過，雖然埃米爾很認真地聽，也問了很多問題，但始終面無表情，讓人無法得知他真正的想法，但至少社交互動上，他對這些異國來的訪客十分友善。滿桌高檔的美食都是為埃米爾精心烹調、試食過的佳餚，而午宴時他坐在亨蒂格和拉賈中間，每道菜都親自夾一點給他的賓客。亨蒂格觀察道：「埃米爾所飲用的水是從一個上鎖的銀製茶炊取出的，鑰匙則由一名專門的管家負責保管。」而亨蒂格也發現埃米爾所使用的玻璃杯形狀特異，水晶製的杯蓋上有一顆巨大的紅寶石，水杯則有一個特殊的開口，方便他就口。看來，這位阿富汗的君主可不會輕易被買通。

當天晚上，德方一行人乘著勞斯萊斯回到喀布爾時，開始回憶這一天的種種。「我們和阿富汗君主的第一次會面結果並非一敗塗地，」亨蒂格寫道，「至少破了冰。」埃米爾大概需要一點時間消化他們的提案，不過，亨蒂格相信納斯魯拉和其他反英的阿富汗官員會代替他們，繼續嘗試說服埃米爾。另一個不錯的跡象是埃米爾願意與他們進一步會談，其中包括和兩名印度人的私下對談，好聽聽他們對於故鄉事務的期待。和阿富汗悠閒的步調一樣，接下來幾週，阿富汗君主會再慢慢與他們深入交談，而關於要效忠德國皇帝、土耳其蘇丹、英王還是俄國沙皇，埃米爾似乎也沒有急著做決定。

此時，各種關於這些德國人和印度人在阿富汗首都所作所為的謠言滿天飛，傳回人心惶惶的德里。「喀布爾那兒傳回了一些驚人的消息。」總督如此向倫敦報告，不過，他認為大部分消息都誇大不實，而且堅信雖然埃米爾面對輿論的壓力，但終究是不會加入聖戰的。十一月五日，也就是埃米爾第一次和德國特務部隊接觸的十天後，情勢有了進一步的進展。根據總督手上的資訊，埃米爾可是開誠布公地拒絕了加入聖戰的邀請，堅定地和德方表明「他不會破壞與英國政府的同盟關係。」雖然總督如此堅信，但根據我們手上的資料看來，事實並非如此。不過，總督還是警告倫敦當局，埃米爾麾下某些位高權重的近臣正使盡全力逼迫他加入聖戰，「但目前沒有任何成功的跡象」。其他資深英國官員對於埃米爾的忠誠倒是不像總督一般有把握，他們認為這位阿富汗君王現在只是在拖時間，想確定哪方勝利後再選邊站。在決定勝敗的時刻蒞臨之前，埃米爾似乎是不會輕易點頭的。更何況，收到喬治五世的信之後已經過了好幾週，但他遲遲沒有回覆，這讓官員不得不懷疑，埃米爾到底在等些什麼呢？

一九一五年十二月初，德國特務部隊待在喀布爾約兩個月後，埃米爾突然召英屬印度政府的穆斯林特務入宮。把特務帶到他的私人辦公室後，埃米爾鎖上身後的大門，避免任何人侵擾。接著，埃米爾表示他有一則要給總督的重要機密訊息，無法以文字寫下，必須由特務親自轉達，否則可能被有心人士利用。他和總督如此聲明：「我不做雙面人的勾當，而且將盡一切所能維持與英國的同盟關係。」但他也表示，若他因為輿論壓力以及身旁親信所造成的壓力而不得不採取某些行動，英國不能為此對他興師問罪，更不能相信任何可能傳回德里的誇大不實的流言蜚語。埃米爾表示，雖然他想堅守自己的承諾，但他沒辦法在他的人民面前，公開對英國表示任何一點的支持，否則他有可能被指控背叛伊斯蘭教的信仰。

總督十分明白埃米爾所面臨的巨大壓力，因此當他收到這則口述訊息時鬆了一口氣，因為這也說明了為何埃米爾一直沒有以紙本回覆英王喬治五世的信件。不過，某些在德里的官員則認為，埃米爾是在拖時間，如此回覆是為了不要留下紙本紀錄，以免事後被據此追究。當埃米爾以紙本信件要求將他一大部分的資金從德里轉移至喀布爾時，英國開始起了疑心。不過，總督仍然不疑有他地表示：「雖然我的議會內部意見不一，但我相信埃米爾的承諾是誠懇的。」因此，總督將這筆資金（包含他答應要多給埃米爾的額度）交給了埃米爾。

埃米爾的優柔寡斷不但讓英國擔心不已，也讓在喀布爾的亨蒂格一行人憂心忡忡。一週又一週過去，埃米爾顯然無意加入他們那一方，而德方相信他的毫無作為是為了保持彈性，在適當的時機投身對自己有利的陣營。這一點和印度總督底下較不相信人心的官員猜想的一樣。不過，德方還沒準備要放棄。戰爭的賭注實在太大，他們不會允許埃米爾一個人的固執，毀了德意志皇帝的偉大計畫。

亨蒂格等人撰寫一份關於喀布爾現況的加密報告，並交給一名波斯機密傳令兵，命令他騎著馬至德黑蘭，將報告交到正焦急等待任務進度報告的亨利親王手中。不過，德軍不知道的是，這名機密傳令兵之前曾在俄國軍隊服役，因此他沒有直接到德黑蘭去，而是前往馬什哈德，將報告交給他認識的俄國軍官，但因官員讀不懂內文，因此報告被轉交給聖彼得堡當局，最終才成功解譯報告。明白這份報告的重要性後，俄國將內容轉知英國駐俄大使喬治．布坎南爵士（George Buchanan），而大使又再將內容透過外交部轉達給印度總督。

這份報告送達總督手中時，已經過了好幾週。內容是要告訴亨利親王，埃米爾禮貌回應他們的提案，不過，他們幾乎完全不可能說服這位君主加入聖戰，因此，特務部隊正在考慮用其他方法逼埃米爾參戰。許多埃米爾的反英人民贊同加入聖戰，土耳其也派出約莫一千人的部隊，再加上已經在波斯境內的德國軍官，他們應該有足夠的資源可以讓阿富汗宣戰。有趣的是，信中似乎特別使用不精確的言詞撰寫，信末以此作結：「或許，我們必須先在內部引起一些亂流……無論用何種手段，我們使命必達。」對於總督來說，這只代表一件事：如果埃米爾拒絕加入聖戰，那麼德國將考慮用政變推翻埃米爾；至於「無論用何種手段」云云，總督認為只有暗殺這個可能性。

印度總督立刻寫信警告埃米爾這項對他王位，甚至是性命的潛在威脅。他附上德國報告的內容，以及他對於內容的「準確」解讀，不過，他直接將「在內部引起一些亂流」一段直接改寫為：「或許我們必須先組織一場政變。」他還向埃米爾表示，德國任務部隊要求土耳其加派一千名士兵的原因，是要說服「阿富汗較容易動搖、激動的人民……之後將有更多德方和土耳其的部隊隨後趕上。」不過，在喀布爾的德國人應該也知道，德、土兩國沒辦法派出足夠強大的軍隊，千里迢迢橫跨波斯，進入阿富汗。總督繼續寫道，這一切的最終目標，是要推舉「某個比起陛下您，更傾向同意他們邪惡計畫的人」坐上阿富汗的王座，最後，他以此作結：「不過，我能很有自信地向您保證，這樣的計畫是不會成功的，而您人也會安全無虞。即便如此，我認為您還是應該知道，這才是您正在喀布爾款待之賓客的真正面目。」

另一方面，德方從頭到尾都蒙在鼓裡。他們要求用以推翻固執的埃米爾而請求加派的德土聯合軍，永遠不會抵達喀布爾，因為報告從來就沒有傳到在德黑蘭的亨利親王手裡。雖然此處德意志皇帝的計畫受阻，但還有其他聖戰的計畫在別處醞釀。事實上，在一千英里外波斯南部的山區裡，一項聖戰計畫正如火如荼地展開。

# 第十一章
# 瓦思穆斯的反擊

一九一五年十一月，一名負責印度與歐洲之間電報線的工程師向德黑蘭的英國公使館報告，居住在設拉子那些為數不多且孤立無援的英國僑民已經陷入險境。雖說當時設拉子和其他波斯地區的電報線路已經被切斷，但這名工程師從其他人聽說，有十一名英國人被持有槍枝的歹徒擄走，被帶往海岸。這些人包括英國領事弗雷德里克・歐康納少校、當地銀行和電報局經理、兩名英國婦女和兩個女孩，而綁架者似乎正是應該要在當地保護他們的護衛——波斯憲兵隊。據波斯憲兵隊的成員自稱，他們是聽命於一個自稱「保護波斯獨立全國委員會」（National Committee for the Protection of Persian Independence）的組織。

一收到這份報告，德黑蘭的英國公使馬上要求波斯外交部長出面解釋，並立即釋放所有俘虜，但波斯當局卻表示他們並不知道這起事件。在波斯方確認實情並進一步說明前，英國公使館向倫敦當局表示，整起事件「或許」只是德國捏造的假消息，想破壞波斯和英國之間原本就十分緊張的關係。若真是如此，那這也不是第一次德國蓄意散播不實謠言，意圖讓英國和波斯的關係陷入危機，並迫使沙阿和波斯政府投身聖戰。

不過，過沒多久英國人便發現，這名電報線路工程師的消息是正確的，憲兵隊的確俘虜了設拉子的英國人，而幕後主使可能是當地的波斯愛國主義者。然而，過了一段時間，英國發現真正的幕後主使者是此時住在當地部落的威廉．瓦思穆斯。他大量分送金子和武器，誇下海口表示之後還會提供更豐富的獎賞，更向民眾保證，沙阿即將與德國和土耳其站在同一陣線。對英國來說，這不是什麼出人意料的發展：歐康納老早就開始警告英國政府關於瓦思穆斯的計畫，並表示當地憲兵隊及部落領導人都早已被德國的金子收買，成為瓦思穆斯手下的走狗。

十一月十日，用完早餐沒多久，歐康納十人印度護衛隊的其中一人急急忙忙地跑來向歐康納報告，表示英國領事館已經被多組武裝波斯憲兵隊包圍。領事館四周佇立著好幾棟可以俯瞰領事館的平房建築，現在屋頂上站滿了配備著機關槍的士兵；另一個部隊架了一台野戰砲，瞄準大門口。歐康納立刻派一名跑腿的人把這消息告訴隔壁辦公室的電報官員，要求他立刻拍發電報，告知德黑蘭當局這個消息，而他自己則開始迅速銷毀手上的機密文件和譯碼簿。不幸的是，電報官員表示，他們與德黑蘭之間的電報線路早就被切斷了。

歐康納回憶道：「當時，一名憲兵隊員帶著一面白旗走到大門前，」手中拿著一封用法文寫的信，對英方下最後通牒：「波斯愛國主義者已決定逮捕你和其他英國人，從這封信送達開始算起，你有半小時可以做決定。」若英軍投降，他們會被送至設拉子和布什爾之間的一座小鎮監禁，直到那些在「波斯這塊中立土地上」被逮捕、目前被關押在印度的德國人獲釋為止；至於那兩位英國婦人和兩位女孩可以安全地待在設拉子，與其他英國男子一起離開，之後會再被護送到布什爾。現在一切端看歐康納的決定了。

「請在信封上寫下收信的確切時間。若三十分鐘後不投降，我們將轟炸英國領事館及附近所屬的建築物，」那封信如此警告道。信中還提到，若歐康納拒絕投降，就得為任何後果負起全責，「尤其是英國女性的下場」。這封聲稱來自「保護波斯獨立全國委員會」的信件最後如此作結：「一旦投降，我們將佔領英國領事館，再給你們三小時的時間撤離，我們將為每名囚犯提供三匹騾子，另外，每名囚犯可以再攜帶一名侍從。」

經歷豐富的軍人如歐康納，知道此時除了投降之外別無他法。這些士兵不論配備或人數都遠勝英國，而領事館的建築布局也無法抵禦外敵：主建築物在一座小花園中央，四周被高牆環繞，沒有可以逃脫的出口或矮牆。歐康納在回憶錄中寫道：「就算我們能夠防禦領事館，其他當地的英國民眾居住的地方也太過分散，絕對無法逃過這群革命份子的魔掌。」舉例來說，英商波斯帝國銀行的經理和妻子與兩名女兒就住在距離領事館約一英里的地方，因此，歐康納續道：「我只能心不甘情不願地接受最後通牒的條件。」

接下來半小時（事實上，憲兵隊只給了他二十分鐘），歐康納迅速行動，除了將機密文件泡進煤油中，在領事館花園中生起大火，將一切燒成灰燼之外，他還必須想辦法將大量的金幣藏起來，但這絕非易事。另外，他也心知肚明，波斯憲兵隊一旦進入領事館，搜索的首要目標肯定是任何有價值的物品，以及其他可以交給德國雇主的英國機密文件。最後，他還是成功把這筆錢藏了起來，沒被波斯人發現，後來英國也成功取回了這些金幣。不過，十五年後歐康納寫回憶錄時並未講清楚把錢藏在哪裡。歐康納勉勉強強地趕上了憲兵隊給他的時限，「最後通牒送達後約二十分鐘，一名波斯憲兵隊官員便帶著一小群護衛上前，客氣地表示我現在已經被逮捕，而領事館及所有內部的物品現在起都歸他所管。」這位憲兵隊官員也命令歐康納馬上開始打包行李，準備離開。

在一名武裝憲兵隊隊員的監視下，歐康納到臥房打包行囊，換上旅行的裝束。歐康納回憶道：「走出臥房時，我看到憲兵隊將一個非常重的鋼製保險箱搬出我的辦公室，準備搬到牛車上。」他問對方為何要把保險箱拿走，憲兵隊表示他們要把保險箱帶回總部再強行撬開。「但我這裡有鑰匙，」歐康納說，「這樣開保險箱不是比較快嗎？」經他這麼一說，憲兵隊開始紛紛聚集在保險箱周圍，他們曾經聽說這名領事極為富有，因此難掩臉上的興奮。「我打開了保險箱——裡頭當然是空的，只有一兩張面額很小的波斯紙幣，和一些沒價值的文件。」保護波斯獨立全國委員會的成員自然對此大失所望，之後他們雖然對領事館館內和花園進行地毯式搜索（我後來聽說花園的土都被翻起來了），想找到英國的財寶或武器，但仍然一無所獲。

來捉拿他們的這群人面露緊張的神態，雖然信中答應給英方三小時準備出發，但憲兵隊總部卻命令他們立即動身。他們將歐康納的馬裝上馬鞍，命令他上馬。十名印度護衛被拿走武器後，跟著歐康納在大批憲兵隊隊員的監視下，離開領事館。歐康納寫道：「周遭建築物的屋頂上站滿了敵方士兵，不是拿著步槍，就是架著機關槍。」歐康納遠遠望見道路前方、瞄準領事館大門的野戰砲，其中一架正是他幾個月前，用英國政府的資金為憲兵隊購買的阿姆斯壯野戰砲（Armstrong）。他們一行人接著從領事館被帶到該城鎮中的憲兵隊兵營。歐康納回想道：「主要道路兩側都是守軍，當地居民則被命令待在家裡，路上沒有圍觀的群眾。」不過，當他們經過由憲兵隊設下的路障和營帳時，卻聽到民眾大聲呼喊道：「打倒英國！波斯萬歲！」

抵達憲兵隊軍營後，歐康納發現所有英國人都到齊了。除了歐康納本人之外，還有另外六個男人、兩名婦人和他們年紀極小的兩名女兒，總共十一人。歐康納回憶道：「不到一小時，我們又被催促著離開，男人騎著馬，女人則坐在馬車裡。」在大量武裝士兵的護衛下，他麾下的印度士兵以及許多波斯侍從也跟著隊伍行進。憲兵隊沒有告訴英國人他們將被帶往何處，但歐康納注意到，他們正接近海岸一帶，往布什爾的方向前進。經過英國領事館時，歐康納發現波斯的國旗已高掛在旗桿上，門口則架著一台機關槍。雖然設拉子是省府，但似乎被親德人士完全掌控，也不見波斯政府有要出手管控的意思。

他們走了整整四天，一路上寒風刺骨，夜間只能在骯髒的驛站，蜷縮在一起取暖，最後才終於抵達目的地——被圍牆包圍的小鎮博拉茲詹（Borazjun）。掌管此處的坦格斯坦酋長投身於瓦思穆斯和親德憲兵部隊的陣營，而瓦思穆斯本人則在這裡等著他們。這不是歐康納第一次見到瓦思穆斯。戰爭開打前，德軍曾在設拉子待了三個月，與當地部落互動頻繁。他說，當時瓦思穆斯是「金髮、富有男子氣概的薩克遜人，為人親切，和藹可親」。兩人彼此十分熟悉，甚至一度相約出門狩獵。在那三個月期間，瓦思穆斯顯然是到設拉子蒐集情報，代表德國政府拉攏與憲兵隊官員以及部落酋長的關係。「但當時，德國將會滲透至波斯內陸一事聽起來像天方夜譚，」歐康納寫道，「因此除了注意瓦思穆斯的行動之外，我們不認為他能造成什麼實際威脅，因此我和他之間的互動也非常友善。」

然而，如今歐康納眼前的瓦思穆斯看起來判若兩人。這名餐風露宿的德國人現在穿著和波斯人一樣，蓄了鬍子，甚至表現出一副改信伊斯蘭教的樣子。歐康納這麼記錄道：「他〔瓦思穆斯〕說，雖然一九一三年夏天我倆相處融洽，但現在卻不得不站在對立面，對此他感到十分遺憾。」不過，瓦思穆斯沒忘了早些時候被親英部落族人抓住的恥辱。當時他計畫失利、自信大傷，各種隨身物品也丟了，包括一本譯碼簿和各式聖戰宣傳品。他向歐康納表示：「不管怎麼說，逮捕我同袍和車隊成員的是你們英國人，我只是冒著極大風險逃跑、僥倖逃過一劫，才沒和其他人一起被押送到印度。」瓦思穆斯也十分乾脆地承認，他會參與這起綁架英國人的行動，除了想要逼迫印度當局釋放他的同僚，也是出於報復心態。他還說道：「看在我們之前的情份上，俘虜你這件事確實是不幸的巧合，但在戰爭的非常時期，我也沒有選擇的權利。」瓦思穆斯表示，沒過多久，英方一行人會被轉交給坦格斯坦人，並關押在名為艾赫拉姆（Ahram）的偏遠部落村莊，族人會保護他們的安全。瓦思穆斯等人在協商換回德國與波斯俘虜時，男人會被關押在那裡；不過，同行的兩名婦人及兩名少女則會被送往布什爾，並如同他們先前承諾的，由憲兵隊護衛移交給英方；十名印度軍人則會繼續待在博拉茲詹。

當天下午，英方一行人在憲兵隊的陪同下，動身前往艾赫拉姆，晚上在中途點稍作停留。隔天一早，女性俘虜便離隊前往布什爾，男性則被交到坦格斯坦護衛們手中。歐康納和其他男性同行者接近艾赫拉姆時，這座小村莊的首領（顯然位階並不高）騎著馬，在村外與他們碰面。歐康納在日誌中寫道：「我們在距離據點幾英里遠的地方見到這名酋長。他有禮地向我們打招呼後，把我們帶到他的居所，也就是接下來九個月我們要住的地方。」該處是由泥巴建成的小堡壘，高約四十英尺，四周圍繞著矮牆，槍眼遍佈，外圍還有另一層高約十二英尺的外牆；內部有兩座庭院，一座留給酋長和家人使用，另一座則是用來收押他們這一群俘虜，日夜都有衣衫襤褸的守衛看管。過沒多久，一行英國人便發現瓦思穆斯也住在村落中，地點是離他們不遠的一間屋子裡。

歐康納回想道：「塵埃落定後，我們開始在這樣單調無味的日常裡苦中作樂。我們所在的地方離布什爾只有三十英里，因此能看到我方戰艦的探照燈照亮漆黑的夜空，聽見國王生日或其他儀式慶典的禮砲聲響。我們沒有想到，大英帝國擁有充沛的外交與軍事資源，竟然無法協助一位領事和數名英國人民脫離如此糟糕的環境。」歐康納也提到，這些親德的酋長們其實「影響力並不大，最多只能指揮幾百名沒受過正統訓練的槍騎兵（Lancer）」，而艾赫拉姆的堡壘其實在一片地形平坦的平原上，不構成任何軍事上的困難，很容易從布什爾攻下，「但等待的時間從幾天變成幾週，幾週又變成幾個月，」歐康納寫道，「我們還是沒有聽到任何關於釋放俘虜的消息。」還好，在他們被催促著離開設拉子前，有一名士兵處變不驚，將幾副遊戲卡牌塞到隨身行李中。「還有橋牌，能讓我們稍微苦中作樂一下，真是萬幸，」歐康納這麼寫道。接下來九個月，他們每天傍晚都會打兩局橋牌，消磨毫無止境的無聊時光，也讓身體所受的苦痛好受一些；除了打牌之外，他們唯一能做的，只有反覆思索逃獄的計畫了。

另一方面，兩名婦女及兩名孩子幾小時內便被安全地送到布什爾，而英國官員也從她們口中知道歐康納和其他人遭遇的完整經過，並以電報通知德黑蘭。除了事發經過之外，銀行經理的妻子也帶了一張歐康納緊急抄寫的訊息，把整個過程記錄下來，也寫下對方的要求：第一，釋放所有在波斯領土上被英國逮捕的德國人和波斯人；第二，親德坦格斯坦酋長的資金目前都被英國凍結，英方應將資金全數返還；第三，英國必須撤出所有在布什爾的駐軍。德方堅持，這些要求必須在十一月二十四日，也就是婦女和孩童們抵達布什爾僅僅四天內就要完成，否則他們將對英國「宣戰」。

倫敦、德里和德黑蘭馬上一同商討對策。不過，如果英國的部隊試圖接近俘虜，或是報復性地征討坦格斯坦人，那麼脅持著俘虜的他們可能會直接割斷歐康納等人的咽喉，逃得無影無蹤，因此當局決定，現在不是拯救俘虜的最佳時機。除了上述原因之外，還有另一點也頗令人擔憂：近期，有瘋狂而毫無根據的謠言正傳得沸沸揚揚，聲稱沙阿決定加入德國及土耳其一方，參與聖戰，而設拉子的憲兵隊其實就是因為相信沙阿即將對協約國宣戰，才會決定聽從瓦思穆斯的命令，俘虜當地的英國人。不過這次俘虜行動，其實只是在德黑蘭的德國特務用心擬訂計畫的一小部分而已。如前所述，亨利．羅伊斯親王正費盡渾身解數，想發起政變，迫使波斯參戰，他得要說服弱小又易受讒言左右的年輕沙阿以及大量波斯的領袖人物進行「聖遷」，儀式性地從首都遷移至聖城庫姆。他們將對外宣稱，因為俄國部隊正進逼首都，侵犯到了波斯的君王安全及主權完整（但俄國揮軍德黑蘭，其實是因為當地的協約國僑民遭受的暴力威脅日益增強），因此沙阿才被迫遷徙。沙阿大部分的內閣是親德的，而瓦思穆斯行動時，亨利親王正在與他們協議簽訂條約，保證柏林當局將提供他們必要的武器和資金。當時人正在君士坦丁堡的馮．德．戈爾茨陸軍元帥之後會統領包括憲兵隊在內的波斯陸軍，並共同在伊斯法罕成立聖戰軍事基地。伊斯法罕實權已幾乎被德國掌控，因此不會被俄國的哥薩克部隊攻擊。除此之外，要是尼德梅爾和亨蒂格能成功說服阿富汗參戰，那麼伊斯蘭聖戰士將正式對英屬印度及波斯灣地區的各個英國基地展開攻擊。

十一月十日，歐康納和同僚們被帶離設拉子的同時，許多大事正如火如荼地在德黑蘭展開。對亨利親王和他的策士來說，這是必須放手一搏的時刻，哥薩克部隊看起來隨時會湧入他們所在的城市，抓走他本人與麾下親信、土耳其官員，以及波斯政府中的親德人士。其實，很多波斯政府中的親德人士已經前往安全無虞的庫姆，在那裡等待著沙阿動身。另外，各方消息顯示，德方似乎也即將離開德黑蘭。與此同時，他們遍佈波斯各地的特務也正透過散播謠言、賄賂等手段，想挑起波斯全國對英國和俄國的仇恨，而亨利親王也多次向俄國強力要求，他們應該命令部隊停下腳步，因為德黑蘭是中立的。十一月十三日，德黑蘭的英國公使在一封電報中警告德里當局：「德國現在費盡心思，在波斯境內各地掀起有利於自己的示威行動。而他們的目的也很明顯，是想在波斯政府面前，塑造出俄國部隊步步進逼，迫使波斯全國上下敵視我方的樣子。」

隔天，英國和俄國公使與波斯沙阿會面長達兩個小時，並向沙阿保證，俄國的部隊不會對波斯的主權造成任何威脅，只是為了保護波斯境內受到親德人士所脅迫的外交人員及公民而來。另外，他們要求沙阿遏止亨利親王派出的特務及瓦思穆斯刻意散播的煽動性謠言。事後，英國公使如此回報：「我們明確地向沙阿表示，若波斯政府不出手對抗德國，那俄國部隊就會代為處理；而波斯若真的被德方煽動，向我們宣戰的話，不論是對波斯這個國家，或是對沙阿這名君主，都會造成無法挽回的結果。」不過，他們的警告似乎沒有動搖這位年輕君王。公使向倫敦和德里表示：「沙阿的反應不怎麼理想，態度還是十分頑強。」

看來，他們是不能指望沙阿或他的政府官員會認真出手阻止德軍的活動了，那只好由哥薩克部隊代為執行這項任務。俄國公使館馬上發布以下聲明：「俄國帝國決定立即遏止所有在波斯活動、意圖促使波斯加入戰爭之德國及土耳其特務之行動。」不過，因為波斯民眾十分害怕俄國沙皇還有除此之外的其他意圖，因此俄國也再次聲明，他們的武力不會使用在波斯平民身上，而是用以對抗在境內活動的外國敵人，並如此作結：「我們派出部隊的唯一目的，就是要維持秩序，並保護所有在波斯境內活動的友軍。」亨利親王明白可以停留在德黑蘭的時間所剩無幾，因此和他的公使館職員紛紛在十一月十五日下午離開首都，堅信沙阿將會隨後跟上。

不過，他們的期盼並沒有實現。原本年輕的沙阿其實已經叫人把他的馬牽過來，但在最後一刻，有個頗有名望的皇室成員說服了他：若就此與德國站在同一陣線，並讓俄國佔領德黑蘭的話，那幾乎就意味著波斯帝國的終結；另外，俄國也再三保證，除了在波斯境內的協約國國民受到威脅的情況下，哥薩克部隊絕不會攻入首都。因此，沙阿終究決定留下。當下的情勢對於沙阿來說其實很難判斷，先前德國一行人不斷警告俄國有逮捕他的意圖，因此當時他已很難辨明敵友。不過，沒了沙阿這名形式上的領導人，亨利親王的計畫也宣告失敗，甚至使他們這群逃離首都的人被孤立，陷入危險。過沒多久，德國便命令親王返國，名義上是因為親王身體狀況欠佳，但實際上是因為他沒有成功說服沙阿前往庫姆。

雖然這起事件大大打擊了德國和土耳其其對於波斯的計畫，但還不是放棄的時候。波斯政府內一群稱自己為「國家防禦委員會」（Committee of National Defence）的親德人士，從庫姆新建立的基地向全國各地散播看似像官方文件的電報，說首都發生革命，而英國和俄國公使不得不逃離波斯。作為掩蓋實際失利的煙霧彈，憲兵隊攻陷小城哈馬丹（Hamadan），驅逐英國和俄國領事，並打劫英商銀行。與此同時，又有謠言指稱馮・德・戈爾茨陸軍元帥正率領德土聯軍前進波斯。雖然這些都不是事實，但還是振奮了波斯境內親德人士的士氣，也讓倫敦和德里的英國國防官員恐慌不已。在這種戰況一觸即發的情況下，當然也不是派兵拯救歐康納等人的時候了。若英國在此時派兵，就等同印證了波斯人民心中的恐懼以及德國所示警的狀況：協約國正在威脅波斯的主權；俄國也因為類似的考量，無法領兵擊破由德國率領的部落民兵，還有波斯北部憲兵隊內部的反抗軍。

若說德國在慫恿波斯加入聖戰一事上受挫的話，相較之下英國接下來要面臨的可是更大的危機。

一九一五年十一月二十二日，在美索不達米亞中部的底格里斯河畔，一場悲劇就此開展。一支由英國和印度人組成的部隊前陣子剛打敗土耳其軍，攻下庫特（Kut），現在正一路沿著上游行進。他們因為這次勝利大受鼓舞，並奉命前往上游一百英里遠的土耳其軍營城鎮巴格達（Baghdad）。不過，英印聯軍在抵達古城泰西封（Ctesiphon）雄偉壯麗的遺跡時，在此之前連續勝利的氣勢卻突然被打斷，陷入危機。土耳其出乎他們意料之外地奮力抵抗，一天戰鬥結束後，英國損兵共四千五百人，敵軍則折損約九千人。這場浴血奮戰又再持續了兩天，英軍才終於擊退了土軍。正常情況下，指揮官應該會把握良機，無情地追擊敵軍，不過湯森將軍（Charles Townshend）在失去這麼多士兵，又沒有後援的情況下，實在沒辦法馬上讓疲憊不堪的士兵再去戰場廝殺。此外，巴格達距此只有二十英里遠，土耳其的大批援軍大概已經在半路上了。綜合所有條件，湯森將軍必須先暫停行軍，直到英國的援兵從南邊趕來才有可能繼續進軍，但援軍趕來可能需要好幾週的時間，要是部隊在如此開曠的沙漠正中央駐軍，等待後援，那在友軍趕來之前，他們大概早就被敵軍屠殺殆盡了。因此，將軍唯一的選項是撤回庫特，往底格里斯河下游後退八十英里，等待援軍到來，才能再次攻向巴格達。

在土耳其軍緊緊追趕的情況下，湯森將軍所率領的軍隊於十二月三日抵達庫特。四天後，他們發現自己被圍困而無法出逃，而圍城持續了整整五個月。同時，因為湯森將軍之前所率領的戰役場場勝利，所以這次出人意料的撤退，大大打擊了英國當局，他們一直以來相信英國短時間內會攻下巴格達，將這場戰爭最大的獎賞納入囊中。當時，遭受強大壓力的英國戰時內閣期盼著湯森將軍能順利攻下巴格達，好為其他地方的失利扳回一城，其中包括：協約國軍被迫從加里波利半島撤退、西線戰場不斷增加的傷亡人數、東線戰場上俄軍潰敗。再加上這次撤退的壞消息，看來這次聖誕節，英國人已經沒什麼好慶祝的了。不過，雖然當時很少人知道這件事，但英國其實獲得了一次勝利：那就是成功化解了後世稱為「聖誕節陰謀」的計畫。

# 第十二章
# 聖誕節陰謀

如前所述，過去幾個月美國尚未參戰時，德國特務和印度革命份子一直偷偷向美國各地軍火商大量購買輕兵器；同時，德國使用機密情報局的資金以及兩艘船艦：帆船安妮．拉森號和郵輪馬佛里克號，將所購買的武器運送至大西洋另一端、位於遠東的據點，然後再從那裡偷渡至印度，交給期盼著軍援的革命軍。上一次在旁遮普的起義，加達爾組織的領導者們在還沒有拿到武器前就發動攻擊，導致行動失敗，但這次起義的情況不同：除了由德國的謀士主導以外，也是德國戰爭策略的一部分，更有德皇麾下情報機關的全力支持。

這次行動的目標是先控制加爾各答（Calcutta），並以此為中心，要在印度每一個角落掀起革命。他們預計在一九一五年聖誕節當天發動攻擊，希望能讓忙著慶祝聖誕節的英國人措手不及。最理想的情況下，阿富汗和波斯也會在這個時間點加入聖戰——至少這仍是柏林當局一廂情願的盤算。為避免英國迅速派兵前來支援，並讓印度革命軍有時間能掌控加爾各答，德國計劃炸掉火車鐵橋，切斷電報線路，使用從中立國暹羅走私過來的武器，在鄰近的緬甸進行第二次起義，並將革命的浪潮擴散至英屬印度。（譯按：當時緬甸仍為英屬印度的一省，直到第二次世界大戰後才在一九四八年正式脫離英國獨立。）這一切發生的同時，一艘由德國軍官指揮，載著武裝印度革命份子的船艦將前往遙遠的安達曼群島，不少密謀叛變的人被判決在那些小島上終身監禁，其中更包括被稱為英雄的薩瓦卡。他們將擊退或買通獄卒，讓這些囚犯可以參與這次印度獨立的浴血奮戰。

如前所述，這次計畫中，安妮．拉森號將悄悄地從加州聖地牙哥出發，運送三萬支步槍和左輪槍到墨西哥外海的一座偏遠小島，藉此避開英國特務的監視，並將武器搬到船身更大的馬佛里克號上。接著這艘遠洋艦會一路從太平洋航行至遠東地區，將武器送到中立國荷屬東印度的領土爪哇島上，並由德國領事事先包租的多艘小漁船完成最後航程，將武器分送給印度革命軍，好在聖誕節血洗殖民者。當時，這個計畫是柏林當局和上述地點官員之間的最高機密。

一九一五年五月八日，安妮．拉森號載滿了足夠一支革命軍使用的武器及彈藥，正式出發，朝著會面點前進，好與馬佛里克號會合。安妮．拉森號的行動有些延誤，但當時離正式行動還有十個月左右，印度和其他地區的準備工作也如期進行，不太需要擔心時間趕不上。密謀者已經在加爾各答開了一間叫做「亨利父子」（Harry and Sons）的進出口貿易公司來掩護行動，用以接收安妮．拉森號所運來的武器，並協助將武器分送給各個革命軍部隊；他們也在暹羅成立類似的公司，接收要運往緬甸的武器。另外，在菲律賓的德國領事也購買了五千支步槍和五百支左輪手槍，並包下馬達動力帆船「亨利S號」（Henry S.），預計帶上兩名熟悉德美武器的教官，越過南中國海，到暹羅海岸一處人跡罕至的地點。除此之外，在中國境內的愛國主義者們也提供協助，將武器偷渡至印度和緬甸。

印度的革命份子一聽到武器在路上的消息，士氣大振。他們相信這一次，英國在印度的統治將會以血腥又屈辱的方式終結，而且因為目前印度是避免英國分崩離析的支柱，一旦失去印度，整個大英帝國也會跟著垮台。幾個月前，一群駐守新加坡的印度陸軍才剛成功反叛英國長官，控制了當地的英國僑民，讓革命份子們對未來充滿希望。這些士兵原本就對英籍長官有所不滿，再加上加達爾的政治宣傳搧風點火，最後他們殺了四十名英軍和其他英國官員。對於英軍來說，當時戰況十分危急，但多虧附近海域有俄國、日本及法國海軍在巡航，他們出手協助，這次兵變以失敗告終，英國也保下了殖民地新加坡。接下來的軍事法庭中，兩名印度軍官、六名士官和三十九名印度士兵，在一萬五千名民眾面前由行刑隊當眾槍決，而其中一名在戰鬥中受傷的士官甚至得被綁在椅子上處刑，其他參與這次行動者大多被判處終身流放或長年的有期徒刑。雖然此次起義並沒有經過仔細規劃，但要不是剛好有協約國的軍艦在附近，行動大概會成功。如果新加坡都差點落入一群沒有組織的叛軍手中，那麼對一群有組織且武器精良，還有德意志皇帝情報機關支持的革命份子來說，掌控加爾各答應該也不是什麼難事。

另一則令人振奮的消息傳回加爾各答：在戰況瞬息萬變的印度及阿富汗之間的邊境上，當地的穆斯林社群開始發起大規模的反英行動。大約六百名當地徵召的士兵已擅離印度陸軍，而好幾人也因為行為不當被開除，因此英軍也下令立即停止徵召當地族人。與此同時，越來越多阿富汗的部落居民開始跨越邊境，攻入印度。一旦時機來臨，這些狂熱好戰的人民會毫不猶豫地投入聖戰，向印度傾巢而入。不過，這樣的行動必須由喀布爾的尼德梅爾等人來組織才行，但目前革命軍無法直接聯繫對方。印度政府十分害怕此事成真，而因為印度總督相信當地族人「一點都不畏懼」印度人組成的駐軍，只怕英國步兵團，因此說服倫敦的戰時內閣，「刻不容緩地」加派四個營的英軍至印度保護邊境。

加爾各答的密謀者目前還十分樂觀，但要是他們知道現在其他地方發生什麼事，臉上的笑容大概也掛不住了。雖然被派駐華府德國大使館的德皇麾下情報局局長法蘭茲・馮・巴本上尉細心規劃，但那些要運送給印度革命份子的軍火卻還卡在太平洋的另一側。更令人喪氣的是，馮・巴本和他在柏林的長官都無法得知這些武器的確切地點。貨艙裝滿武器的安妮・拉森號平安抵達小島，但卻不見馬佛里克號的蹤影。接下來事情的發展說法各異，總歸來說，這艘帆船在小島停泊了整整一個月，都沒有收到郵輪馬佛里克號的消息，船長也因此越來越焦慮。

他一方面害怕計畫已經曝光，另一方面水和食物也越來越少，因此決定向東南方航行約八百英里到墨西哥的阿卡普科港（Acapulco）。在那裡，他與舊金山的德國領事取得聯繫，因為舊金山正是馬佛里克號原先預計啟航的地點。透過領事，他才知道馬佛里克號的航程有所延誤，但現在應該已經抵達會面地點，而他也奉命迅速返回該座小島。不幸的是，這次安妮・拉森號遇到強風，只能逆風而行。有一個說法是，安妮・拉森號因為天候而不得不放棄這次航行，再也沒有回到小島上；另一種說法則顯示，安妮・拉森號終於成功回到小島時，等待近一個月的馬佛里克號已然放棄離去。

事實上，馬佛里克號此時已向西駛進太平洋，希望能沿途尋找安妮・拉森號的行蹤。馬佛里克號在夏威夷稍作停留，詢問當地人有關安妮・拉森號的資訊，但當地的德國人什麼都不知道，在其他島嶼也撲了個空。這不怎麼意外：安妮・拉森號因為遲遲沒有看見馬佛里克號的蹤跡，因此早就回到美國的港埠，等待馮・巴本進一步的指示。這時安妮・拉森號的行動已經開始讓美國起疑，六月二十九日，美國搜索了安妮・拉森號，扣押了船隻及所載的貨物。對此，德國大使提出抗議，但遭美國法庭駁回。

與此同時，馬佛里克號則繼續向西航行，朝荷屬東印度前進，欲與當地的革命志士會合。不過，船長卻沒有辦法事先告知當地密謀者事情的經過，而船隻上也沒有帶著他們所期盼的武器，只有大疊大疊的革命宣傳品，和六名想加入革命的印度自由戰士。一對德國兄弟負責接應馬佛里克號，處理原先應該會隨著船隻到來的武器。這兩兄弟在戰爭尚未開打前都是商人，現在則成了戰爭特務。原本，馬佛里克號應該在七月第一週就要抵達目的地，而兄弟倆想在爪哇領海外接應船隻，所以包下一艘汽艇，一天二十四小時緊盯著馬佛里克號航行預計會通過的海峽。一天又一天過去，遲遲不見馬佛里克號身影的他們逐漸失去信心。但有一天，他們卻突然收到消息，表示馬佛里克號已經抵達爪哇，停靠在岸邊一個人煙稀少的小港口。到了這時候他們才知道，馬佛里克號並沒有成功將武器運送過來。

雖然這起「送武器到印度事件」有好幾種不同版本，但都有一個共同點：這還不是故事完結的時候。如前所述，這些密謀者還有其他獲得武器的管道。首先，馬達動力帆船「亨利S號」上裝載著五千支步槍及五百支左輪手槍，正平穩地通過南中國海，往暹羅前進，而暹羅當地的特務預計將這些武器藏在靠近緬甸邊境、位於叢林裡的隱密倉庫中；另外，印度革命份子們正在與中國當地人交涉，購買武器。中國人以每支十塊美金的價格，為他們提供一百萬支步槍，遠遠超過他們所需，但某位德國軍事專家在檢查過這些槍枝後，認為步槍過於老舊，派不上用場。最後，革命份子們在中國西南方的雲南找到另一個品質較佳的軍火商。一開始，他們想透過海運將武器偷渡至緬甸及印度，但發現英國在南中國海沿岸各地皆部署了間諜，若嘗試運送這麼大量的武器，必定會傳出風聲，因此他們決定用騾子扛著貨物，以傳統的走私路線，從陸路離開中國。他們如此的謹慎小心也有所回報：英國當時似乎透過某本筆記本，知道他們原先打算使用的船艦，所以密切注意著海上船隻動向，他們才逃過一劫。除此之外，這些密謀者還找到了第三個武器來源：蘇門答臘，當地人願意提供他們步槍和手榴彈，而雙方交涉也如火如荼地進行著。

這一切進行的同時，印度當地的革命份子也在積極為接收並分送武器做準備，加緊訓練革命軍首領這些武器的使用方法，堅信著這次行動絕不會像旁遮普起義那樣慘敗。革命志士在加爾各答東邊和東北邊布滿沼澤的山區成立多個秘密革命基地，方便革命軍隱藏士兵和武器的蹤跡。亨利父子公司在加爾各答的店面是革命行動的總部，其他店面或商家則成為招募自由戰士、募集武器及經費的「窗口」。另外，革命份子也與加爾各答印度兵營中對上級不滿的士兵取得聯繫——這次革命若要成功，他們的合作可說是至關緊要。若革命軍可以贏得軍心，說服他們在聖誕節當天謀殺英國軍官，那麼軍營的其他人也會有樣學樣，如此便能在德里和倫敦當局還搞不清楚狀況前就搶先佔領加爾各答。接著，革命軍取得勝利的消息便會迅速在印度傳開，促使其他印度陸軍部隊甚至警察，起身對抗並屠殺那相以暴政壓迫印度人民的英國人。若在喀布爾的尼德梅爾等人也達成目標（雖然他們無法得知那邊的消息），那麼阿富汗邊境的部落戰士，甚至整個阿富汗軍隊也會加入這場血戰。「當時，我們感覺未來充滿無限的可能。」其中一名革命份子在數年後這麼寫道。

印度在為這次行動做最後準備時，喀布爾的埃米爾還是毫無作為，不急著選邊站。他還沒回覆喬治五世的信，讓不停揣測他心意的德里官員徹夜難眠，另一方面，亨蒂格等人也無法得知埃米爾是否成功被德方說服。埃米爾模稜兩可的態度，讓英德雙方只能苦苦乾等，不敢有進一步的動作。他們心裡明白，接下來幾個月哪一方能佔優勢，埃米爾可能就會倒向那一邊，但奸巧的哈比布拉汗可不想押錯寶。

阿富汗的任務遲遲沒有進展，也充滿了不確定性，讓部隊的士氣受挫，德國和印度成員之間的關係也更加緊張。這支隊伍的成員一開始就不是很合得來：亨蒂格和尼德梅爾本來就對彼此沒什麼好感，而名義上的領導人拉賈也不怎麼好相處，不停和亨蒂格以及負責接待他們的阿富汗人起爭執。兩位印度成員在柏林時保證能發起革命，但現在隊上的德國人越來越懷疑他們的能耐。另外，拉賈和巴拉卡圖拉也開始逐漸意識到，德國對於印度是否獨立一點都沒有興趣，只是想贏下這場戰爭而已，他們甚至開始懷疑德意志皇帝本人是不是也在覬覦印度君主的位置。印度籍的兩人雖未公然切斷與德國同夥的關係，但決定要自己展開行動。

一九一五年十月，第三名印度革命份子加入了他們的行列。這名男子是毛爾韋・烏拜杜拉（Maulvi Obaidullah），是一名由錫克教改信伊斯蘭教的教徒，偷偷帶著一批追隨者從印度來到喀布爾，欲投身他們認為即將開打的聖戰。這三名印度人無視同行的德國人，決定成立流亡革命政府，打算在聖戰獲勝後統治印度。他們自稱「印度臨時政府」（The Provisional Government of India），推舉拉賈為總統，巴拉卡圖拉為總理，烏拜杜拉為內政兼外交部長。另外，三巨頭宣布成立「真主軍」（Army of God），相信他們一在喀布爾對外公布消息，大批阿富汗的部落族人就會迫不及待加入，將英國逐出印度。他們還是對埃米爾抱有期待，希望他會因為戰勝後能拿到一大塊印度北部的土地，所以就召集阿富汗人民，加入聖戰。即便埃米爾不想加入聖戰，可能也會受到莫大的群眾壓力，被迫投入。他們認為，只要在印度西北部邊境這座火藥庫點燃起義的火焰，那麼革命之火將會在整個國家蔓延，燒盡一路上所有的英國勢力。

不過，要在印度引爆革命之火之前，還有太多必須完成的前置作業。首先，得讓邊境的部落酋長們知道他們目前的規劃，進入備戰狀態，這樣時機來臨時才不會毫無準備。「印度臨時政府」必須重新準備宣傳單，歌頌德國及土耳其，並指控英國敵視伊斯蘭而犯下各種喪心病狂的罪刑，再將這些宣傳品分送給偏遠村莊的穆拉和長者。如前所述，他們在波斯沙漠連活下去都有問題了，不得不丟下那些他們從君士坦丁堡帶來的煽動性宣傳品。另外，他們也要找到值得信賴的人傳達訊息，幫他們把這些宣傳品送到各個村莊去，還得派出善於蠱惑人心的宣傳家，以印度及阿富汗邊境一帶的當地語言，向居民宣傳聖戰。除了尼德梅爾主導的這批使節以外，一直以來也有幾名土耳其人在邊境的各部族間遊走，煽風點火地鼓吹聖戰，讓英國頗為困擾，因此三位印度人決定和他們及住在喀布爾的其他土耳其人合作。拉賈一行人越來越懷疑德國與他們交好的真正目的，因此越來越傾向將土耳其當作盟友，而非德國。

不過，這不代表德國提供所需的協助時，這些印度人會拒絕。離開柏林之前，德皇給了他們幾封要交給印度王公們的信，根據德國外交部的判斷，這幾名王公對英國的忠誠心早就有所動搖，如果能提供相應的報酬，應該能說服他們站在英國的對立面。信中寫道，若王公決定動用自己的邦國軍力，協助推翻英國對印度的統治，那戰後他們將得到各種誘人的報酬。除此之外，在君士坦丁堡時，自稱哈里發的蘇丹也給了印度革命份子相似的信件，希望能說服部分信奉伊斯蘭教的印度王公履行神聖的使命，召集他們的子民，討伐身為異教徒的英國人。不過，要成功將這些煽動性的信件送到王公們手中可說非常困難，因為這些王公的邦國都在印度境內，而印度政治局（Indian Political Service）也派駐英國官員在側，監視他們沒有叛國或其他陰險狡詐的意圖。

我們至今仍然不知道最後這些信件的下場為何，亨蒂格在他的自傳中表示這些信件沒有真的寄出過；但拉賈卻堅持信件確實有送出，表示當時一名他們信任的傳信人成功越過印度邊境，接著就把信送了出去。能確定的是，一部分的信件落到了英國當局的手中（但我們仍然不知道英國是怎麼將這些信拿到手的），現在收藏在倫敦印度事務部陳舊的典藏資料中。不過，這些信件和聖戰宣傳單可不是唯一從喀布爾發放出來的文件。過沒多久，在邊境的英國軍官便聽到傳言，表示有一封神祕信件在各部落領袖之間流傳，這封信聽說是由埃米爾親自署名，鼓勵部落領袖們為了對抗英屬印度的聖戰進行準備，而且沒過多久，就會給他們發動攻擊的訊號。另外，德國計劃穿越波斯和阿富汗，並在部落族人協助下大舉攻入印度的傳聞也四處流竄。對於消息不太靈通的部落族人來說，對於德軍穿越波斯和阿富汗行進至印度的實際距離有多遠，他們其實沒有什麼概念，當然也不知道現在其實沒有任何德軍部隊在東方，當然無法執行如此野心滿滿的計謀。

印度總督認為這封據稱是埃米爾的信件（如果真有其事）應該是在喀布爾的敵軍憑空捏造的，但他也明白，即便那封信是假的，在如此不穩定的地區中，一封信所造成的後果可能難以想像。為了反制這封信以及喀布爾敵軍類似的政治宣傳，總督決定向魯莽行事的部落族人展示一下他們加入聖戰的後果。在印度西北邊緊鄰阿富汗邊境的白沙瓦（Peshawar），總督在某個室外空間舉辦了一場盛大的族長會議（*jirga*），集合三千名部落領袖和長老，由該區域的最高長官喬治．魯斯—克波爾中校（George Roos-Keppel）宣布，德里當局決定要增加他們的補助金，以獎勵他們繼續向英國效忠。會議結束後，其他兩萬五千名族人從周遭的山丘抬頭向上望時，看見英國皇家飛行隊（Royal Flying Corps）的砲擊軍演。在這之前，看過飛機的部落族人寥寥無幾，更不曉得英國被激怒後，這些大型武器能造成的傷害會有多大。

此次軍力展演效果顯著，結束後，一名部落老者對魯斯—克波爾表示：「對你來說，那幾架轟炸機大概就相當於兩萬名英國士兵的軍力。」兩位部落酋長之間的信件稍後被攔截，信中內容也證明了這次軍演非常成功。這兩名酋長都是極端的反英人士，雖然沒有親眼看見那些戰機，但在信中這麼寫道：「我從凱馬（Khema）的穆拉那兒聽到十分驚人的消息，他說英國在白沙瓦派出了某種可以在天上飛的大型機器，大概只有真主才會知道我們有沒有能力對抗那種怪物——雖然真主的力量必定比那些惡靈更加強大。」接著好一陣子，邊境地區異常平靜。

不過，知道英國這次「軍演」的只有白沙瓦地區的居民，因此其他地區可就沒這麼安分了。規劃聖誕節陰謀的密謀者們在加爾各答等著武器送來時，也越來越堅信不久後就能佔領這座城市。但他們不知道的是，自己的一舉一動其實正遭人密切監視著。英屬印度安全局局長查爾斯·克里夫蘭爵士對於他們的意圖可是一清二楚，因為早就有人把完整的計畫偷偷通報英國當局。有趣的是，幾年後英國成立了一個懲治叛亂委員會（Sedition Committee），詳查了這場聖誕節陰謀，並調查德國在其中扮演怎麼樣的角色，並於一九一八年提出報告，但報告中卻沒有提及英國其實早已掌握相關情資，一直到三十年後，總督哈丁勳爵才在他的自傳《我在印度的那些日子：一九一〇至一九一六年》（*My Indian Years, 1910-1916*）中揭露他們如何獲得情資。他在書中寫道：「一九一五年六月，一名德國軍官喬裝後偷偷來到新加坡，被當地軍隊逮捕。我們在他帶著的文件中找到一張孟加拉的地圖，上面標記了好幾個沿岸的地點。」英國後來發現，這些是載著武器的船隻可能會停泊的地方。另外，這名德國軍官身上也帶著一組讓他可以直接與柏林溝通的密碼，還有其他內容敏感的文件。因為荷屬東印度與新加坡的英國殖民政府當局通風報信，才能順利逮捕這位男子。

印度總督立即派出他麾下一名經驗最豐富的警官至新加坡，在交叉訊問後，德國軍官如實交代罪行。他的說法不合常理，但偵訊他的警察認為他說的是真話。他說他叫做文森・卡夫特（Vincent Kraft），在西部戰線服役時犯下了某種罪行（他拒絕透露更多細節），因此被判處死刑。不過，當局給他一種免去刑責的方法：前往他戰前就十分熟悉的東方，執行一項「非常危險的任務」。這名軍官表示，他的任務是在孟加拉組織一次反英行動，計畫中所需的武器和經費都會由德國資助。

「他十分詳盡地向我們說明德國的計畫，」哈丁寫道，「另外，為了證明他的說法屬實，他在我們的監視下，假裝還未遭查獲的自由之身，繼續與德國的長官聯繫，」並藉此從德方那裡拿到兩筆鉅款，錢自然落入了英國的口袋裡。後來，他還回到荷屬東印度，與當地活動的德國特務會合，但這些特務不知道的是，卡夫特現在已是敵軍的人了。總督也補充道，戰爭結束後，卡夫特詢問能否不被遣送回德國，而是帶著家人以及足夠的經費移民至美國，以全新的身分重新開始，而英國間諜長官也答應了這項要求，幫助他掩蓋真實身分。哈丁於一九四八年寫的自傳中，也小心地避免透露他的真實姓名，一直到幾年後，印度政府典藏的機密文件解密了，他的名字才開始為世人所知。大戰期間，在所有文件裡甚至是情資報告中，都只稱卡夫特為「特務X」。

如果英國沒有逮捕卡夫特，那麼即便革命份子沒能成功控制住加爾各答，當地的英國人在一九一五年聖誕節也應該會被大肆屠殺。逮捕卡夫特後，「我們立即採取反制行動，」哈丁寫道。英國皇家海軍加強巡邏，嚴加監視是否有船隻要將武器偷渡至印度和緬甸，南中國海地區的英國領事們也接獲通知要加強警戒。不過，英國並沒有立即逮捕幾位卡夫特透露的參與人物，而是小心跟監，希望能透過這幾名人士找出其他參與這次陰謀的人。即便如此，這些參與這次陰謀的密謀者，大概也會突然發覺事有蹊蹺，所有事情莫名其妙都亂了套。

七月中，馬達動力帆船「亨利S號」滿載步槍和左輪槍，準備載送到暹羅途中卻突然故障，只能停靠在荷屬東印度的西里伯島（Celebes）進行緊急維修。〔譯按：西里伯島目前已經改稱蘇拉威西島（Sulawesi）。〕荷蘭海關官員不知為何登船進行搜索，扣押了藏在船艙的武器。船員不知道的是，荷蘭早就從英國那裡聽到消息，知道船上載運著非法武器。對「亨利S號」的船長來說，現在繼續航行也沒什麼意義了。不過，其中一位在船上的德裔美國武器教官試著通知在暹羅的同夥武器已經被扣押的事情，毫無意外，他馬上就被英國抓了起來。一陣偵訊過後，他透露了暹羅和緬甸邊境上的叢林中秘密訓練營和軍備庫的位置。過沒多久，在德里當局的施壓下，暹羅官員逮捕了境內上百名印度及緬甸的自由戰士，也因此阻止了德國預計在緬甸發起的武力抗爭。

隨著聖誕節接近，其他革命的籌備計畫也很快開始觸礁。英國知道還有另一艘載滿武器的船艦預計前往印度，但它突然消失地無影無蹤。根據英國皇家海軍的說法，船隻是因為遭遇颱風，不幸沉沒，但印度歷史學家相信是因為卡夫特的情報，才讓船被擊沉的。另一方面，密謀者們從中國南部購買的大量步槍也沒有下文，但他們也搞不清楚背後的原因為何。其他計謀也被迫終止，包括要派船艦至安達曼群島，釋放當地被監禁之印度革命者的計畫也告吹——計畫會失敗不怎麼令人意外，畢竟這本該是卡夫特主導的行動。十二月十五日，英國突襲加爾各答和緬甸的革命軍據點，約三百人遭警察收押，這次密謀終結英國在印度統治的聖誕節大行動正式宣告失敗。

即便如此，只要德國人和印度人還在喀布爾活動，印度就不算安全，再加上他們可能計劃推翻埃米爾，倫敦當局建議敦促埃米爾迅速逮捕那些人員，並將他們移交至印度監押。不過，印度總督則強力反對，擔心這樣的舉動可能會破壞喀布爾原先就十分脆弱的權力平衡，使情況雪上加霜，為埃米爾真正的敵人找到推翻他的理由。另外，他也知道哈比布拉汗精明又冷酷無情，十分擅長智取敵手。

英國正在思考下一步棋該怎麼下時，埃米爾也持續與德國特務部隊商討，但討論都沒有什麼實際的成果，讓亨蒂格和尼德梅爾的挫折感越來越重。不過，至少埃米爾表明，不管德方為聖戰說多少場面話，或是答應戰後會給他多少報酬，他都不會隻身挑戰兩大鄰國：英屬印度和沙俄。埃米爾也表示，若想要冒這麼大風險行動，必須有大量軍事外援才能做到，而這其中不只包括部隊，更要有武器。埃米爾的這一席話可以解讀成如果情況允許，他還是有可能加入聖戰。不過，亨蒂格一行人並不清楚埃米爾不把話說死的原因，是因為想為自己留一條後路，生怕戰局突然由德國佔盡優勢，立即投靠德方，或是單純因為其他理由在拖延時間。而埃米爾不明確拒絕，讓他周遭的親德人士認為他能被說服加入德方，大概也是在為自己留一條後路，避免被推翻或甚至暗殺。除此之外，他好像也很不希望德軍的特務部隊離開喀布爾，像是想監視他們所有的一舉一動，但德方在兩度語帶威脅地表示要回國時，發現埃米爾都有所讓步。

一九一五年十二月，正當德軍想放棄希望，再次以回國要脅時，埃米爾卻突然給了他們一絲新的希望，表示將慎重考慮他們先前所提出要在柏林與喀布爾之間簽訂友好條約的提案。埃米爾突如其來地改變立場，讓德方深受鼓舞，雙方也開始討論條約可能的內容，過程非常冗長，但這可能就是埃米爾所期望的結果。一九一六年一月，他們終於討論好條約的內容：德國同意承認阿富汗為完全主權獨立的國家，這也是阿富汗與英國簽訂條約時，無法獲得的認同；另外，德國也會確保阿富汗能出席任何戰後的和平會議。

雖然埃米爾沒有承諾參戰，但德國還是主動表示將會「儘快無償提供」十萬把最新型的步槍、三百座大小齊全的大砲，以及其他可以加強阿富汗軍力的武力。另外，柏林當局將會架設並維護一條橫越波斯的補給線，好將這些武器及彈藥運送過來，並派駐一些軍事顧問、工程師和其他人員來到阿富汗；同時，將會有阿富汗官員暗中前往波斯，好進一步與德國和土耳其研擬條約內容；另外，德國將資助埃米爾一千萬英鎊。假如阿富汗最後決定參戰，德國將會盡力為其提供對抗英國和俄國所需的協助。不過，在條約正式生效前，埃米爾本人以及德國外交部長必須親自簽名才行，亨蒂格沒辦法代表外交部長簽署條約。因為兩國之間距離遙遠且路途險峻，大概需要好一段時間才能簽署完畢，而這麼長的時間可能也正合了埃米爾的意。

然而，就算條約成立，埃米爾在這次協商中所必須承擔的風險也非常低。畢竟，要是德國和土耳其真能提供這麼多軍事上的協助，那就代表他們在東方的戰鬥已經大獲全勝；如果德國只是說大話，那麼條約最終也不過是德國的一廂情願罷了。這項條約對埃米爾來說，只是另一層保障而已。「整體來說，條約的內容看起來只不過是一連串虛華不實的承諾而已，」奧地利學者路德維希·阿達梅克（Ludwig Adamec）在一份關於阿富汗外交關係的研究中如此總結。雖然這項友好條約的實質影響並不大，甚至不會對英屬印度造成任何實質威脅，但大戰當時，總督只是懷疑阿富汗可能會攜手德國，就可能壓力大到腦中風了。亨蒂格表示，在雙方交涉時，埃米爾一直十分小心，不想走漏條約的任何一點風聲給英國或俄國，畢竟英俄雙方聯合出兵大概是他最不樂見的情形。簽署條約當天，埃米爾再次要英屬印度政府派駐喀布爾的穆斯林特務傳話給總督：阿富汗會繼續嚴格維持中立。不過，英國一直要到一九一八年才會知道德國和阿富汗之間的勾當，但這些條款到時其實也不怎麼重要了。

可惜，亨蒂格沒能為成功簽下條約高興多久，因為幾週後，埃米爾的態度突然一百八十度大轉彎。他派往波斯要與德國秘密商討條約的信使們，毫無說明就被召回喀布爾，同時他也開始清算手下的親德政府官員，或許是為了防範政變或暗殺。最後，他告訴德方，印度若真的掀起革命，但土耳其和德國不派出共兩萬名援軍協助阿富汗的話，他是不會考慮加入聖戰的。不論是埃米爾或德國心裡都明白，兩萬這個數字根本是不可能的任務。另外，埃米爾也終於回覆了喬治五世的信，再次聲明他將繼續對英王忠心耿耿。即便是現在，我似乎都能聽到總督等負責防禦印度的軍官因為放心而噓出的那一口氣。

對於亨蒂格和同行的其他人來說，他們的任務也算是終結了。雖然埃米爾沒有明說為什麼他的態度突然轉變，但推測可能是因為當時傳至喀布爾的消息：協約國在東線戰場大勝，也代表著土耳其和德國的援軍永遠都無法順利抵達阿富汗。一九一六年二月，俄國部隊成功在波斯西北部擊退土耳其、德國及波斯部隊。俄軍乘勝追擊，挺進土耳其東部，並在嚴寒天氣中歷經苦戰後，成功攻下鄂圖曼帝國的大本營埃爾澤魯姆（Erzerum）：這可是前往君士坦丁堡路上的重要防線，自古以來各方都視其為牢不可破的要塞。土軍大敗的消息即將席捲整個東方。

# 第十三章
# 席捲埃爾澤魯姆

「佔領這座巨大的要塞城市，讓整個大陸都感到非常震撼，」《曼徹斯特衛報》（*Manchester Guardian*）派往俄軍進行採訪的戰地記者摩根・菲利浦斯・普萊斯（Morgan Philips Price）如此寫道，「從設拉子、撒馬爾罕（Samarkand）到科尼亞、固勒扎（Kuldja）的大街小巷都有人議論紛紛，俄國佬（Urus）已經從鄂圖曼帝國手中奪下埃爾澤魯姆了。」畢竟這座敵軍重兵嚴防的據點竟出乎意料地舉起白旗，這可是在基督教世界和伊斯蘭世界之間的聖戰中，協約國的第一場勝利。普萊斯評論道，在協約國完成這個軍事成就以前，局勢對誰有利尚未明朗化，「還不知道誰會主宰中歐通往中亞的大路。」土耳其人落敗撤退，埃爾澤魯姆陷落，看來只要假以時日，協約國就能征服君士坦丁堡。

在一九一五至一六年的寒冬之前，協約國已經飽嚐加里波利撤退之恥，駐　在庫特的英軍也遭包圍且戰情每況愈下，西線戰場也是死傷慘重卻打破不了僵局，因此我們不難理解為何這場勝仗會讓他們狂喜歡騰。未親臨現場的戰地畫家繪製的圖像，重現了冰天雪地裡的埃爾澤魯姆戰役，讓讀者也能與他們英勇的俄國盟友分享這歷史性的一刻。約翰・布肯寫道：「攻破埃爾澤魯姆的戰略是整場戰爭當中，數一數二精采的事蹟。」的確，這些鼓舞人心的事蹟傳到倫敦後，布肯便把攻陷埃爾澤魯姆當成小說《綠斗篷》的高潮。他可以把心思用來鑽研理查・韓內（Richard Hannay）、桑迪・阿布思諾（Sandy Arbuthnot）等角色要如何出場，無須增添額外的戲劇化元素。

埃爾澤魯姆是古老的軍事重鎮，坐落於高山環抱的荒蕪平原上，一千多年來抵禦著通往君士坦丁堡的進攻路線。此地冰寒無情的氣溫有時可降至零下四十度，即便現今也很少人會在冬天造訪。入冬後，狼群都會耐不住飢餓與寒凍，下山至郊區或大學校園迫切覓食。埃爾澤魯姆的嚴冬極其漫長，從十月便開始降雪，直到隔年四月才總算告終，某些地方的積雪甚至足足有六英尺深；相對而言，夏天則是短暫而極度炎熱。此外，埃爾澤魯姆還位於地震帶的核心，自古以來強震屢見不鮮，遭受嚴重破壞之餘還有成千上萬居民罹難。當地居民身處如此嚴峻的環境，自然有著堅毅不拔的非凡韌性。俄軍的隨軍記者普萊斯除了大力讚揚俄軍的勇氣與頑強，也承認守衛埃爾澤魯姆的軍民同樣忠誠堅貞。這些軍民在零下低溫中飽受戰亂磨難而愈發堅強，前一年冬天他們參與恩維爾帕夏的軍事行動，但得以倖存——當時，恩維爾企圖奪下俄軍駐紮的小鎮薩勒卡默什，將聖戰的旗幟帶到高加索地區，但最後以慘敗收場。

一九一六年二月，俄軍推進至鄂圖曼帝國的大本營——埃爾澤魯姆。它外圍有十幾個堡壘，因為在群山之間而深具戰略功能，得以控制山口和其他敵軍可能入侵的路線。通往埃爾澤魯姆的路本就不多，在冬天更有大雪形成防禦利器，任誰都寸步難行。而且有些路徑通過的山口海拔超過九千英尺，想將重型武器推至前線，可說是困難重重。一八八〇年代是英俄之間「大競逐」的全盛時期，英軍工程師曾幫助土耳其人將埃爾澤魯姆軍營的防禦工事現代化，不久後就連俄國都有一份密報指出，若沒有攻城砲轟垮外圍堡壘，埃爾澤魯姆是無法攻克的。之後德國軍事專家又換掉了英國建造的軍事設施，改良後更加完善，讓這座偉大東方堡壘的不破傳說更是聲名遠播。

俄軍本來預計在春天進軍埃爾澤魯姆，接著往君士坦丁堡挺進，但這時傳來協約國撤離加里波利的噩耗，讓土耳其一夕之間在東方多了五萬名可用精兵。這不只阻礙俄國進軍東土耳其的攻勢，更扭轉了聖戰的戰局，危及沙皇對高加索地區、中亞，甚至印度的控制。俄國在高加索戰區的最高統帥尼古拉．尼古拉耶維奇大公（Grand Duke Nikolai Nikolaevich Romanov）知道情勢刻不容緩，整個計畫必須提前。（譯按：這位大公是沙皇尼古拉一世的孫子。）他必須在恩維爾匯集增援軍力之前進攻，即便這場戰役會遇上土耳其的嚴寒隆冬。不過俄軍已經確保了一項巨大的優勢：為了準備這次攻擊行動，俄軍的黑海艦隊已計畫性地擊沉土耳其其大多數運輸船艦，讓土軍無法從黑海的特拉比松港運送人力、軍火至埃爾澤魯姆。這意味著，此後所有人力物資都要經由陸路運至君士坦丁堡，若在冬天最多可能要耗費六週之久。此外，離土軍最近的鐵路運輸站在安卡拉，這代表援兵很可能要在大雪的阻撓下，帶著自己的軍糧和武器徒步穿過最後五百英里的路程。而俄軍則是可以靠鐵路將人力物資，從梯弗里斯（Tiflis）直接運往俄國駐軍的小鎮薩勒卡默什，離埃爾澤魯姆不過八十英里路程。

俄國計畫將八萬軍力分為東、南、北三翼，以突襲之姿同時從三個方向進攻後會師，讓敵軍措手不及。俄軍指揮官普雷耶瓦爾斯基將軍（General Prejevalsky）在戰爭開打之前，於埃爾澤魯姆擔任駐外武官好幾年。這位將軍能說一口流利的土耳其語，他曾喬裝成普通農民，在該地區四處徒步或騎馬踏查好幾週之久，在土耳其當局完全不知道的情況下，掌握了埃爾澤魯姆周遭堡壘的優缺點，也發現了進攻埃爾澤魯姆的最佳路徑。但由於時間嚴重不足，幾位俄國將軍們不打算摧毀所有堡壘後才進軍埃爾澤魯姆，而是僅攻打他們認為能大幅削弱敵軍防禦能力的據點，即便他們知道這個決定會讓俄軍暴露在其他堡壘的火網下。

一九一六年二月十一日，俄軍開始突擊。起初土耳其人被打得猝不及防，從未想過俄國竟然冒著全軍覆沒的風險，於安納托利亞（Anatolia）冷酷無情的冬天派兵——畢竟，恩維爾帶領的「伊斯蘭軍」（土耳其第三軍團）在前往薩勒卡默什的山徑上就曾遭這種天候摧毀，死傷慘重。不過土耳其軍隊也迅速重振旗鼓，頑強而英勇地戰鬥。他們已是寒冬戰場上的老江湖了，知道其中的奧妙訣竅：他們在堡壘前的寬闊雪地上，挖了相互連通的壕溝網絡，冬季前來的敵軍在一百多碼外可無法看到這些壕溝；而在堡壘裡面的士兵則將水倒在通往堡壘的斜坡上，讓山坡上覆蓋著一大片難以攀登的冰層。不過，俄軍這邊也當然有自己的一套。他們猜測土耳其部隊會在雪地壕溝的底部擠在一塊取暖，避免失溫喪生，因此對這情況有萬全的應對策略，所以即便晚間作戰實是難如登天，也打算要發動夜襲。

普萊斯寫道：「俄國士兵身穿白色大衣，在黑暗雪地中隱蔽身形。」他們悄悄地匍匐前進，來到其中一座堡壘前兩百五十碼，才被土耳其的探照燈發現。一陣猛烈砲火馬上對準俄軍襲來，地獄般的兩小時內殲滅了三分之一的兵力。但其他人死命拼搏，躲到了堡壘底部的岩塊下，爭取到些許掩護。上方堡壘的槍砲雖然打不到他們，但與此同時，鄰近的另一座堡壘仍持續掃射著俄軍所在的位置。這時俄軍理應要有嚴密的掩護砲火，摧毀土耳其堡壘的防線，但大砲卻還沒運抵戰場。後勤部隊拖著大砲穿越山徑，險阻重重，而主力部隊的步兵也面臨嚴峻困境。結果，原定的攻擊計畫無法準時執行，讓前線同袍們陷入險境。

普萊斯也提到，能夠完成這番壯舉的唯有習慣副極地氣候下寒冬地獄的俄軍：「俄軍得跨越海拔一萬英尺的深山雪嶺，至少有三天得不到軍糧供給，只能靠著身上帶的少量麵包皮果腹。」最初他們試圖用血肉之軀把大砲硬拉上山，但很快就發現這根本是緣木求魚，只好每一座大砲都拆掉，讓一小部分的人背負零件。雖說如此，殘酷的嚴寒果然不是每個人都能承受得住，在二月十二、十三日的夜晚，便有兩千多人死於低溫或凍瘡。

到了十三日凌晨，困在土耳其堡壘下方的俄軍為了不被屠殺，從易被攻擊的位置脫困，退守到敵軍槍砲的範圍外。眼見預定的軍火支援仍未見一兵一卒，考慮到土耳其軍方隨時也可能發動攻擊，俄軍指揮官只能下令再次嘗試攻破敵營的防禦陣線。俄軍一樣趁著夜色發動攻勢，期盼能夠讓同樣受凍的土耳其部隊來不及反應。「俄軍遭遇了千難萬險，」普萊斯寫道，「雪堆往往有五、六英尺深，在某些地方士兵還需要脫下大衣並踏在上面行走，每走三英尺就要再把大衣往前丟，這才不會陷進深及頸部的積雪之中。」俄軍安靜而痛苦地爬行了整夜，土耳其的雪地壕溝已近在咫尺。

普萊斯寫道：「最後，破曉照亮了這彷彿位於北極的戰場，土耳其軍隊在刮起碎冰雪塊的寒風之中，看到了一排暗黑的人影朝他們接近。他們無法相信眼前所見的一切，能夠帶著步槍和彈藥穿過這片冰雪國度的，真的是人類嗎？」土軍驚慌地意識到自己快被困住了，只剩下一條狹窄的通道能穿越雪地，逃到最近的堡壘安全躲避。他們是成功脫逃了，而人數遠為眾多的俄軍則順勢佔領了他們的壕溝。不過即便搶得重要的戰略位置，俄軍尚未突破眾多堡壘組成的封鎖線，為此他們還需要援軍穿過積雪、翻山越嶺來東北方支援。目前只能原地待命，祈禱在土耳其軍大舉反攻，把他們趕回雪地之前，能有援軍及時抵達。

依部分俄軍所述，大概接近太陽下山時，埃爾澤魯姆煙霧瀰漫的上空出現了一個巨大的十字架，在這場基督教和伊斯蘭世界的戰爭中，虔誠的俄國農民士兵們把這視為勝利在握的預兆，而不久之後果然也應驗了。前鋒部隊收到消息，主力部隊及攻城砲已經越過群山，安全到達了。同時，埃爾澤魯姆的土耳其指揮官向最高領袖恩維爾帕夏傳了封機密電報，俄軍攔截電報後得知是要請求增援，否則埃爾澤魯姆就要淪陷了。據偵察土耳其部隊佈署狀況的俄國空軍回報，土軍防線出現嚴重漏洞，接著俄軍的砲兵已就定位，居高臨下，對著埃爾澤魯姆和周邊堡壘發動一陣猛烈砲擊。

眼見俄軍人力及武器均遠勝自己，雖然不指望會有援軍快速抵達，但土耳其部隊還是奮勇抵抗，一次又一次擊退俄軍的攻勢。但俄軍的猛烈砲火不曾間斷，再加上步兵、騎兵反覆突擊，讓土耳其人逐漸招架不住了。一顆砲彈幸運地引爆了彈藥庫後，第一座土耳其堡壘遭俄軍攻陷。土耳其軍方的堡壘接二連三失守，明顯撐不住了，但他們面對俄軍的逐步進逼，仍然繼續奮戰。二月十五日，俄軍一架偵察機窺探著火光沖天的埃爾澤魯姆，據飛行員回報，下方街道出現不尋常的活動跡象，還有長長的裝備運輸車隊開始向西移動。普雷耶瓦爾斯基將軍的部隊當時最接近埃爾澤魯姆，總指揮官指示他們驅趕所有殘餘的敵軍。隔天早上，將軍在哥薩克軍團的陪同下騎馬進城，只見敵軍早已遠去，許多建物冒著熊熊大火，街上則是遍地橫屍。

來自英國的普萊斯雖為俄軍的隨軍採訪記者，但要等到尼古拉．尼古拉耶維奇大公以勝利之姿入城後，軍方才允許他進城。他走近這座土耳其人曾經死守的軍事大本營，遠遠就看到城市上空瀰漫的濃厚煙幕。詭譎的寂靜訴說著戰役已然終了，但道路兩旁依然殘留戰爭殘暴的可怖證據。他穿過積雪，映入眼簾的是死去駱駝的駝峰、馬匹的腿蹄，一些屍體「戴著土耳其毯帽、蓄著些許黑鬍子，明明已經死人卻彷彿對我們淺笑著，面容就像周圍的雪一般冰冷而僵硬。」對此他加註道：「這裡所留下的一切，都是德國東進政策的後果。」

埃爾澤魯姆的淪陷伴隨著許多謎團，永遠都無法解開了——據說，這個軍事重鎮內部有叛徒投靠俄國。當時勞倫斯隸屬的單位是位於開羅的阿拉伯局（Arab Bureau），他偷偷透過倫敦的英國陸軍部（War Office），「幫助尼古拉．尼古拉耶維奇大公與一些在埃爾澤魯姆對土耳其不滿的阿拉伯軍官取得連繫。」這是勞倫斯在戰後對軍事史家李德哈特（Basil Liddell Hart，他也幫勞倫斯寫過傳記）透露的說法，而且並非空穴來風。在鄂圖曼帝國的武裝部隊中，確實有許多心懷不滿的阿拉伯軍官樂見協約國獲勝。勞倫斯能接觸到這些異議份子，是因為他在一九一六年六月阿拉伯起義（Arab Revolt）爆發前在開羅進行情報工作，而且戰前曾在鄂圖曼帝國各地遊歷過。

布肯的小說《綠斗篷》充分採用這種有內賊倒戈的說法。據其情節描述，從一張軍事參謀使用的地圖上，可以看出埃爾澤魯姆幾處防禦破口，而俄軍在一位土耳其軍隊內賊的幫助下，成功將這重要地圖偷出埃爾澤魯姆，交到俄軍總部的尼古拉．尼古拉耶維奇大公手上。俄國參謀軍官手中握有這些情報，就此決定了埃爾澤魯姆的命運，讓土耳其來不及將加里波利那些驍勇善戰的部隊調來增援。布肯在英國內閣與陸軍部都有龐大的人脈資源，所以誠如勞倫斯的傳記作家傑洛米．威爾遜（Jeremy Wilson）所言，他是有可能掌握消息，知道戰場上出現「一些不尋常的情況」。威爾遜也提到攻陷埃爾澤魯姆當下，布肯正在英國款待來訪的俄國重要代表團，因此他也有可能從對方的悄聲竊語中，探聽到戰爭的一些小道消息。勞倫斯本人曾要求李德哈特不要深究敵軍內賊怎樣洩漏機密，以免內賊的家人遭受報復；不過，他曾對另一位好友——詩人勞勃．格雷夫斯（Robert Graves）表示：「《綠斗篷》裡面有不少情節都是真實事件。」那段時期軍情檔案的解密期限比較特別，長達一百年，因此在開放史家參閱檔案以前，真相恐怕不得而知。俄軍勝利的背後，有個酸楚的軼事值得一提：根據一封夾帶出去給外界的秘信，沙皇尼古拉二世和家人遭布爾什維克革命軍殺害以前，被軟禁期間曾經讀過《綠斗篷》，尼古拉耶維奇大公獲勝的情節在布肯筆下特別激勵人心，讓他們「深受鼓舞與寬慰。」

土耳其在加里波利擊退協約國，但埃爾澤魯姆隨即失守，這一來一往讓原本的勝利黯然失色，對土耳其的最高軍事領袖恩維爾帕夏是個沉重的打擊。雖然這完全是俄國獨自取得的勝績，但對其他盟友而言都是久旱逢甘霖般的強心針。畢竟在此之前兵連禍結，沒有半點好消息，不只在庫特被圍攻的英國軍營陷入絕望的困境，開羅也有不少人擔心加里波利的淪陷會讓恩維爾的五萬大軍移師南下解放埃及，試圖奪回過去鄂圖曼失土的支配權。土耳其的這場敗仗無法減輕英軍在庫特的壓力，但無疑解除了對埃及的即刻威脅。接下來恩維爾需要所有可調動的軍力，才能防止俄軍在冬雪開始融化之後乘勝追擊，繼續西行逼近君士坦丁堡。

派駐波斯的德軍不知道發生了這些大事（或者說，他們還不知道德國終究沒辦法促使阿富汗加入聖戰），他們仍對原訂計畫抱持堅定決心，想要將聖戰向東傳播至印度。儘管在波斯的德國人未能說服沙阿加入土耳其與德國的同盟，因而被迫與那些支持他們的波斯人一起逃離德黑蘭，但他們仍在波斯中、南部到處都有基地，能繼續推動柏林當局的秘密策略。他們最著名的成功例子，莫過於擄獲英國駐設拉子領事弗雷德里克·歐康納少校以及幾位當地英國僑民，把他們當成人質。儘管威廉·瓦思穆斯以謀殺、恐怖主義和持械搶劫等手段掀起動亂，讓波斯南部大部分地區成為英國人無法涉足的禁地，但英國勢力依舊牢牢掌控著波斯灣的各個港口，這對印度的國防至關重要。英國人害怕瓦思穆斯謀劃著要動員部落來攻擊布什爾或其他英國在波斯灣的據點，但這反而迫使他們在當地部署更多軍事資源，甚至已多過實際需求。

也許更叫人不安的是祖格瑪雅中尉在波斯東南方城市克爾曼一帶的各種活動。祖格瑪雅生性強悍，戰前曾於亞洲各地遊歷，此時活動範圍很不幸與英屬俾路支斯坦和阿富汗南部動盪不安的部落地區均相距不遠。起初祖格瑪雅和同伴遭遇重重困難：他們也知道當地省長已被英國收買，因此拒絕承認他的德國領事身分，也不准他在租來的領事館插上德國國旗。然而透過威脅利誘，承諾給予好處，甚至暗殺行動，他們對於克爾曼的掌握權已經非常穩固。在一九一五年十二月，他們終於說服波斯當地的支持者加入他們，在親德派憲兵隊成員的幫助下，成功奪取克爾曼。通往德黑蘭的電報線路被切斷，而少數留在該地的英俄兩國人民以及領事官員們，為了保命被迫逃亡。祖格瑪雅和同夥們如今已準備好，要在俾路支人和南阿富汗部落之中，引爆宗教狂熱主義的導火線。

這個地區因動亂頻仍而聲名狼藉，情勢看來對德國非常有利。已經有一支在俾路支斯坦招募來的印度兵團，發動兵變並殺掉指揮官，因為他們不願前往美索不達米亞與土耳其部隊作戰。駐克爾曼德軍人員對其他地方的情勢毫不知情，沒有理由對柏林當局的聖戰計畫有任何疑慮，因此他們最後得意洋洋地來到了英屬印度，深信他們的盟友包括統領各個游牧部落的阿富汗埃米爾，還有德國軍官指揮的波斯沙阿麾下部隊。他們也相信印度受壓迫的幾億人口將會歡迎他們，視他們為救世主；不管是印度教徒、穆斯林或錫克教徒，都會追隨信奉阿拉的武裝勢力，將英國異教徒永遠逐出印度。他們人在波斯的偏遠小地方，沒有收音機或其他新聞資訊來源，無從得知英國已經發現並且遏止了柏林當局想在印度發起的大規模動亂，也不知道多數革命領袖已遭絞刑處決或監禁。

祖格瑪雅的計畫如下：由他帶領一隊人馬前往俾路支斯坦，向各部落領袖大肆宣傳，一場對抗在印英國人的聖戰即將開打，並同時發放黃金、步槍和煽動人心的文宣。他們打的如意算盤是，讓部落族人相信參加聖戰就能搜括到許多戰利品，並慫恿族人去掠奪從奎達運送重要物資到東波斯防線給英軍的英國運輸車隊。如果這些後勤補給遭人攔截，英國就必須減少軍隊人數或撤軍，到時候邊境防線的漏洞就會讓德軍有機可乘。帶領另一批隊伍的，則是曾在伊斯法罕當過德國領事的塞勒中尉（Lieutenant Seiler），他們預計穿過英軍的防線，到喀布爾後與尼德梅爾與亨蒂格取得聯繫，協助完成他們的終極計畫。他們也希望在前往首都喀布爾的路上，將聖戰宣揚給沿途的阿富汗部落居民。

一九一六年一月初，兩批人馬從克爾曼出發，分別向東方和東南方行進。塞勒的任務較為危險，他們必須躲過巡邏查哨的英軍，避開英國聘來監控所有水井和村莊的間諜，還得要穿越令人望而生畏的廣袤沙漠——不幸中的大幸是，當時並非炎炎夏日。兩個德國人和一群持槍的波斯騎兵跟隨著塞勒，他騎著馬走在隊伍前面，偵察前往阿富汗邊境最近的路線。十天後成功橫越沙漠的他們，先來到沙漠另一端的小村落，並在當地虜獲了一名英國特務。他是被派來監控這群德軍行動的，但在毫無防備的情況下就被抓了。然而當天晚上，被綁縛在屋內的特務挖開泥牆溜之大吉，塞勒知道幾小時內就會有一批英國騎兵巡查隊前來包圍搜查這座村莊。雖然他的先遣隊有充裕的時間脫險，但後方的主要隊伍還不知道前方危機四伏，很可能會自投羅網。因此塞勒派某個手下騎馬往回馳騁，對其他人示警，他和同伴們則是前往山脊上俯瞰整個村落，監看著即將來襲的敵軍，如果那個手下沒有達成示警的任務，他也能看到主要隊伍接近那個村落。

脫逃的特務向英國人示警，隔天帶領著一名騎兵巡邏隊中尉和五十個手下來到村落，英軍透過村民得知德軍隱身山林裡，便策騎追趕、試圖包抄，但塞勒和同伴也縱馬逃逸，沿路開火並且撤往深山中。當晚溫克爾曼中尉（Lieutenant Winkelman）留下來斷後，在黑暗中向英軍猛烈開火，掩護塞勒和其他人僥倖衝破火網，逃進沙漠。但他們沒能帶走四名陣亡與一名重傷垂死的波斯部落戰士、兩頭受傷的馱運駱駝、好幾把步槍和大多數的裝備。

次日夜幕低垂，英國崗哨兵發現了一個神祕的人影正悄悄接近村落。一名英國騎兵用步槍對準他，另一名士兵則從他後方襲擊，一陣激烈的打鬥後，直到被步槍槍托打到神智不清，入侵者才終於束手就縛。原來他就是為了掩護隊友脫逃而犧牲自己的溫克爾曼中尉，他是因為飢渴難耐才想要潛入村落。某位英國軍官知情後表示：「他真是一條好漢。」把溫克爾曼遣送到印度以前，英國人對他徹底審問一番，但只發現這群德軍自去年夏天尼德梅爾和亨蒂格抵達喀布爾後，就再也沒有從喀布爾收到任何消息；有些英國情報也指出溫克爾曼並未透露什麼有價值的訊息，而且他告訴審問人的許多內容後來也證實充滿錯誤與不準確的資訊。

無論如何，那個英國特務並未遭當場槍斃，讓他有機會逃之夭夭並通風報信，這讓德國人付出慘痛代價。雖然塞勒與手下順利脫逃，但英國也充分掌握到他們的意圖，並透過村民了解到塞勒一夥只是先遣隊，還有更大一群全副武裝的德軍和波斯傭兵即將到來，於是趕緊調派英國援軍前來迎戰。然而雙方並未能碰面交手，因為德軍的主力部隊碰上了天大麻煩：沿途塞勒都為他們預留旅途所需的少量食糧及飲用水，但卻已被當地部落洗劫一空，所以飢渴交迫的他們不得不循原路回克爾曼。塞勒得知消息後別無選擇，只能放棄前往喀布爾，踏上回到克爾曼的歸途。

另一方面，祖格瑪雅中尉一行人正忙著拉攏東南方的俾路支部落族人，給英國添盡麻煩，奎達很快收到報告稱德軍招募參加聖戰的進度相當順遂。祖格瑪雅甚至收到一位舉足輕重的俾路支領袖送來的密函，說他的部落願盡力支持德國抗英，看來這項謀劃的確大有可為。信中提議祖格瑪雅派遣值得信賴的人當代表，前往鄰近印度邊境的某個小村莊共商大計。祖格瑪雅隨即指派手下兩名軍官過去，如果初步協商順利，便攜手研擬詳細的行動計畫，其中一位德國軍官與勞倫斯一樣，戰前是位考古學家且曾在波斯探勘遺跡，而且會講波斯語。筵席上東道主竭誠款待兩人，但他們很快就開始懷疑自己被騙了。事後其中一名軍官記錄道：「我們原本以為他會是個部落王子，但看來不像，反倒更像是個土匪頭目。為了打垮仇家，他覬覦著我們的武器和錢財。」

期待幻滅的他們馬上結束話題離開，啟程回去找祖格瑪雅向他報告這個壞消息，但在路上就被宴席主人的手下攔截並搶走所有隨身物品，還好幸運逃脫撿回兩條小命。祖格瑪雅和同伴們這才明白德國的計謀根本是自欺欺人，忍痛承認他們費盡心思與俾路支人打交道，純屬浪費時間，有位德軍便辛辣評價俾路支人道：「他們是厚顏無恥、偷雞摸狗、毫無誠信、膽小怯懦的一群狗雜種、利慾薰心之輩。」依某位德軍所言，帶領「威勇的俾路支人」在聖戰中對抗英屬印度的「吾輩美好夢想」，終究化為泡影。

波斯其他地方也沒傳來什麼好消息。祖格瑪雅等人如今才終於知道俄軍已經南下，佔據了德國人在伊斯法罕的要塞，而且他自己在克爾曼建立的根據地也不再安全。祖格瑪雅的兩批人馬一離開克爾曼各自執行任務，那位親英的省長就在當地重掌大權，而且俄國在埃爾澤魯姆獲勝，再加上德軍被無情逐出伊斯法罕，這些消息都讓他的掌控權更加牢不可破。屋漏偏逢連夜雨，祖格瑪雅等人這時接獲消息：德國與鄂圖曼軍隊在美索不達米亞及波斯一帶的最高指揮官馮・德・戈爾茨元帥巡訪波斯（他也是聖戰計畫的擘畫者之一），隨即決議放棄宏大的聖戰計畫，不再組織一批由德軍統率的波斯志願軍來對抗印度。在波斯的見聞讓他徹底失望，看不出任何成功的可能性。他並且向柏林當局示警，大多數波斯人只是為了金銀財寶而對德國感興趣，一旦沒有了源源不絕的金援，他們對德軍大業的投入也就到此為止。事實確實如此，波斯人當時正盤算著，或許能從英國那邊拿到更好的報酬。

戈爾茨元帥返回巴格達後才不到兩個月，便死於斑疹傷寒。他長眠於俯瞰著博斯普魯斯海峽的伊斯坦堡德國戰爭墓園，身旁是同樣妄想著發動聖戰的旺根海姆大使。元帥與大使，還有柏林的高層心心念念，想在東方利用伊斯蘭的勢力當作德國的戰爭機器，但事態已然明朗，這一切的幻夢都開始崩潰瓦解。有些曾是德國盟友的波斯人或憲兵隊員顯得畏懼膽怯，讓留在波斯的德國軍官和士兵愈發感到孤立無援，這些人（尤其是波斯東南部的祖格瑪雅與他身邊的少數同胞）離最近的德國或土耳其據點，相距足足有超過七百英里之遠。

祖格瑪雅一行人的許多波斯朋友眼見德國局勢不妙，而且意識到德國要幫助趕走英俄兩國的承諾空泛不實，紛紛選擇了背叛。而如今祖格瑪雅等人又面臨兩個新的危機。英國對德國在俾路支斯坦活動的報告感到憂心忡忡，決定派出一名手腕強硬、經驗豐富的邊境軍官，要逼著難以管束的俾路支人部落乖乖就範。此人正是雷金納德．戴爾准將（Brigadier-General Reginald Dyer），他在戰後將會因為下令開槍，引發阿姆利則（Amritsar）慘案而臭名遠播全世界。（譯按：阿姆利則位於旁遮普省。一九一九年四月十三日，一群爭取印度獨立的民眾遭英軍開槍掃射，造成數百人殞命。）雖然英國只派一百位士兵隨著他來平定部落，但戴爾揚言，那只是五千多人大軍的先遣部隊，他們即將來掃除該地區的德國特務，並嚴懲所有想對抗英軍的蠢蛋。這虛張聲勢的招數相當成功，他只靠這人數不多的部隊就讓兩千多個俾路支人四處逃竄，沒能劫掠作亂，事後俾路支人的領袖們才發現上當了。這支英軍隊伍來到東波斯防線的南面，自然對於待在該地區的祖格瑪雅一行人構成威脅。

與此同時，祖格瑪雅他們還收到消息，有另一個馬上會侵害他們安全的威脅出現：雖然有點勉為其難，但沙阿政府還是批准成立了一支叫做「南波斯步槍隊」（South Persia Rifles）的波斯兵團，由官拜准將的英國爵士波西．賽克斯（Percy Sykes）指揮，這部隊成立的目的是為了取代已經解散的親德憲兵隊，在波斯南方重建法治及秩序。兵隊招募受訓完畢後，賽克斯的一項首要任務，便是剷除該地所有的德國特務及擁護德軍的本地人，而人在克爾曼的祖格瑪雅等人便是他優先鎖定的目標。在戴爾和賽克斯夾擊的情況下，祖格瑪雅一行人知道他們得加緊行動，才能避免遭英國人擄獲。

他們決定動身前往東方三百英里外的設拉子，因為他們以為那裡還在瓦思穆斯和他當地盟友的掌控中。如果前往邊境的路還沒封鎖，他們到達設拉子時預計還要設法溜出邊境，前往巴格達。還在克爾曼的塞勒一行人受到當地政權愈發嚴重的侵擾，因此也啟程前往設拉子，或許能在那裡與祖格瑪雅會合，一同衝過邊境到達安全的巴格達。雖然兩派人馬都軍備完整，但在波斯幾個匪幫接二連三的襲擊下，都經歷了苦難折磨與人員喪命之痛。比祖格瑪雅一行人早三天出發的塞勒一夥終於到了設拉子，這才發現當地不再是親德派掌權，瓦思穆斯也不知去向。他們被波斯政權沒收了所有財物和武器軍備，然後慘遭監禁，身陷囹圄好一陣子，後來塞勒與兩名同伴勉強逃脫遠遁。布什爾的英軍收到報告指稱，有人看到他們喬裝成波斯的部落族人，往克爾曼沙赫和土耳其國境的方向北行。

另一邊，祖格瑪雅的隊伍向西奔逃時，也不斷遭遇盜賊的攻擊，一些德國官兵因此被擄走——包含先前提及那位戰前曾為考古學家的軍官。後來這軍官毫髮無傷，被押解前往賽克斯將軍那裡，豈料他竟然請求將軍准許他繼續進行尚未完成的古物挖掘工作，讓將軍頗為驚訝。祖格瑪雅等其他人，好不容易來到一座名維尼拉茲（Niraz）的城鎮，離設拉子剩三分之一的路程，卻被當地政府在賽克斯的命令下拘補起來，由武裝部隊押解至設拉子，與塞勒和其他德軍官兵一同囚禁在獄中。後來塞勒設法逃脫，祖格瑪雅等人則是由英軍押往當時由俄軍控制的伊斯法罕。

在回憶錄中，尼德梅爾上尉語帶苦澀地寫下賽克斯將軍的手下如何對待他的德國同胞們：「一位英國少校指揮部下把囚犯們塞進破爛的推車中，周遭有兩百五十名士兵持機關槍押解。」他聲稱押送過程中，他們的手腕腳踝都被鐵鍊銬住，賽克斯也下令：膽敢逃跑者，當場格殺勿論。事實上，英國人把這些戰俘當作恐怖份子，但尼德梅爾景仰這些德國同胞而視其為英雄。尼德梅爾表示，他們抵達伊斯法罕時被英國領事和僱員「嘲弄凌虐」，在手銬腳鐐綁縛下「給英國女人拍照記念」，好像他們不是戰俘，而是尋常罪犯一般。他們在伊斯法罕沒有久留，便又被移交給一支哥薩克部隊看管，這才解開了身上的鐐鍊，並被帶往北方的俄國。來到裡海海濱的巴庫，他們被送至外海的納爾金島（Narghin）關押，那裡就像俄國版的「惡魔島」。直到隔年俄國革命推翻沙皇政府，他們才被布爾什維克釋放而重獲自由。

英國官方的大戰歷史文獻宣稱：「一九一六年四月，德軍在波斯的敵對活動近乎覆滅，被德軍拉攏愚弄的波斯人也狼狽不已。」曾經投靠德軍的波斯人大多已背棄土耳其和德國的同盟，而且許多憲兵隊的親德成員遭到逮捕，其他人則被賽克斯將軍招募進「南波斯步槍隊」，維持著由英國主導形塑的法治秩序。過沒多久，英國重新牢牢掌控設拉子和克爾曼，而伊斯法罕和其他北方的重要城鎮則是在俄國手中。

眼下只有瓦思穆斯潛伏在設拉子與布什爾之間的內陸地區，仍然不知去向。他生性強悍果決，因為對英國深惡痛絕，看來還不想放棄，而且對於那些追隨他的坦格斯坦人也還保有催眠般的深刻影響力。此外，他還握有一張王牌：歐康納少校等數名英國人遭他擄獲已經六個月了，仍是他的人質。而且沒有人確切知道他身處何方，接下來會在哪裡突擊，這讓波斯灣的英國政權有如芒刺在背。

對瓦思穆斯而言，聖戰還沒有一敗塗地，而一九一六年四月二十九日傳來的消息，想必為他打了一劑強心針。庫特被圍困而四面楚歌，飢餓難耐的英國部隊歷經痛苦不堪的五個月後，終於向土耳其投降。總數九千有餘的英國及印度大軍，當初沿著底格里斯河上游欲奪取巴格達，如今都被俘虜並帶至土耳其囚禁，英國有史以來極少遭受如此難堪的敗仗。另一方面，恩維爾帕夏立刻盛讚這是偉大聖戰的重要勝績，並很快自封為「加齊」（Ghazi，意指征戰有成的穆斯林英雄）。

# 第十四章
# 百萬英鎊的贖金

在北方好幾百英里處山巒厚積的冬雪消融，注定了土耳其東部位於庫特這座英軍大本營的命運。雪水發源的滔滔大江是底格里斯河，每年一旦開始融雪便水勢暴漲、溢堤而出，淹沒兩側地勢低平的美索不達米亞平原。《聖經》於古代成書時，很有可能就是由這裡的大洪水聯想出諾亞方舟（Noah's Ark）的傳說，故事中還堅稱諾亞方舟仍埋藏於阿拉拉特山（Mount Ararat）山坡的冰雪之下。（譯按：阿拉拉特山是土耳其其最高峰。）而在一九一六年春，同樣的洪水嚴重阻撓了兩萬多名英國援軍的腳步：他們非常想要及時趕到被圍困挨餓的庫特軍營，但除了要擊退土軍接二連三的攻擊外，還要應付不斷上漲的洪水。英軍指揮官是官拜中將的芬頓·艾爾摩爵士（Fenton Aylmer，曾獲頒維多利亞十字勳章），他很快就會發現，四處環繞的積水讓部隊處處受限，他們無法採取包圍敵軍的戰術，也難以調動大砲等軍備。但即便如此，為了維護英軍的榮耀，艾爾摩不輕易言棄，誓言搶救庫特的大軍。

庫特的英印聯隊在前一年十二月開始被包圍，躲在庫特這個泥屋遍佈的小小阿拉伯城鎮。起初第一個月他們仍保有高昂的士氣。雖然土耳其軍砲火猛烈，前方部隊也不斷遭受步兵來襲，但庫特的指揮官查爾斯・湯森將軍有信心至少能再撐上一個月，估計這時間足以讓後援軍團趕抵被圍困的軍營。湯森和艾爾摩都很清楚先前英俄「大競逐」時代發生過的種種圍城戰役。一八九五年，湯森成為印度北方小鎮契特拉（Chitral）圍城戰役的英雄，他死守城鎮，抵禦來襲的部落民族，堅持了六週終於盼到援軍抵達，而艾爾摩則是援軍隊上出類拔萃的中堅份子，他曾經英勇擊破英軍圍攻的一座堡壘大門，讓英軍順利攻城略地，因而獲頒維多利亞十字勳章。自那時起，兩人便成為生死之交，因此艾爾摩更加堅定信念：無論如何，都得奔赴庫特救援。

然而日子一天天過去，援軍依舊未能接近，庫特的情勢越來越危急。救援及早到來的希望逐日消退，糧食庫存也開始告急。不久後，守城的大夥兒不得不靠馱獸來補充所剩無幾的戰糧，鎮上消瘦的貓狗自然也成了桌上菜餚。起初許多印度部隊成員基於宗教考量抗拒這種肉食，但湯森將軍從無線電得到了他們印度宗教領袖的特別允許，部隊中大多數印度人這才接受。但即便如此，仍有部分人還是拒吃這些動物的肉，醫官只能給他們鴉片藥錠來減輕飢餓帶來的痛楚。另一方面，英國軍人也是對食用某些動物感到內疚不安，不過純粹是出自情感考量。有一匹騾子可是經歷三次邊境戰役、功績彪炳的沙場老將，軍營的屠夫兩度拒絕宰殺牠，但最終牠還是淪為軍團的盤中飧。

土耳其指揮官的策略就是調配相當軍力包圍庫特，避免內部英軍突圍；其他軍隊則至底格里斯河下游，阻緩艾爾摩所部前來的速度。他很清楚：如今這座軍營耐不住饑餓投降，只是時間的問題而已了。由於援軍奔馳進展甚微（仍困在庫特南方三十英里處）且損失慘重，艾爾摩的上級長官震驚萬分，並在一九一六年三月十二日決定將艾爾摩革職，把指揮權交給他的參謀長喬治・戈林奇將軍（George Gorringe），畢竟當下也沒有其他接手的人選能及時趕到。然而救援庫特已成敗頹之勢：底格里斯河依舊暴漲，補充火砲及彈藥的河上船艇嚴重不足，想要空中投放緊急補給至城內在劫難逃的軍士，但運輸機竟也意外地匱乏難求。事實證明，戈林奇的將才並不比艾爾摩優秀，很快便遭土耳其軍狠狠修理一番，赴援庫特的軍力死傷人數持續累積，來到兩萬三千人之譜。

兩天後的四月二十四日，戈林奇孤注一擲，攜帶糧食及其他重要的補給品溜進城內。少數自願赴險的士兵搭上老舊的河流用蒸汽船朱納爾號（Julnar），載著能維繫庫特一個月生計的糧食和彈藥，準備要闖過土耳其的夾道攻擊。這項任務的保密工作必須天衣無縫，否則等於是叫船上人員送死；而且一旦船隻被敵軍發現，河岸兩側的無情砲火必定隨之而來，所以船隻也裝備了鋼盤和沙袋來加固防禦。只可惜天不從人願，種種防備措施都是徒勞，朱納爾號準備要沿著底格里斯河逆流衝刺這二十五英里前，可能就已被土耳其的間諜或偵察機發覺，船隻走沒多久，馬上便受到槍林彈雨的洗禮。儘管如此，朱納爾號不顧船身及船艛布滿了孔洞，還是奮勇航向庫特。凌晨一點鐘，湯森傳來無線電消息，表示庫特下游八英里處聽到猛烈的砲火聲響後，接著悄然無聲、一片死寂。隔天早上偵察機探得糟糕透頂的消息：英勇無懼的朱納爾號以及死裡逃生的船員，已落入土耳其的手裡，敵軍佈下橫跨河流的鋼纜，終究把船隻給擋下了。陣亡的船長和舵手之後被追贈維多利亞十字勳章，其他生還的船員也獲獎章表彰。

這時倫敦當局狗急跳牆，商討著一件更加大膽計畫，試圖拯救飢腸轆轆的庫特軍營。英國戰時的內閣大臣基秦拿勳爵提出驚天動地、另闢蹊徑的方案，想要說服土耳其放庫特一條活路，即便其他英軍將領和外交部官員激烈反對，認為此計丟人現眼，但基秦拿仍提議道：給土耳其一筆鉅款的贖金，只求不再圍攻這座軍營。他心目中的金額高達一百萬英磅，在當時可說是天價，要分給恩維爾帕夏和所有參與這項棘手協議的人，都是綽綽有餘。另外，依照這項提議的條件，獲釋的英國及印度軍隊在接下來的戰爭中，不會再派去對抗土耳其軍。從土耳其的觀點來看，他們已經在庫特和巴格達的戰役中死傷慘重，而此項提議可以將那一帶的人力物資調派去土耳其東方，用於強化抵抗俄軍的防禦工事。基奉拿深諳東方的行事作風，也知道恩維爾嗜財如命，認為其他方案如果都一敗塗地，這項提議很值得一試。

這項提議在高度保密的情況下，傳給了土耳其部隊指揮官哈利爾帕夏（Khalil Pasha，恩維爾的叔父）。他並沒有馬上回覆，等於是給了英國一線希望。此時英國政府將處理協商贖金的工作（希望有機會的話）交付給三位情報軍官，他們都有與土耳其人互動的豐富經驗，其中一人便是當時任職於開羅阿拉伯局的勞倫斯上尉。他們奉命立即趕往巴斯拉，搭上汽船從底格里斯河前往戈林奇將軍的指揮部。三名軍官與土耳其聯繫後，掛起白旗越過戰時兩方交界的無人地帶，被護送到了哈利爾帕夏的指揮部。這位土耳其將軍謙恭客氣，但完全不考慮這項鉅款的提議，即便協商過程中金額翻了整整一倍，仍不為所動。顯然恩維爾本人已親自否決這筆交易。他才剛把埃爾澤魯姆葬送給俄國，在東方丟盡了顏面，因此亟需一場漂亮的勝仗——對他而言，這時候若能讓全世界看到庫特英軍對土耳其投降，是任何價碼的贖金都換不來的。

湯森在隔天四月二十九日便即宣布投降。在這之前，他下令破壞槍砲，炸毀船隻，燒掉所有剩餘的物資，最後在摔爛無線電發射器、城鎮高處舉起白旗之前，他透過無線電發出了最後的訊息：「我們再也堅持不下去了，我們已經盡忠職守。戰爭有輸有贏，我們的處境只是勝負起落的一環。很感謝戈林奇將軍和底格里斯河各級軍階的官兵，謝謝所有人為了救我們而付出的努力。再見，祝大家好運。」這便是最後從軍營傳出的訊息。圍城封鎖歷時了一百四十三日，時長打破了現代戰役的歷史紀錄，最後庫特忍飢挨餓乃至屈服投降，超過三千英軍、六千印度軍和數百名非戰鬥人員都因飢餓或疾病而虛弱不堪。翌日，土軍押送他們向北方的土耳其囚禁，許多人此後再也沒有回來。

然而恩維爾耀武揚威也沒多久，不到一年庫特又被英國奪回，而且在那兩週後巴格達也被一併攻克。英國原本害怕在庫特恥辱的投降，會對東方世界的輿論造成翻天覆地的影響，但實情並未如此發展。主要是因為戰時的新聞審查制度，讓協約國的媒體和殖民地都見不到慘敗的消息。另外有些人認為庫特苦苦撐了近五個月，其實反過來限制了敵軍的行動，否則他們很可能會調去攻打埃及等地，影響英國或協約國在東方的利益。不過大家都知道，這只是自欺欺人的辯解罷了，何況英軍才剛在加里波利失利沒多久。任誰也無法幫這次慘敗粉飾太平，也不能為無能的將帥卸責。

協約國撤離加里波利，如今土軍又攻陷庫特，當時仍在喀布爾的尼德梅爾和亨蒂格若因此抱有希望，認為他們有更高的機會說服埃米爾，讓他在最後一刻選擇加入聖戰，那他們肯定失望透頂。德國人很快就發現不管怎麼做，埃米爾都不打算變更立場，他們停留在喀布爾純屬浪費時間。在阿富汗首都好幾個月了，費盡千辛萬苦，換來的只有說服埃米爾簽下了一紙條約，但簽約是否真有價值與實際成效，卻是毫無把握，而且種種跡象顯示，他開始連條約都不願遵循。不過埃米爾看來還是滿歡迎德國人，甚至很熱心地要讓德國人留在他的國家——不只是因為精神抖擻的尼德梅爾等人會給他軍隊現代化的寶貴建議，並採用最新的普魯士陸軍手法來訓練他的軍隊，更重要的是，哈比布拉汗能藉此觀察這些德國人都在做什麼。此外，尼德梅爾等人不得不意識到自身尷尬的處境，一旦適當時機來臨，他們可能會變成埃米爾貢獻給印度總督的大禮。他們明白，該是離去的時候了。

無論如何，他們現在得收拾行囊離開喀布爾，想必是極度不甘而失落。如果他們任務順遂，拉攏阿富汗加入聖戰的行列，引導埃米爾軍隊將怒火宣洩到在印度的英國人，那整個戰爭的走向可能因此變調，而他們的名字的確可能會如同勞倫斯一般，時至今日仍被銘記傳誦。但實際上，他們經歷了苦難折磨及無數危險，卻只看到一切努力都是白費。如今他們唯一關切的，是如何逃過協約國的天羅地網，平平安安回家。他們深知離開埃米爾的領地，脫離該區古道熱腸、賓至如歸的保護後，他們又要變成亡命之徒，逃離英國、俄國，甚至劫掠盜賊殘暴無情的追殺。

尼德梅爾等人初訪阿富汗停留近十個月後，終於在一九一六年五月二十一日告別喀布爾。為了提高存活機率並躲避捉捕，他們決定兵分多路，各自踏上不同道路返鄉。尼德梅爾決定西行，再一次把性命豪賭在波斯大地；而亨蒂格向東騎行，打算穿過帕米爾高原至中國治理的中亞地區，他在戰前不久曾在北京擔任外交官，所以期盼他對中國的了解能派上用場。亨蒂格盤算著要去絲路古城莎車（Yarkand），在那孤立偏遠的地方盡可能擾亂當地局勢，找當地英俄僑民的麻煩。如果他能挑撥當地穆斯林的敵對意識，便能掀起一場小型的聖戰來反抗英俄，讓這兩國不得不從遠處調派軍隊去保護僑民，並避免國家利益受損，而他便能趁機穿越中國，抵達北京的德國公使館，等待柏林當局的進一步指示。

亨蒂格策騎來到奧克蘇斯河，沿著瓦罕走廊（Wakhan Corridor）來到中國邊境，花了兩個月終於抵達莎車，馬上就在當地造謠惑眾，捏造不實的戰局消息，想要破壞協約國的威信。他甚至散播謠言，謊稱數百名德國士兵已抵達阿富汗，後續還會有更多部隊人員前往。同時，他非法購得來自中國政府軍火庫的武器，計畫要在印度北方和俄國治理的中亞地區組織部落人員，發起造反行動。

亨蒂格暗中活躍的消息很快便傳到了一百英里以外的該區都城喀什噶爾（Kashgar），英俄兩國的總領事們都有所耳聞。驚慌擔憂的他們很快請求中國當局，以違反國家中立性為由逮捕亨蒂格一行人。德軍人數不多但畢竟實力不容小覷，中國政府不敢以武力對付他們，只是口頭命令亨蒂格停止各種作為，否則就要逮捕並囚禁他。不過亨蒂格無視命令，反而啟程前往喀什噶爾，沒有軍備的英、俄人士因此大驚失色。雖然亨蒂格意圖未明，但傳聞他打算要攻打英俄領事館，所以中國當局也被迫採取行動，派遣軍隊封阻來往喀什噶爾的多條路徑。

最終在距離英國總領事館僅十五分鐘路程處，發現了這批德軍。起初亨蒂格威脅道，如果中國軍隊要阻止他，他將不惜開火反擊，但德軍人數遠遠不及中國部隊，最後也只能放下武器投降。德軍一行人在百名武裝兵士戒護下，被帶至首長官邸的庭園監押，中國當局則煩惱著該如何處置他們才好。最終他們在嚴密押解下被帶至北京，而後亨蒂格輾轉經由美國、挪威，於一九一七年某日終於回歸故里，但馬上再被調派至君士坦丁堡的德國大使館。

這時的尼德梅爾則歷經驚心動魄的奇遇，他能僥倖存活實是三生有幸。尼德梅爾一行到了赫拉特（也就是最初抵達的阿富汗城鎮），他隨即指示華格納中尉和其他人帶著遠征行囊和機密文件留在當地，而他要試著趕抵土耳其的領土，從那裡獲得柏林當局的進一步指示後，再向赫拉特發號施令。依他精確所見，英國已透過喀布爾的間諜得知他們踏上歸途，整個部隊要闖過東波斯防線，實如泥船渡河般危險萬分。

尼德梅爾染紅鬍鬚、假扮成土庫曼人，踏上了遠比去年夏天外闖遠遊時，更為悲慘苦難的一趟旅程。這次，為了避免直接進入東波斯防線的包圍網，他打算走另一條路線，在一名僱傭的土庫曼護衛陪同下，先向北突進至俄國中亞，再向西行繞過東波斯防線的北緣。人算不如天算，才走沒多久護衛就拋棄了他，任由他落入當地土庫曼的盜匪凌虐施暴，深受重傷的他被掠奪全身財物，因為沒能飲水進食而瀕臨死亡，要不是他的身心格外堅韌不拔，又有善良的一般游放民族和牧羊人援助，肯定會一命嗚呼。說實話，尼德梅爾為了活下來，已不得不搖尾乞食了。而後，他入境波斯到了德黑蘭，但怕被認出而不敢久留。時間快轉至一九一六年九月，他終於抵達安全的土耳其領地，並奉命返回德國。他在柏林被爭相歡呼為英雄，由德皇本人親自授勳獎勵，邀請他留在皇宮內親口分享他的冒險故事，並一同討論東方的情勢。

那時候尚未聽到亨蒂格的任何消息，大家紛紛猜測他們一行人已然殞命。幾個月後亨蒂格終於返德，這才憤怒地發現，明明是兩人赴湯蹈火的冒險事蹟（雖未成功），尼德梅爾一人卻接受了所有的讚譽。連英國人也承認尼德梅爾單獨涉險的說法，戰前曾與尼德梅爾一同待過馬什哈德的波西．賽克斯爵士就是這麼寫道：「尼德梅爾的任務一敗塗地，但他的勇氣與行動力卻無與倫比。」之後尼德梅爾和亨蒂格始終彼此厭惡不合，直到亨蒂格在一九八四年過世，享壽九十有七，這才劃下句點。而尼德梅爾早在近四十年前，已在蘇聯牢獄中殞命。二次世界大戰期間，他負責指揮帶有突厥血統的德軍部隊成員，因涉嫌批判希特勒的東方政策（Ostpolitik）而遭納粹拘禁，戰後則落入蘇聯紅軍的手中。他在莫斯科的盧比揚卡（Lubyanka）監獄被國家安全委員會（KGB）反覆偵訊後，於一九四八年遭指控犯下戰爭罪，判決他要在蘇聯勞改營監禁二十五年。六十三歲的他獨陷囹圄，以拍打聲音向隔壁牢房的德國醫師傳達遺訊，表示他已病入膏肓，隨即在那年八月去世。時至今日，德國史學家仍激辯著這趟阿富汗之行究竟出了什麼問題。大多數人明確指出，德國的最高陸軍指揮部及外交部要負最大責任：他們一開始並未明確指定這兩人要由誰來全權指揮這項任務，否則兩人研擬並實踐的各項行動曾讓英國焦慮不已，足見都是勇敢無畏而足智多謀的軍官，不該在歷史論述中被描繪得如此小心眼，導致兩人的名譽受到玷汙。

言歸正傳，當時留在赫拉特的華格納中尉等人還顧著裝備行李，癡癡地等著尼德梅爾的進一步指示，但數週後仍無聲無息。他們猜想尼德梅爾不是死了就是被囚，但其實單純只是柏林當局的訊息沒能夠順利傳到他們耳中。絕望的華格納和五名同伴決定嘗試穿越敵軍的火線返鄉。他們將遠征的機密文件與暗號鎖進一個鋼製盒子，交給友善的阿富汗高官保管後，向西出發。他們偽裝成阿富汗人，成功越過俄軍守衛的那段防線，卻遭到不懷好意的波斯人襲擊。隨之而來的戰鬥中，只有華格納中尉勉強逃脫並最終抵達土耳其境內，其他人則被逮捕，慘遭蹂躪糟蹋後移交給俄國。

俄國通知英國後，英軍派了一支印度巡邏隊來接收戰犯，帶回印度。指揮押解的年輕英國軍官回憶道：「當時下著大雪，天寒地凍。這些戰犯倚牆而立，雙手被綁縛在背後，因寒冷與恐懼而臉色發青，因飢腸轆轆而疲憊不堪。」他還寫道，看守的俄軍看起來活像蒙古人，是「一幫狂暴的斜眼惡棍」，而這群德國人脫離他們的掌控，似乎都大大鬆了一口氣。

馬亨德拉．普拉塔普拉賈與穆罕默德．巴拉卡圖拉等兩名煽風點火的印度異議份子，目前還待在喀布爾，只剩下瓦思穆斯仍然在逃、不知去向。但是等到瓦思穆斯的錢財（大部分都是從英國銀行金庫掠奪而來）逐漸乾涸，跟隨他的波斯人也不再充滿熱忱，而且這些支持者疑心逐漸加重，懷疑他一直以來都在用不切實際的承諾欺瞞大家，那些與柏林德皇甚至阿富汗埃米爾之間的對話純屬虛構。幾個月過去了，越來越多追隨者開始脫隊消失。瓦思穆斯手中雖握有英國人質當殺手鐧，但他不知道人質也正悄悄開始掙脫他的掌控。

瓦思穆斯挾持的這些人質，顯然能夠讓德國用來大肆宣傳。此外，瓦思穆斯也希望能與英國交換一些被扣留在印度的德國人，因此他允許歐康納透過信件與布什爾的英國人聯繫，以便討論這筆交易的細節。儘管他先行讀過所有的往來通信，但他不知道曾任印度陸軍情報官的歐康納設計出了一種秘密通信的方式，並藉由這些信紙和他的長官溝通。為此，他把粉末狀的明礬泡水，當成隱形墨水來使用。他事後回想道，其中最大的問題，「便是如何先行通知在布什爾的戰友，讓他們知道我要藉由這種方式來進行溝通。」

歐康納深怕無法順利傳達訊息，因此想出兩個解決方案，要一併施行。第一種方案：他在一小捲紙上以摩斯密碼簡短寫下他的意圖，並拜託一個在軍事堡壘工作的印度木匠寄到他在布什爾的同事，並保證他這麼做會有鉅額的獎勵。木匠便在木製飛機模型上鑽了一個小孔，把小紙捲塞了進去。「並以一抹油灰封住了洞孔，再用灰塵擦抹過後，從外觀上根本看不出異樣，」歐康納如此寫道。同時第二種方案：他對毫不起疑的瓦思穆斯說他想要學義大利文（他知道德國人不懂這種語言），來填補無聊的漫長時光。得到瓦思穆斯同意後，他寫信給住在布什爾的一名女子，請求這位通曉義文的女子幫他找這三本書，書名分別為 Rascaldate sul Fuoco、La Parte Bianca 和 Di Questa Lettera，這些編造出來的義文書名，直譯的意思分別是「火上加熱」、「白色部分」、「這封信的」。（譯按：三者湊在一起就是，「把這封信的空白處用火烤」。）瓦思穆斯完全沒有發現其中奧妙，並允許寄出這封信。

歐康納的兩則訊息都有順利被布什爾一方接收並理解，於是雙邊開始了定期的秘密通信。歐康納藉此向布什爾這座海岸城鎮的戰友通報，他和幾名英國人質正在研擬一項大膽的逃脫計畫，而後則在回信中收到了一張地圖及指示，提點他們前往秘密會合地點的最佳路徑，會有武裝的救援隊伍在該處接應。歐康納回憶道，布什爾甚至還寄來了一個指南針，「就焊在『亨特利和帕爾默牌』（Huntley & Palmer）綜合餅乾的鐵盒中間。」然而最後這項計畫被迫告吹，因為一兩名人質的健康狀況不佳，無法在黑暗之中翻越過三十英里的險惡地形，很有可能會被武裝騎兵追上。

或許有人會想，要不要乾脆放棄那一兩位同伴逃跑呢？歐康納寫道：「我們無法接受他們被拋下後，還要接受無止境的拘禁，況且他們很有可能會被那些有點野蠻的獄卒虐待。」先前，有個原本在印歐電報部門（Indo-European Telegraph Department）服務，叫做佩蒂格魯（Pettigrew）的人質已經因心臟病斃命，被草草埋葬在堡壘的外圍。他的死亡發生在監禁的早些時候，當時一支布什爾的武裝巡查隊接近堡壘僅數英里遠時，雙方短暫交火。歐康納如此寫道：「部落首領與他的手下變得格外激動，將我們全部趕進庭院，說要當場處決，不過後來英軍遠去後，他們便冷靜了下來。事後他為此對我們道歉。」但道歉也沒用，佩蒂格魯承受不住這番折騰。

然而在瓦思穆斯背後神不知、鬼不覺正在進行的事情，可不只是歐康納與布什爾的私下通信而已。在他渾然不覺的情況下，布什爾的英國人正與看守人質的坦格斯坦人進行審慎的協商程序。英方願意釋放遭囚的十六名坦格斯坦人與其他誘因，交換瓦思穆斯手下的英國人質。當初英國為了阻止叛亂份子到達海岸，從而獲取重要補給，因此封鎖了通往波斯灣的路線——但如今英國也同意重新開放。歐康納漸漸察覺到，坦格斯坦首領對待人質的態度有所轉變。歐康納寫道：「隨著一天天過去，德國沒有伸出任何援手，而布什爾一直以來的威脅依舊存在，這部落首領才意識到，他和夥伴們押錯了寶、跟錯了人。」首領開始給人質們額外的福利。早先他們已獲准運動鍛鍊，或是取得布什爾發行的報紙（雖說報紙一定要先讓瓦思穆斯看過，因為這是他唯一取得戰爭消息的來源）。不過現在，守衛允許他們每週在堡壘周圍田地的灌溉水渠中洗澡一次，人質至今都無法使用任何沐浴設備，所以都非常感激能夠泡在歐康納形容的「爛泥巴水溝」裡，畢竟他們所處的泥牆監牢裡暑氣迫人、悶熱難耐。

英方及坦格斯坦獄卒們在無止境的討價還價後，終於在一九一六年夏天達成交換人犯的協議。而氣憤沮喪的瓦思穆斯抗議未果，這次的協議沒能換回任何德國戰犯。人員移交安排在八月十日晚間，雙邊各自帶著戰俘人犯至討論好的指定地點。歐康納一行人在坦格斯坦人押解下離開堡壘後，瓦思穆斯自己也隨著隊伍一會兒。不久前，雖然還是個人質，但歐康納的軍階已由少校升為中校，後來他寫道：「他（瓦思穆斯）騎著馬跟在我旁邊，保持些許距離，向我坦白了他對英國的態度，也承認放我們離開會嚴重打擊他的計畫。」歐康納自然會對瓦思穆斯心懷怨懟，但眼見這德國人實在是孤苦無依，隱約也透露出一些同情心。歐康納寫道：「他的人生一路走來，一定時刻充滿艱苦危險。瓦斯穆斯生活極度簡樸，入境隨俗，對各地食物來者不拒，身處各種極端氣候，不斷地騎行穿梭於各處部落之間，把自己的一切託付都給了那些部落居民，只可惜他們實在毫無忠誠度可言，而且狂熱瘋癲。」

將人質帶到會合地點後，雙邊人馬依約在相距半英里處停下。歐康納回憶道：「要真正交換人犯之前，兩邊先派代表騎馬到對面確認戰俘人數是否無誤，而我們坐著和守衛開心聊天，等待代表確認後歸來。」一切看似風平浪靜，此時情勢卻突然生變。因為英國沒能搞清楚名字，其中一個重要的坦格斯坦囚犯並未出現，歐康納寫道：「大家知道這消息後，現場的部落群眾激動不已、跑跳喊叫，大聲指責英國人背信棄義、無可救藥，並失控地威脅著要把我們全部槍決。」

最後坦格斯坦首領順利安撫族人，雙方同意把位階最高的英國人質歐康納帶回部落的堡壘，英方則要負責找到失蹤的囚犯，安全帶至布什爾後再進行人員交換。這又花了整整十天，但歐康納回憶道：「這次回堡壘的狀況截然不同，首領告訴我不需要把自己當作囚犯，而是他的座上賓。」最終，歐康納經歷超過九個月的人質生活後，又再一次往海岸出發。歐康納寫道：「首領親自伴騎了幾英里後，我們互相道別。」在一名坦格斯坦人的護衛下，歐康納於日落時分抵達布什爾，受到了熱烈的歡迎。

在接下來的戰爭中，瓦思穆斯仍在波斯逃竄，即便徒勞，他仍舊嘗試挑撥部落居民去攻擊英國據點或資源，以一己之力挑戰強盛的大英帝國，持續製造各種麻煩。到了戰爭的最後尾聲，他的夢想終究瓦解了：瓦思穆斯被波斯當局捕獲，並移交給德黑蘭的英軍，雖然在德黑蘭曾短暫脫逃，但很快又被抓了回去。寇松勳爵等人想要以戰爭罪送他上法庭判決，但最後他獲准返回德國的家鄉。幾年後，瓦思穆斯深知自己戰時曾利用、背叛了單純的坦格斯坦人，對此深感內疚，因此回到了波斯南方，試圖教導他們現代的農技，希望能提升他們低落的生活水平。不過指導農作的計畫最終一敗塗地，瓦思穆斯再次返回德國後身無分文、夢想破滅又形單影隻，不久便淒慘死去，得年僅五十有一，他已為失敗付出了相當大的代價。

然而一九一六年夏天的瓦思穆斯，其實還有激起一段波瀾的故事。我們不妨回憶一下：當初他第一次騎至波斯南方，謀劃活動對抗英國時，被親英的部落居民抓捕。雖然他赤腳穿越沙漠成功逃遁，但包括各類公文書件的行裝物品全部沒能帶走。這些文件被簡單搜查後送到倫敦，便被塵封於印度事務部的地下室。但官拜少將的雷吉納德．霍爾爵士（Reginald Hall）偶然聽聞這些文書的存在，機靈的他身為英國戰時的海軍情報處處長，工作職掌範圍包含破解敵軍暗號，他憑著直覺，立刻指示將瓦思穆斯的所有物品送來給他，並快速翻閱一陣子後，找到了他尋覓的東西——戰時德國的外交譯碼簿。（譯按：霍爾在一九一五年才剛剛接任軍情處處長職務；實際上他要等到一九一七年四月才獲晉升為少將。）

這項成就真是意外之喜，也說明了瓦思穆斯拋下行李出逃後，為什麼會如此焦急地想要拿回物品。不過霍爾少將的發現也要在好幾個月之後，才有其重大成果。與此同時，一個嶄新的戲劇性發展分裂了穆斯林世界的效忠對象，柏林及君士坦丁堡欲將伊斯蘭的憤恨轉向協約國的僅存希望也終於灰飛煙滅。

一九一六年六月十日，身負伊斯蘭聖地護衛者之責的麥加謝里夫從他的宮殿窗戶伸出一把步槍，向對面的土耳其軍營射出一發子彈。這為對抗蘇丹統治的阿拉伯起義（Arab Revolt）打響了盼望已久的第一槍。

# 第十五章
# 風向變了

起初大家都對阿拉伯起義寄予厚望，希望能結束土耳其四百年來的統治。麥加謝里夫名為海珊・本・阿里（Emir Hussein bin Ali），他貴為伊斯蘭先知穆罕默德的直系後裔，他原訂要在高度機密下，於一九一六年八月揭竿起義。但他深怕土耳其聽到風聲後，會以拒絕參加聖戰、與英國勾結顛覆蘇丹為由，罷黜他麥加謝里夫之職，因此被迫提前兩個月出手。當時已得知一支強大的土耳其部隊，在一批可畏的德國使節團隨同下，正向南行朝麥加邁進，而且土耳其已將許多疑似謀反的阿拉伯民族烈士一一絞死。英國除了擔憂海珊本人安全以外，還認為土德聯軍可能會威脅到英方在亞丁（Aden）的重要煤炭補給站，並同時與東非的德軍進行戰略合作——此時英德兩國正在東非打得如火如荼。

起初海珊向英國擔保，近三分之一的蘇丹前線軍力（約十萬人的阿拉伯軍隊）聽聞起義爆發後，會轉而投靠他麾下。不過，即便海珊手下訓練不足的非正規軍控制住麥加，但土耳其部隊仍堅守住重要城市麥地那（Medina），拒絕投降。如今恐慌開始蔓延：該處土耳其軍營尚有充沛的食糧和彈藥庫存，可能會殺出一條血路，突破阿拉伯部隊的包圍網，甚至進一步佔領麥加，將謝里夫以絞刑處死。

雖說阿拉伯人擅打游擊戰，但槍彈砲擊或空中轟炸讓他們驚懼不已。過了數週，阿拉伯起義的態勢已搖搖欲墜，瀕臨瓦解。英國這才意識到，若想挽回局勢，需要提供的不只有戰前雙方的承諾和道德上的支持而已。

開羅的英國軍情單位因此臨時調派了數位精心挑選的軍官來支援海珊．本．阿里的軍隊，其中包含勞倫斯：隨後他的回憶錄《智慧七柱》（*Seven Pillars of Wisdom*）將會成為膾炙人口的經典，也讓阿拉伯起義和他本人成了不朽的傳奇。英國了解起義軍最迫切需要，同時也讓土軍深感威脅的，是統領大局的領導風範、專家精闢的建議以及與開羅總指揮部的定期聯繫。首要之務，便是阻止土耳其從漢志鐵路（Hejaz Railway）運來更多軍力、彈藥和其他補給，不讓他們前來支援被封鎖的麥地那城。漢志鐵路在德國的監督下於八年前竣工，最初起造的目的是為了方便虔誠的穆斯林信徒至聖城麥加與麥地那，但也帶有土耳其的軍事戰略意義，如今的土耳其軍方就正坐享其利。阿拉伯部隊缺乏現代軍火的炸藥武器，也不知其用法，因此面對滿載土軍機關槍和步兵護衛的列車，只能進行「打帶跑」式的突襲。

勞倫斯等英國軍官很快就填補了這項缺陷，開始指導阿拉伯部隊炸毀敵軍列車、橋梁、鐵路車站等新的作戰方法。與此同時，英國皇家海軍在紅海海岸登陸，帶來了一批埃及穆斯林的槍炮手（因為在聖地附近不允許異教的英軍開火），而戰艦上的槍砲也開始轟炸土耳其部隊的各個駐地。之後英國皇家空軍也對敵軍及敵方補給線展開低空掃射，皇家海軍則負責確保阿拉伯部隊中的英國軍官能持續與開羅保持聯繫。阿拉伯起義在英軍及其他助力的撐腰之下重振士氣，革命熱潮沿著朝聖用的漢志鐵路向北延燒至亞喀巴（Aqaba），乃至於大馬士革。然而，不是所有人都認同英國應該這樣幫助阿拉伯起義，尤其倫敦和德里兩地的印度事務部官員更是大力批判，但最後他們的爭辯只是徒勞。他們據理力爭道，這樣積極地支持土耳其底下的叛亂行為，一旦事成可能會激起印度當地相似的情緒，讓蠢蠢欲動的穆斯林或印度教徒起身反抗英國的統治。也就是說，柏林和君士坦丁堡明顯未能推動的聖戰策略，可能由現在的英國自己來一手促成。

不過，即便阿拉伯人深信自己正為獨立而戰，但接下來的事卻在他們的意料之外。據悉，協約國早已秘密約定在土耳其戰敗後，要如何瓜分鄂圖曼帝國統治的領地：俄國會拿到君士坦丁堡，而最肥美誘人的阿拉伯土地則分給英法這兩大戰勝國，英國接收大部分的美索不達米亞（包括巴格達與巴斯拉）、外約旦（Transjordan）及北巴勒斯坦，而敘利亞、黎巴嫩（Lebanon）、西利西亞（Cilicia）及摩蘇爾則落入法國人手中。他們的確有在協議中，模糊地提到要建立「獨立的阿拉伯國家，或是阿拉伯國家邦聯」，但沒有明說這概念的具體組成為何，更甭論其實是要分給英國及法國的勢力控管之內。

不僅如此，因為大戰期間人們只盤算著眼前利益，不久後又達成了一項分配戰利品的承諾。英國外交大臣亞瑟・貝爾福（Arthur Balfour）渴求猶太人在美國的金融實力、科學技能和政治支持，因而寫信給英國羅斯柴爾德勳爵（Lord Rothschild，鼎鼎大名的猶太復國主義者），承諾政府將在戰後支持猶太人於巴勒斯坦建國，前提是「目前居住當地的非猶太族群」，也就是阿拉伯人的權利必須獲得保障。阿拉伯起義的領導人當然對此一無所知，依然相信先前英國派駐埃及的高級專員（High Commissioner）亨利・麥克馬洪爵士（Henry MacMahon）代表協約國承諾他們的那些條件——目的是要讓他們順著協約國的利益行事，而不是響應君士坦丁堡下達的聖戰諭令。

然而，不久之後全世界都曉得，這些矛盾衝突的承諾帶來了反噬的惡果，其血腥而痛苦的影響至今仍深深困擾著世人。布爾什維克在俄國掌權後翻查沙俄外交檔案時，偶爾發現了協約國之間許多協議的文字紀錄（包含英法分配阿拉伯土地的盤算），機密才因此曝光。布爾什維克馬上把那些紀錄公諸於世，並拒絕接受先前沙俄政府的承諾，讓其他協約國成員非常尷尬。土耳其人抓到英法背信棄義的證據後，大肆宣傳給阿拉伯人，但為時已晚。阿拉伯部隊配合英國艾倫比將軍（Edmund Allenby）從右翼夾擊，結果大獲全勝，步步進逼他們夢想中的新首都——大馬士革。阿拉伯起義的故事與其戰後不幸的後果已眾所皆知，就算不再贅述也不會影響接下來的論述，而且讓我們把焦點從君士坦丁堡的南方轉移至東方。此時有不亞於阿拉伯起義的重大事件，讓土耳其和德國在阿拉伯起義開始不到一個月內，便放棄了最後也是最有可能點燃亞洲聖戰的希望。

尼德梅爾與亨蒂格決定結束任務，自喀布爾返德的兩個月後，中亞當地突然爆發許多對抗俄國統治的革命活動。最初六個月內，喪命的俄國人統計便已超越了上個世紀俄軍征服該區的紀錄。雖然俄國收到消息，表示有穆拉鼓動聖戰，也傳聞有土耳其特務挑撥穆斯林居民，但那些革命似乎都是出於恐懼或不滿的自發行徑。考量到俄國的突厥斯坦僅在喀布爾北邊四百英里處，假如尼德梅爾和亨蒂格知道該地正醞釀著革命氛圍，他們肯定會趕過去掌控大局，而不是鬱悶地踏上歸途。突厥斯坦很可能就是他們在阿富汗沒能點燃的那一絲火花，假使他們能巧妙地煽風點火，聖戰或許就能變成一片火海，吞噬掉亞洲大片的伊斯蘭世界。話雖如此，當暴動的消息跨越奧克蘇斯河來到喀布爾時，早已遠行的他們當然無從得知。

造成暴動最直接的原因，便是激起強烈反彈的徵兵計畫。直到這時候，中亞人民都無須服役，但俄軍在東線戰場及土耳其死傷慘重，於是俄國於一九一六年初決定要徵調穆斯林兵力。他們不用上場打仗，但要負責建築防禦工事，讓俄軍不用再被非戰鬥的瑣事煩擾。針對徵召政策的轉變，政府提出的理由是：沙皇的歐洲子民正在拋頭顱、灑熱血保衛穆斯林，因此穆斯林怎能不為國家做出犧牲呢？

聖彼得堡當局考慮周全，認為不應採行服役慣用的年齡條件來徵召，避免穆斯林擔心是要上戰場廝殺而引發恐慌，況且中亞地區人民也沒有留下出生年月的紀錄。取而代之的做法，是分配員額給每個城鎮村落，由當地的穆拉或長者來選擇適合人選。俄國當局認為此舉可以避免衝突動亂，從三百萬餘的非俄羅斯人口中招募到超過二十五萬人的勞動力。俄國進而指派各地穆斯林官員組成小型招募工作小組，列出符合徵召條件的人選清單，俄國則開始研擬各城鎮或村落的員額人數。

這些員額不只是依照人口數計算而已，俄國深切考量到突厥斯坦廣大棉花田的採收，對當地經濟而言是不可或缺的命脈，對於戰事的進行也是不可或缺的。為了讓棉花採收順利，俄國當局決定提高非棉花產地的徵召員額，藉此減輕棉花產地的負擔。儘管如此，對許多小農而言，棉花收成時少了一個兒子或工人的勞力就等同要了他們的命。尤其現在政府凍結了棉花的收受價格，讓價位偏低，但糧食的價格卻已突破天際。受徵召的家庭會如此憤恨，原因還不只如此。很快有消息傳出，有錢人能夠以金錢賄賂官員，在徵召清單上動手腳，換取他們的兒子能夠豁免徵召，日後也證實了這種弊端比比皆是。此外，受徵召的年輕人離開城鎮村落後，究竟何去何從，也讓群眾充斥著恐懼。俄國軍方用詞翻譯至當地突厥語時也出現了問題，讓謠言日益興盛，大家都認為這些年輕人隨後會在缺乏軍事訓練的情況下就被推上前線作戰，或在戰場的敵方軍火下挖掘壕溝。

俄國官方最初公布徵召計畫時，穆斯林族群仍陰鬱地保持沉默，但多位俄國長官很快便感受到一股敵意與不安正在逐漸增長。塔什干（Tashkent）一名俄軍上校報告稱聽到流言，有穆斯林要在七月十八日趁著宗教節慶時揭竿起義。他回憶道，連某些穆斯林家族也都開始緊張起來，「塔什干和撒馬爾罕的有錢人開始將親屬帶出城市，並把最有價值的財產物品給藏起來。」俄國當局也聽說，當地人已經組成秘密的信使團，到南邊的阿富汗詢求穆斯林同胞的協助。當時秘密警察多也回報指稱，有不明的外來人士煽惑沙皇的穆斯林子民，散播邪門歪道的流言。外力可能干涉中亞的擔憂，其實一直困擾著俄國，一開始在「大競逐」時期憂慮的是英國，到了一八九〇年代轉而擔心君士坦丁堡的泛土耳其勢力。其實柏林和君士坦丁堡當初製作的聖戰文宣，有些很可能就跨越了奧克蘇斯河，來到中亞。俄國的確攔截到一張傳單宣稱：「從異教統治者手中解放我族的時刻到了。與哈里發站在同一陣線的，有許多強大的盟友。是真主引導了這場戰爭，要讓我們穆斯林獲得自由，不參與戰爭的都是真主的敵人。如果現在不拿起武器來對抗異教徒，我們永遠無法獲得自由。」

七月四日，引爆大規模動亂的端倪初現。一群憤怒的暴民來到撒馬爾罕東方某城鎮的一間警察局，投石攻擊並試圖奪取武器。守衛的警察予以反擊，三十名來襲者或死或傷，才終於驅離了暴民。但此一事件迅速傳遍撒馬爾罕地區的各個村落，暴力行動自此越來越頻繁而激烈，許多負責徵兵造冊的當地官員變成眾矢之的，有的慘遭殺害，有的住家遭縱火，被迫逃亡。突厥斯坦其他地區也出現類似的暴亂，群眾的仇恨同樣投向了他們眼中甘為俄國爪牙的當地官員，在某些城鎮上，便有人倡議要發動聖戰。

塔什干身為該地的軍事及行政指揮據點，見到俄羅斯人口寡不敵眾，而且大多為老弱婦孺，眼下飽受威脅（大多男子都已奔赴戰場），馬上宣布整個突厥斯坦開始戒嚴。哥薩克軍團銜命趕往大型騷亂地點鎮壓暴動，避免演變成全面性的革命或聖戰。叛軍為了拖延俄軍的行動，先行拆毀了火車鐵軌，再切斷通往塔什干的電報線路。但他們只有落後的軍備，也沒有妥善的領導或全面的行動計畫，明顯不敵冷酷無情的哥薩克部隊。如果尼德梅爾和亨蒂格不是在阿富汗活動，而是在突厥斯坦實行秘密計畫，或許便是另外一個故事了。不過現實就是，俄軍飛快而殘暴地弭平了所有大型聚落的穆斯林抵抗活動。

然而俄軍還不滿足，惱恨的他們決意要給那些不懂感恩的穆斯林一個永生難忘的教訓。當時的倖存者後來向蘇俄調查團隊提到哥薩克軍報復性的燒殺擄掠：「俄國將領指示軍隊開槍、放火，他們襲擊許多村落，隨意射殺村民，姦淫擄掠，再把我們的家園和農作燒毀，搶走我們收割好的穀糧。」八月二十日，突厥斯坦的總督造訪一些暴動最為嚴重的地區，並集合了當地穆拉與長者，告訴他們：「你們都該被活活吊死，但我饒你們一命，讓你們可以重新做人，好好樹立榜樣。」穆斯林眼見進一步抗拒徵召已是徒勞，只好無奈接受，而俄國則同意延後實施徵召令，至棉花採收完畢之後再實行。最後在九月十八日，第一批受徵召的年輕人搭上火車離開塔什干，前往俄國的歐洲區域，接下來一兩個月內，陸陸續續又有三十五批人也跟著乘上列車離去。

不過沙皇的疆域內，還有中亞更偏遠地區的騷亂完全不見平息。中亞北方及東方的哈薩克人（Kazakh）及吉爾吉斯人（Kirghiz）大多過著游牧生活，起義的消息傳到這些偏遠地區後，他們也與其他地方一樣開始暴動，但周遭幾乎沒有俄軍能夠處理，所以暴亂持續更久，也更為激進。當地俄國移民必須自組民兵部隊，堅持到塔什干或其他軍營城鎮的援兵到達。其中還有些歐洲農民出身於拓荒先驅的家族，性情堅毅，把這種動亂視作天賜之機，能夠把穆斯林坐享千百年的富饒農地納為己有，這些俄國人配有精良武器且組織完善，哈薩克人與吉爾吉斯人都不是敵手，成千上萬個部落族人被迫丟下家畜，甚至自己的小孩或長輩，只求逃亡自保。但其他地方的俄國移民便沒那麼好受了，比較幸運的也只能離開自己的農莊，任其付之一炬，逃到相對安全的鄰近市鎮。

首批俄國援軍平定中部一帶後，在八月中旬開始抵達哈薩克及吉爾吉斯地區，要好好懲治這些惹是生非的部落居民。又一次的血洗屠殺，體現了俄國長久以來的殖民哲學：「你下手有多狠，他們就會乖多久。」到了十二月底，反抗行動的最後搖曳燭光也被殘暴地捏熄，哈薩克族及吉爾吉斯族也如同其他地方一般，逆來順受地服從徵召。總結而言，整個突厥斯坦地區有近四千名俄羅斯平民喪生，約兩百名軍人及官員死亡，估計另有九千座俄羅斯人的農舍嚴重毀壞。至於具體多少穆斯林喪命就不得而知了，據稱應該有上萬人，但因為哈薩克族與吉爾吉斯族為了躲避屠殺而橫越山嶺，大規模逃難至中國的突厥斯坦區域，許多人在路上因挨凍或飢餓而喪命，也有不少人是在返回家鄉的路程中罹難的，所以整體人數難以計量。（譯按：中國的突厥斯坦地區即新疆。）有蘇俄專家估算，戰時俄羅斯帝國中亞地區的穆斯林人口少了整整一百萬人，而一九一六年的這些動亂事件便是主因。

儘管穆斯林的暴動普遍都付出了慘痛的代價，但聖彼得堡當局仍決意要制裁他們眼中的罪魁禍首，展開了一系列的審判，總共超過三百個穆斯林被判處死刑，更多人則是遭到囚禁或流放。然而俄國為了避免形塑出穆斯林殉道烈士的人物，並想要開始調解雙方陣營的衝突，所以將近五十名死囚改判無期徒刑，許多人也獲得減刑。此外，俄國也懲戒了貪汙官員（包含俄羅斯人），制定較為公平的新律法，並從俄國其他地方藉由鐵路運來大量的便宜穀物，試圖緩和嚴峻的糧食短缺問題。後來到了蘇俄時代，學者想要以馬克思主義理論來解釋一九一六年暴亂的真正原因：這些穆斯林究竟是反俄國，還是單純的反沙皇？這些穆斯林領袖是真正走在進步思潮尖端，試圖擺脫殖民的枷鎖；抑或只是困在封建制度下的宗教保守份子，為了追求自身權力而戰？至於其他外來的土耳其、德國或其他帝國主義份子，究竟有沒有牽涉其中？隨著莫斯科當局對殖民主義的意識形態不斷更迭，這些問題的答案也就隨之改變。

各處暴動都鎮壓完畢後，中亞寧靜了一段時間，但維持不了多久，不到一年俄國革命爆發，中亞又再次陷入更加血腥的漩渦之中，這部分我們之後再行詳談。同一時間，儘管大戰雙方在西線戰場依然僵持不下，但其他戰區的種種跡象顯示，勝利的天平正逐漸傾向協約國一側。

前一年（一九一六年）四月，英國湯森將軍在庫特投降令英軍蒙羞，但在那之後他們駐紮在美索不達米亞的部隊便一直默默準備復仇，並煞費苦心地周延規劃，確保接下來將萬無一失，不會再重蹈湯森的覆轍，大批軍力任土耳其人宰割。同年十二月，英軍再一次往底格里斯河上游方向出發，劍指庫特及巴格達。與上次倒楣的湯森麾下部隊相比，這次整體軍力強盛威武多了。除了兵力有好幾倍（十五萬大軍）以外，由哪個層級的將領來統率也同樣重要：這次不是僅僅由歷經印度邊境戰役的將領來帶兵，指揮工作交給史丹利・毛德爵士（Stanley Maude），他是英國陸軍數一數二的菁英戰將。毛德爵士曾在蘇丹、波耳戰爭（Boer War）、加里波利和西線戰場立下汗馬功勞，聲望極高。英國及土耳其的戰時內閣都很清楚，這場戰役的成敗關係重大。許多人聽聞俄國攻陷埃爾澤魯姆後，才知道有這麼一座城市；相較之下，絕大多數人都知道巴格達，因為那是阿拉伯文學經典《一千零一夜》（*Thousand and One Nights*）裡的傳奇之都。這座大城已由鄂圖曼帝國統治近四個世紀，如果英國奪取巴格達，除了能夠一舉重建英國在東方的威信，也可以重創敵軍銳氣，讓英軍討回在加里波利及庫特受辱的面子。

對協約國而言，佔領巴格達除了鼓舞人心的價值以外，也有非常重要的實際戰略意義，能夠讓毛德的大軍與俄國部隊在波斯西北方會師。一旦英俄佔據巴格達，便能夠一口氣封鎖波斯向東至阿富汗、印度及俄國中亞的路線，讓他們調動一些印度駐軍至其他地方部署。但如果俄國要參與進攻巴格達，沿著底格里斯河進攻的毛德就需要與自西側包夾的俄國部隊保持緊密聯繫，然而這並不容易，因為所有訊息都得要繞一大圈才能傳遞。以毛德一方為例，訊息必須先至倫敦，再到聖彼得堡，最後才南下穿越俄國及高加索地區後，來到波斯。禍不單行的是，俄國內部越發躁動不安的氛圍，已讓革命勢力蠢蠢欲動，開始打擊軍隊的士氣。正如菲利浦斯．普萊斯為《曼徹斯特衛報》所做的報導：「一九一六年秋冬之時，暗黑勢力彷彿一雙手，逐漸扼住俄國的頸部……統治者與被統治者之間的鴻溝逐日擴大，大家心中只有一個問題：國家將會在何時崩潰？」

不過毛德將軍沒能知曉那麼多，他開始率軍沿著底格里斯河而上。雖然他的軍隊人數大約是土耳其的四倍之多，但起初進展甚微，敵方將領指揮若定，用盡全力來抵禦英軍。英軍從上到下都知道：土軍步兵堅忠強韌，防衛工作滴水不漏，如今他們還掩蔽在事先預備的有利位置，也因此英國試圖驅趕這些土耳其步兵時困難重重，在接下來的三個月內，種種英勇事蹟竟足以獲頒四枚維多利亞十字勳章。但在毛德優越的戰術執行及優勢兵力之下，戰情逐漸扭轉。一九一七年二月二十四日，英國偵察機觀察到土耳其部隊已經開始撤離庫特。儘管如此，他們殿後的部隊仍持續奮勇戰鬥，成功讓大部分的守城官兵趕在英軍抵城前逃離。湯森當初在此投降，如今英軍終於幫他一雪前恥。不過英國的戰時內閣遲遲不敢指示毛德繼續前進，深怕重蹈湯森當初疾馳巴格達的覆轍，再次走進土軍所設的陷阱之中。毛德再三保證，表示土軍如今已是強弩之末，內閣這才同意放行。

毛德的信心很快便獲得了證實。自庫特向北進發六天後的三月十日，英國前方部隊注意到巴格達上空有不尋常的紅色火光，很快便發現是土軍在摧毀任何有軍事價值的東西，就像當初湯森在庫特的舉動一樣。土耳其部隊的人力及裝備都遠遠不如英軍，土軍指揮官決定寧可放棄巴格達，也不能讓自己殘破不堪的軍隊被屠殺殆盡。這時對土軍而言有個意外之喜：毛德的軍隊一路殺到距巴格達郊區不到三英里處時，突然一陣飛沙走石，他們被沙塵暴嗆得難以呼吸，伸手不見五指的他們根本無法動彈，彷彿這座東方神話之都的神燈精靈正大顯神威，神不知鬼不覺地帶著土耳其軍悄悄溜走。

英國官方的歷史文獻提及這場戰役時是這樣敘述的：「在底格里斯河的英軍一直熱切期盼能夠抵達巴格達，而過去幾天遠方的巴格達已然映入眼簾，不少人耐不住內心激動的情緒，渴望成為首批入城的一員，讓幹部不得不耗神來穩定軍心。」如今他們冀望的時刻到了。三月十一日清晨，身穿蘇格蘭裙的黑衛士兵團（Black Watch）佔據了尚未完工的柏林—巴格達鐵路終點站，並回報表示城內似乎已無土軍，消息很快就從其他部隊獲得證實。到了中午，一名搭乘圓形小舟渡過底格里斯河的軍官來到城堡上頭，升起了飄揚的英國米字國旗。依據英國官方戰爭史學家所稱，這是巴格達漫長而血腥的歷史當中，第三十次落到了征服者的手中，毛德將軍之名因而與多名偉人並列，包含尼布甲尼撒二世（Nebuchadnezzar II）、亞歷山大大帝、波斯建國君主塞魯士（Cyrus）以及《一千零一夜》中八世紀的英雄哈倫・拉希德（Harun-al-Rashid）。

攻陷巴格達對英國而言是場精彩萬分的勝利，國內因戰爭而倦怠的民眾深受鼓舞，有如久旱逢甘霖般打了一劑強心針，然而當地的軍隊卻有些許失望。巴格達富有異國浪漫風情的名氣甚響，英國官方歷史文獻如此記錄巴格達：「自遠方凝望，都城的棕櫚與橙色樹叢，以及閃耀光輝、湛藍和金黃相間的圓頂與尖塔建築，搭配前方優美的河流，共同繪製出一幅秀麗的畫作，在黎明或薄暮的幽光下更有一番風味。」但英軍實際造訪這一趟，他們的幻想很快就破滅了。到處都是散發惡臭的人類及動物腐屍，街上有千百隻饑病交迫的狗跑來跑去，殘破的泥磚屋之間宛如迷宮的曲折狹巷，堆滿了臭哄哄的垃圾。市集商店空蕩蕩且門鎖緊閉，想必是土耳其軍離開後，商家就被成群的阿拉伯和庫德族搶匪給洗劫一空。部分城堡在內的許多建物火勢仍未撲滅，另外有座功能強大的全新德國無線電台，本來是要直接和柏林聯繫之用，但土耳其在失守巴格達前不久將其引爆。

這批士兵對眼前所見感到大失所望，但他們的指揮官毛德則是對其他部分更加失望透頂。他原本希望逃跑的土耳其軍能被自己的英國大軍和俄軍包夾擊垮，但他沒能聽到俄軍的任何消息或動靜，土軍就這樣順利北逃至摩蘇爾集結，並在那裡重整旗鼓。按照毛德的如意算盤，土耳其大軍如果被毀，就不會再對巴格達產生威脅，這能讓英國調度一大部分的毛德軍力至其他地方，如此一來便很可能加速這場戰爭的終結。但現況如此，毛德必須建請內閣維持他眼下所有軍力，才能繼續向北追擊，畢竟土耳其恐怕會夥同援軍試著奪回巴格達。

前陣子加里波利及庫特的勝利讓鄂圖曼領袖恩維爾自豪不已，如今失守了佔據多年的巴格達，對他的自尊心可謂一大重擊。恩維爾一聽到巴格達淪陷，馬上指示要不顧一切收復失土，並為此開始組建一支龐大的軍隊，結果後來這支軍隊另有他用。對德國而言，英國佔據巴格達也重創了他們原訂的計畫。陸軍元帥兼德軍參謀總長馮・興登堡（Paul von Hindenburg）在他的戰爭回憶錄中坦承，這次失敗「讓許多德國夢化為泡影」。「東進政策」起初前景大好，兩年的戰爭之內，德國和奧匈帝國佔據了廣大而綿延的領地，能直接接壤至君士坦丁堡等遠方的鄂圖曼帝國版圖，其中包含了征服而來的波蘭、塞爾維亞、大部分的羅馬尼亞，另外迄今缺失的一塊拼圖——保加利亞，他們也決定一併拿到手中。

柏林—巴格達鐵路貫穿了這條偉大而富戰略意義的廊道，由西至東延伸了兩千英里，而且遠在英國海軍大砲的攻擊範圍以外。在世人眼中，這項宏偉的計畫是德意志帝國在東方野心的象徵，也是他們要建立霸業的一大利器。事實上在巴格達淪陷之時，這條鐵路已近乎完工，只差土耳其東南方山區還需要開鑿幾個隧道而已。因此，棄守巴格達的消息徹底打碎了德皇的希望與驕傲，畢竟全世界都見證這條鐵路引以為傲的終點站已落入英國手中。諷刺的是，這條鐵路卻是為了摧毀英國在東方的主導地位而建。

然而春季尚未結束，更糟糕的消息卻接踵而至。

到了這時，協約國開始發現依目前的事態發展，他們沒辦法乾脆俐落地贏下這場戰爭。西線戰場損傷慘重仍不見進展，他們遲早會被迫協商停戰，而這可能只是給德國一個絕渡逢舟的喘息空間。眼下想要打破這場僵局，將勝利的天平倒向協約國一邊，唯一的方法就是讓美國攜著富足的人力、財力及其他資源，投入這場戰爭。但目前美國的威爾遜總統（Woodrow Wilson）和廣大人民雖然很樂意提供彈藥及糧食給英國等協約國國家，但並沒有絲毫親上戰場的心意。一九一五年二月，德國為了中斷歐美之間跨大西洋的補給命脈，發動了全面的U型潛艇（U-boat）攻勢來攻擊協約國的商船。同年五月，英國郵輪盧西塔尼亞號（*Lusitania*）遭德軍擊沉，船上一千一百九十八人死亡，其中包括一百一十四位美籍乘客。威爾遜總統對此大發雷霆，德國則是心不甘情不願地道歉賠款，並保證往後「如果郵輪沒有想要逃跑或反抗的情形之下，會先行警告並保證一般平民的生命安全，而不會逕自攻擊。」那陣子德國篩選攻擊目標確實更為小心，但儘管如此，還是持續有美國公民因此喪生，美國一再發出警告，而德國也不斷給予保證與承諾。

一九一七年初，德國發現潛艇封鎖戰的成果不盡如意，沒能夠癱瘓美國與協約國的貿易，決定要提高這場戰役的強度，將任何協約國海域內船隻都列為攻擊目標，無論其國籍為何，當然也包括美國船舶。德國明白這很可能會導致美國參戰，但他們指望能在美軍發揮作用之前，先行摧毀掉大戰以來協約國努力的成果。德國外交部長阿圖爾．齊默爾曼宣稱：「我們實行無限制潛艇戰，不消兩個月就能結束大戰，並在三個月內實現和平。」不過他也擔心自己判斷失準，因此偷偷留了一個後手，盼能延後美國干涉戰爭的時程，來讓他的潛艇威嚇戰奏效。

屆時華府當局宣戰時，他要讓美國就在自家門前碰到巨大危機。

德國宣布即將發動全面潛艇戰前夕，齊默爾曼於一九一七年一月十六日寄了一封最高機密的加密電報，透過德國派駐華盛頓和墨西哥的大使，送到墨西哥總統手中，請求他在美國宣戰時加入德國陣營抗美。墨西哥和美國向來水火不容，墨西哥要求美國歸還其在十九世紀中期佔據的德克薩斯、新墨西哥和亞利桑那三州，但自一九一四年來，美國便兩次對鄰國墨西哥採取了懲罰性的措施。如果墨西哥人願意站在德國一側投入戰爭，齊默爾曼承諾在戰後的和平協議中，協助收復墨西哥的失土。這封電報也請求墨西哥幫忙勸誘協約國的日本改變立場，自太平洋地區攻打美國。

因為這封電報事關重大，戰時的聯絡管道又常常受阻，德國自己跨大西洋的電報線也已經被切斷，所以電報由三條不同的路徑各自傳遞，其中一條還是美國國務院的專用電報線。當初美方提供德國這條線路，是相信這能儘快達成威爾遜總統推動的和平，但齊默爾曼如此使用，就顯得有些過分了。該電報以暗語撰寫，當時美國沒有想要破解密語，也不會讀取其他國家的外交通信內容，所以無從知道其中陰惡的內容；然而齊默爾曼沒有考量到英國情報機構在這方面遠不如美國人光明磊落。

齊默爾曼熱切地想將訊息儘快傳至墨西哥，沒有考慮到這封電報要從柏林的美國大使館寄至美國，須先自陸路至哥本哈根（Copenhagen）後，再經由英國跨大西洋的地下纜線送達。因此他完全不知道，這條電報線的所有通信，都會流至霍爾少將麾下的海軍情報處軍官手中。這點其實連英國政府當局也都不曉得。我們可以回想一下：霍爾以前搜查了瓦思穆斯被捕時留下的行李，找到最高機密的寶藏——能夠破解德國外交暗語的譯碼本。他還發現德軍似乎尚未察覺暗語譯碼已然洩漏，如今仍在普遍使用這套加密系統。譯碼本已落入敵軍手中一事，為什麼瓦思穆斯竟然沒能警告柏林，實是匪疑所思。或許他害怕齊默爾曼的憤怒與責難，或者想說他逃跑時不得不扔下的東西當中，還有海量的宣傳文書，因此英國不會發現或辨識出譯碼本的存在。他當時殫精竭慮地動用各種關係，想要取回他的行李，令當場的英軍感到有些納悶，也讓霍爾事後料想到行李當中可能隱含著什麼機密。

攔截、讀取外交電報的工作極其敏感，而且無疑是違背國際秩序的行為。這項任務在人稱「四十號房」（Room 40）的地方進行。該部門是霍爾主要的海軍情報蒐集機構內，由聰明絕頂甚至有些古怪的高智商份子組成，旨在破解密碼的專設單位。據稱他們破譯加密無線電訊息的出色能力，杜絕了德軍發動奇襲的任何可能性。齊默爾曼發送電報的翌日，也就是一月十七日，兩位霍爾旗下的密碼學專家便開始研究這份聲名狼藉的電報，他們分別是戰前擔任牧師的威廉·蒙哥馬利（William Montgomery），以及年輕的出版業人員奈傑爾·德·格雷（Nigel de Grey）。雖然德國在這份電報上使用的加密方法，與瓦思穆斯手中的版本有些許差異，但兩人握有瓦思穆斯的譯碼簿，還是設法讀出其中大意。他們明白眼前解讀出來的內容有其重大政治意義，立即陳報給了霍爾，而他馬上看出那就是德國不忠不義的鐵證，足以讓美國在震怒之餘加入大戰。這份文件史稱「齊默爾曼電報」（Zimmermann Telegram），揭露了德國想將墨西哥與日本捲入自己的詭計之中，還決議要以潛艇艦隊肆意攻擊美國的運輸船隻，這些內容加總起來，引爆程度有如炸藥一般。但與此同時，霍爾也陷入了一個非常棘手的政治問題。

如果英國想要借此電報引發美國參戰的公眾輿論，就必須讓華府當局看到齊默爾曼陰險狡詐的證據，況且國務院自然也會想知道這份最高機密的電報究竟從何取得，否則也會懷疑電報的真實性。如果向美國透露實情，也等同承認了英國監聽、竊取了美國駐英大使館和國務院之間的通訊內容。況且，霍爾領導的四十號房實際上都在做些什麼，就連英國政府也不太清楚。不管電報的內容為何，只要暴露出獲得方式，幾乎確定會引爆華府及倫敦之間的爭議。為了迴避這種尷尬，避免英美關係惡化，霍爾知道他必須另謀他法來獲取這份電報內容的複本，讓他不必透露這個心中有愧的秘密。

整整兩週，霍爾沒有對外人提及這份電報，沉思著如何突破困境，同時他底下的破譯人員正努力研究目前仍無法解讀的段落。雖然威爾遜總統不斷重申美國希望能避免參與這場爭鬥，但如今在德國潛艇恐慌真正爆發之際，美國有相當的可能性會如協約國殷切期望的一樣，投入到這場大戰。果真如此，霍爾就不需要出示這封電報，至少就不用解釋他怎麼拿到手的。然而就在全世界都等待美國會如何反應之際，霍爾先找到了破解他窘況的方法。經過縝密的調查後發現，駐華府的德國大使要傳送齊默爾曼的加密電報至駐墨西哥城（Mexico City）的德國大使，最有可能的路徑是透過一般商用的電報系統，畢竟這份電報已是最高機密的加密系統，而美國和墨西哥都還只是中立國，如果齊默爾曼指示這封電報要以最急件辦理，的確也沒有其他更好的辦法了。霍爾推斷道，假設真是如此，這電報肯定會有副本存放於墨西哥城的中央電報辦公室。霍爾準確的直覺又再一次靈驗，當地的英國大使千方百計、不擇手段地取得副本後，送到了霍爾的手中。讓霍爾喜出望外的是，副本使用的加密系統竟與瓦思穆斯的譯碼簿相同，並非更新過的複雜變異版本，這意味著駐華府德國大使知道駐墨西哥德國大使手中沒有最新版本的譯碼簿，才會以舊的暗碼編寫電報。霍爾手下的破譯人員如今就能解讀出那些原本無法破譯的段落，而霍爾也終於能將這背信棄義的電報呈報給戰時內閣的長官們。

這次「電報風雲」上演之際，還發生了兩件事。一月三十一日，正如齊默爾曼的電報所述，柏林向全世界宣布計畫要發動無差別潛艇戰，凡是運輸物資給協約國的美國或其他中立國船隻，都是德國的攻擊目標。當時正駛往英國等地的大量船舶不知如何是好，紛紛往最近的港口尋求庇護，等待他們的政府或雇主的後續指示，英國等協約國亟需的後勤補給因此延緩甚至中斷，這對德國可謂正中下懷。三天後，威爾遜總統與德國斷交，兩邊派駐的大使各自返國。然而威爾遜仍不見準備參戰的跡象，他和大多數美國人民都並不願意開打。如今倫敦的戰時內閣認為，要迫使美國總統採取行動，驚醒那些安逸自滿的美國大眾，只剩下一個辦法：把霍爾少將蒐集而來的證據攤開在威爾遜總統眼前，讓他知道德國有多奸巧狡詐。

二月二十三日，英國外交大臣亞瑟・貝爾福爵士商請美國大使前來外交部一趟，表示有極度重要的事情需要告知。貝爾福事後描述自己遞交那份解密電報內容的紙張給美國大使時，是「我人生中最驚心動魄的一刻」。美國大使對文件內容震驚不已，在貝爾福的說明下也相信其真實性，趕緊通報華府國務院，表示等下會發送一封「對總統及國務卿而言都非常重大的電報」。美國大使接著才坐下來書寫文稿，描述英國情報機構怎麼從墨西哥城獲取這份電報，而且如何使用兩年前從瓦思穆斯行李中取得的譯碼簿，解讀這份加密電報的內文。大使的書函及那份電報送到國務院後，便立即轉呈白宮由總統閱覽。英國原先擔憂美國總統會不屑一顧，認定這封電報只是造假的騙局，但他們其實無須擔心，根據在場人員表示，總統讀這封電報時「面露慍色、深感憤慨」。因為從電報可以看出，齊默爾曼顯然只是表面上裝出與威爾遜和談的模樣，私底下卻偷偷策劃著要在背後捅美國一刀。

英國不希望德國知道英方有在查閱柏林的外交通信，所以為了聲稱這份電報是美國情報單位的功績，美國又設法從墨西哥城的電報機構獲取了第二份副本。英國提供瓦思穆斯的譯碼系統給國務院的專家學者，經過解讀破譯後，得到了與英國結論完全相同的內文。三月一日，這封言之鑿鑿的電報透過美聯社發布在全美各大報紙上頭，各家媒體的大字標題將來龍去脈講得清清楚楚，震驚全美國。《芝加哥論壇報》（*Chicago Daily Tribune*）寫道：「美國揭露戰爭陰謀」；《波士頓日報》（*Boston Journal*）則附和道：「威爾遜證實德國戰爭詭計」；《紐約論壇報》（*New York Tribune*）下的標題則是：「德國請墨西哥尋求日本共同向美國開戰」，副標題寫道：「齊默爾曼寄送的驚人訊息，策動墨西哥要在美國參戰時從邊境攻打，並承諾以德州、新墨西哥、亞利桑那作為回報。國會將面對參戰的輿論壓力。」這份引起軒然大波的大爆料讓美國大眾終於深刻體會到，他們與德國終究難免一戰。

然而威爾遜好像仍在猶豫不決，只是命令美國船隻應配備武器方能進入戰區，但後來五艘美國商船遭德國潛艇擊沉，連婦孺都慘遭毒手，導致他期盼促成停戰和平協定的僅存希望如灰飛煙滅。原先自稱武裝中立的他，如今決心要擊垮德國。四月六日，威爾遜總統深信有全國民意的支持，正式向德國宣戰，但並未向無冤無仇的土耳其開戰。

史家針對美國參戰的確切緣由尚有爭論，但霍爾少將管轄的情報官所截獲、解讀並散布的「齊默爾曼電報」無疑扮演重要的角色，甚至可能是決定性因素。不過英方如果沒有瓦思穆斯遺留的譯碼簿，就無法立下如此卓著的功績。如果齊默爾曼的秘密沒曝光，美國參戰的時間點很可能延宕許久，協約國或許就因此難以為繼而被迫協調停戰。瓦思穆斯很可能不曉得他留下的譯碼簿竟然對祖國造成如此損失，畢竟這箇中環節公諸於世之時他早已去世了。強烈支持德國擴張主義的瓦思穆斯假如知道了這些前因後果，大概會感到萬分震驚，可以說因為他沒能警告柏林這本譯碼簿或許已流至英軍手中，間接導致了德國的敗戰。雖然美國軍隊派遣至法國還要一段路程時間，但因戰事頻仍而身心俱疲的協約國知道如今有蓄勢待發且兵力、資源豐沛的嶄新強權站在同一陣線，都欣慰不已。美國軍隊和戰機最終及時抵達法國時，成功扭轉了戰局，讓疲憊的德軍開始節節敗退。

然而在一九一七年春天，美國還在煩惱要不要與協約國並肩作戰時，俄國有更加重大的事件正在展開。德國和土耳其曾一度幾乎要放棄共同征服東方的夢想，但這個事件重新給了他們勝利的希望。另一方面對英屬印度而言，正當他們以為土耳其和德國的威脅已經告一段落之時，這不利於英方的新發展又造成了他們的恐慌。永無止境的「大競逐」傳奇即將在高加索地區迎來全新篇章，並改變了整個歷史的進程。

# 第三部

# MELTDOWN

# 崩壞

「英國的帝國主義者想要證明一個論點：土軍及德軍佔據外高加索後，
會跨越裡海向突厥斯坦挺進，並與該處超過十萬名德國及奧地利戰俘匯聚，一同殺向阿富汗及印度。
因此為了保衛印度，有必要介入俄國事務。」

——雷奧尼德．米特羅欽（Leonid Mitrokhin），《功敗垂成的三支特遣隊》
（*Failure of Three Missions*，一九八七年於莫斯科出版）。

# 第十六章
# 沙俄帝國的瓦解

一九一七年三月的俄國革命，逐漸造成沙皇勢力於各地垮台，並讓俄國退出大戰，無疑是拯救了東方的土耳其軍隊免於覆滅。（譯按：根據當時俄國曆法，這場革命是發生在二月，所以一般稱為「二月革命」。）假如按原訂計畫，應有七萬多俄國高加索大軍坐鎮，再加上毛德將軍率領十五萬雄師自巴格達向北追擊，殘破不堪、士氣低落的土耳其軍在兩方夾擊之下，會被殺得片甲不留。但實際情況是土軍喜獲重要的喘息空間，並重新部署、整裝集結，鄂圖曼帝國也因此多殘存了十八個月。

不過，即便沒有這場革命，俄國軍隊也已經因為東土耳其殘酷的寒冬而遭嚴重削弱，俄土雙方當下其實都得先拋開戰鬥，優先想著如何生存。部隊的駐紮地點如果是在山坡上的荒野中，可能都會被活活凍死，其他地方的軍力也受凍瘡困擾，截肢甚至喪命的情況層出不窮。從梯弗里斯和卡爾斯來的補給線嚴重受阻，因此某些地方的俄軍一日伙食只剩下半磅的麵包，搭配由驢、犬、貓的骨肉熬煮的少量湯品勉強充飢。斑疹傷寒等疾病增加了傷亡人數，軍心也開始渙散，一部分可能是受到俄軍在家鄉或歐洲東線戰場迭遇困境的流言所影響。聖彼得堡的食糧暴動引發了革命活動後，在三月份的第一週，沙皇尼古拉二世退位，據稱有百萬士兵因此叛逃。無止境的戰爭造成國內民生物資短缺，再加上沙皇獨裁專斷的統治，很快讓各階層俄國人民都到了默默隱忍的極限。盤踞俄國皇位超過三百年的羅曼諾夫王朝（Romanovs）如今滅亡，的確沒什麼人感到惋惜；而亞歷山大・克倫斯基（Alexander Kerensky）的臨時政府卻不論社會階層或政治傾向，廣受普羅大眾熱烈歡迎。

聽到聖彼得堡發生此等大事，最群情鼎沸的莫過於高加索地區，三月十五日推翻沙皇的消息傳到梯弗里斯，馬上激起一陣騷亂。《曼徹斯特衛報》的菲利浦斯・普萊斯報導道，整個沙皇帝制的權力結構開始瓦解，「最初是警察消失無蹤，接著公家部門關門大吉，而成群的革命份子和學生將僅存的憲兵拘捕起來，佔領秘密警察的據點，並逮捕警察首長和夫人。」三天後，梯弗里斯的主廣場舉辦了盛大的集會，除了慶祝革命成功，也開始研議未來該何去何從。依照菲利浦斯・普萊斯的說法，「這天是高加索歷史上少見的大日子」，遠處山區的偏僻村落都還有人騎著馬匹或駕著牛車前來赴會，除了成千上萬的喬治亞人、亞美尼亞人和亞塞拜然人之外，「還有荒山裡的部落民族——列茲金人（Lesgian）、阿瓦爾人（Avar）、車臣人和斯凡人（Swanetian），他們身披黑色長斗篷，頭戴羊皮帽。」幾百年來他們住在高加索偏遠的隱秘處，過著部落酋長領導的封建生活。「許多人其實不知道自己算不算俄國沙皇或鄂圖曼帝國蘇丹的管轄，但他們翻山越嶺前來，只為了證實沙皇政權顛覆的流言到底是不是真的。」

駐守在梯弗里斯的許多軍人（包括騎馬的軍官）紛紛湧入大廣場，慶祝革命成功，並高談闊論他們的願景。接著許多政治犯被高高抬起，受到人們的夾道歡迎，他們剛從該處的地牢獲釋，很多人從一九〇五年的革命失敗後就身陷囹圄。城鎮的一些樂團演奏了三次〈馬賽曲〉（Marseillaise），引起群眾熱烈歡呼，飛利浦・普萊斯報導道：「山區的部落族人拿下蓬鬆的毛帽，俄國學生的長髮在風中飛揚，所有人都脫帽致意。」軍隊幾天前還在唱著〈天佑沙皇〉（God Save the Tsar），如今在激昂的革命樂音中脫帽行禮。（譯按：〈馬賽曲〉緣起於法國大革命時期；俄國十月革命後也有一段時間以其為國歌。）這個週日下午，所有演講者都向熱切的民眾講訴民主，大家心中充滿了和平的祈願，也期望俄國能儘快退出大戰，不要讓更多人承受喪親之痛。最後這場歷史性的聚會在歡快的氣氛下圓滿落幕。前一天的仇敵卻在今日擁抱彼此，誓言要共創永世的情誼——在過去殺戮頻仍的高加索地區，這可謂史無前例。參加慶祝活動的大伙兒帶著聖彼得堡發生重大事件的最新消息，匆匆回到各自的城鎮、村落和軍營，音訊很快就散布至整個俄羅斯帝國。

菲利浦斯・普萊斯是格洛斯特郡（Gloucestershire）的地主，戰前曾遊歷中亞各地區，現在擔任戰地記者，一開始派駐在歐洲的東線戰場，而後近兩年則在高加索與東土耳其活動，戰爭的所見所聞讓他深感震撼。普萊斯與當時許多思想開明的人一樣，內心支持俄羅斯的普羅大眾，因為他親眼目睹俄國人「宛如羊群走向屠宰場」的境遇，因此對於沙皇暴政的終結以及革命的到來，是非常樂觀其成的。他與許多人都相信，經過漫長的黑夜，俄國的黎明正在眼前破曉。他寫道：「涅瓦河（Neva）岸上擊發的槍砲聲響引起了廣大共鳴：穿越了烏克蘭（Ukraine）的平原，遠播至哥薩克的乾草原；翻過了高加索白雪皚皚的山峰，迴蕩在亞美尼亞荒涼的高原之中；甚至渡過了裡海，來到了突厥斯坦的沙地荒漠及富饒綠洲。人們最終等到了曙光，從中古世紀的闇影之中獲得解放。」不久之後，普萊斯離開高加索地區，啟程至莫斯科和聖彼得堡，報導兩地重大而驚人的歷史發展。

高加索的革命騷動讓前景充滿未知，聖彼得堡的總指揮部（High Command）更是一片混亂，也難怪當時俄軍沒辦法在美索不達米亞與毛德將軍帶領的英軍會師，夾擊逃竄的土耳其軍。俄軍佔領埃爾澤魯姆後，想將戰線向西推進至君士坦丁堡，卻停滯不前，但在土耳其東部依然堅守著戰線。克倫斯基建立的新政府曾樂觀地向英國及法國保證，俄國會繼續參戰，忠誠地遵守對盟友應盡的職責，畢竟協助打敗土耳其後，英法承諾的一大回報就是俄國垂涎已久的君士坦丁堡，讓他們能夠在溫水海域中建立向外擴張的戰略據點。此外，依據菲利浦斯．普萊斯所見，當下革命的熱潮還大多只在後方軍隊（尤其是梯弗里斯駐軍）興風作浪。等到一九一七年十一月布爾什維克政變，東土耳其戰線的俄軍才終於瓦解，俄軍官兵紛紛趕路返國，遲了就沒辦法接收政府允諾重新分配到的土地。（譯按：根據當時俄國曆法，這場革命是發生在十月，所以一般稱為「十月革命」。）

梯弗里斯（今日的喬治亞首都）是沙皇的軍事總部所在地，政變發生之際，高加索地區的主要革命軍和民族團體在此齊聚一堂，組成一個臨時政府，自稱為「外高加索委員部」（Transcaucasian Commissariat），成員包含孟什維克（Menshevik）、社會革命黨（Social Revolutionaries）和其他團體，不過沒有布爾什維克成員。這個臨時政府的目的，是為了保護高加索不至於陷入無政府狀態與種族暴力。內閣被稱作政治委員，由十二人組成，包括三名喬治亞人、三名亞美尼亞人、三名亞塞拜然人、兩名俄羅斯人，由另一名喬治亞人擔任總統。每個政治委員都有自己的職責範圍，涵蓋國防、農業、教育及物資等領域。大多數人民都非常滿意克倫斯基的政府，它鏟除了所有厭惡的沙皇政權痕跡，而這個全新的外高加索委員部拒絕承認在聖彼得堡奪權的布爾什維克，並宣稱自己才是俄羅斯的合法統治者。

高加索地區殺戮事件如此頻繁，社群之間的鬥爭如此嚴峻，能夠為了共同目的而團結一心，的確是值得大書特書的成就。然而，外高加索委員部的政權不是所有高加索地區的人都能接受。布爾什維克在裡海沿岸的豐饒油田之城——巴庫佔據優勢，當地的領導人是資深革命家斯捷潘．邵武勉（Stepan

Shaumian），他是布爾什維克革命領袖列寧（Lenin）的知己，藉其優異領導魅力掌控巴庫大權，並拒絕服從梯弗里斯的政權，宣布擁戴彼得格勒（Petrograd，原來名為聖彼得堡，大戰爆發後因去德化而更名）的新布爾什維克政府。除此之外，還有一個內部分歧的不安定因子，威脅著梯弗里斯政府及巴庫政權，特別是後者尤為嚴峻：雖然自古均屬基督徒的喬治亞人和亞美尼亞人感覺能夠和平共存，但巴庫的穆斯林和亞美尼亞人有著共同的敵人，他們與周遭的亞塞拜然人長期以來互相仇視，彼此殘殺的事蹟層出不窮。以前沙皇政府有時甚至會鼓動雙方的衝突，因為讓這些不穩定的民族這樣相互廝殺，反而便於沙皇統治。

如今高加索地區的沙皇政權垮台，東土耳其的俄軍離去，亞塞拜然的穆斯林這時發現良機已至。雖然他們沒有強大武器或動員組織，無法和巴庫的邵武勉及其他布爾什維克同夥抗衡，但他們發現該地已門戶大開，能夠讓同樣信奉阿拉且種族血統相近，因此抱有好感的土耳其來侵門踏戶。如果土耳其軍隊踏入高加索地區，劍指巴庫，會發現有百萬餘的「第五縱隊」（fifth column）成員等著歡迎他們。（譯按：「第五縱隊」指潛伏在內部，與敵方裡應外合的團體。不過，這個詞彙是近二十年後的西班牙內戰期間才發明的。）此外，更東邊的中亞地區，還有好幾百萬個穆斯林的人心所歸也同樣是土耳其。一九一六年，他們嘗試擺脫沙皇的統治，但以失敗告終，所以他們也像鄰近的亞塞拜然一樣，很歡迎土耳其軍隊能夠遵守諾言，幫他們掙脫各種異教的控管，不管是沙皇、布爾什維克、孟什維克或社會革命黨都一樣。

如果土耳其出兵，因為邵武勉是亞美尼亞人，不但他的性命堪虞，其他在巴庫的布爾什維克同伴也是危如累卵，更重要的是廣大的亞美尼亞人恐怕聞之色變，這些人很多其實是當初東土耳其的戰爭難民。不過他們不是唯一憂心忡忡的人。如果土耳其甚至德國的勢力擴張到高加索地區，乃至中亞，會對印度造成無與倫比的沉重壓力。只要寥寥幾個土耳其或德國軍官滲透其中，宣揚泛突厥主義或聖戰的醉人福音，尼德梅爾、亨蒂格和瓦思穆斯沒能掀起的浪潮可能就此爆發，何況現在還沒有俄國軍隊能夠鎮壓這股勢力。這把暴亂之火一旦在高加索或中亞點燃，可能會往南延燒至波斯、阿富汗，最終到達印度。

這些區域以往都是歸聖彼得堡當局管轄，所以英國發現有此變故已經稍嫌遲了，他們一直鬆懈地以為東土耳其戰線狀況一切良好。聖彼得堡高層曾向英國軍方派駐當地的外交專員保證道：「俄羅斯乃堂堂大國，即使身陷大戰也能平息這場革命運動。」結果布爾什維克政變後，東方戰局天翻地覆，讓倫敦的戰時內閣猝不及防。隨著俄軍在東土耳其分崩離析，印度的邊境外陡然出現了一個毫無設防的巨大破口。倫敦開始收到報告，稱穆斯林自由戰士襲擊了從土耳其回國的俄國部隊，並奪取他們的武器。

不久之後更是出了件驚天動地的大事，讓憤恨不已的協約國又被俄國從背後捅了一刀。一九一七年十二月三日，德國和布爾什維克雙方在燒燬的波蘭城市布列斯特—立陶夫斯克（Brest-Litovsk），開始商討兩國之間單獨停戰的協議。雙方都渴望俄國能退出戰事：布爾什維克將大戰視為帝國之間的鬥爭，希望能專心建立全新的烏托邦社會；而德國則是能夠將大批軍隊遷至西線戰場，以利他們隔年春天的進攻戰略。但這場會面不管怎麼看都非常古怪。歷史學家約翰・惠勒—貝內特（John Wheeler-Bennett）寫道：「是命運促成了這一切，讓史上最具革命性的政權代表，與當時統治者中最保守的軍事階層同桌共談。巴伐利亞（Bavaria）貴族、金羊毛騎士（Knight of the Golden Fleece）以及普魯士少將，竟然要與一群剛免於流放之罪，身上充斥牢獄臭味的布爾什維克領袖平起平坐，進行談判。」

德國向俄羅斯提出苛刻的條款要求，俄羅斯得放棄波蘭、烏克蘭、波羅的海周邊省分、芬蘭及高加索地區，駐軍還要退出卡爾斯一帶，交還給土耳其掌管。當時鮮為人知的布爾什維克首席談判代表列夫・托洛斯基（Lev Trotsky）以出色的辯論技巧將談判拖延九個星期之久，希望國內的革命能延燒至德國與奧地利，進而終結掉這場大戰，而且不會對俄羅斯造成任何損失。不過德國見他簽個條約拖拖拉拉，一怒之下派兵繼續往俄國推進，最終迫使列寧命令談判代表接受柏林的條件。話雖如此，在德國戰敗後，這項條約也變得徒留其名，並未真正實施。而同時俄國執意退出大戰，可是讓倫敦和德里大受衝擊。

隨後，土德聯軍很可能將會從高加索的破口長驅直入，光這點就讓英國國防的長官們深感頭痛。但福無雙至，禍不單行：中亞原有不少俄國戰犯營，關押著沙俄在東歐捉捕的四萬名身強力壯的德奧軍人，但如今獄卒奔逃四散，他們也都重獲了自由——也就是說，準備要來威脅印度的軍力，就在此處唾手可得。果不其然，德里已收到不少報告，表示一些德奧軍官想要組織這批士兵，與土德聯軍的前鋒隊伍一同衝過高加索的破口，或是設法拿到武器後單獨作戰。此外沙俄軍隊的垮台，對協約國而言還有更深一層的憂慮。僅次於興登堡的德軍二當家魯登道夫（Erich Ludendorff）將軍曾寫道：「德國城市的街道都黑壓壓的一片。」德國飛船和潛艇的行動也非常受限，究其原因便是德國極度缺乏石油資源，如果能夠攻下巴庫，掌控該處廣大的油田，便能扭轉這個劣勢。除此之外，裡海東側的突厥斯坦還有二十萬噸收成好的原棉，能夠用來製造爆裂物與制服。因此德里和倫敦達成共識，無論如何都不能讓這些重要的戰爭物資落到敵人手中。

英國已經沒有多餘的兵力可以調派，就算有也沒辦法及時抵達高加索，所以不可能調動部隊來堵住這個破口。最近的英軍部隊在巴格達，是史丹利．毛德將軍麾下的部隊，但隨意調動駐軍會讓巴格達蒙受可能遭敵軍搶回的風險，況且毛德若真想要帶兵前往高加索，須先闖過五百英里的土耳其領地，途中還得把摩蘇爾攻下。就算他真的辦到了，補給線要怎麼保持暢通？英國戰時內閣不願再犯下當時在庫特過於深入敵營的錯誤；而且屋漏偏逢連夜雨，毛德將軍突然感染霍亂病倒，才三天就一命嗚呼了——附帶一提，他臨終時所待的屋子，便是十八個月前德國陸軍元帥馮．德．戈爾茨死於斑疹傷寒之處。眼下英國實在不宜太過冒進地以身犯險，但在僅存的準備時間內，還是得想辦法處理高加索這個軍事破口。

英國的戰時內閣梳理出了唯一的作法，便是說服當地人組成民兵，保衛自己的家鄉，而英方則會提供必要的資金、訓練和精神鼓勵，至於武器及彈藥的來源，便只能從土耳其東部返鄉的俄國部隊下手了。其實當地已經有一小批英國軍官能夠籌備這些工作，他們是個小型的戰時特遣隊，原先派駐在沙皇政權的高加索權力中心梯弗里斯。在俄國革命後他們留在當地，試著說服俄國繼續抵抗土耳其軍，但周遭的局勢卻急轉直下，讓他們惶恐不已。這個英國特遣隊沒有財力可以資助民兵或購買當地武器，因此如何千里迢迢金援梯弗里斯的任務，便落在了近六百英里遠的駐德黑蘭英國公使身上。與此同時，倫敦和德里的幕僚長官仍在苦思有沒有其他方法，能夠阻擋土耳其和德國接下來的這波攻勢。

沙俄軍隊的解散，對印度邊境防禦工事的影響還不只如此。東波斯防線北段原本是由俄國派兵巡守，但如今全軍返家而大鬧空城，阿富汗恐再次遭到敵軍滲透，而這長達三百英里的漏洞必須設法彌補，便只能將部分南段英國的巡邏、守望人力調至防線北段，一路延伸至俄國邊境，防線的整體強度也因此更為薄弱。德黑蘭當地指責英國得寸進尺，更加嚴重地侵犯波斯的領土主權，但英方只能置之不理。如今局勢風雨飄搖，英方實在沒辦法再冒更多的風險了，反正波斯人看來也還沒確定該支持大戰的哪一方。

在梯弗里斯，英國特遣隊的第一項任務便是從高加索眾多民族及宗教團體之中，選出最有可能會奮力抵抗外來侵略者的族群，也就是值得協約國來加以扶植的人。放眼三大民族，亞塞拜然的穆斯林親土耳其之立場鮮明，很明顯不能指望他們，而且還需要加以監控。喬治亞的基督徒雖然敵視土耳其，但是他們從十九世紀早期便和德國頗有淵源，恐難完全放心。事實上在大戰爆發初始，德國特務便曾潛入喬治亞，試著將喬治亞為己所用，但未見成效。另外喬治亞民族主義興盛，他們忍受了一百多年沙皇統治的痛楚，好不容易才剛重獲自由，如果這時有人想要威脅他們的家園，恐怕會遭到猛烈的抵抗。因此，英國判斷可以給喬治亞人適當的支援，尤其是對抗土耳其軍的時候。

英國最心儀的資助對象，毫無疑問是亞美尼亞的基督徒，他們自古以來的家鄉便在土軍進攻巴庫的每一條路線上，因此要他們去反抗世仇土耳其，根本不用再找藉口。此外，許多亞美尼亞人曾在沙皇軍隊中服役，充分展現了征戰沙場時的勇猛決心，一部分是出於對土耳其的畏懼，一部分也是因為聖彼得堡當初給他們的承諾：如果打贏這場大戰，就要為他們在俄羅斯帝國內建立某種形式的獨立國度，如今這個承諾卻已隨著沙皇垮台而化為泡影。不過實情正如一名英國情報官所說的，亞美尼亞人「絕對會戰到最後一兵一卒倒下為止」，因為土耳其認定亞美尼亞人支持協約國是吃裡扒外的叛徒行徑，並加以大肆報復。的確在埃爾澤魯姆前線的俄軍開始離去後，是亞美尼亞的非正規軍取而代之，爬進了壕溝，拚死地堅守住戰線。其他地方的亞美尼亞部隊也不落人後，正努力地趕往高加索地區赴援。

這場大戰一旦是土耳其勝利，命運悲慘的亞美尼亞人肯定會落得一無所有，但若是協約國贏下戰爭，亞美尼亞人將獲得他們渴望的一切事物。美國總統威爾遜和其他協約國領袖當時大力鼓吹，亞美尼亞人在戰後應在東土耳其建設自己獨立的國家，作為戰爭中飽受苦難的補償，以及支持協約國的回報。英國強力贊成這項提案，雖然不得不說也是為了顧及自己的利益，因為當時（一九一七年十二月）英國戰時內閣無法確信戰爭終結之後，土耳其和德國對該區長期以來的野心會就此罷休。一份機密備忘錄中寫道，英國戰時內閣倡議要扶植亞美尼亞人的國家，因為它將會是「防止圖蘭主義（Turanian）從君士坦丁堡擴展至中國發展的唯一防線，況且圖蘭主義運動可以讓德國掌握到比巴格達鐵路還要更危險的武器，會對世界和平造成更加嚴峻的威脅。」事過境遷來看這段敘述，就是近乎妄想的一派胡言，但實際上這只是幾百年來的「大競逐」時代遺緒，長期困擾著英國內閣的惡夢再次復甦。

儘管敵軍即將兵臨城下，高加索已危在旦夕，而且又有外高加索委員部這個多國聯合的臨時政府，然而梯弗里斯的英國特遣隊想要組織當地抵抗軍時，仍很快陷入了種族仇視及妒嫉的泥淖之中。我們眼下沒辦法詳談高加索各種族之間的歷史，但他們錯綜複雜的恩怨情仇，的確讓英軍的任務更加艱困危險。英國只要提供資金或協助給某一派人馬，就馬上被認為是在結黨營私，支持那派人馬去威脅其他人的利益。更糟的是，英國為首的協約國只要在高加索有所行動，即便只是出於保衛印度的戰略目的，都會被巴庫及克里姆林宮的布爾什維克當成是殖民野心作祟的敵對行為。不過說實話，布爾什維克之前不講道義地火速背棄協約國，改向德國頻頻示好，英國的戰時內閣早已開始把它當作單純的敵人看待了，所以若與和他們維持良好關係相較，鞏固印度邊境還是更重要。此外，當時列寧掌權的情勢極不安定，倫敦的分析家大多認為，布爾什維克政府能維持的時間甚至會比克倫斯基臨時政府更短。但儘管如此，對於高加索地區的英國軍官而言，要想辦法應對布爾什維克仍是困難重重。

各式各樣的國籍、語言、宗教、祈願及恐懼，都攪和在這戰火鼎沸的地方。而現在有一位人物登場，即將在此大展身手，雖然他所要做的事情頗為異常，甚至往往有些古怪。他擔起了這個吃力不討好的任務，要分配英國的金子給彼此敵對的陣營，同時還要八面玲瓏，試著與每一方都維繫住良好的情誼。在一個充滿憎恨與妒忌、毫無信任可言的地區（至今恐怕仍是如此），想要執行這難如登天的任務，只差沒有直接去送死，但是這位人選有非常充分的資格條件來嘗試此一挑戰。他是由外交官轉任情報軍官，當時四十歲的伊尼亞斯．雷納德．麥克唐奈爾少校（Aeneas Ranald MacDonell）。

他在巴庫擔任英國副領事已達七年之久，先前更早已在當地住了好一段時間，因此對高加索的人物、政治、語言、習俗都瞭若指掌。要知道單單巴庫一座城市，就有超過四十五個不同國家認同或種族的社群存在。另外麥克唐奈爾與這多語言社會的領袖人物，大多關係緊密、交情甚篤，在接下來紛紛擾擾的幾個月中，這些人脈都證明是彌足珍貴的寶物。而麥克唐奈爾還有某種特質，或許能讓他比起一般人更容易理解高加索各個部落的情勢錯綜複雜且一觸即發。他其實是蘇格蘭高地人，與他要應對的許多共產組織成員等人有著相同的出身，此外他還是格倫加立（Glengarry）氏族的第二十一代首領，乃是歷史悠久世系的一族之長。

一九一七年十二月，在外交部的首肯之下，麥克唐奈爾改掛少校軍階，緊急調派至梯弗里斯的英國軍事特遣隊執行「特殊任務」，這趟冒險也正式開始。偷偷透露一下：最後他經歷了驚心動魄的旅程後，有順利活了下來，實是三生有幸。

# 第十七章
# 高加索火藥庫

麥克唐奈爾少校搭乘火車從巴庫趕往外高加索首府梯弗里斯，發現城裡內謠言四起，大家爭論著未來究竟何去何從，鬧得滿城風雨。畢竟西有土耳其緊逼，北有德國大軍壓境，內部又有布爾什維克勢力蠢蠢欲動，前景可說是一片淒涼。現在不僅是外高加索委員部這個臨時政府徒具虛名、幾無實權以外，當地人民其實也沒有什麼意願起身抗戰。土耳其、德國和布爾什維克的特務都大剌剌地走在路上，壓根不想隱匿身分，畢竟他們覺得任誰都沒有權逮捕他們。「徬徨不安的陰鬱氛圍籠罩著整個城市，」麥克唐奈爾回想道，「歐洲戰線的新聞少之又少，而俄國的消息往往矛盾又聳動。」即便是英國的軍事特遣隊，對於外界時事也只有非常粗略的概念而已，送到他們手上的加密電報為數不多，大多卻無法破解。麥克唐奈爾又表示：「似乎只有喬治亞的貴族階級明確知道外高加索的未來，那就是只有覆滅一途，至於入侵對象是誰並不重要，重要的是今朝有酒今朝醉，在這之前他們還能揮霍剩餘錢財、盡情享受時光。根本沒有人在乎之後的死活。」遊手好閒的士兵在鎮上到處閒晃，而時尚的葛洛溫斯基大街（Golovinsky Prospect）開了許多咖啡廳、飯店或夜店，裡頭也全是身著華麗制服的軍官，以及深色眼眸的喬治亞美女。「只要有美酒佳人作伴，喬治亞人就滿足了，」麥克唐奈爾道。

英國特遣隊與倫敦或俄國其他地方都無法直接來往，唯一的命脈就是麥克唐奈爾從巴庫過來的那條鐵路，藉此還可以多少與德黑蘭取得聯繫。但是這條鐵路在高加索軍隊因為俄國革命瓦解之後，便遭到了毀滅性的打擊，多數的火車頭和車廂被逃散的軍隊霸佔，只有寥寥幾台列車還有在運行。從巴庫到梯弗里斯原本只需六小時，如今麥克唐奈爾以少校身分搭車過去，足足花了三十六小時。之前還是外交官的他早已習慣備受禮遇、享受舒適的旅程，但那些日子早已不復存在，如今人人只求自保，於是只能自立自強了。現在火車擁擠不堪，很多人被迫攀上列車頂端，甚至站在車廂之間的止衝擋（buffer）上面，麥克唐奈爾能在載貨列車內找到位子，即便是坐在自己的行李箱上，也已經是萬分感激了。車廂內還有六十餘名乘客，其中不乏帶著幼童的家庭，人多到難以動彈。如果火車有停下來，他們才能下車到軌道上活動一下筋骨。所有人的生理需求都只能靠一個共用的桶子解決，定期將排泄物倒出車外。在接下來的許多重大時刻，麥克唐奈爾將有機會把這條三百英里長的鐵路摸熟，因為德黑蘭的英國勢力會用這路線運送秘密資金，用於資助願意抵禦敵軍的人。如果印度外圍的國防破口要儘速補上，就必須趕快決定這筆資金究竟要給誰，而且要如何發放。

英國不想被捲入該地自相殘殺的紛亂之中，故決定把資金交給名義上指揮高加索部隊的俄國將軍列別金斯基（General Lebidinsky），由他發放給英國屬意的族群團體。麥克唐奈爾事後寫道：「一開始，顯然就不能指望喬治亞的部隊，因為他們的步兵多是布爾什維克，騎兵又表明只想要保衛自己的地盤。」我們知道英國最優先的選擇是亞美尼亞人，這時他們還在古時家園如埃爾澤魯姆和特拉比松周圍持續抵抗著土耳其部隊的進犯，於是英國藉由列別金斯基將軍之手，將一百萬盧布交給他們。這一切應該是在極度機密下暗中進行，但亞美尼亞人最主要的敵人——喬治亞人與亞塞拜然人很快就聽到風聲，感到憤恨不已。麥克唐奈爾認為消息走漏的原因是「大嘴巴的亞美尼亞人……誇耀著英國特遣隊的最主要任務就是來協助他們。」為了安撫喬治亞人與亞塞拜然人，英國向兩方提出條件，如果他們願意派人與亞美尼亞人在高加索鄰近土耳其的戰線上並肩作戰，也能夠獲得相當的資金。

要他們出兵的希望渺茫。有些喬治亞指揮官樂於把錢收進口袋，堅稱對協約國大業依舊忠誠，並向麥克唐奈爾誓言，「比起佳釀、女色和歌唱，他們更喜歡殺掉土耳其人。」然而麥克唐奈爾憶道，他們很快就露出馬腳，都是「一群差勁無比的軍人」。另一方面，亞塞拜然人坦然拒絕了英國的提議，並撤走了戰線上的剩餘駐軍，因為他們根本不想與種族同源、宗教相同的土耳其人對抗，更何況他們可能很快就會需要土耳其人的援助。亞塞拜然人當下的主要考量，是要保衛自己的地盤利益，排除任何威脅。首先，這代表布爾什維克在他們眼中，只是另一批新樣貌的俄羅斯殖民主義者，有「高加索版列寧」之稱的邵武勉帶領一批布爾什維克成員，已經實際掌控了亞塞拜然心臟地帶最富裕、規模最大的城市——巴庫。更棘手的是，邵武勉正是亞美尼亞人。種種跡象顯示在他的鼓動下，亞美尼亞民族主義者已經和巴庫的布爾什維克達成合作協議，明顯是衝著亞塞拜然人而來的。

預期之後會有衝突的情況下，便能理解之前亞塞拜然為什麼這麼急著搜集大量武器，而軍火來源則大多是從返鄉的俄國軍隊中強取豪奪。一九一八年一月，他們攻擊了巴庫與梯弗里斯之間的軍用列車，殺害千名俄國士兵。單單這一場血腥的突襲，便搜括到了一萬五千支步槍及大量彈藥，讓布爾什維克和亞美尼亞人都驚愕不已。就是這一大批軍備讓亞塞拜然人能夠斷然拒絕英國的提議，更何況他們也不能接受英方的附帶條件。種種事蹟加總起來，讓高加索的情勢極度混亂，甚至可說是劍拔弩張。過了幾個禮拜，事態仍在持續惡化。

此時麥克唐奈爾定期搭火車往返巴庫及梯弗里斯，他稱之為「我的小小火車」，三個車廂分別用於睡覺、吃飯，以及給他的英軍衛隊使用。從巴庫至梯弗里斯的旅途上，他攜帶著大量盧布，準備發送給亞美尼亞和其他族群，而這些錢巧妙地藏在鏡子後面、通風口裡面等其他隱蔽之處。麥克唐奈爾深怕讓亞塞拜然人知道他在幹什麼，畢竟這一大堆紙幣就是要給亞美尼亞人的，而他們正是亞塞拜然的世仇，所以這趟列車很有可能遭襲擊掠奪。而從梯弗里斯返回巴庫的路上，麥克唐奈爾常偷偷帶著被限制出境的人出逃，他們大多是被布爾什維克或其他族群追緝懸賞的人物，急迫地想要逃到波斯，其中許多人是效忠沙皇政權的人物與其眷屬。革命後對前朝展開大清算，這讓他們不得不倉皇出逃。

隨著高加索的情勢每況愈下，麥克唐奈爾的列車旅程也變得越發危險。有一次旅途中，抱有敵意的亞塞拜然人拿著步槍及機關槍，對著他們的火車射擊，還好沒有人受傷。英國下令列車上的小型護衛隊絕對不得報復反擊。對此，麥克唐奈爾事後寫道，「真是明智的指示，」他還表示，「逞匹夫之勇向暴民開了一槍，就代表下一個車站便沒有鐵軌可以走了，在上千個武裝韃靼人（Tartar）圍攻下，『小小的火車』肯定就毀了，我們也會沒命。」但這還不是他在那條鐵路上唯一的冒險故事。有段時間他會和愛德華・諾爾上尉一同執行這項秘密任務，兩人某次從巴庫北上時，過程驚險萬分，也成了最後一次私運盧布的歷險。順帶一提，諾爾是英國情報官，英國於一九一八年二月派他從波斯趕至高加索，一方面要了解高加索斷絕外界聯繫後究竟狀況如何，二方面也要研判土德聯軍若是推進至裡海，當地的抵抗勢力能有多少。

最後一次旅途，麥克唐奈爾的專用列車已經從原先還有獨立火車頭和武裝護衛的三節車廂，變成只有單獨一個車廂，加掛在偶爾還勇於闖蕩的客運火車後方。而諾爾從德黑蘭帶了滿滿的盧布，當然也是在車廂內藏好藏滿。麥克唐奈爾事後寫道：「我們這趟旅程費時三天，過程迭宕起伏、險象環生。」起初沒走多遠，火車頭便脫軌，結果是鐵軌遭人動手腳。鐵路工人和乘客齊心協力下，花了好幾個小時把軌道重新裝好，這才再次出發。下一個阻礙緊接而來：有個醉醺醺的俄國軍官自稱波托普斯基伯爵（Potopsky），從鐵道旁直接攔下了火車，逕自上了麥克唐奈爾的車廂，就像在自家客廳一樣悠然自得。「他後來告訴我們，」麥克唐奈爾憶道，「他是俄國革命份子的一員，並開始高談闊論，探討起人民的自由。」不知道伯爵是怎樣辦到的，竟然發現車上藏匿大量盧布，並宣稱要阻止英軍一行人抵達梯弗里斯，不能讓英國「帶著錢去支持反動勢力」。

因為伯爵顯然已經酩酊大醉，麥克唐奈爾和諾爾沒有把他的胡言亂語放在心上。然而到了下一個停靠站時，伯爵突然發難，想要控制火車頭，將列車開回巴庫。麥克唐奈爾回憶道：「我們在下一個車站阻止了伯爵，但他還沒善罷甘休，竟然謠言惑眾，說服了一批從梯弗里斯搭火車南下的俄國軍隊，來追趕英軍所在的列車。接下來我們就在顛簸的軌道上，度過了刺激萬分的四個小時。」追趕英軍的列車逐漸逼近，一度到了俄軍可以開槍擊中麥克唐奈爾和諾爾所在車廂的距離，還好載著伯爵與布爾什維克部隊的列車最終追到「氣力放盡」（意思是失去了動力），不得不放棄。如果俄軍成功追上目標，並發現車上藏有協約國提供的援助資金，那麥克唐奈爾和諾爾恐怕要大禍臨頭，被冠上「帝國主義特務」罪名而當場遭射殺——不過，這也的確沒冤枉他們。

麥克唐奈爾與其他同行的人一樣，對於諾爾面臨危險而處變不驚的態度，感到非常敬佩。麥克唐奈爾就寫道：「諾爾只是接受政治情報訓練的尋常軍官，但在我認識的所有人當中，他是我心目中最勇敢的人物。」他似乎把自己的人身安全徹底置之度外，「而且諾爾更令人驚嘆的，是他能很自然地把這種特質傳染給其他人。」不久之後我們就能看到，諾爾接下來的遭遇可能會擊垮一般人的心神，但他鼓起了十二萬分的勇氣度過難關。不過，容我到後面再述說這件事的原委，先回到麥克唐奈爾和諾爾的這趟鐵道歷險記。他們才剛從一群俄軍的追捕下勉強逃出生天，馬上又不幸落入另一批人的手裡：這次一幫是親土耳其、反亞美尼亞的亞塞拜然人，他們在伊莉莎白波爾省（Elizavetpol，巴庫與梯弗里斯之間鐵路上的必經之地）建立了自己的非官方政權。

「我們的火車被攔下，」麥克唐奈爾寫道，「而我和諾爾遭到拘留，還有人在一旁警戒監視。」在為期兩天的反覆審訊過程中，麥克唐奈爾十分慶幸有諾爾這樣的談判專家，能夠代表英軍主持大局。訊問英軍的似乎是冒充亞塞拜然人的土耳其情報軍官，指控他們私帶武器、資金給亞美尼亞人。麥克唐奈爾憶道：「在這兩天，我見證了一場以退為進、虛張聲勢的精采演出。」訊問過程中，諾爾察覺到對方拿不定主意的不安，竟主動要求可以搜查自己的列車。這當然是英方最不樂意見到的局面，但諾爾堅持要對方搜查車廂以自證清白，前提是波斯派駐當地的總領事要在場見證整個搜索過程。亞塞拜然人與波斯總領事接觸，他強烈建議新政府才剛起步，不要以身試險地去侮辱、激怒英國如此強大的國家。諾爾操著一口流利的波斯語，也相當熟稔波斯的民族性，他精準地預判波斯總領事會盡其所能避免與英國政府發生糾紛。「翌日，我們就獲許繼續前往梯弗里斯。」大大鬆了一口氣的麥克唐奈爾表示，雖然他的衣服看來髒兮兮，裡面卻藏著不下兩百萬盧布的鉅款。不過即便歷經了這些重重困難，他們的冒險旅程其實還沒告終。

英軍來到名義上還是高加索首府的梯弗里斯，發現當地情勢越加惡化，眼下還妄想著能說服亞美尼亞、喬治亞或俄國派軍遠赴前線，已是癡人說夢。一九一八年春，埃爾澤魯姆、特拉比松、凡城（Van）及卡爾斯等城鎮陸續向土耳其軍投降。現在土耳其來到了他們在一九一四年前的疆界處，集結好兵力，準備對高加索發動最後一波攻勢。麥克唐奈爾的紀錄中還提及，「高加索地區邊陲的大小部落開始宣布獨立，建立所謂的共和國，讓整個局勢變得更加混亂。」各地方都開始發起小規模的戰爭，民族派系之間相互衝突，在血腥戰火之間把舊帳一併算清。喬治亞人甚至提議，「恭迎德軍進駐，只要不讓土耳其佔領我們就好」。英國要再私運資金到梯弗里斯已是毫無意義，更不用說麥克唐奈爾與諾爾的這趟旅途實是兇險萬分。這支小型軍事特遣隊準備好要翻越山脈，向北逃逸，以免遭趕赴梯弗里斯的德軍俘虜。麥克唐奈爾和諾爾決定返回巴庫執行重大任務，以制止土德聯軍前來，消弭對印度的威脅。

這次返回巴庫，可沒辦法再簡單地把麥克唐奈爾的車廂加掛在下一班火車後面，因為已經沒有這樣的列車班次了。鐵路沿線多已掌握在亞塞拜然人手中，他們又將所有火車當作劫掠的待宰肥羊，交通已近乎停擺。當地沒有可供動力交通工具行走的馬路，況且也沒有那樣的車輛能夠走完這幾百英里的旅程。除了鐵路之外，唯一的移動方式便是騎馬，但在處於血腥內戰而動盪不安的高加索地區騎行，同樣是危險萬分。這時麥克唐奈爾和諾爾得知，梯弗里斯的布爾什維克打算從正面突破重圍，要開著一輛裝甲列車以及七輛列車，載著一萬名武裝士兵，駛向布爾什維克的大本營——巴庫。裝甲列車的後面有另外安排一輛客運列車，而麥克唐納爾和諾爾設法爭取到布爾什維克的同意，讓他們的車廂能加掛在這輛火車後面。這聽來讓人有些吃驚，畢竟我們回想不久之前英軍北上時，與酒醉的俄國伯爵及布爾什維克同夥還起了那麼大的衝突。不過那次純屬偶發事件，目前為止在高加索的英國軍事特遣隊以及當地為數不多的外交人員發現，與他們接觸、互動的布爾什維克成員其實還算客氣。畢竟，當地情勢還要過好幾個月才會改變。不久前，英俄兩國還是緊密的戰友，而莫斯科當局也還在摸索外交應對的方向，尚未下達不利於英國的指令。史達林（Joseph Stalin）是在一九一八年七月才正式下達惡名昭彰的命令，逮捕高加索內所有協約國的軍事特遣隊和外籍商人。（譯按：史達林是喬治亞人。）可是如果當地的布爾什維克知道了麥克唐奈爾和諾爾的車廂內還有誰的話，這兩位英國軍官恐怕會落得悽慘的下場。

英軍車廂內的隨行人物中，有兩人護照上的名字，寫的是美國牧師傑西．約南（Jesse Yonan）及其夫人。大家聽聞約南牧師病況嚴重，想要啟程返回美國，目前由他的夫人在旁照料，所以三餐都是直接送進他們獨處的隔間內，一路上到巴庫的這五天內，都沒什麼人看過他們夫妻倆，而且看來牧師都是昏昏沉睡著。然而事實根本並非如此，這位患病的傳教士其實是布爾什維克懸賞的逃犯——前沙皇時代的彼得．波洛夫佐夫將軍（Peter Polovtsov）。任誰能把他交給布爾什維克，無論死活都能獲取可觀的報酬。一九一七年七月，就是波洛夫佐夫鎮壓了列寧第一次反抗克倫斯基政府的軍事政變，迫使列寧逃往芬蘭，也因此讓將軍在布爾什維克的追殺清單中「榜上有名」，列寧甚至還命令道，凡是協助將軍或將軍夫人逃亡者，格殺勿論。

將軍夫婦冒名使用的是貨真價實的美國護照，真正的約南牧師與夫人大概已經喪命。麥克唐奈爾想辦法透過陰暗複雜的人脈，從梯弗里斯的黑市中拿到這兩本護照，畢竟有錢能使鬼推磨，什麼東西在地下世界都買得到。除了麥克唐奈爾和諾爾之外，其實沒有人知道這對夫婦的真實身分，但即便他們持有假護照，還是必須得要避人耳目。他們當然已經盡其所能改變自己的容貌和衣著，但其他人只需短暫一瞥，或許便能認出他們，因為在其他列車上有許多布爾什維克軍人，不久之前還在將軍麾下服役。這些布爾什維克萬萬沒想到自己在無意之間，居然護送著將軍夫婦闖過烽火連天、危險四伏的地區，讓他們倆有機會逃往巴庫後再搭船前往波斯。敵視布爾什維克的亞塞拜然部落族人將不遺餘力地阻止布爾什維克軍抵達巴庫，因而加強巴庫的防禦軍力，所以之後在這趟旅程的好幾天，雙方激烈的戰鬥將讓許多布爾什維克軍人因此陣亡。

由裝甲部隊領頭的九輛蒸氣火車，以時速十五至二十英里的穩定速度駛出梯弗里斯車站，各輛火車之間以半英里的間隔前進。除了「中立」的英國車廂掛上了米字國旗外，其他火車上頭都飄揚著象徵共產主義精神的「鐵鎚與鐮刀」旗幟，並布滿了機關槍、狙擊手和守望哨。麥克唐奈爾寫道，這種詭異的隊伍「宛如某種巨型蜈蚣，從天際延伸至另一端的地平線」。得到布爾什維克軍這個意外的護衛，麥克唐奈爾和同伴準備好要應對敵軍的夾道攻擊。而與此同時，其他聖戰的戰場上正在醞釀著新的作戰行動。

讓我們回想一下：倫敦的戰時內閣瘋狂地想方設法，要把高加索的戰略破口封阻起來，不讓土德聯軍能夠輕易潛入甚至行軍至東方的阿富汗和突厥斯坦。麥克唐奈爾、諾爾及英國軍事特遣隊在當地以「大灑幣」的方式，試圖鞏固印度遠方外圍的軍事防務。但戰時內閣也明白，這只是亡羊補牢的權宜之計而已。因此同一時間，倫敦和德里也倉猝規劃了一項規模相當宏大的計策，要來阻撓土耳其與德國想要不利於印度的舉動——儘管後來蘇聯的史家們斷言，此舉背後的目的是要擊垮高加索的布爾什維克主義，並將盛產石油的高加索納入大英帝國版圖。

英國的總體計畫是在一九一八年春夏期間，針對國防部長官們認為通往印度路線上最薄弱易攻的三個地方，派出三支特遣隊。其中人員最少的特遣隊僅由三名軍官或外交官組成，隊長貝里（F. M. Bailey）是以少校佔中校缺的資深印度政治部（Indian Political Department）官員，他在戰前曾去西藏考察探險。他們要去的是俄屬突厥斯坦的塔什干，這不僅是布爾什維克在中亞的活動中心，當地還滯留著許多剛獲釋不久的德、奧戰俘。貝里的緊急任務，是要確認布爾什維克對於印度的意向，並試著阻止當地原先的戰俘與土德聯軍、甚至是布爾什維克一同集結，威脅到阿富汗乃至於印度的安定。貝里與布爾什維克交手整整十六個月，其驚心動魄的冒險故事已經完整記錄在我之前的著作《點燃東方的火焰》（*Setting the East Ablaze*），故不在此贅述。不過，另外兩個英國特遣隊旨在阻止敵軍衝破高加索的防線，將是我們故事的主軸。隨著局面危機惡化，他們將會發現自己深陷其中，難以脫身。

其中一支特遣隊由威爾弗里德．馬里森少將（Wilfrid Malleson）領軍，他是老練的軍事情報官，麾下有幾位軍官、士官，以及人數不多的印度護衛隊。馬里森接獲的命令是要前往馬什哈德，該城市係東波斯防線的最北端，鄰近俄國邊境。敵軍或許會從巴庫東行而經過外裡海州，英軍在馬什哈德便可就近監看該地的局勢發展。另外，馬里森也會與俄國境內的一些武裝團體友善地聯繫，看看他們有沒有能力及意願，在英國的幫忙下抵抗土耳其與德國的入侵。必要的話，他還要摧毀中亞鐵路，阻止侵略的敵軍使用，因為敵軍只要沒了這條鐵路，就幾乎不可能向東運輸大批軍力，橫越乾旱荒蕪的卡拉庫姆沙漠（Karakum desert）。有蘇聯的歷史學家聲稱：「馬里森實際上的任務，是要帶著不請自來的英國軍隊，擁護蘇俄內部的反革命軍事勢力，推翻突厥斯坦的布爾什維克政府。而這項任務的第一步，是要避免布爾什維克掌控西半段的鐵路，以及鄰靠裡海的克拉斯諾沃茨克港（Krasnovodsk）」；他進一步提出指控，英國的終極目標是要在當地「佈署充足的軍力，不只能控制住外裡海州，還要將整個中亞收入囊中」。

第二支特遣隊是由十幾名軍官、士官組成的先遣部隊，由通曉俄語的萊諾・鄧斯特維爾少將（Lionel Dunsterville）指揮。起初英方命令他們從巴格達出發，穿越波斯西北部後趕抵喬治亞的首都梯弗里斯，接手麥克唐奈一行人的任務，繼續說服亞美尼亞人等團體抵抗土耳其和德國的來襲。在最快速度的調派之下，隨即會有另外四百名英國軍官或資深士官能前往梯弗里斯，一同訓練當地徵召好的士兵，填補俄軍解體後留下的軍事破口。然而五月三日梯弗里斯的英國特遣隊匆匆逃離，而且德軍亦已穿越烏克蘭，逼近梯弗里斯，英方因此拋棄了這個想法，轉而將抵禦來敵的地點改至巴庫，並指示鄧斯特維爾的隊伍前往。不過這下同樣陷入困局，巴庫眼下由布爾什維克掌控實權，有英國軍隊在巴庫會讓他們強烈反彈，疑心英國要來推翻布爾什維克政權。此外，英國特遣隊要穿越波斯北方山區，會被大量敵視英國的部落族人阻攔，因為這些波斯人都曾被德國和土耳其軍官訓練過。鄧斯特維爾的特遣隊組成並非為了戰鬥，假設他們執意踏上這條不歸路，十幾名的軍官、士官組成的先鋒部隊，頂多再加上幾個車輛司機，肯定會被殺得片甲不留、全軍覆沒。

鄧斯特維爾帶領的小隊沒有其他援軍，很明顯是不可能攻下裡海南部的港口恩澤利（Enzeli），也就沒辦法從那裡再搭船航向巴庫。況且，如果消息曝光，大家都知道英軍正帶著用來資助對抗土耳其的好幾袋金銀財寶，那他們前往恩澤利之舉無異於自殺，因為那條路極易埋伏突襲。因此鄧斯特維爾決定保持安全距離，退守至波斯城鎮的哈馬丹，等待著三百英里遠的巴格達派援軍翻山越嶺前來。在小城哈馬丹，也能透過祕探與逃出蘇俄的俄國人，設法掌握巴庫的任何風吹草動，並監控著土耳其部隊的推進進度。同時鄧斯特維爾擔心土耳其部隊可能會將矛頭轉向哈馬丹，所以招募、訓練了當地的庫德與波斯民兵，必要時刻能帶領這支游擊部隊迎戰。除此之外他其實也就無能為力，只能煩悶地盼著援軍到來，讓他能順利攻打至恩澤利。他非常清楚地知道，每多空等一天，土耳其就往巴庫又逼近了一步，再這樣下去，巴庫很有可能會重演梯弗里斯幾乎落入德軍手裡的戲碼，而英國又再一次來遲了。

麥克唐奈爾少校與諾爾上尉在七輛軍隊火車的護送下，小心翼翼地向巴庫前進，對鄧斯特維爾的處境都還一無所知。離開梯弗里斯的第一天，車隊沒有遭遇任何阻礙，但隔天一早進入了親土耳其的亞塞拜然人（當時大多被稱為韃靼人）領地，亞塞拜然阻止布爾什維克到達巴庫的一場血腥大戰便開始了。麥克唐奈爾寫道：「土耳其軍官指揮的當地部落民兵，隱身在鐵軌外一英里的山麓當中。」為了阻止民兵靠近，裝甲列車上的野戰炮開始朝他們進行轟炸。同時，民兵也佔據了前方的火車站，布爾什維克部隊須將他們趕跑後，才能讓列車繼續前行，因此士兵們下了火車，在裝甲列車砲火的掩護下，向車站發起攻擊。依麥克唐奈爾所述：「村落內和車站周邊的戰鬥持續了四小時左右。」最終車站燃起了熊熊大火，敵軍被迫放棄據守，列車才得以向前行駛。敵軍雖從鄰近的山麓繼續開槍攻擊，但距離太遠，發揮不了多少作用，麥克唐奈爾和諾爾的列車安全地經過火光燭天的車站，車站滿地都是戰鬥結束後的屍體。

據麥克唐奈爾的回憶，隨著他們更加深入亞塞拜然的地盤，接下來「都必須火速搶下所有車站」。最激烈的戰鬥，發生在梯弗里斯通往巴庫大約一半路程的伊莉莎白波爾。麥克唐奈爾事後寫道：「費時了整整一天，我們才順利奪下車站、放火燒屋，還得待火勢稍稍歇緩，剛好可以讓我們的列車能夠通過，同時讓敵軍有所忌憚而無法搶回車站。」那時大火的熱度，甚至讓列車外層的烤漆都起泡了。雖然載客列車有眾多軍隊保衛，但一路過來還是遭受到槍林彈雨，因而傷亡的不在少數，其中列車的駕駛及火伕都受了傷，但他們仍臨危不懼地堅守崗位，事後感激的乘客也給了他們一大筆報酬。那位美國傳教士（正確來說是波洛夫佐夫將軍）臥躺在床鋪時，發現自己死裡逃生，他後來在自己的回憶錄寫道：「我被臨近的一聲巨響驚醒，起初還以為是我的左輪槍意外走火，但很快就發現車廂左右的兩面牆上都有彈孔，彈孔位置就在我睡的床輔正上方。」從那之後，「我們車上大多乘客就不怎麼坐在舒服的椅子和床位，紛紛臥倒在地板上，以求心安。」

他們的冒險尚未完結。當晚他們的列車追撞前方的火車，車輛毀壞的殘骸擋住鐵軌，無法繼續前行，結果他們得先將火車頭從撞擊殘骸中拉出來，並原路折返，開到可以變換至另一條軌道的地方後，才能繼續往巴庫行進。前方的裝甲列車和護衛隊不知後方有此變故，早已逕自遠去。「我們當時孤零零的，也沒有配備武器，」麥克唐奈爾寫道，「而前方還有敵軍最後一座大本營，是個叫做利亞基（Lyaki）的村莊，我們還得在那裡給火車頭的引擎裝水。已經落後軍隊好幾小時的路程了，我們只能緩緩駛向利亞基，至於前方戰況如何，就只能聽天由命了。」列車行經彎道臨近利亞基車站時，四下悄然無息，車站沒有人在，而且「是沿路上第一個未遭祝融肆虐的車站。」

為了取水，麥克唐奈爾和諾爾暫時離開駕駛員，走進鄰近的村落。「放眼望去是一片段垣殘壁，」麥克唐奈爾憶道，「路上的犬群嗅著遍佈的人類屍體。」然後他們用望遠鏡發現有一個隊伍往村落移動，顯然是一批軍人。麥克唐奈爾如此寫道：「他們大概還有兩英里遠，正緩慢地包圍著我們。」他們趕緊回到車站向駕駛員示警，表示得要趕緊走人了，但也沒法逼他加速，因為補充燃料的時間沒辦法再更快了。麥克唐奈爾和諾爾明白，這是場勝敗未卜的時間賽跑。他們盡可能裝得冷靜無事，在月台上下來回走動，並未與其他乘客透露半點消息，因為如果乘客知道了，很可能會團團圍住駕駛，反而拖延他的動作。「當時真是焦急又刺激，」麥克唐奈爾寫道，「幸好最後引擎燃料補充完畢了。」列車開始奮力向前，漸漸加速。「韃靼人當時就在旁邊的村子裡，」麥克唐奈爾寫道。韃靼人見到追捕的目標逃跑，便開始持槍射擊，「我們穿過敵方火網，跨越前方幾百碼的一座橋。」列車很快便安全逃出敵軍的射程，但過程其實是千鈞一髮，讓人捏把冷汗。

這趟旅程即便危急萬分，但過程還是有些輕鬆日常、甚至歡樂愉悅的時刻。在那五天五夜之中，列車有時被迫停下來好幾小時，諾爾會賭上鉅款打撲克牌，並「在火燒車站的劈啪爆裂聲中」喝著香檳。諾爾還表示，列車前方如果發生戰鬥，「比較勇於冒險的人會爬上樹，嘗試用望遠鏡看清前方的戰況。」但對大部分人而言，還是平安順利到達巴庫，才算真正的鬆了一口氣。他們比護衛隊晚了好幾個小時才抵達巴庫，雖然延遲的過程讓他們飽受煎熬，但也代表車站已經沒有一堆布爾什維克的士兵，所以波洛夫佐夫將軍夫婦遭人認出來的風險降低不少，他們倆也抓緊時機，趕快躲進麥克唐奈爾的住處。

如今英軍的課題是：在布爾什維克嚴密控制的巴庫，要怎樣才能把逃亡的將軍夫婦偷渡至鄰近的波斯？他們需要出境簽證，也代表需要到政府機關露個臉，但將軍事後寫道：「巴庫政府那邊很多人都認識我。」因此，麥克唐奈爾決定孤注一擲。他以英國領事的官方身分，親自前往發放出境簽證的部門，說明有兩位年邁的傳教士因為危險萬分的鐵道旅程，已經備受驚嚇、精疲力盡，無法親自前來；但身為美國公民的他們希望能儘速返家，讓丈夫及早接受專門的醫療處置。麥克唐奈賭上了自己全部的人身安全，因為外交豁免權在這動盪的時代並不管用，而且任何幫助或庇護波洛夫佐夫的人，依照命令是死路一條。好在他贏下了這場賭注，兩張護照都成功印有出境許可的重要印章。同時他也發現到，有艘不定期啟航的汽船即將從巴庫駛向恩澤利，連忙預訂了船上的舖位給將軍夫婦。當天晚上兩人趁著夜黑風高、無人注意，趕緊溜上了船隻。麥克唐奈和兩名俄國人這些日子以來共度患難，雖然已培養情誼，但能安全將兩人送走，仍如釋重負地道：「我很高興能把責任轉交給了上天。」

諾爾上尉也搭船跟著將軍夫婦到了恩澤利，希望聯絡到鄧斯特維爾將軍，向他詳細報告高加索一片混亂的情況，並打算再返回英國當局關注的巴庫，繼續他的情報工作。波洛夫佐夫夫婦最終平安無事，然而諾爾就沒那麼幸運了。

# 第十八章
# 浴血巴庫

有關愛德華．諾爾上尉的相關紀錄出奇地少，但人們閱覽這些有限的資料，便會不自覺聯想到約翰．布肯筆下的角色桑迪．阿布思諾特（Sandy Arbuthnot），是個聰慧機敏、高深莫測的英雄。諾爾的確就像是從《綠斗篷》走出來的小說人物，真實世界的他與虛構角色桑迪有許多共同之處：他與桑迪一樣出生於貴族家庭，他祖父可是根茲巴羅伯爵（Earl Of Gainsborough）；他也與桑迪一樣通曉多國語言，精擅波斯語、阿拉伯語和俄語，在亞洲地區都很吃得開；他還與桑迪一樣馬術精湛、槍法神準，喜歡到偏僻危險的地方探險，並慣於變裝出遊。諾爾似乎對什麼都無所畏懼，女作家歌楚．貝爾（Gertrude Bell）曾描述過他「無懈可擊的勇氣」，而不少人也所見略同。他自「大競逐」時代以來因戰爭永無止歇而到處奔波，還因此獲得了大家夢寐以求的麥克格雷戈獎章（MacGregor Medal），獎勵他的探險旅程「對防禦印度有卓越的貢獻」。曾經擔任諾爾長官的阿諾德．威爾遜爵士（Arnold Wilson）表示，他能以「嘆為觀止的迅捷速度」翻越各種險峻地形，讓他在波斯部落之中成了一位傳奇人物；而他之後在西北邊境的冒險，也在那邊樹立了同樣的威名。另一位與他活躍於同樣時代的貝西爾．古德爵士（Basil

Gould）也稱許諾爾：「他不管在哪服役都很有人望，總是抱持著渴求上進的信念，遊走在世界各地。」然而對當代的蘇聯史學家而言，便只是平淡地稱呼他為「英國間諜諾爾」。

諾爾在大戰開打幾年前擔任印度陸軍中尉時，偶然地讓長官注意到了他的存在。當時英國嚴禁軍官踏足波斯——除非事先獲得英屬印度駐紮官波希．考克斯的批准，但這種情況很少見。不過諾爾無視禁令，在休假期間喬裝成亞美尼亞人偷偷溜進波斯，希望不被長官察覺，但考克斯爵士派出的間諜們很快就發現了他，諾爾立刻被帶至考克斯面前說明犯行。這個小插曲本來會毀了他的軍旅生涯，然而考克斯卻很欣賞這位年輕軍官的膽識，以及他對答如流的波斯語。精明的考克斯沒有嚴懲他，而是狠狠訓斥他一頓後，馬上將大使館內堆積如山的工作分派給他，等於是讓他不能再請休假。在考克斯的引薦下，諾爾很快地改派至菁英薈萃的印度政治部，也就是長期以來培育出多位「大競逐」人才的搖籃。

軍旅生涯的早期，就已有不少圍繞著諾爾這位年輕軍官的傳聞。有一次他在紅海，因為沒錢搭船北上回家，竟直接在船上的鍋爐室充當火伕來折抵船資，正值炎炎夏日還如此飽受熱爐之暑。另外他在一九〇九與一〇年，兩次從英格蘭騎著自行車遠征印度，中途就睡在貝都因人（Bedouin）的帳篷或土耳其的村莊裡，吸引了許多小男孩爭相恐後地試騎他的腳踏車。當時有人評價道：「諾爾的關鍵特質，就是大家越覺得不可能的事情，他就越想挑戰。」而且他還有顆一等一的腦袋，讓長官非常器重他在政治部的工作能力，往往指派給他特別困難的任務。

阿諾德．威爾遜爵士聲稱諾爾的戰時冒險「能編纂成厚厚一本書」，並表示希望他有天能將這些軼事撰寫下來；另一位曾與諾爾共事的人，也形容諾爾是「成就豐功偉業的男人」。不過諾爾就像布肯筆下的桑迪一般，始終保持神祕，他沒有留下日記或回憶錄等資料，而他當時撰寫的情資報告不是內容有限，就是被外交部稱其「仍太過敏感」而不願公開。就連諾爾那一位曾在波斯擔任情報軍官的弟弟（現已身故）也沒能告訴我太多消息，我也曾用廣告徵詢知道諾爾的人，但沒有收到任何回覆。因此，諾爾許多探險故事的諸般細節，在他一九七四年逝去時都一併帶進棺材裡，令人深感遺憾。不過他的確為某次奇遇留下書面紀錄：一九一八年三月十八日，他自俄國汽船登陸來到恩澤利之後，馬上展開一段冒險旅程。幾乎沒有人會希望遇上類似經歷，因為那差一點就要了諾爾的命，成為他畢生最後一次冒險。

諾爾打算悄悄溜出恩澤利，翻越南邊群山趕至哈馬丹，鄧斯特維爾將軍帶領的特遣隊還在那裡焦急等待著巴格達的援軍。恩澤利當局的布爾什維克，姑且在官方公務上大多以恰當方式對待外國人，英國人也不例外，所以諾爾不擔心他們會造成什麼麻煩。最棘手的是恩澤利南邊七十多英里的山區，盤踞著一群武裝的穆斯林部落民族，也正是他們阻礙了鄧斯特維爾向北進發的路。因為當地植被茂密，英國人稱那些波斯部落居民為「叢林仔」（Jungalis or Junglies），人數大約三千人，領袖是經歷豐富的米爾札．庫切克汗（Mirza Kuchuk Khan）。他曾誓言要驅逐波斯內的所有外國人，但滿腦子波斯民族主義的他卻張開雙手歡迎德國及土耳其的軍事協助。信奉社會主義革命的他也和布爾什維克建立了良好關係，而沙皇軍隊在俄國革命之前佔據了大半波斯北方土地，理所當然是他的頭號敵人。據諾爾所述：「他曾在抵禦沙俄士兵時屢獲戰功，主要策略是襲擊沙俄的運輸車隊或孤立無援的據點，遇到正規軍時便撤退隱匿於深林。自從沙皇倒台之後，他的動員勢力和名聲威望都水漲船高，也變得更加膽大妄為。」雖然恩澤利港由布爾什維克控制，但他們已表明不會妄圖波斯領土，庫切克汗也就不怎麼擔心，而庫切克汗底下的「叢林仔」與布爾什維克一樣，雖然極力反對出現在波斯的鄧斯特維爾，但對英國也沒什麼特別的敵意，因此足智多謀的諾爾認為他能輕鬆闖過「叢林仔」的包圍網。雖然他沒在紀錄中具體描述計畫為何，但端看接下來的發展，便知道就算有什麼盤算，計畫還是趕不上變化。

巴庫的布爾什維克之前就已開始對諾爾的行動有所猜疑，因此偷偷向庫切克汗通風報信，表示他正前往恩澤利。諾爾與恩澤利港的關務長是老相識，這是在他家中準備南下之旅，某天與老友共進午餐時才驚覺自己身陷危險，但為時已晚。當時一名波斯的僕役匆忙報告，約六名攜帶武器的「叢林仔」在樓下要求會見諾爾作客處的主人，領頭的還要求馬上把諾爾交給他們。諾爾沒辦法反抗，但他抓緊時間把外交事務用的包包丟進屋內大型的俄羅斯火爐內，畢竟裡面可是有機密的暗語內容。確認東西已經著火後，他關上火爐的門閂，下樓坦然地面對那群前來捉他的人。他被戒護送往鄰近的屋內，由四個「叢林仔」在一旁監視，準備安排押解他至其他地方。諾爾從被拘留的房間內可看到港口棧道上，俄國人正從數艘船隻上卸下貨物，他知道如果要逃跑就只能趁現在，不然待會將被帶到戒護更加森嚴的地方。他盤算著等下要突然發難，飛奔至碼頭上最近的一群俄國人，希望能在身旁看守者追上來之前，短暫時間內就用他堪稱完美的俄語爭取到他們的幫忙。

諾爾紀錄中寫道：「我等到一群約二三十名俄羅斯雜役經過，離我被暫時監禁處不過兩百碼之遙，便立刻推開一旁的護衛，朝他們的方向狂奔。」他趕在「叢林仔」追到之前抓住一位俄國大漢的鬍子，並大聲喊道：「救救我逃離這群波斯人！」起初他看似得救了，俄國人允諾會帶他到蘇俄政委那裡。「但碼頭上原本忙著裝載貨物的幾百名波斯籍搬運工，現在都放下手邊工作，開始聚集圍觀這場鬧劇。」此外，幾個「叢林仔」可沒打算輕易放過諾爾，諾爾寫道：「一場拔河比賽就此展開，而我就是那條繩索，波斯的搬運工們也興致勃勃地加入這場拔河，我漸漸感覺到俄國人要屈服了。接著，狼狽不堪、慘遭毒打的我被趕至岸邊的小船中，船划往一座狹小潟湖的彼岸，那裡是『叢林仔』的據點，沒有俄國人或其他勢力的干預。」

諾爾起初的想法是，高加索及中亞其他地區正醞釀著一連串重大的歷史事件，而自己非常遺憾無法身歷其中。「我再也無法參與這所有一切，包括我自認為是在創造歷史的種種任務，」他如此寫道，「以及各方勢力競逐高加索，試圖從黑海到帕米爾高原創建一條綿延國度的精彩戲碼。在大戰時，這些不可思議的想像都在眼前一點一滴地實現。世界不停而瘋狂地變動，好像什麼事情都有可能發生。」

諾爾第一次逃跑失利，但很快就開始醞釀第二次：「我知道自己現在還鄰近外面的世界，但再拖下去，我肯定很快就會被帶到不知何方、與世隔絕的叢林裡了。」諾爾馬上注意到抓捕他的「叢林仔」拿出了煙管，開始抽起了鴉片，如果諾爾能讓他們抽久一些，沉醉其中而難以行動，便沒辦法追趕他。

諾爾寫道：「他們手上的鴉片看來不夠多，但如果單純給他們錢去買更多鴉片，會顯得太過可疑，」所以諾爾詢問他們能否也幫他買一些鴉片，他們對此有些驚訝，但有白花花的錢當然欣然接受。諾爾之前在波斯各部落之間旅遊時曾嘗試抽過鴉片，所以很清楚它對人體的作用為何。他必須要假裝自己因吸食鴉片而意識恍惚，所以過了一會兒，他模仿起吸鴉片的人獨特的咳嗽聲，裝作自己已經到了波斯語所謂kaif的境界——也就是吸到「嗨」了。如果審慎判斷好時機，押解他的人們放鬆警惕，那他打算要自然地起身，晃到外面假裝只是要透透氣，相信其他人不會跟著在旁戒護。但這個希望很快就破滅了，因為一名「叢林仔」軍官和另外幾個看守人來了，「看守我的『叢林仔』晃晃悠悠地站了起來，略顯尷尬，」諾爾回憶道，「而那位軍官對著他們破口大罵，命令我收拾好行囊，跟隨他登上一艘小船。」不久之後，他們便啟航出海。

諾爾記錄道：「當天整晚，船隻划過了沿岸許多潟湖，並在凌晨時分停靠在一處碼頭的木頭棧道旁。我們上岸後騎著小馬，穿過一片有高大樹木和濃密灌木的森林。」因為四周都瀰漫著霧氣，諾爾很難辨別他們正往哪個方向行進。騎行幾小時後，他們在一座小小村落停留，那裡只有當地地主的一間房子與周圍五六個棚屋而已。因為當地沒有什麼牢房，所以「叢林仔」先把諾爾安置在這偏僻的地方，再來好好決定他的命運。直到這時，諾爾才驚恐地明白為什麼這些人要捉拿他——「叢林仔」計畫要以種族屠殺之名對他進行審判。

當初諾爾前腳剛離開巴庫不久，城裡就爆發一場血戰，上千名穆斯林被亞美尼亞人無情殺戮，而「叢林仔」看來是認定要諾爾為穆斯林同胞的慘死負責。要了解這前因後果，我們得先簡述一下這場血腥動亂的源由。麥克唐奈爾當時還在巴庫，得知諾爾被抓不久後收到了一則訊息，請他趕緊拜見邵武勉旗下左翼聯盟的一位穆斯林領袖。這個聯盟雖自稱「巴庫蘇維埃」（Baku Soviet），但其中成員不乏穆斯林或非布爾什維克成員，目標想法與布爾什維克不甚相同的也大有人在。麥克唐奈爾與招呼他過去的穆斯林主人享用餅乾茶點，並語帶慎重地與他討論大致的政治情勢，最後起身準備離去。至此麥克唐奈爾還是不明白為什麼會被邀請跑這一趟，但很快他就知道了。這位亞塞拜然人從他書桌拿出一疊紙，並從中抽出一件信封。麥克唐奈爾立刻認出這封他給諾爾的信，是他請諾爾與英軍平安會合後馬上寄給他妻子的信件。招呼麥克唐奈爾的主人對拆信一事致歉，將信件交還給麥克唐奈爾，說這裡面沒有發現什麼見不得人的事情。他接著提到信件是「叢林仔」從諾爾上尉身上，連同其他文件一起被搜到的，而那些東西可就非常不光彩了。「那些文件清楚地顯示，」他向麥克唐奈爾表示，「你們兩個參與了波洛夫佐夫將軍逃離布爾什維克的行動。」他講話時嘴邊掛著一抹奸笑，接著說道：「如果這事傳到邵武勉和他的政委耳裡，對你而言可是天大的麻煩。」

不用他講麥克唐奈爾也知道事情的嚴重性，並詢問這位亞塞拜然人是不是打算向邵武勉告狀。「目前沒這個打算，」他回道，「除非，你還打算要進行諾爾手上的任何計畫。」這回覆可讓麥克唐奈爾進退兩難了，因為眼下諾爾不在，他已接獲命令要接手諾爾的任務。依麥克唐奈爾所言，這個任務是要「策劃、創建一個情境」，讓鄧斯特維爾將軍能夠進駐巴庫，組織當地的防禦體系以對抗來襲的土耳其部隊。就實際面而言，這任務勢必要推翻巴庫蘇維埃的眾多成員，因為邵武勉為首的人反對英國軍事干預，而那些穆斯林更是雙手歡迎土耳其軍來解放他們被俄國統治的處境。「當下看來，」麥克唐奈爾表示，「這項任務已經希望渺茫。」而他也只能像這位亞塞拜然人保證，宣稱英國當局有這麼多優秀的情報特務，如果真有如此意圖，才不會派「我這種三腳貓」在此服務，兩人就此解散。麥克唐奈爾焦躁地意識到自己的外交偽裝已有部分、或者說完全被揭穿了。逃跑當然是行不通，因為他接下來的一舉一動都會被緊密監視，就算趕到恩澤利，恐怕也只會落得像諾爾一樣的下場。不管怎麼說，上級的命令是要他待在巴庫，還有一絲希望就得盡全力阻止土耳其攻陷這座城市。

不過，巴庫的情勢急轉直下，麥克唐奈爾其實不用擔心自己的秘密被揭發了。因為這座城市即將發生一連串驚天動地的大事，無論政治傾向或種族親緣，所有人都沒有心思去想多餘的事情。波洛夫佐夫逃逸的議題已成過往雲煙，英國干涉巴庫內政的威脅也暫時拋諸腦後，各大派系最關注的焦點是如何保命。其實這場危機原在意料之內——即便邵武勉設法將自己的布爾什維克成員、亞美尼亞人和巴庫的穆斯林結盟在一起，但打從一開始，這個聯盟的合作關係就像紙糊的一樣脆弱不堪，混雜著恐懼、猜忌和嫉妒的各種情緒。雖然大家逼不得已而暫時結盟，但各大派系的目標還是大相逕庭、矛盾牴觸；他們之間從過去就毫無好感，而亞塞拜然和亞美尼亞雙方更是積怨已久。巴庫於歷史的進程中再次成了火藥桶，只需小小的火柴來點燃引信，就會大爆炸，這也在一九一八年四月成真了。

亞美尼亞人在英國資金的幫助等因素下，軍事實力大幅提升，這讓巴庫的穆斯林倍感擔憂，決定偷偷地向其他地方信奉阿拉的勢力尋求幫助，其中響應的包括全穆斯林的「野人部隊」（Savage Division）：這部隊在俄國革命前曾效忠沙皇，剛在裡海港口連科蘭（Lenkoran）將支持布爾什維克的部隊繳械。（譯按：這個部隊的正式名稱為Tatar Cavalry Regiment，即韃靼騎兵團；很巧的是，剛剛在英國人幫助下逃逸的波洛夫佐夫將軍曾於一九一四到一六年之間擔任這兵團的指揮官。）「野人部隊」的部分人馬航向巴庫，在三月三十日抵達，這讓巴庫的布爾什維克和亞美尼亞人驚恐不已。當局派員至碼頭，想要搞清楚「野人部隊」所為何來，不料卻被他們一輪掃射驅離，不少人因此喪命。最終，來訪的不速之客還是被更強大的布爾什維克軍隊壓制而投降，不過隨著越來越多「野人部隊」成員陸續抵達，如麥克唐奈爾所述，在四月一日「巴庫壓力鍋內沸騰的滾水終於噴發。」

沒有人真正清楚是誰開了第一槍，但整座城市很快就變成了戰場，到處都在倉促地準備壕溝和路障。在港口的俄羅斯砲艇船員大多支持布爾什維克與其左派同盟，因此加入戰局來對抗穆斯林，無情地轟炸他們的地盤，頓時屍橫遍野、滿目瘡痍。然而，這個情勢的走向其實是取決於亞美尼亞人。起初他們堅稱會嚴守中立，不會參與這場爭奪巴庫的戰鬥，並將軍隊撤退至亞美尼亞的地盤，僅為了自我防衛而部署兵力。然而，他們只在開戰後的幾個小時內維持所謂的中立，因為亞美尼亞革命聯盟（Dashnaks）這個極端民族主義陣營強力施壓，亞美尼亞領袖們決定加入布爾什維克陣營，一同攻擊穆斯林。這個血債會讓他們在不到六個月內，付出相應的慘痛代價。「起初三天局勢尚不明朗，勝敗仍在未定之天，」麥克唐奈爾如此寫道，「最後確定是韃靼人和野人部隊兵敗將亡。到了四月五日，所有穆斯林或死或逃，他們的房子也幾乎毀壞殆盡。」大約一萬名武裝穆斯林與幾位曾任沙皇軍官的將領，被六千名布爾什維克及四千名亞美尼亞人給聯手徹底擊潰。

這場大屠殺的見證人甚多，其中一位是英國婦人艾妲・德瓦・杜里（Ida Dewar Durie），其夫婿是英國駐梯弗里斯軍事特遣隊的一員，之前梯弗里斯傳聞很快會被德軍攻陷，因此她與其他協約國軍眷與平民一同撤離至看似相對安全的巴庫。當時她住在歐洲飯店（Hotel d'Europe），焦慮地等待丈夫羅伯特（Robert）的消息，卻發現自己因為巴庫的混戰而受困。在一封寄給家人的信件中，她描述了自己和另一位同房的英國女子從臥室窗邊看到的景象：酒店周遭街上的戰鬥此起彼落，戰艦砲火之猛烈讓整座城鎮為之震動。

「好奇而飽受刺激的我們，大部分時間都未經熟慮地待在窗邊觀看。」透過昏暗房間的百葉窗縫隙，她們可以看到街道周圍窗戶等有利位置閃爍著步槍噴出的火光，而她們頭頂上方的屋頂還有一台馬克沁機槍（Maxim），整天不斷瘋狂射擊。她所住的飯店「外觀破爛骯髒，像是沒人居住一般，但百葉窗緊閉而昏暗的大廳和樓梯間其實擠滿了緊張的人群，一有風吹草動，他們就爭先恐後地要上樓。」這個酒店是在布爾什維克控制的據點內，有「滿頭大汗、氣喘吁吁的紅臉士兵」來回進出，偶爾還「對著電話，嘶啞而瘋狂地下達各種指令。」

艾妲所在房間的對街是瑞典紅十字會（Swedish Red Cross）經營的醫院，早已住滿了在東線戰場受傷的德奧戰俘，如今醫院還得應付當地源源不絕的傷患。「每過幾分鐘，就有一個死傷的人員被抓住頭腳，搬進去醫院裡，我第一次清楚看到人們沾滿血跡的蒼白臉龐，以及他們雜亂不堪的豎直黑髮。」這些臉孔的面容顏色，讓她想起了「很久之前在凡爾賽宮（Versailles）的巨幅戰爭畫作上看到」的亡者。某次一陣突然的槍響嚇到要從車上抬傷患的人，那位傷者差點摔落地面。送到這家醫院的傷患似乎都是布爾什維克或亞美尼亞的人馬，除了街上遍佈的大批韃靼人屍體以外，艾妲沒有提及任何韃靼人的傷亡。（譯按：「野人部隊」裡有不少韃靼人是亞塞拜然人。）有搜索部隊會定期搜查酒店，「獵捕藏匿的韃靼人」，某次她就親眼見到了兩名穆斯林被一群布爾什維克人員粗暴地拉走。「我看到這群人停下腳步，沒有第二句話，就將戰俘爆頭槍殺。」行刑者扯下戰俘的靴子，把屍體丟進路邊的排水溝裡，死者就這樣待在那裡整整兩天，無人處理。

對面醫院偶爾會派人出來刷洗出入口地上的血，但隨著越來越多人被送來醫院，最後也就放著不管了。艾妲還注意到，有些抬擔架的人竟是德奧戰俘，而且他們「工作非常積極出色」。雖然整座城鎮四處都在戰鬥，但街上還是不斷有男女老少扛著大包行李及床墊走過，有位散發貴族氣質的老太太沿途受到和善士兵們的幫忙。另外有個年輕女孩歇斯底里地尖叫哭喊，被帶至酒店裡面平撫情緒、休息片刻，不久後她看起來富裕而憂心的父母趕著要她繼續上路，灰髮的母親面帶倦容「哀求她堅持下去」。還有一些人是韃靼戰俘，武裝人員高舉掛著掛有白旗的刺刀在一旁看守。各地眼下都嚴重缺乏食糧，酒店餐廳當然早就沒在營運了，艾妲和同伴的三餐幾乎只剩麵包、起司和裡海魚子醬。街上商店的財物早已遭人洗劫一空，艾妲便親眼目睹負責看守酒店的士兵難忍飢餓，「快速穿越馬路，為了填飽肚子而去搶奪東西」，但不久後那名士兵竟慷慨分給她一些搶來的餅乾，讓她有些不好意思。

如今穆斯林領袖們知道推翻布爾什維克、掌控巴庫的大業已然無望，他們太天真地相信了亞美尼亞人的中立宣言，也被海軍凶殘的轟炸打得驚惶失措。為了不要被屠殺殆盡，他們提出了停戰協議。因為列寧叮囑要以寬容克制的方式對待其他族群，以爭取各方支持布爾什維克的大業，邵武勉才會同意停戰。但亞美尼亞人看到世仇終於奔逃投降，報復之心讓他們不肯罷手，戰鬥因此持續下去，直到幾乎所有的穆斯林都非死即逃。四月五日，雖然整個城市多半都還冒著熊熊大火，但反抗行動已然告終，街上到處都躺臥著傷亡的人群，其中絕大多數都是穆斯林。

艾妲從窗戶中肅穆地看著撿拾屍體的工作，他們一個個被隨意地丟上推車載走，「有些屍體被搶走了身上財物，幾乎全身上下都完全赤裸著。」她如此寫道，「可以看到軍官粗暴地翻找屍體的口袋，拿走他們血淋淋的筆記本和紙張，而軍官自己的雙手和上臂也都沾滿血跡，甚至流到手肘。」雖然槍戰火拚已經結束，但酒店內人們的擔憂尚未終了。穆斯林地盤的火勢在大風助燃下突然加劇，失控的大火開始蔓延。艾妲聽說這原本是布爾什維克和亞美尼亞人故意放的火，目的是要把裡面的穆斯林驅趕出來。酒店的人員收到警訊，如果氣象轉為北風，那麼下風處的酒店會在大火延燒的路徑上。儘管大家好幾天都無法安眠而疲憊不堪，但也只能打包行李，準備逃向濱海地區。「一直到半夜，」她如此寫道，「大家看著包圍我們的火勢已十分接近，接著風勢終於逐漸轉弱，我們這才又逃過一劫。」不過，直到兩個月後她才抵達梯弗里斯北方一百英里的弗拉季高加索（Vladikavkaz），與她的丈夫團聚——因為英國軍事特遣隊的駐地已改為那裡。之後災禍仍接踵而來，布爾什維克逮捕了英國特遣隊，她則被迫變裝潛逃。

穆斯林叛亂勢力瓦解，代表著巴庫蘇維埃的存續。邵武勉馬上向列寧回報：「我們的戰鬥成果非常豐碩，敵軍已經完全棄械投降，也毫不遲疑地簽署接受了我們的停戰條件。」亞塞拜然人宣稱有一萬兩千名穆斯林死亡，其中包括許多老弱婦孺，而邵武勉堅稱喪生的穆斯林不超過三千人，不過他也承認亞美尼亞部隊的參戰「讓一場內戰在某種程度上變成種族屠殺」，也提到「穆斯林的貧困人家受害甚慘。」然而他卻為了讓列寧安心，竟說還沒逃出巴庫的穆斯林「現在仍支持布爾什維克」。如今叛亂已經平定，亞美尼亞人也死傷慘重而不復強勢，邵武勉開始加強他對巴庫的政治與軍事控制。他表示土耳其其一定不會滿足於《布列斯特—立陶夫斯克條約》（*Treaty of Brest-Litovsk*）的內容，團結一致才更有能力抵禦土耳其部隊的來襲；他還說服亞美尼亞人將最強大的部隊併入布爾什維克軍隊中。（譯按：此條約是俄國布爾什維克政府與德、土聯盟簽署的和約。）即便如此，他的權力仍主要限縮在巴庫這座城市裡面。巴庫周遭大多區域以及重要的鐵路命脈，都還牢牢掌控在親土耳其的亞塞拜然人手中，讓巴庫的居民深陷嚴峻的糧食危機。正如一位歷史學家所述，「巴庫是一座布爾什維克的小島，四面八方則是反布爾什維克的汪洋大海。」

巴庫的韃靼人被擊潰不久，愛德華．諾爾上尉馬上就被抓住他的「叢林仔」指控，要他為這場大屠殺負責。諾爾被帶到了一個類似革命軍事法庭的地方，那裡有三名法官進行審判。諾爾堅稱要有確切的證據，才能證實控方荒謬的言論，「但我沮喪地發現，」他記錄道，「法官們拿著我支票簿的票根，洋洋得意地面對著我，而那本支票簿是我在恩澤利逃跑失敗後，從口袋裡被搜出來的。」這本支票簿的用途，正是拿來支付亞美尼亞軍隊相當可觀的英國補助金，讓他們持續反抗土耳其部隊。雖然這筆錢是藉由俄國軍方秘密轉手給亞美尼亞人，但那些票根將見不得人的事實清楚地攤在陽光下，難以辯駁。諾爾咒罵自己沒有處理掉那本令他作繭自縛的支票薄，當初要被抓走之前，應該要把它連同譯碼簿一起丟進火爐燒掉才對。他現在只能大聲疾呼自己是無辜的，與大屠殺的行動沒有任何關聯，而且當時也根本沒在現場。

控方不接受諾爾的說法，而且更加冷酷地重複他們的論點，諾爾是如此轉述的：「難道我沒有給亞美尼亞人大筆資金嗎？大屠殺不就是遲了幾天才發生的嗎？那我不就是在他們發動攻擊之前，小心翼翼地離開巴庫了嗎？」法官對其答辯不予理會，宣告他的罪行證據確鑿，不容質疑。「在他們眼中，我很明確犯下了謀殺成千上萬穆斯林的罪行，」諾爾如此敘述道。接著三名法官鄭重宣告判決，將諾爾處以死刑，並且即將於隔天清晨槍決。

# 第十九章

# 諾爾上尉的奇幻冒險

諾爾在波斯北部某處的叢林監牢裡，靜靜思索著自己的命運，此時麥克唐奈爾則是要想辦法獨力說服布爾什維克，讓他們允許英軍前來協防，擊退來襲巴庫的土耳其大軍。恩維爾帕夏擴張版圖的野心昭然若揭，據說他的書桌還放有拿破崙和普魯士君王腓特烈二世（Frederick II）的肖像，絲毫沒有因為埃爾澤魯姆或巴格達的戰事失利而有所動搖。《布列斯特—立陶夫斯克條約》所獲取的利益顯然沒有辦法滿足他（至少英國是如此認為），他覬覦巴庫的野心越來越明顯，即便這完全違背了當初簽訂好的條約約定。接下來幾週內，孤身犯險的麥克唐奈爾漸漸被陰謀與背叛交織的細網給緊緊纏住。

自從他離開梯弗里斯到巴庫後，高加索的政治情勢就風雨飄搖、動盪不安。到了一九一八年五月底，所有高加索團結的虛偽面具都被徹底撕爛，喬治亞、亞美尼亞和亞塞拜然很快紛紛宣布主權獨立，不受彼此和莫斯科管轄。喬治亞人深怕土耳其會以武力攻陷他們，先發制人地請德國軍隊前來進駐，柏林二話不說，不但承認喬治亞人創立的新國家，也派兵前去保衛其疆界。亞美尼亞的古老家園、同時也是新訂首都的葉里溫（Erivan）就在土耳其攻打的路線上，雖然亞美尼亞人不斷反抗，但他們自己也知道敵軍若加派人手，很快他們也不得不停戰求和，不然就是被全面剿殺。韃靼人反而是熱切期盼著土耳其部隊的到來，將土耳其視為最終要來解放他們的救世主，能讓他們脫離自古以來的沙俄暴君，以及當前的布爾什維克魔爪。有了土耳其的協助，他們夢想將巴庫訂為新的首都，然後第一件事就是要向亞美尼亞討回血債，為了不久前遭大肆屠殺的巴庫穆斯林報仇。同時，亞美尼亞人要防禦土耳其部隊，後方卻持續遭到亞塞拜然人騷擾，令他們分身乏術。

這些自相殘殺的無情戲碼，可不是只發生在高加索地區而已。締結同盟的土耳其和德國彼此之間，嫌隙也是愈來愈大。我們都知道土、德雙方從一開始就沒有什麼感情基礎，儘管他們至今多能掩飾彼此的不滿，但現在為了爭奪高加索甚至更遠地方的重要戰略物資和廣大領土，他們之間的敵意愈發加深，幾乎動搖了雙方的共同戰爭目標。其中最誘人的獎勵（至少短期而言），莫過於豐饒的巴庫油田了，土耳其和德國都亟需石油燃料，只因各種戰爭用的機械裝備都越來越依賴石油。以巴庫油田為首的經濟資源爭奪戰，除了土、德兩國角力以外，列寧也迫切需要它們來重振低靡的經濟，畢竟四年大戰對俄國民生的衝擊甚劇，更不用說俄國革命帶來的紛亂騷擾。單就這個理由，列寧就絕不可能放任英國軍隊進駐巴庫。儘管英國政府一再保證並無歹念，但列寧堅信英軍一旦進駐就絕對不肯離去，而且會將整個區域併入大英帝國，藉此攫取豐富的原物料。他寧願讓土耳其佔據巴庫，理由在於，要趕走他們比較容易，而毫無信義的英國卻不好對付。

恩維爾怕落後給德國，已經將巴勒斯坦戰線的土耳其部隊轉移至高加索地區，以準備大舉進攻巴庫。這種大規模的行軍需要幾個禮拜來重新整備，也暫時給了巴庫一點喘息的空間。但從戰情緊繃的巴勒斯坦戰線撤走必要軍力，也就注定了留在巴勒斯坦、敘利亞守衛的土德聯軍之命運——他們正面對已經佔領耶路撒冷的英國艾倫比將軍（Edmund Allenby）。柏林對此撤軍之舉表達強烈抗議，但並沒有什麼用，這讓德國更加擔心土耳其會不講誠信：如果恩維爾專注在高加索及中亞大展身手，或許會放棄部署軍力至其他戰線，甚至可能獨自與協約國達成停戰協議，撇下德國於水深火熱之中。除此之外，如果情勢演變成德土兩國要競逐高加索的原物料資源，那德國現在根本毫無勝算可言，因為法國等各處戰場已無暇分配出多餘的德國部隊。柏林試圖說服恩維爾收手，並提議組織一支德土聯軍來阻止巴庫落入英國人手裡（但德國主要是象徵性地參戰）。至於巴庫石油和該地其他資源的分配，可藉由外交手段，與莫斯科進行商業談判來解決。然而，恩維爾決意不讓任何人阻撓他一統中亞、創建全新鄂圖曼帝國的美夢，對德國的提議不屑一顧，指示土耳其部隊儘速準備妥當，以最快的速度來進軍巴庫。

這就是一九一八年的高加索形勢，而麥克唐奈爾要在此時執行近乎不可能的任務，試圖說服巴庫蘇維埃的領導人邵武勉主席，讓鄧斯特維爾將軍進城協助巴庫的防禦工事。鄧斯特維爾等特遣隊成員此時還困在波斯北部，焦急地等待著巴格達前來的援軍。將軍希望能進軍到靠裡海的港市恩澤利，再從那裡搭船駛向巴庫，但庫切克汗的「叢林仔」很矛盾地竟然能與土耳其、德國和布爾什維克同時交好，完全不讓英國安然通過這段陸路。直到六月初，鄧斯特維爾念茲在茲的援軍終於翻過險峻的山路，陸續抵達。不久後，約一千名英軍及廓爾喀（Gurkha）部隊在輕型大砲的掩護下，對人數較佔優勢的波斯民族主義部隊「叢林仔」發動攻擊，導致其死傷慘重，也打通了前往恩澤利港的路。不過鄧斯特維爾也只能先在恩澤利設立據點基地，其他就得指望麥克唐奈爾能否改變邵武勉的心意。諾爾突然消失無蹤已有三個月之久，這時鄧斯特維爾也開始追查他的去向。

諾爾被判處死刑本該遭到槍決，但事實上這時他還活得好好的。審判結束後，他被帶回叢林的監牢裡，準備要度過他認為將是人生的最後一晚。他的獄卒和另一名看守人為他感到十分遺憾，諾爾記得那晚天寒，「所以他們在火盆內堆滿了木炭，搧風助燃直到紅通通的木炭燒得劈啪作響。」接著他們點了三支鴉片煙管，將其中一支遞到了諾爾嘴邊，畢竟諾爾雙手被縛，也沒辦法自己拿。三人一陣漫長的沉默，諾爾察覺到兩人開始心照不宣地互使眼色，感覺有什麼隱情。接著其中一人對著諾爾神祕兮兮說道：「打起精神，你現在害怕的事情，明天不會發生，」然後好像求援似地，轉頭望向他的同夥。「沒錯，」另一人道，「不會有事的，他們沒有真的要槍斃你，這一切只是要嚇唬你，讓你招供坦白。」話雖如此，諾爾懷疑他們說這些話，或許只是單純想讓他心情好一些而已。

隔天早上，判他死刑的三名法官帶著十幾名武裝的「叢林仔」，來到監牢前。「審判長質問我要不要如實交代罪行，以換取自己的一條小命。我複述先前的辯詞，然後被帶離屋子。我看向昨晚那位獄卒，但他的視線刻意避開了我的雙眼。」村落的兩百碼外有個大廣場，廣場一邊種有整排樹木，諾爾被帶至其中一棵樹前，眼前二十步之遙則是預備要射殺他的槍決隊。這段時間，三位法官都不斷催促著諾爾趕緊坦白，而諾爾相信他們是打算要裝模作樣到最後一刻，突破諾爾生前最後關頭的心防。但這場戲碼出了點差錯，一名騎馬的信使突然出現，將一封信紙遞給了審判長。這位演員很明顯搞錯出場時機了，他應該等到命令開火前的最後關頭才颯爽登場。審判長也是一臉問號，但也只能把戲演完、把信拆開。「短暫的遲疑之後，」諾爾寫道，「他宣布上頭有指令要暫緩槍決。」結果也沒有赦免死刑，只是延後執行而已。法官和行刑人隨後駕馬離去，而諾爾則被帶回監牢，並見到了獄卒臉上友好的微笑，那表情顯然就像在對他說：「不是早就告訴你了嗎？」等到只有諾爾和獄卒兩人獨處時，獄卒悄悄地對諾爾說，這種惡夢不會再發生了。的確剛剛就是諾爾最後一次見到那群法官，最後一次聽到針對大屠殺的指控了，但是前方仍有漫長的苦難等著他。

新的逃跑計畫再一次佔據了諾爾的心思，他寫道：「監看我的哨兵之中，有一人待我特別友善。」相處一陣子後，那人答應要幫助他逃跑，「計畫是在他半夜輪值看守時，一起溜出監牢。」他會帶著諾爾穿越森林，直到諾爾可以獨力前往鄧斯特維爾將軍駐地為止。但這趟旅程需要食物，也代表需要金錢，於是諾爾給了他手上大部分的現金，而自己則從每天看守給的伙食中，偷偷把麵包保存起來，藏在監禁房內煙囪內壁的凹洞。但隨著一天天過去，共謀出逃的哨兵一直找各種藉口拖延行動，讓諾爾因此起了疑心。最後他向諾爾索要手錶，表示要變現幫忙逃跑時，諾爾拒絕了。過沒多久，一群武裝的「叢林仔」便衝了進來，沒收了諾爾私藏的食物，並命令他打包好行李，準備要在傍晚時分離開。

「夜幕低垂之時，我被蒙住了雙眼，騎上了一頭長著蓬亂長毛的小馬，從村落騎進了森林深處。過了幾小時的路程後，有人拿下我眼前的綁帶，說是可以下馬了。」諾爾這時發現自己身處一塊林中空地，眼前只有一間孤零零的農家小屋，接下來要由這戶人家來負責看管諾爾。「叢林仔」非常肯定，沒有歐洲人能夠從如此茂密的森林、如此荒涼的地方逃走，這裡比原先村落的監牢更加偏遠，所以他們也不費心安排看守了。不過他們特別警告諾爾，如果愚蠢地企圖逃跑，「我逃不出半英里，就會被周圍帶刺的荊棘灌木纏住，只能無助地等到隔天早上有人相救。」就算他成功閃過荊棘，也很有可能會陷進沼澤裡，無論如何他都逃不遠的，很快會被團團包圍並抓回去。

但事實上，諾爾仔細觀察了周遭的新環境，覺得要成功逃脫的機會反而比之前監牢大了。這座高腳屋的房屋有十英尺高的底柱，從房樓可以遠眺到一片濃密的森林之外，有一大片白雪皚皚的山脈。「如果我能到達山區，」諾爾寫道，「應該就能逃出庫切克汗的國度，接觸到相對友善的人群。我一定能跑得到山腳下，因為那裡估計離我這邊的林地路程，不會超過十英里。」接著他寫道，「我之前監牢的所在地有多人居住，不但離山腳下更加遙遠，而且姑且不論還要躲避哨兵的看守，要在沒有他人察覺的情況下遁逃，幾乎不可能。然而逃出這座房子容易多了，在森林裡頭也幾乎不會遇上什麼人。」他最後斷定：「不管森林趕路會有多困難，我不相信區區十英里我會沒法闖過。只要我趕抵山腳下後沿著山谷走，很快就能離開『叢林仔』的地盤，並遇上周遭游牧的部落族人，我確信他們會很樂意幫助我的。」

看守諾爾的「叢林仔」防範他逃跑的唯一作為，就是晚上把他的鞋子收走，睡覺時一名男子會把鞋子放在自己屋內臥榻下方的地面，另外旁邊還睡著家裡養的一條狗。「我的問題，」諾爾寫道，「就是該怎麼樣拿到我的鞋子。」為了讓計畫順利進行，他開始每天日落前都在空地散步，並在回到屋內時脫掉鞋子，直接拿到保管人睡覺時會放鞋子的地方。「我打算要用鞋帶把兩隻鞋子綁在一起，再用一條細繩和鉤子，從房間地板的一個孔洞將鞋子吊上來。」他後來用撿到的彎曲鐵片做成了鉤子，至於要拿到細繩就困難多了，最後他說服了看守的人給他棉線和針，理由是說要修補他的衣服。

「我費了一番工夫才將棉線編織成足夠長度的細繩。」諾爾寫道。接下來的問題則是沒有指南針，以及如何假冒身分的疑慮。沒有指南針的情況下，他寄望可以藉由星象來判斷方位。另外他偶然偷聽到「叢林仔」的對話，讓他想到了一個假冒身分的說法，可以解釋森林裡怎麼會有個陌生的歐洲人出沒。似乎在大戰爆發不久前，當地有個波斯人地主將一大塊森林賣給了亞美尼亞的木材商人，但戰爭爆發後，商人也就沒法開始營運伐木事業。「這讓我想到，」諾爾記述道，「我可以假裝是巴庫亞美尼亞商人派來的俄國籍代理人，前來查看這塊森林目前的狀況。」他另外有從對話中聽到一些土地交易相關人物的名字，並努力將其記牢，以備不時之需。

他現在已經準備就緒，但還有一個問題尚未解決。晚上四周都一片漆黑，沒有火光要怎麼找尋路徑，穿越這片難以通行的森林？在這偏僻落後的地方，顯然無法拿到手電筒，唯一的辦法就是等待滿月時分，也代表著脫逃計畫要再延後十天。但滿月時又連下了整整一週的暴雨，森林內到處都是泥沼，要在這種凶險不已的情況下徒步趕路並不可行。諾爾無奈，只能再推遲一個月，等到下一次滿月再行出發。雖然計畫延宕令人失望，但也有個優點：天氣正逐漸變得暖和，之後要在森林荒野中睡覺就不會那麼辛苦了。終於，到了氣候和月相都恰當的時刻，諾爾將多餘的衣物塞到被窩中，偽裝成有人在睡覺的樣子，再從他平時睡覺的閣樓悄悄攀梯而下，來到樓下的大客廳。

他記錄道：「整家人都躺臥在客廳地上，有人捲著棉被進入夢鄉，有人舒展著四肢沉沉酣睡。我踮起腳尖走過，小心不要踏到他們。一片木板突然發出嘎吱聲響，我停頓了一下、張望四周，沒有人有反應。最後我走到了樓板的孔洞旁，趴臥在地板上，用工具吊起了我的鞋子，再躡手躡腳地穿越房間。」諾爾接著從進出房屋用的桿子安靜滑下，頭也不回地疾奔森林裡。微弱的月光足以讓他看清道路、避開樹木，「我內心欣喜雀躍、激動不已，」他如此回憶道，「我就正在返回家鄉的路上。」在月亮的指引下，他的逃跑計畫目前一切順利。「但因為我成功逃脫而太過興奮，結果沒有留意到在趕路的過程中，地上有許多的荊棘刺叢。過了一個多小時後，我才發現身上的法蘭絨褲已經被劃破而變成短褲，雙腿也都是刮擦的傷口。」即便如此，當下強烈的興奮感，讓他還感覺不到任何疼痛或疲憊感。

現在的他已經遠離那間房屋，而且看起來也無人追趕，但此時一個沒預料到的障礙擋在他的眼前。如今他必須穿越前方一大片的稻田，但當地人為了保護珍貴的農作不被野豬或其他動物侵擾，晚上都有人在周圍規律地巡守田地。「許多人帶著狗，牠們敏銳的聽力和嗅覺察覺到我後，便開始大聲吠叫，」諾爾寫道。巡守的人們馬上呼叫同行的夥伴，並朝著諾爾逼近，「我拚命衝刺了一兩次，」他敘述道，「在泥巴和髒水中奮力掙扎、試圖逃走，但巡守和犬隻已逐漸包圍我。」不久後，諾爾發現自己被團團包圍，身後是刺藤密布的灌木叢，眼前則是齜牙咧嘴的咆哮犬隻，以及手持棍棒威嚇的人群，他們要求諾爾馬上提供合理的解釋，否則不是被瘋狗咬成碎片，就是腦袋被棍棒給狠狠敲破。

諾爾趕緊講出事先捏造好的設定，說自己是巴庫木材商人派來的俄籍代理人，還說自己在森林裡迷路了。巡守們都接受他的說法，他們的敵意也立刻轉變成為同情，讓諾爾大感欣慰，甚至有些訝異。巡守幫諾爾指引了方向，讓他繼續上路，但他剛剛大量的體力消耗和多處擦傷，如今開始磨損他的意志。「一陣極其強烈的疲憊感湧上心頭，泥巴宛如膠水般黏住了鞋子，我幾乎沒有力氣把雙腳拖出泥濘。帶刺的灌木，再加上骯髒的泥水，這情況簡直糟糕透頂。」不過當日出破曉時，他知道自己進展甚佳，已然接近山腳下，然而劃傷雙腿的那些荊棘其實帶有毒性，如今他的腿部和雙腳都嚴重腫脹。「最後我不得不拿出舊刀片來割開鞋子，才能夠繼續趕路。」終於，他遠離了凶殘的荊棘叢和沼澤地，抵達山麓。筋疲力竭的諾爾就地而寢，醒來時已經在下雨了，但他知道很快就能逃離庫切克汗的領地，安全脫險。

這一天諾爾繼續努力趕路，途中發現了伐木工人用的小空屋，便進去稍微補個眠。倦怠及傷勢讓他的逃亡進度變很慢，直到傍晚他還未能找到地方好好過夜。突然，他發現了一條久經人行的小徑，知道這條路一定會通往有人居住、使用的處所，便沿著路走了幾分鐘，在黑暗中看到了一間房子。「我進了屋，」他寫道，「看到一群波斯人圍坐在房間中央的火爐邊，啜飲著茶水，我依稀記得他們是趕騾運貨的人。」諾爾發現自己幸運地來到一家旅店（即波斯語所謂的chai-khana），南來北往的旅客多在此處吃喝休憩，「這類小棚屋的店主看過形形色色的旅客，所以看到我也不會特別留心。」他身上還帶著一小把錢幣，便買了些熱牛奶，再配上當初為了逃跑而存留起來的陳舊麵包簡單果腹後，已耗盡心神氣力的諾爾臥倒「在房間四周提供所有人歇息的木板床上。」他實在是失算了，這舉動壞了他的大事。諾爾寫道，這間客棧顯然位於旅行隊伍頻繁往來的路徑上，自然會引來追查他下落的人馬，但當下他實是委頓不堪，無暇思索會有這樣的風險。

諾爾回憶道：「我突然被多人粗暴地搖醒，試著起身，但馬上被按在地上動彈不得，好像我是凶暴的野生動物。」手電筒的強光照到了諾爾臉上，而諾爾也認出了拿著手電筒的人，正是他剛逃跑的房屋中負責看管他的人。「他看來欣喜若狂，」諾爾寫道，「我也沒法怪他，畢竟如果我成功脫逃，他大概也完蛋了。庫切克汗絕對會認定，我是在他的幫助之下才能穿越森林逃走。」看管諾爾的人最初不敢向庫切克汗報告此事，先派遣手下兩人去查緝諾爾的行蹤，同時也召集了一群朋友追捕，但僅追了一兩英里就遍尋不到蹤跡。之後會決定沿著這條商旅路線搜查，純粹出於巧合。事後看管諾爾的人也告訴他，他們決定查看一下旅店時，其實已經幾乎不抱任何期望了。

眼下已是深夜，為了確保諾爾不會再次掙脫遠遁，抓捕到他的「叢林仔」將他手腳綁了起來。不過當他指出自己的雙腿已布滿傷痕、嚴重腫脹時，他們也就同意鬆綁雙腿，甚至還給了他一些茶水。事後諾爾也寫道，即便這些人起初要再次抓捕他而有所怨懟，但本質上都是親切的好人。之前書中有提過，諾爾因為極其驚人的速度，能快速穿越地貌險峻的國度，因此在波斯南方部落及同僚軍官之間，享有近乎傳說級別的名聲。看管他的人原先篤信除了「叢林仔」以外，根本沒有人能穿越這片森林，如今親眼見證諾爾的速度也是震驚不已，問他究竟是「用了什麼法術」才能跑得這麼遠。「我這個壯舉，」他寫道，「顯然又大大提高了我在他們心目中的評價。」

因為諾爾已經沒辦法走路了，所以天亮時「叢林仔」讓他騎著小馬，往他費盡千辛萬苦逃出的方向緩緩前行，但這次並沒有回到原先的那棟房屋。「前面幾天，」他回憶道，「我停留在一個大村莊內，用草藥製成的軟膏治療雙腳。然後某天早上，三名武裝男子帶著我騎乘小馬轉移地點，我們穿越森林騎了好幾小時後，來到了一塊小空地，該處有一對貧農夫婦，以及他們的許多家人。」這一次他們可不會再冒任何風險了，「我一下馬，」諾爾描述道，「雙踝就被又大又重的鐵製腳鐐給銬住。」這種馬用足枷是用來放馬匹吃草的可怕道具，幾乎能阻撓我所有行動。「但我發現將一段繩子綁在腳鐐鏈條的中間處，並抓繩提起鏈條，減輕鐵條重量的負荷，小心的話便能如蝸牛般緩緩蠕行，腳踝不至於太過疼痛。」到了晚上，諾爾得住進這家人的簡陋房子，雙踝的腳鐐還須繞過一根木柱後再重新銬上，想逃跑根本難如登天。

不只如此，為了防止諾爾可能在大家熟睡時施展「法術」，再次逃跑，他們吩咐一個二十歲的少年睡在他旁邊。幾英尺外還有一碗浮有燭芯的植物油，整個晚上都會點燃燭火，加以防範。「每天我都過著單調無聊的日子，」諾爾寫道，「我幾乎看不到任何逃脫的希望。」無事可做的他便花了許多時間，來分析上次逃脫失利的原因。他咒罵自己欲速則不達，應該等到氣候更溫暖時再溜之大吉，屆時在沒有被褥的情況下較容易在森林過夜，也會有足夠的野生水果可以維生。此外，當初他應該放緩行進的速度，這樣就不會任憑雙腳被棘刺給嚴重割傷，也就不會因此鑄下大錯，必須至旅店內躲避休息。

轉眼間數週過去，諾爾沒能接觸到任何外界的消息或人事物，只能在自稱是「孤獨囚居的地獄裡」默默忍受著。以他這種性情的男子，被人銬住而無法行動、與世隔絕，實是「痛苦萬分、毀滅心性」，他擔心自己會因此而發瘋。「我把還記得的歌曲、詩句、宣言講稿的所有片段，一字一句地講給自己聽。」他也研究起周邊的野生動植物來打發時間，發現晚間會有「狀似褐色瓢蟲的深色大蟲子」從木屋的屋材裡跑來，直奔他而去，對旁邊熟睡的少年卻毫無興趣。平時他都是把蟲子殺掉，再細算牠們的屍體數量，但某晚他決定換個玩法。他捉住了一隻朝他飛來的蟲子，放在旁邊睡覺的少年身上，「但那蟲子又轉過頭來找我，」諾爾寫道，「我又把牠抓回去，放在少年身上，重複了好幾次後，那蟲子終於放棄抵抗，」這次停留在了旁邊少年的身上。「我原以為他會醒來，但他意識到蟲子的唯一動靜，就只是在睡眠中抽動了一下而已。」諾爾這種遊戲看似幼稚，但這正是他撐過漫長而折磨的好幾個月，仍舊保有理智和鬥志的方法。自從他被俘虜的三月十八日已過了許久，他只能胡亂地猜想協約國目前戰情究竟如何。

從倫敦當局的角度而言，戰情依舊是愁雲慘霧。雖然德國U型潛艇和齊柏林飛船的攻勢遭到壓制，美軍也準備要跨過大西洋，在戰場上助協約國一臂之力，然而單看一九一八年春天的西線戰場，前景可說是無比慘淡。三月二十一日，德國的魯登道夫將軍在西線戰場發動大規模突擊，試圖用精心策劃的出色戰略來打破僵局，把協約國的軍人趕出壕溝之中。在這之前，雙方若想在這相持不下的血腥戰事上有所進展，都只會落得己方損失慘重，領地卻推進甚微的下場。魯登道夫的總攻擊動員了超過六十個師，其中包含從俄國戰線調來的兵力，主要攻擊對象則是他認為最脆弱的英軍。眼下美軍還未投入戰場，魯登道夫深知這是他摧毀敵人（或者至少摧毀其戰鬥意志）的最後機會。他離成功只剩一步之遙：在接下來四個月的激烈戰鬥中，德軍造成協約國近一百萬人死傷，虜獲二十二萬五千名戰俘，戰線更是向前推進不少，甚至來到巴黎的三十七英里外。

然而，那年春季英國的煩憂可不只西線戰場而已。我們已經知道，英國戰時內閣深怕土德聯軍將突破至高加索地區，藉此劍指中亞。而如今派駐在波斯的英國人，也開始警覺到當地有些狀況。德黑蘭官方雖仍自稱中立，但沙阿的內閣中有強大的反英勢力，有些部落內亦是如此。起初魯登道夫的德軍勢如破竹、所向披靡，讓這些反英勢力壯大許多，也因此在這場大戰最後一年的春季，許多波斯百姓開始相信大戰的結果，必然是德國取得勝利。在這種情勢氛圍的壓力之下，德黑蘭政府公然譴責了英國軍隊在境內的活動，宣稱這威脅波斯的主權獨立，也侵犯了該國戰時的中立立場。波斯指稱的英國駐軍，包含鄧斯特維爾將軍的特遣隊、東波斯防線，以及波西．賽克斯爵士招募、指揮的南波斯步槍隊。南波斯步槍隊當初取代了瑞典軍官指揮的親德憲兵隊，設立目的是為了驅逐在波斯內實際干政的德國武裝特務團體，並試圖重建法治秩序。英國在設立南波斯步槍隊之前，就已經先反覆警告過德黑蘭，如果沙阿政府不能保護其境內的協約國利益與僑民性命，那英國就只好自己來做。

如今德軍捷報陸續傳來，北方的沙俄軍力也匆忙撤離，深受鼓動的波斯政府便要求解散南波斯步槍隊。但英國斷然拒絕，因為德黑蘭仍未能保證協約國的人民和財產安全。德黑蘭控訴南波斯步槍隊是一支違背波斯民意而強行設立的外來軍力，這引發了國內各地反英情緒的浪潮。當年四月，南波斯步槍隊內部爆發一系列嚴重的流血衝突，部分英國軍官慘遭殺害，兵變和逃兵等情事更是屢見不鮮。

賽克斯指示，抓到譁變或擅離職守的士兵就要即刻處決，但動亂依舊存在且更加擴大，有部落全體上下竟向英國宣戰。這時甚至謠傳尼德梅爾正趕回波斯，打算重新點燃聖戰餘燼的火苗。印度軍旅歷練豐富並擔任當前西線戰場總指揮官的陸軍元帥道格拉斯．黑格爵士（Douglas Haig），一聽到尼德梅爾可能要在波斯興風作浪，甚至建議英國軍事佔領波斯所有城鎮，以確保印度邊境的安全。但後來證實，沒有必要這樣大張旗鼓，賽克斯自己的軍隊搭配上趕往布什爾的援軍，便在接下來劍拔弩張的幾個月內鎮壓了叛亂，鏟除了敵對部落對英國利益與僑民生命的威脅。

一九一八年春，英國的戰時內閣、東方委員會（Eastern Committee，隸屬內閣的新單位）與軍方各級人員不斷激烈爭辯一個問題：針對土德聯軍和英屬印度之間的高加索地區，究竟該採取什麼樣的戰略政策？另外，高加索的發展情勢具體到底如何，大家的見解多不一致，甚至讓人困惑不解。有些人認為，無論布爾什維克同不同意，鄧斯特維爾都應該進駐巴庫，趁現在還有時間，趕緊組織防禦；他們覺得布爾什維克只不過是唯利是圖的打手，才會配合德國的擴張主義。不過有另一派人相信，英國還是能和布爾什維克建立某種合作關係，共同抵禦土耳其前來攻打巴庫——或者至少能獲得布爾什維克船艦的幫助，防止土軍穿越裡海、抵達克拉斯諾沃茨克港，那裡可是軍事上至關重要的中亞鐵路起始點。此外，還有些人認為一九一八年五月幾乎要被土耳其攻陷的大不里士，比起巴庫面臨著更為迫切的威脅。他們擔心土耳其在佔領巴庫之前，就會先從大不里士向東推進，穿越波斯。現在沙俄的駐軍已不復存在，所以來襲的土耳其軍及阿富汗之間，只剩下鄧斯特維爾將軍的小批人馬，再加上當地招募的一些民兵。的確已有消息指稱，恩維爾的同父異母弟弟努里帕夏（Nuri Pasha）已經準備要意氣風發地率軍東行。為了阻擋土耳其部隊，英國人還提出不少瘋狂計策，例如派遣一小批英國軍官至巴庫炸燬油井，或者部署日本軍隊（先前日本政府已答應要幫忙）來填補軍事破口。更有倫敦的資深官員表示要提供阿富汗大量軍備，但德里的官員馬上制止此一構想。對印度而言，阿富汗是個不按牌理出牌的鄰國，光憑他們手上的武器就已經夠可怕了。

蘇聯的史家們不斷堅稱：英國在這一切的背後，隱藏著巧妙而縝密的宏大計畫。蘇聯史學家所忽略的，是英國的確面對了困惑難解、猶豫不決、情報稀少、思慮混亂等狀況，才會認定倫敦當局的行動延續了「大競逐」時代以降的險惡謀略——而此時高加索地區就是突然出現在英國面前的新契機。鑽研冷戰的史家雷奧尼德・米特羅欽（Leonid Mitrokhin）在一九八七年寫道：「俄羅斯的革命和內戰似乎創造了所有必要的條件，讓謀劃戰略的英國當局能夠實現他們自古以來的美夢」，並堅稱英國的目的「是要趁蘇維埃國度剛剛成立，還沒站穩腳步，把外高加索搶過來變成自己的殖民地」，而完全不顧當地居民的心願。

依據米特羅欽的主張，鄧斯特維爾獲令要以英屬印度的國防之名，行立足高加索地區之實，接著在反革命軍的幫助之下，推翻巴庫蘇維埃，控制整個高加索、裡海等周遭所有區域。為了達成這些不公不義的企圖，這位善操俄語的英國將軍身邊備有「四十輛滿載金銀財寶的福特牌廂型車」。除此之外，英國早已派出「許多資深特務」為將軍開路，其中最重要的便是麥克唐奈爾少校——「駐巴庫的英國領事兼特務」。

# 第二十章

# 獨鬥布爾什維克

麥克唐奈爾若聽到自己被形容為一名「經驗老到的特務」，大概會哭笑不得。自從他的同事諾爾不幸被「叢林仔」抓走，他就再也沒閒著。的確，巴庫發生了太多事，導致這位前英國領事如今在布爾什維克的地盤上孤立無援。他的當務之急是要及時說服頑固的邵武勉，要他儘早接受英國的軍事援助。他下定決心登門拜訪這位叱吒風雲的人物，私下進行商討。還有，邵武勉是否已經知道麥克唐奈爾協助沙俄將軍波洛夫佐夫逃走？因為這可是唯一死刑的重罪，讓麥克唐奈爾感到很焦慮，迫切地想要得知解答。

麥克唐奈爾回憶道，「某天晚上，我拜訪了邵武勉住的公寓。是他十歲兒子開的門。我向他介紹自己的來歷，而小男孩做了個鬼臉……接著向後退了幾步。」他大聲地數落起麥克唐奈爾，語氣直接而尖銳：「可惡的剝削者……你這該死的資產階級寄生蟲！」男孩的母親聞聲連忙趕來。「不過，經過一番談笑，他們還是帶我進門，來到鼎鼎大名的革命家面前。他正癱坐在椅子上，仔細讀著厚厚一疊文件。」見到麥克唐奈爾進門，他將文件放到一旁。麥克唐奈爾繼續寫道：「房間內充滿中產階級的溫馨感。」大桌子的一端放著邵武勉的晚餐，另一端則擺著男孩不久前還在讀的學校教科書。房內另一張椅子上，堆著需要修補的衣物，是夫人匆忙離開房間時隨手擱下的。很難想像這個溫馨家庭的一家之主竟是個暴力革命家。他隨時準備好消滅那些起身反對的異議人士──雖然難以置信，卻是事實。

邵武勉見有客人來，立刻站起身，拿出一瓶酒親切地上前招呼。即便房內的兩人政治立場敵對，此刻卻相處融洽。邵武勉與他的革命同志們經歷了一整天嚴肅的辯論後，或許麥克唐奈的冷笑話和務實態度使他輕鬆不少。畢竟，邵武勉不同於他大部分的布爾什維克同事，受過良好的教育且世故圓融。能和麥克唐奈爾這樣的人談天說地，他應該十分開心。「我想，他滿喜歡我的。雖然我也感受到，他不怎麼把我這對手放在眼裡。」麥克唐奈爾如此作結。此外，由這名英國軍官對這段特殊日子的描述看來，他對邵武勉的評價甚高。尤其讚賞邵武勉以堅毅果決的精神解決巴庫遭圍困時的嚴重糧食短缺問題。不同於大部分的布爾什維克，邵武勉更相信溝通的力量，而非藉由打恐懼牌來達成自己的目的。

回到那晚，是邵武勉先提起英國介入當地政治的問題。「你們的鄧斯特維爾將軍要來巴庫趕走我們嗎？」他責問道。麥克唐奈爾向他保證，鄧斯特維爾身為軍人，唯一的目標就是幫助他抵禦鄂圖曼土耳其的入侵，保衛巴庫。聽到這些，邵武勉語帶嘲諷地反問道：「你真的相信，一個英國將軍和我這個布爾什維克政委有辦法並肩作戰？」沒等麥克唐奈爾回答，他接著說：「不可能！我們會組織軍隊，靠自己的力量對抗土耳其人。」眼見苗頭不對，麥克唐奈爾試著爭論，但顯然邵武勉堅信紅軍增援部隊已從阿斯特拉罕（Astrakhan）往巴庫進發。（阿斯特拉罕位處裡海北端，由布爾什維克控制。）除此之外，他認為接受英國人的援助提議必須冒過高的政治風險，沒有必要。

但麥克唐奈爾與邵武勉的首次會面也並非無所收穫。這位布爾什維克大人物看來並沒有意識到他涉及協助波洛夫佐夫將軍與其夫人逃亡——這個發現著實替麥克唐奈爾打了一劑強心針。若邵武勉其實知道此事，那他還真是掩飾得完全不著痕跡。他甚至說自己很樂意隨時見麥克唐奈爾。但他也表示，不會允許麥克唐奈爾像過去擔任英國領事那樣，透過巴庫唯一的無線電網絡向外界發送加密的外交訊息。從那時起，邵武勉堅持所有訊息都只能透過普通文字訊息傳送。此舉擺明想掌握麥克唐奈爾回報了哪些巴庫和高加索地區的狀況，還有他從上級得到的指示。麥克唐奈爾隨即警告德黑蘭當局，請他們轉告倫敦，不要傳送不想讓布爾什維克看到的訊息，也不要向他發送任何加密文字。

邵武勉的新規定使麥克唐奈爾感到相當棘手。在倫敦當局的要求下，他早已準備好一份詳細的報告，要回報巴庫的局勢，也包括他和邵武勉晤談的摘要。然而，這位巴庫地區的布爾什維克領導人似乎開始反悔先前拒絕英方協助的決定。麥克唐奈爾回憶道：「邵武勉先是拒絕發出那份電報。兩天後，他給了我一份他自己寫的版本。」他要求英方保證，若他接受英國援助，整個軍隊必須交由「巴庫軍委會」（Baku Soldiers' Committee）指揮。這個委員會將有權利解雇個別軍官和士兵，甚至包括鄧斯特維爾本人，並且能進行軍事法庭的審判。至於城市的整體防禦則會繼續由邵武勉的軍事顧問管理。雖然麥克唐奈爾知道倫敦當局不可能接受這些條件，他也只能如實轉達。他不知道的是，就在他極盡全力說服邵武勉接受英方協助之際，英國國內某些軍方人士仍強烈反對鄧斯特維爾前往巴庫。他們擔心那裡會成為下一個庫特，下一個死亡陷阱。而鄧斯特維爾本人則是相信，還有機會拯救巴庫免於遭受土耳其部隊染指，因此急切地想要出兵。話雖如此，邵武勉提出他的條件後，雙方仍然沒有達成最終共識。最後，英方認為邵武勉的條件過於荒謬而忽略了他的請求。

麥克唐奈爾不久後也意識到，其實還是有些布爾什維克把鄧斯特維爾當成他們的唯一希望。那些人主張，用英國人可以接受的條件來換取鄧斯特維爾的支援，而除了邵武勉以外，巴庫的亞美尼亞領袖們也完全同意這點。但邵武勉是個講求紀律的可畏領導人，他不可能容許周圍有人提出異議。況且眾所皆知，列寧相當信任他，也把他當成朋友，所以邵武勉的觀點才能壓過異議聲浪。但麥克唐奈爾察覺到了他的動搖，每次見到他，都會嘗試使他改變心意。好在這樣的機會還是很多的。「他們家還是很歡迎我這個客人，只有吃飯時間除外，」麥克唐奈爾回想起那段日子時表示，「畢竟那時候有食物配給制度，去朋友家吃飯也不太好。」

他還與邵武勉的兒子成了好朋友。「在他父親埋頭讀著那成堆的文件時，我們經常一起玩他的玩具火車。我通常扮演爵位遭到廢除的大公，改行當操縱轉轍器的鐵道員。我總是因為犯錯或運送食物的列車誤點而被訓斥，有時還會被打頭，某次甚至被處決了。我很佩服邵武勉能在這樣的吵鬧聲中工作，但他說他不會為了任何事情將孩子們趕出房間。對他而言，孩子們比所有的理想都還更能鼓舞他。」在麥克唐奈爾眼中，邵武勉似乎不需要睡覺。「在他家人都就寢後，我會聽他長篇大論好幾個小時，說他心中關於一個完美國家的論述和理論。完美的國家中，每個社會成員將齊心為了群體而工作，就像健康身體的所有細胞。」兩人之間免不了激烈的爭論，有時甚至會持續到天亮。

當時，麥克唐奈爾突然意識到，巴庫當地為了能直接向英國求援，正在醞釀一場推翻邵武勉和布爾什維克的陰謀。事實上，他還耳聞有些布爾什維克的海軍船員正在考慮派遣軍艦前往恩澤利港去迎接鄧斯特維爾和他的部下。雖然邵武勉看起來還很有自信，但越來越少人懷抱信心，深怕六千人左右的布爾什維克軍隊和四千人左右的亞美尼亞軍隊擋不住土耳其人策劃已久的攻勢。這些異議人士以及他們的陰謀讓麥克唐奈爾進退兩難。目前，他的任務還只是嘗試說服邵武勉改變主意，接受英方的協助。但因為倫敦和德黑蘭都停止向他傳送加密過的指令，他的上級無法讓他了解當前進展，也無法給予他新的指示。當然，他也沒能跟上級說邵武勉若繼續堅持己見，可能導致其地位被推翻。麥克唐奈爾明白，即便他不希望看到邵武勉或他的家人受到傷害，要想保障倫敦當局的最佳利益，最好由歡迎鄧斯特維爾的人取代布爾什維克。他現在能做的，就只有密切關注事態發展，並持續說服邵武勉理智行事。

然而，麥克唐奈爾怎麼也沒料到，一切會突然開始改變。「某天早晨，我和邵武勉聊了一整晚後，正在我家享用早餐，一個年輕女孩按了門鈴。」她看上去有些衣衫不整，自稱瑪麗．尼古拉耶芙娜（Marie Nikolaievna）。她問麥克唐奈爾能否和她私下談談。進門後，她遞給麥克唐奈爾一封信函，寫信的人是英國軍事特遣隊隊長——先前這支特遣隊駐紮在梯弗里斯，後來遷往北方一百英里外，搬到遠離德軍的安全地帶。隊長表示，是瑪麗自願擔任秘密信使，但也強調自己無法擔保她值得完全信任。這封信只向麥克唐奈爾報告了特遣隊的最新行蹤，字裡行間小心翼翼地避免提及任何可能洩漏機密的內容。在麥克唐奈爾的印象中，瑪麗的神情「非常堅定」，並告訴他，她即將開始為布爾什維克工作，負責打字記錄以及送信到前哨站。實際上，她打算以此掩護真正的任務：監視布爾什維克的一舉一動，最終把他們拉下台。麥克唐奈爾寫道：「她表示，她願意為了她的沙皇獻上一切。她認為我也一樣，隨時準備為國犧牲。」顯然，這個女孩想充當他的眼線。「我向她道謝，但還是告訴她我沒打算那麼早就為國捐軀。」

這些話讓瑪麗有些不悅，她問道：「你覺得我是布爾什維克派來的間諜？」麥克唐奈爾會這樣想也是理所當然。他沒有半點鬆懈：「我向她保證，英國人除了幫助當地執政黨抵禦土耳其人的攻擊、保護巴庫之外，沒有其他動機。因此，也沒有必要進行間諜活動。」這番話再度激怒了瑪麗。她語帶譏諷地告訴麥克唐奈爾：「你這些話已經說到要變成口號了！」麥克唐奈爾聞言疑心大起，立刻問她怎麼知道他曾經說過這些話。就他印象所及，他只有在邵武勉面前說過而已。瑪麗沒有直接回答，只說這些話被整座城市的人當成笑話。傳聞中，這些話他一天會對邵武勉重複說上三遍。麥克唐奈爾有些懊惱，因為尷尬的是，事實近乎如此。他自嘲道：「確實，我自己都聽到耳朵長繭了。」話雖如此，麥克唐奈爾一刻也不敢放鬆警惕，深怕瑪麗是邵武勉為了打探他的意圖，派來挑撥離間的奸細。

瑪麗向前傾，半個身子越過辦公桌，激動地問道：「為什麼？為什麼不除掉他們？布爾什維克永遠會是你的敵人。」她向麥克唐奈爾保證，此刻有數百名沙俄軍官潛伏在城中，數千名對沙皇宣誓效忠的俄國工人在油田工作。還有一群保皇黨的飛行員在航空學校，他們都在等待領袖的出現。「去帶領他們吧。把布爾什維克的人渣趕出去！」她懇切地說道。麥克唐奈爾只能無奈地複述剛剛的話：英國政府無意干預俄國國政。瑪麗一言不發，死死地盯著他。過了幾秒，她問麥克唐奈爾是否百分之百肯定這點。麥克唐奈爾寫道：「我點了點頭。接著，她突然哭了出來。」直到剛才，他都還堅信瑪麗是布爾什維克派來監視他的特務。「但現在，她的眼淚是如此真摯，」他寫道。他決定冒這個險。

待瑪麗擦乾眼淚，麥克唐奈爾表示，希望她執行布爾什維克長官派發的任務時，可以幫他捎幾封信。他向瑪麗保證：「就是一些普通的報告，誰都可以讀的那種。」瑪麗微微一笑，用稍帶責備的語氣說：「你還是不信任我。但如果你需要的是信使，我可以替你安排幾百個像我這樣的女孩。」她告訴麥克唐奈爾，有一群極力反對布爾什維克的女孩自行組織，在整個俄國充當信使，為效忠沙皇的人傳遞指令和公文。為了掩人耳目，她們經常混在難民群或農民百姓中。「我們是一群中學女生和大學生，這個組織是為了拯救俄國、拯救同胞而存在。」

多年後，麥克唐奈爾寫道：「瑪麗・尼古拉耶芙娜，她用行動證明自己是傑出的俄羅斯女性。這些女中豪傑的存在，常讓身為男性的我為自己的無能感到羞愧。她信守承諾，持續為我送信，這件事對我本人及我的工作都有莫大幫助。這些女孩每過一陣子就會出現，有時扮成討飯的乞丐，有時是兜售日常用品的商販。她們把信件藏在鞋底或大衣的皮製鈕扣中，以及其他隱秘處。有些女孩甚至看起來還未成年。這些女孩的英雄事蹟不會出現在史書上。」最終，巴庫還是落入土耳其人的掌控，那時麥克唐奈爾十分擔心瑪麗的安危。所幸他看到瑪麗和一群俄羅斯軍官上了船，前往安全的地方。麥克唐奈爾寫道，「在我們抵達恩澤利之後，她消失了，從此再無音訊。」

然而，瑪麗不是麥克唐奈爾當時唯一的神祕訪客。陌生的沙俄軍官和相關人士相繼登門，認為麥克唐奈爾在進行一系列反布爾什維克的活動，並表示他們也想參與其中。「許多人一看就知道是布爾什維克派來的特務，想調查我在做什麼。不過，大部分的人看來都是認真想推翻布爾什維克。」無論如何，他對待這些訪客的態度都極其謹慎。他只能建議這些人去找負責保衛巴庫的布爾什維克政權，看他是否有軍事相關的技能和經驗能派上用場，因為如果邵武勉邀請鄧斯特維爾將軍前來，將軍會希望他們能提供類似協助。一名前沙俄軍上校聽到他的建議，憤怒地威脅他若不道歉，就要痛毆他一頓。但麥克唐奈爾沒辦法冒任何風險。這些訪客讓他的處境非常尷尬。他寫道：「前沙俄軍官上門拜訪，自然讓我備受懷疑。」毫不令人意外的是，邵武勉開始疏遠他，表示若有什麼重要的事情，應該要在辦公室解決，而非在家中處理。麥克唐奈爾回憶道：「我十分懷念去他家拜訪的愉快時光。很遺憾我再也不能扮演那個被廢黜的大公，也無法再和他的兒子玩耍了。」而他早已將自己的兒子們和妻子送回英國老家的安全地帶了。

麥克唐奈爾繼續回憶道：「我受到嚴密監控。無時無刻被跟蹤的感覺著實讓人脊背發涼。」他補充道，即使多年後，只要有人在身後跟著他太久，這種不安的感覺還是會出現。雖然布爾什維克特務有發展出一套「交棒」的機制，也就是當他們覺得目標發現自己被跟蹤，就會換另一個特務跟監，但他們的跟蹤技巧其實不太高明。身強體壯的麥克唐奈爾有時會故意出門，讓跟蹤者疲於奔命。例如在炎熱的午後躲進歐洲飯店（Hotel d'Europe）喝上一杯沁涼的飲料，讓特務在外頭汗流浹背。「可憐的傢伙，」他在提及某位「受害者」時寫道。「他熱到把外套脫下搭在手臂上，顧不得衣衫不整，只能用帽子不停地替自己搧風。」麥克唐奈爾還會忍不住湊上前問那個不幸的特務，散步是否愉快。那一次，他們散步到城市較偏僻且地勢起伏的地區。麥克唐奈爾也知道這種情況下，那名特務無法請他的同事接手跟蹤任務。事實上，他還多次惡作劇般放緩腳步，讓氣喘吁吁的特務能夠跟上，不然遊戲就不得不到此結束了。麥克唐奈爾寫道：「我想，他應該很想一槍斃了我吧。」

然而，此時的麥克唐奈爾並不知道，倫敦當局終於對邵武勉失去了耐心，決定採取更加強硬的態度。麥克唐奈爾在七月十日才得知這件事。當時，年輕的英國情報員雷金納德·蒂格—瓊斯上尉（Reginald Teague-Jones）喬裝成來自波斯的亞美尼亞商人，抵達巴庫。前述由威爾弗里德·馬里森少將率領的特遣隊此時駐紮在馬什哈德，就是少將把他派往巴庫去了解最新軍情，並向麥克唐奈爾說明戰爭內閣的新戰略。「他告訴我，英法兩國政府的新政策是支持反布爾什維克的勢力……不管這些人是沙皇的擁護者，還是社會革命黨，只要他們有準備好推翻布爾什維克的決心就夠了。」即使莫斯科當局尚未收到正式通知，這實際上就是對布爾什維克宣戰了。對麥克唐奈爾等與布爾什維克交涉的英國軍官來說，無疑產生了深遠的影響。特別是蒂格—瓊斯上尉，他在即將發生的重大事件中，扮演了舉足輕重的角色。

麥克唐奈爾很快就發現蒂格—瓊斯從頭到腳散發著專業人士的氣息，而且天生就是當情報官的料子。他的童年和成長背景有點像是小說家吉卜林筆下的孤兒基姆（Kim）——年幼時就被徵召入伍、接受訓練，為日後在「大競逐」中要達成的使命做準備。就像是基姆，蒂格—瓊斯的身世也有些神祕。他父親是語言教師，在他十三歲時便去世了。除了蒂格—瓊斯以外，他的母親還要撫養另外兩個更小的孩子，家境十分拮据。後來，母親的朋友提議將年幼的蒂格—瓊斯接到沙俄首都聖彼得堡照顧，並負責他的教育。由於蒂格—瓊斯早期就展現了語言天賦，母親友人安排他進入聖彼得堡一所德國人經營的語言學校就讀。沒多久他就掌握了流利的德語、俄語和法語，甚至親自體會了革命是怎麼一回事：一九〇五年，十五歲時的他差點在第一次俄國革命（First Russian Revolution）中慘遭激動的暴民踩死。

回到英國後，蒂格—瓊斯又在倫敦大學（London University）就讀了兩年，接著在一九一〇年前往印度。至於他在大學讀了什麼，我們就不得而知了。在印度，二十一歲的蒂格—瓊斯加入當時的印度帝國警察部隊（The Indian Imperial Police），投入了邊境地區的情報工作。為了偽裝身分，他還學習了更多語言，如波斯語和其他亞洲語言，讓本就強大的語言能力更上一層樓。他的長官沒有忽略他非凡的才華，很快就將他調往英屬印度政府的外交與政治部（The Foreign and Political Department）。這個機構可謂菁英聚集之地，曾培育出許多參與「大競逐」的著名人物。蒂格—瓊斯在這裡工作的時候，大戰爆發了。為了充分發揮他的天賦，政府將他調往波斯灣的軍事情報單位。隨著巴庫危機日益升溫，對印度的威脅也隨之而來，要對付邵武勉，蒂格—瓊斯是最理想的人選。

麥克唐奈爾回憶道：「蒂格—瓊斯散發著驚人的精力和熱忱。儘管我因為與邵武勉交情匪淺而感到良心不安，他卻帶領我向前看。戰爭就是戰爭，本來就是骯髒的勾當。我很樂意相信蒂格—瓊斯這位訓練有素的軍人。」但這位來到巴庫的訪客只想趕快回去馬什哈德，向馬里森將軍報告他得到的消息。蒂格—瓊斯在日誌中記錄道：「有件事非常重要，那就是土耳其人的陣線正穩定地向巴庫推進。」而且，只有亞美尼亞人和反布爾什維克勢力準備好要與土耳其決戰。當天晚上，他仍然裝扮成趕路的商人，乘著渡輪回到裡海另一頭的小港口克拉斯諾沃茨克。他打算接著搭火車向東趕路，最後騎馬前往馬什哈德。但在離開克拉斯諾沃茨克港之前，他有一些急事要處理。他發現碼頭的木頭棧道上擠滿了焦慮的市民，他們之中許多人擔心親友的狀況，迫切地想知道來自巴庫的最新消息。巴庫淪陷了嗎？他們還能堅持多久？土耳其人距離巴庫多遠？然而蒂格—瓊斯一刻也不能耽擱。他穿過人群，直奔鎮上。

他只想著一樣東西，那就是庫存量龐大的原棉——俄國控制下中亞地區最主要的出口商品。從克拉斯諾沃茨克港到塔什干，備用車廂、集貨站、鐵路側線，以及鐵路沿線各站都堆滿這種貨物。港口的碼頭上，原棉一包包地整齊放著，堆成一座小山，正等著被運到裡海北端的阿斯特拉罕。無論是德國人還是土耳其人都亟需原棉。它是製作某些炸藥的必要材料，也有各種重要的戰時用途。並且蒂格—瓊斯得到的消息也指出，布爾什維克那邊也同樣急著把它們變成現金。在巴庫時，蒂格—瓊斯得知阿斯特拉罕有一個德國特遣隊，他們的任務就是大量購買這些原棉，越多越好。他還知道，巴庫和克拉斯諾沃茨克港的布爾什維克當局已和德國人達成協議，同意提供船隻將這些棉花立刻送到阿斯特拉罕。他知道，要想破壞德軍的計畫，就得要加快行動。

起初，他本來想要當天晚上在幾捆棉花上澆油，放火點燃，銷毀碼頭上的棉花堆。如此一來，還能順便摧毀整個港口，阻撓未來的棉花出口。但此舉也會讓這個孤立的偏遠小鎮更加不幸，陷入饑荒。有鑒於此，蒂格—瓊斯決定尋找其他方法。他手上握有一個俄羅斯航運高官的名字，據說是一位反布爾什維克人士。蒂格—瓊斯決定立刻前去拜訪這位高官。這名俄羅斯官員在蒂格—瓊斯表明自己的身分後，首先與他討論了整體情況，也向他詢問巴庫的局勢。蒂格—瓊斯認為眼前的人給他留下不錯的印象，看來是可以信任的，於是開門見山地說明此行的目的。

據他所知，當時有三艘船正在港口裝載棉花。至少有兩艘會準備好在午夜出航，而等待進港的船隻會隨候補上這兩個空缺。其他船隻也預計會在不久後陸續抵達。蒂格—瓊斯思考著，要如何阻止這些船隻出港？眼前的俄羅斯官員搔搔腦袋，思索片刻後答道：不容易啊。蒂格—瓊斯要求他想辦法阻止那些貨物離開。官員的眼睛突然亮了起來，他說：「我有一個大膽的想法，也許行得通。」但要執行計畫，他需要請一位朋友協助。當然，他完全信任這個朋友。蒂格—瓊斯想不到其他計畫，只能點頭答應。這名俄羅斯人接著解釋他的妙計。

他的朋友在克拉斯諾沃茨克港的無線電台工作，那裡目前遭到布爾什維克控制。那位朋友是鎮上唯一會維修故障無線電發射器的人，而無線電發射器經常故障。這兩點對計畫來說至關重要。克拉斯諾沃茨克港當局必須要有官方的指令才能停止裝載棉花的工作，而負責下達這些運送工作的指令的，是阿斯特拉罕的布爾什維克當局。因此任何與當前任務相違背的指令也要來自（或看似來自）那個電台。再者，兩座城鎮之間相隔五百多英里，無線電是唯一的通訊方式，因此指令也必定是透過無線電傳來。這就是計畫中需要那位朋友協助之處。他們馬上送出訊息，邀請那位朋友加入。

計畫中，克拉斯諾沃茨克港的無線電台會「接收」到來自阿斯特拉罕的緊急指令，要求所有船隻立即停止裝載棉花。當然，這是他們自己捏造的指令。下達指令後，無線電發射器就會在克拉斯諾沃茨克港當局反應過來前「無預警」故障。這不會引起任何人的懷疑，畢竟機器本來就很常故障。他的朋友會負責確保這起事故發生，然後一如往常，布爾什維克的人會叫他來維修。俄羅斯官員肯定地說：「這樣不只可以阻止運送棉花的工作，船隻也會離開這座城鎮。這樣無線電再次運作時，他們就沒有船隻可以用了。」蒂格─瓊斯提出疑問，那要如何把這條假訊息偽裝成機器所接受到的訊息之一？他們在基地台工作的朋友給了解答。他知道某位負責接收訊息的通信兵極度反布爾什維克。只要有足夠的誘因，他大概會同意「接收」那條假的指令，並按照平時的工作流程傳送給當局。

那麼，下一步就是要捏造一則能夠以假亂真的指令。他們在電台工作的同謀說道：「我很清楚該怎麼措辭，畢竟這類的訊息我最近也看多了。」他試著編了一段：克拉斯諾沃茨克港蘇維埃執委會（Soviet Executive Committee），請即刻停止一切裝載棉花的工作。所有可用船隻應在一旁待命，準備好運輸汽油和石油到阿斯特拉罕；已經裝載貨物的船隻必須立刻卸下貨物並轉運到其他港口。說完，他擔心地表示，若布爾什維克最後識破了計畫，該怎樣確保他自己的人身安全？蒂格─瓊斯安慰他：「若事情不幸敗露，你可以偷偷溜到波斯，我們的人會照顧你的。」說完，蒂格─瓊斯不安地看一下手錶。時間所剩不多。船隻有可能會比預期更早完成載貨工作，並在午夜前出發駛往阿斯特拉罕。他掏出一把刀，小心翼翼地割開大衣的襯裡。隨後從中取出一疊十盧布的鈔票──是要交給那名通信兵的賄款。通信兵揮了揮手，沒有拿錢就匆匆趕往無線電台的方向。

蒂格—瓊斯在日誌中寫道：「那天下午，無線電台故障。他們最後收到的消息，是一份措辭嚴厲，不容打折扣的命令，要求克拉斯諾沃茨克港的蘇維埃執委會停止裝載棉花，並卸載所有船上的棉花。」這突如其來的計畫變動，以及其造成的巨額損失引起了許多抱怨，大家為了搞清楚原因爭論不休。流言在城鎮四處流傳，說這些船實際上是要去支援巴庫居民的撤離；又或者是要去恩澤利把鄧斯特維爾將軍和他的部隊送往巴庫。抱怨歸抱怨，在克拉斯諾沃茨克港，沒有人敢違抗來自阿斯特拉罕的命令。於是，當晚沒有任何一包原棉離開港口。後面我們將會看到，等布爾什維克和德國人意識到發生了什麼事，已經無力回天。

完成任務後，蒂格—瓊斯只想儘快返回馬什哈德，回報巴庫和克拉斯諾沃茨克港的情況，以及他在向東穿越沙漠之際，於火車上觀察到的鐵路沿線情勢。隔天下午他搭上火車前往四百英里外的卡卡（Kaahka），再往南方騎馬穿越科佩特山脈（Kopet Dag）進入波斯。這條路他再熟悉不過了，因為就是先前他前往巴庫的路線。這次回程，他在克拉斯諾沃茨克港先買了些食物，因為接下來在火車上和沿途都買不到。想當初離開波斯，他幾乎整整五天沒有吃到像樣的飯菜，還得睡在骯髒擁擠的車站地板上。

蒂格—瓊斯知道，如果土耳其人和德國人成功攻佔巴庫、渡過裡海，到達克拉斯諾沃茨克港的話，他們會沿著中亞鐵路向東行軍，往阿富汗和北印度前進。馬什哈德的英國特遣隊已收到命令，如果發生這種情況，就必須先行破壞鐵路。然而，英方沒有詳細的鐵路地圖，無法找出最容易破壞的區域。隨著火車緩慢穿越熱浪洶湧的卡拉庫姆沙漠，蒂格—瓊斯仔細觀察窗外景象，尋找有必要時可以炸毀的涵洞或橋梁。然而這條鐵路是「大競逐」白熱化時期由俄羅斯軍方的工程師所建造，當時就已經將人為蓄意破壞納入考量，因此蒂格—瓊斯沿途看到的路段幾乎都可以在幾小時內修復完成。

二十四小時後，他搭乘的火車駛入外裡海州的首府阿什哈巴德（Ashkhabad）。下車後，他聽到一則驚人的消息：兩天前的晚上（七月十二日），一場政變推翻了布爾什維克在該地區的政權。此後，阿什哈巴德的情勢始終動盪不安。他在當地短暫停留一陣子後，打聽到事發經過。一群住在當地兵營的俄羅斯鐵路工人組織了反布爾什維克團體，並佔領了一座軍火庫。這些工人不論來者何人，隨意地把武器分配出去，使得一群武裝暴民得以浩浩蕩蕩闖進布爾什維克的總部。數名官員遭當場擊斃，另有九名官員因為壓迫百姓被處以絞刑。而就在蒂格—瓊斯搭乘的火車進站補水時，自稱阿什哈巴德委員會（Ashkhabad Committee）的臨時政府在阿什哈巴德成立。新政府尚未公開表明政治立場，人們只知道其成員全部由來自歐洲的俄羅斯人組成，而且大部分都是社會改革派的鐵路工人，是當時布爾什維克在權力爭奪戰中最主要的競爭對手。雖然這個臨時政府聲稱自己會捍衛土庫曼穆斯林的利益，委員會中卻沒有任何成員來自那個族群，因為他們覺得這些穆斯林頭腦簡單，不可能了解改革政治。

對英國來說，阿什哈巴德的布爾什維克遭到推翻，無疑是極其重要的發展。蒂格—瓊斯明白，不能再拖延時間了，必須儘快將這個消息傳達給待在馬什哈德的馬里森將軍，接著透過電報通知德里和倫敦。然而，他不知道的是，當火車持續緩慢駛向卡卡，政變的餘波已經擴散到了其他地方。阿什哈巴德起義的消息迅速傳到梅爾夫（Merv）和克拉斯諾沃茨克港。在這些地方，同樣血腥的命運降臨在布爾什維克身上。從阿什哈巴德出發四小時後，火車抵達卡卡，蒂格—瓊斯也下了車。早在離開克拉斯諾沃茨克港時，他就發送了電報，請求他的組織預先留幾匹騾子在火車站，這樣他一下車就可以往南朝波斯出發。但他下車後才發現，電報並沒有成功傳送。經人介紹，他在市場找到了一個趕騾人，願意帶他到馬什哈德，不過狠狠敲了他一筆竹槓。即便趕騾人堅稱不可能，蒂格—瓊斯還是預定在兩天內完成旅程——十天前他從馬什哈德北上卡卡，花的時間是將近四天。他們離開卡卡前往俄國邊界的時候，已經接近日落時分。

這趟旅程無疑十分艱苦。蒂格—瓊斯穿過炙熱的沙漠後緊接著進入高山區，而山上的酷寒即便是七月也依然不減。蒂格—瓊斯想到自己的情報隨著時間流逝，正一分一秒地失去時效性，便毫不留情地驅趕著騾子和牠們的主人。他有時騎上騾子，有時走路，對著動物或拉或踢。他下定決心要保持速度，還要證明趕騾人錯了。終於，他看見遠處波斯城鎮的燈火。兩個小時後，疲憊不堪的蒂格—瓊斯終於趕在午夜前騎著騾子穿過古老的城門，進入馬什哈德。這趟旅程花了他整整兩天時間。他朝著英國領事館的方向前進，那裡是馬里森將軍麾下情報員的住所。

# 第二十一章
# 陰謀

同年夏天，隨著土耳其人步步逼近孤立無援的巴庫，麥克唐奈爾意識到自己被捲入了一場推翻布爾什維克統治階級的可怕陰謀。蘇聯的史家指控他「聽從英國情報機構的命令行事」，在幕後親自策劃了這起陰謀。儘管麥克唐奈爾在倫敦的上級迫切想要邵武勉下台，但看來他並非幕後黑手。不過，他也承認自己與此事密切相關。他在倫敦當局的全力支持下參加了一場幾位主謀之間的密會，並把英國政府給他的資金提供給謀反組織。這筆錢共兩百萬盧布，一直被麥克唐奈爾藏在家中。除此之外，麥克唐奈爾也在回憶錄中透露他獲得倫敦當局的授權，參與了摧毀巴庫地區油井的計畫，避免它們落入土耳其人的手中。

儘管麥克唐奈爾參與了謀反組織的計畫，他還是對該組織策劃政變的方式感到不滿，認為計畫過於倉促。他寫道：「每個沙俄上尉都公開自封為上校或將軍，整件事儼然變成一部荒謬喜劇。」而以喬治亞人為多數的主謀們則急著想把他們厭惡且不信任的亞美尼亞人排除在計畫外。他們辯稱，反正亞美尼亞人在政變即將成功的前一刻也會馬上轉頭背叛邵武勉。麥克唐奈爾試圖說服這些密謀叛亂者暫緩計畫，直到鄧斯特維爾將軍能夠充分掌握局勢。他指出，英國軍隊要從恩澤利抵達巴庫需要一些時間，而這座各派勢力分裂的孤城在這段時間內，若缺乏合適的領袖或者能夠掌控並防衛城市的組織，後果將難以預料。但此刻沒有任何事可以阻止這些魯莽的謀反份子實行他們的計畫。他們之所以團結在一起，不過是因為都恐懼土耳其人，同時也反對布爾什維克。

發動政變的日子已定，麥克唐奈爾只能無奈同意。他們計畫讓油田工人發動罷工，並在巴庫的海濱集會。現場會安排人員上台演說，譴責邵武勉未能妥善準備好面對即將到來的土耳其軍隊。接著，他們會投票並全員一致地呼籲支持英國軍隊前來援助巴庫。若計畫順利，那些支持邵武勉的軍警會到現場全力鎮壓這些失控的油田工人，到時候在城市內潛伏的幾百名前沙俄軍官會趁機持械群起，發動起義，包圍布爾什維克在巴庫的總部並逮捕邵武勉和他的隨扈。同一時間，謀反者也說服港口的海軍船員和航空學校加入計畫，確保不會有其他勢力現身支持邵武勉。最後，一旦政變成功，亞美尼亞人的武裝部隊就會在城內重要的據點和街道上部署據點維護法紀和秩序。由於麥克唐奈爾和亞美尼亞領袖的關係良好，他將負責指示亞美尼亞人在適當的時機進駐巴庫。至於巴庫的穆斯林族群，已經不可能礙事了：在歷經種族大屠殺過後，倖存下來的人也大多早已逃亡偏遠的鄉村，準備好迎接進駐的土耳其人。

麥克唐奈爾接著寫道：「接下來幾天大概是我這輩子最難忘的時光。我們現在都捲入了一場危險萬分卻刺激的遊戲。」若計畫成功，邵武勉勢必慘敗，而鄧斯特維爾將軍很快也會帶著他的部隊抵達巴庫。然而，計畫在一夕之間生變。發動政變的前一天，一名主謀被布爾什維克的秘密警察逮捕，麥克唐奈爾親眼看到他遭人押走。「這件事發生得很不是時候，」麥克唐奈爾坦承，「我擔心他當下做出一些舉動導致我被認出，所以就躲進了一間店。」此刻他們面臨一個關鍵的問題：這名被抓走的俄羅斯上校會不會在麥克唐奈爾戲稱為「充滿說服力的布爾什維克監獄氛圍」中，全盤托出計畫內容。若這名上校說出一切，他們所有人就和死人沒兩樣了。而所謂禍不單行，兩名參與計畫的次要人物也接著被捕，並且從他們身上搜出一張名單以及其他可疑的資料。然而計畫到了這個地步，已經沒有人有辦法確定布爾什維克到底發現了多少事情。最後，他們決定繼續執行計畫但隱瞞有計畫相關人士被捕的消息，以免其他人亂了陣腳而無法完成任務。麥克唐奈爾寫道：「眼下要確保我們的安全，只能祈禱政變發動後馬上成功，屆時就不會有布爾什維克的人來追捕我們。」

當天，麥克唐奈爾已設法向鄧斯特維爾捎去口信告訴他巴庫的局勢發展。現在他只需要等待隔天早上十點油田工人們在海濱集會，到時候就聽天由命了。麥克唐奈爾回憶道：「我清楚記得自己站在客廳內，透過敞開的窗戶俯瞰海灣。我可以看到停泊在大約半英里外的巴庫艦隊。那時太陽剛升起，我朝窗外望去，看到老舊砲艇早早就冒出陣陣蒸汽。然而到了九點半，所有船隻都還停泊在它們的浮標旁。我也沒看到甲板上有任何動靜。」他知道，所有人員要想在十點就定位，他們現在就該開始行動了。

不過他接著說，從他客廳裡看不到即將要舉行大規模集會的那處海濱。「十點，關鍵時刻到了，然後過了。我以為會聽到步槍開火的劈啪聲響，也以為會聽到幾千個工人大聲呼喊要求英國人前來支援的吵雜聲。沒有一絲聲響打破海灣的寧靜，而艦隊依然停泊在原處。」突然，一艘小艇離開港口並駛向其中一艘戰艦。麥克唐奈爾透過望遠鏡看到一些人上了船。他驚覺事態不對：「那些登船的人不是水手，是警察。」事已至此，麥克唐奈爾清楚意識到有人洩露了計畫。

麥克唐奈爾等到十點半，終於忍不住前往鎮上，想釐清到底發生了什麼事。他寫道：「街上滿是巡邏隊、士兵和警察。」然而，所有店家依然若無其事地開門營業。他走到工人們本該聚集的海濱，卻發現一座被擱置在那的木質演講台。麥克唐奈爾猜測，那是示威群眾為演講者準備的演講台。他趕去某位主謀住的飯店，結果發現那個人今早突然搭乘渡輪離開，前往克拉斯諾沃茨克港。麥克唐奈爾曾把巨額的盧布裝進豬皮製的皮箱交給那位主謀，而皮箱顯然也被帶走了。麥克唐奈爾循著線索抽絲剝繭，逐漸瞭解事件全貌。正如他擔心的那樣，其中一名被逮捕的同夥在布爾什維克的審訊室中將計畫全盤托出。結果到了晚上，一些策劃陰謀的關鍵人物被捕，包括那些本該去攻擊邵武勉總部的沙俄軍官。當天早上油田工人在鎮上示威前行的時候，半路被布爾什維克的部隊阻攔，而工人領袖也被逮捕。事後想想，大部分的主謀如今要麼被捕，要麼悄聲無息地消失了。種種跡象讓麥克唐奈爾懷疑自己的身分早已曝光，並且秘密警察隨時都有可能找上門。

然而布爾什維克起初似乎沒察覺他在這場陰謀中扮演了什麼樣的角色，也就忽略了他。官方控制的巴庫媒體甚至憤怒地把矛頭指向「沙俄反革命份子」，而這個邪惡計畫會失敗「全歸功於布爾什維克敏銳的觀察力以及工人們不屈不撓的意志。」或許是因為害怕激起更多鎮民歡迎鄧斯特維爾將軍的到來，報導中也完全沒有提及英國的干預。與此同時，邵武勉向莫斯科當局發送電報時，語氣越來越急切，要求蘇俄政府派遣紅軍部隊前來保衛巴庫。他也在電報中表示自己的亞美尼亞部隊英勇頑強地抵抗著土耳其軍隊的進攻，然而部隊現在也面臨士氣低落的問題。邵武勉聲稱問題的源頭正是「英方的煽動」，以及部分指揮官支持鄧斯特維爾前來援助所表現出的「懦弱」。邵武勉向莫斯科當局懇求道：「拜託你們，趕緊派兵吧。拜託了。」列寧和史達林因為邵武勉堅決拒絕了英國的協助，對他讚譽有加，但也只是如此而已：邵武勉只分到來自阿什哈巴德的一百七十名騎兵以及俄國中部的七百八十名士兵。這些兵力將加入在西方一百英里外的兩萬人亞美尼亞軍隊，一同抵禦土耳其人的入侵，守住巴庫。即將迎戰他們的，是土耳其派出的九名全副武裝的步兵師，人數至少是巴庫士兵的三倍。

雖然計畫失敗了，但隨著邵武勉從囚犯口中審訊出越來越多關於陰謀的細節，指向麥克唐奈爾的疑點也越來越重。麥克唐奈爾因為家中電話斷線，開始意識到自己被當作嫌疑人了。那些針對他的情資蒐集工作也變得越來越明目張膽。麥克唐奈爾寫道：「有人直接駐點在我家前門視線可及範圍內，甚至還有人公然跟蹤我。」當他試著若無其事地直接到邵武勉家中拜訪，卻被一個外表粗獷的水手給打發走。從那時起，麥克唐奈爾經歷了一連串愈發詭譎的事件，而事態也開始急劇變化。

首先，麥克唐奈爾透過某個可信的管道收到一條簡短的消息，讓他隔天早上一定要在家。隔天中午，有名訪客出現在他家後門。這名訪客乍看之下是一個為了販售東方風格地毯而四處奔走的商人，而麥可麥克唐奈爾對這類地毯的蒐集癖剛好也是眾所皆知。他在麥克唐奈爾的邀請下入內，並在地板上鋪開展示了一些精美的地毯。隨後，他悄悄環顧四周確保現場沒有其他人後，伸出手向麥克唐奈爾自我介紹道：「我是馬提夫上校（Martev）。」馬提夫接著脫下他的一隻高筒皮靴，將手伸了進去。隨著靴子內部傳出一聲微弱的聲響，上校拿出了一張摺疊的紙條。他自豪地表示：「這是我自己發明的。」然後拍了一下靴子的側面，把靴子穿上。麥克唐奈爾接過紙條，趕快讀了起來。

紙條來自計畫的某個主謀，是麥克唐奈爾完全信任的俄羅斯神父。神父警告他，布爾什維克內部對於是否應該逮捕他並沒有達成共識。麥克唐奈爾寫道：「大多數人似乎支持把我送上革命法庭，而邵武勉和一些人則反對此提議。」紙條中指示他當晚去某個地方參加聚會，大大方方地去就好，不用偷偷摸摸。在那裡，麥克唐奈爾會得到進一步的消息和建議。當晚，麥克唐奈爾前往紙條中的地址，不管跟蹤他的人就在馬路對面，直接按響了前門的門鈴。由於食物極度短缺，屋主只招待了麥克唐奈爾一頓相對簡單的晚餐，並在用餐後邀請麥克唐奈爾到另一個房間欣賞他收藏的一些波斯地毯。雖然嘴上這麼說，他卻馬上把麥克唐奈爾帶到房子後面，爬上梯子上了屋頂。麥克唐奈爾回憶道：「那晚沒有月亮，四周一片漆黑。踏上屋頂時，我似乎踩進屋頂上覆蓋的一層軟瀝青中。前進時，我還絆到一條電報纜線，差點栽了個跟頭。在某個轉角右轉後，我看到前方十碼外的地方，有人用手電筒對著我們閃了一下。」麥克唐奈爾和帶領他的屋主下了一個梯子，在底下有個女孩正等著他們。女孩不發一語，徑直帶著麥克唐奈爾到一間燈光昏暗的房間。裡面有一張床，床上放著一套布爾什維克士兵的軍服。女孩示意他穿上，接著帶他和屋主走下屋子後面的樓梯。兩人跟著女孩走到連接街道的出口後就離開了。

麥克唐奈爾跟著屋主走了幾分鐘的路程後抵達另一間房子。經過這一連串複雜的過程，跟蹤他的人早已被甩掉。麥克唐奈爾不禁想，他在外交部的主管們如果看到他現在這身紅軍士兵制服，不知道會說些什麼。在房子那，一個中年亞美尼亞婦女迎接了他們倆。這個場景在路人眼中，不過是一個母親在迎接她的士兵兒子回家。兩人跟著婦女進入屋子內，到樓上的房間。麥克唐奈爾看到房間內有三個男人，雖然他都不認識，但顯然這些人正等著他。其中一位神祕人帶頭解釋道，麥克唐奈爾現在十之八九會被布爾什維克逮捕並丟上法庭審判。不過這位神祕人的朋友們已經制訂了一套精密計畫來確保這個案件無法順利進行。他接著說，布爾什維克會幫麥克唐奈爾安排一位辯護律師。麥克唐奈爾應該接受這個提議，因為該位律師是友方的人。神祕人簡單向麥克唐奈爾講解了他自己和那位律師擬定的策略，而麥克唐奈爾必須謹慎地遵守每一步計畫。在這之後，麥克唐奈爾被帶回最一開始進入的屋子，並穿上自己的衣服回到屋頂的聚會。聚會人群逐漸散去，因為宵禁時間逼近了。「我和其他賓客一起離開。」麥克唐奈爾回憶道，「那個當初跟蹤我來聚會的痞子沒有起半點疑心，就這樣立刻跟著我回家了。」

不久後，麥克唐奈爾如神祕人所警告的那樣被逮捕了。他寫道：「我剛吃完晚餐，發現一輛巨大的黑色轎車停在門口。車上坐著秘密警察局的局長，以及三名士兵。」來者表現得十分有禮甚至語帶歉意，表示「邵武勉同志」迫切地想見麥克唐奈爾。抵達布爾什維克的總部後，他們護送麥克唐奈爾進入一間擺放著長桌的大房間。桌子兩側擺了數排面向桌子的椅子，桌布則是象徵革命的鮮紅色。邵武勉和幾位巴庫政委坐在桌邊，認真地討論著放在桌上的文件。有些人一臉期盼地坐在後面幾排的椅子上，也有包括士兵、水手、工人等人物在房內進進出出，或坐或站地低聲交談。護送麥克唐奈爾的人向邵武勉報告了他們的到來，並隨後被邵武勉支開。麥克唐奈爾就這樣被帶到桌邊，然後坐了下來。

邵武勉小心翼翼地避開麥克唐奈爾的目光，表示要審問他關於近期巴庫種種事件的「某些問題」，以及麥克唐奈爾和這些事件之間的關聯。麥克唐奈爾馬上要求在場的人解釋為什麼他身為英國的外交官卻被逮捕，這已經違反了國際法。邵武勉看起來有些尷尬，只說他並沒有被逮捕，而現場安排士兵只是為了保護他。邵武勉接著問麥克唐奈爾需不需要律師。麥克唐奈爾想到前晚收到的指示，於是答應了這個提議，甚至還裝傻似地詢問是否要自己找律師。邵武勉向麥克唐奈爾保證會幫他找一名優秀的律師，所以不用他操心。隨後，一名亞美尼亞人向前和麥克唐奈爾打了招呼，並帶他到房間另一端的桌子。

兩名布爾什維克官員接著坐下並開始對麥克唐奈爾進行審問，之後會議就會決定是否要起訴他。若決定起訴，那案件將交由巴庫革命法庭審理。先前，麥克唐奈爾就已經知道，這個法庭判了一位主謀死刑，並且搬出賞金通緝了另一名逃脫的主謀（在原先預計要政變那天，他帶著麥克唐奈爾鉅額盧布搭船逃往克拉斯諾沃茨克港）。兩位官員再次向麥克唐奈爾保證，他只是要接受訊問而已。麥克唐奈爾苦笑道：「我對他們說，我很滿意這微妙的區別。」在審問過程中，麥克唐奈爾告訴兩位官員他收到英國政府明確的指示，要求他試圖說服邵武勉接受英國的協助，一同抵禦土耳其人的入侵。他接著補充道，若英國政府真的打算發動政變，那也不會找他這樣的門外漢。政府那邊有的是可以派出的專業人士。至於他會認識那些被逮捕的人，一點也不奇怪，畢竟他也在巴庫住了好幾年。他沒事也不會去懷疑那些人當中有誰參與了反布爾什維克陰謀。兩位官員仔細地記錄下麥克唐奈爾的話。

麥克唐奈爾寫道：「接著，我等待已久的物證出現了。」他的律師將一捆打字稿交給麥克唐奈爾，表示那些文件是從遭處死刑的主謀那裡搜到的，並問他是否見過。麥克唐奈爾在其他人的默默注視下，仔細研究那些稿件。沒過多久他就找到神祕人叫他注意的東西。他告訴審問他的兩名官員：「打出這批文件的打字機偶爾會在字母B後面跳一格，而且字母E中間那一槓有損壞的痕跡。」兩人同意了他的說法——完全沒料到接下來會發生的事情。麥克唐奈爾隨後從口袋中拿出警察局長傳喚他前來接受調查時交給他的信，上面還有邵武勉的簽名。他指出信上和那捆文件上的字有出現相同的問題。麥克唐奈爾盯著兩名官員，拋下了震撼彈：「這封信和這些文件，都是用這間辦公室的打字機打出來的。」

兩人吃驚的表情頓時展露無遺。他們把信件和文件搶了過去，仔細地比較兩者的字體。其中一人不可置信地說道：「怎麼可能！」麥克唐奈爾說：「事實就是如此。」接著，他表示有傳言指出這起陰謀根本是邵武勉捏造出來的，並且藉著「粉碎陰謀」來展現魄力，以及揪出誰在暗地裡反對他——而信件和文件的吻合之處剛好印證了傳言。氣氛陷入一陣尷尬的沉默。不久後，麥克唐奈爾的律師問他：「這就是你的回應嗎？」他點點頭。律師以及兩名官員匆忙起身，走進邵武勉和其他政委所在的房間。麥克唐奈爾獨自坐在那等待房間內的眾人討論他的處置方式時，他注意到一名顯然是被派來監視他的紅軍士兵悄悄靠近。

一段時間過後，邵武勉和他的同事們出現並邀請麥克唐奈爾到長桌邊坐下。毋庸置疑，這些人這段時間都在討論處理此事的策略。他們請麥克唐奈爾享用茶和餅乾，並問了他一些私人問題。這些問題無足輕重，完全與陰謀或是麥克唐奈爾的嫌疑人身分沾不到邊。麥克唐奈爾馬上意識到這些問題背後的目的。他身後的旁聽席上坐滿了準備看熱鬧的群眾，而邵武勉此刻最不希望他們聽到的就是麥克唐奈爾複述那些對反革命文件的來源，這反而會讓邵武勉自己惹上麻煩，而且消息用不了多久就會傳遍整座城市。麥克唐奈爾到現在還是不知道他的神祕人朋友如何安排這一切，但這個計畫看起來是成功救了他一命。除此之外，邵武勉和革命法庭的成員也被迫採取防守姿態，讓這訴訟過程看起來變成一個攸關面子的問題。麥克唐奈爾寫道：「整件事最後慘烈收場。大部分群眾也在凌晨一點之前離開了。」在凌晨一點半左右，法院人員告訴麥克唐奈爾他可以離開了，但還是不忘警告他禁止離開巴庫或是試圖聯繫鄧斯特維爾將軍。

當初逮捕麥克唐奈爾的警察局長就這樣親自駕車，送他穿過空蕩蕩的街道回家，只不過這次少了武裝士兵在一旁戒備。麥克唐奈爾寫道：「我那時太累太緊繃了，就沒和他閒聊什麼。可是他顯然有話要說，所以到家後我邀請他進來喝威士忌蘇打調酒——我自己也很需要來一杯。」局長確認接下來的話不會被人偷聽之後，便告訴麥克唐奈爾他以前為沙皇效力時也扮演過類似的角色，還建議麥克唐奈爾還是儘早離開巴庫為妙。事實上，若麥克唐奈爾想去恩澤利找鄧斯特維爾將軍，他確實可以幫助他偷偷離開巴庫。「局長接著向我抱怨他身上所背負的牌局債務。」麥克唐奈爾回憶道，「他已經快被那些債務壓垮了。」麥克唐奈爾認為這是局長的暗示，於是問局長需不需要「幫忙」。「他立刻面露驚恐地反對這個提議，表示只有舊政權會幹這種骯髒勾當。」但對麥克唐奈爾來說這件事無疑是個突破點，於是他決定繼續嘗試說服局長接受他的提議。

警察局長漸漸地表現得越來越不排斥，而麥克唐奈爾用不著幾天就達成了目的。「他收下來自英國納稅人的兩百英鎊後還清了牌局債務，還幫助我搭上前往恩澤利的圖拉號（Tula）汽船。」待局長撤銷了對麥克唐奈爾的監視活動後，隔天他便偷偷登船，只是什麼行李都沒帶。他被一名可以信任的船員帶到輪機室並躲在鍋爐後面的隱秘角落，以免其他船員或是乘客看到他。麥克唐奈爾必須在隱秘處令人窒息的熱氣中待一整天，直到汽船啟航。只有到那時候，他才能離開藏身處到一處甲板層的艙房晾曬他濕透的衣服，因為他沒有衣服可以換。到了第二天，他看起來不像是英國外交官，反而更像伊斯蘭教的托缽僧。他在恩澤利下船後立刻前往該地的英國總部。鄧斯特維爾將軍當時在加茲溫（Kazvin），因為那裡是他麾下小型特遣隊大多數成員的駐地。總部立即安排麥克唐奈爾出發去匯報巴庫的近況。除了先去加茲溫會見將軍，接著麥克唐奈爾也必須前往德黑蘭向英國駐波斯公使匯報此事。

過去幾個星期，麥克唐奈爾與布爾什維克之間的對局猶如「大競逐」一般緊張刺激。對此，他感激地寫道：「能回到自己人身邊的感覺真棒。」

幾天後，當麥克唐奈爾收聽由布爾什維克控制的巴庫電台時，他意識到自己確實應該感到慶幸。一名勤務兵從英方的接收站跑來，表示麥克唐奈爾的名字不斷重複在一個俄語廣播中出現，於是請他過去翻譯廣播內容。他寫道：「從廣播可知，布爾什維克在我失蹤後舉行了一場大審判。」在他缺席的情況下，他被判處有罪並將接受槍決。「不幸的是，其他遭判罪的人沒能躲過一劫。」仔細回想，邵武勉極有可能為了避免與英軍發生衝突，因此選擇刻意讓麥克唐奈爾躲過革命法庭的制裁，因為當時巴庫附近還有英軍部隊。而那位警察局長則是奉命幫他「逃走」，順便解決債務，真可謂一舉兩得。無論如何，麥克唐奈爾能保住性命實在是非常幸運，畢竟其他有罪的人都用生命付出了昂貴的代價。

不久之後，於七月三十一日，更加轟動的消息從巴庫傳到了英國人耳中：邵武勉終於被迫下台了。過去支持他的人見他無力做好準備抵抗來勢洶洶的土耳其軍隊，心中難免恐懼不安，而這情緒隨著時間發酵近乎演變成恐慌，於是支持者們紛紛離他而去。最後，巴庫蘇維埃以兩百五十九票支持壓倒兩百三十六票反對，決定向英方尋求幫助。邵武勉怒不可遏地宣稱他和他的支持者們不會參與接下來發生的任何事，並且他們將立即退出蘇維埃，遠離巴庫。邵武勉透過一則命令表達激憤的心情：「我們心中充滿痛苦，嘴唇止不住咒罵。我們原本做好準備要為蘇維埃政權赴死，如今卻被迫離開。」隨後，他們將所有帶得走的武器和彈藥運上巴庫港口的船隻，並帶著所有部隊和支持者出航。他們的目的地是阿斯特拉罕——布爾什維克在裡海仍保有控制權的唯一港口。

邵武勉離開後，一個由社會革命黨成員組成，而且自稱「中裡海專政委員會」（Centro-Caspian

Dictatorship）的臨時政府迅速成立，不費一槍一彈就接管了巴庫。（譯按：此處Dictatorship並非指「獨裁」，而是社會主義陣營普遍認同的「人民民主專政」理念，例如共產黨的「無產階級專政」。）整個政府主要由俄羅斯人組成，也得到亞美尼亞人的支持。他們上下一致地認為有必要尋求英國的協助，於是抓緊時間向鄧斯特維爾將軍表達他們的需求，請將軍盡速率軍前往巴庫。與此同時，他們派出航速較高的海軍船艦出發去追趕並逮捕逃亡中的布爾什維克人馬，把他們急需的武器與逃犯一同帶回巴庫。這任務很快就達成了。根據報告，邵武勉和他的政委夥伴們被關進了巴庫一間不久前才由布爾什維克掌控的監獄。

鄧斯特維爾將軍等待已久的時刻終於來臨，而他的參謀們也抓緊腳步徵用適合載運「鄧斯特部隊」（Dunsterforce，巴庫官方如此稱呼他的部隊）的船隻。麥克唐奈爾換掉逃亡時穿的衣物，穿上新制服，被將軍指派率先前往巴庫，告訴「中裡海專政委員會」：援軍即將到來。為了保住巴庫及其寶貴油田，與恩維爾之間的鬥爭終於展開了。

# 第二十二章
# 巴庫之戰

鄧斯特維爾將軍寫道：「從海上看巴庫，景色壯觀至極。」在城市的中心聳立著俄羅斯東正教教堂獨特的穹頂，圓形屋頂和十字架看來金碧輝煌。沿著濱海公路有一排排面向裡海的漂亮建築物，裡面曾經住著在打拚致富的巴庫有錢人家：在十九世紀末，巴庫曾是世界上最富饒的市鎮之一。俄羅斯帝國在這偏遠的巴庫開發了大量的油田，吸引各國的企業家和探險家湧入。那時的專家估計，甚至巴庫出產的石油足夠用來為整個世界供暖與照明。據說巴庫的石油多到只需要往大海扔一根火柴，海面就會燃起火焰，一燒就是好幾分鐘。

短短幾年內，這座市鎮儼然成為淘金聖地。有人一夜致富，也有人在一瞬間敗盡家業。這些新崛起的富人階級在巴庫海濱建造極其奢華的宮殿豪宅，而他們當中甚至有些人是文盲。優雅的林蔭大道上可見來自歐洲的奢侈品牌在巴庫開設的分店，路上則行駛著一輛輛時尚馬車。而在遠離城市文明的地方，一座座木質井架聳立在廣袤的油田上，沿著城市的周圍一路延伸到海岸。在這裡，數量龐大的油田工人住在破舊的小木屋中。原油從鑽油井漏出，形成透著黑光的黑色池塘，散發令人作嘔的甜味。曾經有一段時間，巴庫油田的石油產量甚至超過全美國油井的總產量。

然而，英國軍隊在一九一八年八月十七日由巴庫死氣沉沉的港口登陸時，這座城市過去的富麗堂皇景象已成歷史鬼影。瑞典諾貝爾兄弟（Nobel brothers）那樣的百萬富翁早已遠走高飛；那些歐洲高級品牌的店面已關門歇業；而道路上花俏的馬車也不見蹤影。儘管巴庫繁榮的盛景早在一戰以及布爾什維克執政前就開始衰退，但戰爭以及革命過後的巴庫變得更像是一九四九年中共掌權後的上海。惡劣的工作環境引發一連串罷工潮，使得整個石油產業結構搖搖欲墜，有時產量甚至幾近於零。而族群之間的血腥鬥爭有時引爆慘烈的大屠殺，沙俄執政者暴力鎮壓的行動又讓一切雪上加霜。油田業主對巴庫的未來越來越沒有信心，也開始認為投資最新的開採技術沒有太大意義。戰爭使得巴庫與國際市場的隔閡進一步加深，也讓這座城市轉向依賴有國家補助支撐的國內市場。以上的種種原因加速了這個曾經富饒的城市走向衰落，而革命派勢力也藉此機會盡情散播他們蠱惑人心的福音，並為邵武勉的短暫蘇維埃政權開了路。如今邵武勉剛下台，改由名稱聽來充滿氣勢的「中裡海專政委員會」掌控巴庫。

一九一八年夏天的某個早晨，鄧斯特維爾將軍帶著他的船艦接近巴庫的碼頭後，他和部下們仔細研究起城市的地形以判斷衝突可能發生的地區。從碼頭看向城市，貧瘠的山丘環繞著城市後方三面拔地而起。在這些山丘後方看不見的地方，土耳其人的軍隊正步步逼近。若土軍把火炮運上這些高地，將可以輕而易舉地將這座城市和鄧斯特維爾的小部隊炸得體無完膚。要想保住巴庫及其珍貴的油田，英軍必須不擇手段防止土軍佔據高地。然而眼下鄧斯特維爾有個更迫切的任務要達成，那就是調查土軍以及友軍當前的部隊配置。於是將軍派出前幾天到達巴庫的麥克唐奈爾，以及一小隊先遣部隊跟在其後出發執行這個任務。

鄧斯特維爾的軍艦克魯格號（Kruger）剛靠岸，由五人組成的「中裡海專政委員會」就傳送了一條緊急訊息詢問將軍何時可以安排會面。與此同時，先遣部隊的指揮官也登艦向他匯報當前的局勢。鄧斯特維爾這才發現巴庫前線的防守能力幾乎為零，而土耳其大軍隔天很有可能會發動攻勢。顯然當地的指揮官和軍隊早就放棄戰鬥的念頭，想要英國軍隊代替他們上戰場。鄧斯特維爾之後寫道，他很快就發現巴庫的居民原來也同樣期待著「一艘接著一艘」的船隻把英國軍隊送上碼頭。這或許也說明麥克唐奈爾確實超乎完美地完成了任務，成功讓巴庫人接受英軍的到來。俗話說期待越高，失望越大。當圍觀群眾看到漢普郡軍團（Hampshire Regiment）的小型先遣部隊下船時，臉上的失落完全藏不住。「然而在場的人看到這些相貌堂堂的士兵後也受到了鼓舞，」鄧斯特維爾寫道，「隔天土軍進攻時，城裡的每個人都抄起步槍衝去前線增援。土軍大概也沒想到他們會這樣被擊退。」

英軍的先遣部隊還發現，雖然巴庫當地軍隊圍繞城市建立起一道新月形防線，部署的方式卻慘不忍睹。先遣部隊回報給鄧斯特維爾：「散兵坑的位置非常糟糕，在裡面的步槍兵只能把槍口對著沒有人的地方射擊。」而且據點內既沒有架設刺鐵絲網，也沒有挖掘相通的戰壕。然而土軍在某些地區的前沿陣地已經推進到距離巴庫將近一英里而已。再看看城市的防衛隊，似乎由大約一萬名當地的志願兵組成，而且大部分人態度消極。這一萬名志願兵裡面有三千人是俄羅斯人，剩下的七千人則是亞美尼亞人。他們人手一隻步槍，受過正規軍事訓練的卻寥寥無幾。大多數志願兵認為這座城市已經讓市民的處境夠危險了，也有一些人覺得應該與敵人和談。至於那些留在巴庫的穆斯林在經歷幾個月前的大屠殺後，大概都很歡迎土軍的到來吧。他們有可能投靠敵方在城市內伺機而動，成為潛在的危險。

不過眼下最需要擔心的敵人，是恩維爾帕夏麾下的六萬大軍——高加索伊斯蘭軍。他們派出一萬四千名身經百戰的土軍士兵擔任先鋒，並且增援部隊預計將在不久後抵達戰場。待收下巴庫，他們計劃帶著聖戰的旗幟渡過裡海，深入穆斯林的土地並解放那裡的突厥民族。在恩維爾的計畫中，他們會在沙皇過去的領土上建立新的鄂圖曼帝國，而他自己將成為統治帝國的蘇丹。轉眼間，鄧斯特維爾就收到先遣部隊傳回的消息，得知土軍的前沿陣地已經距離城市非常接近了。據部隊回報：「敵軍的砲兵隊有了空中偵察的輔助，可以在任何時候轟炸港口，進而阻斷航運工作。若他們調來重砲，那更是輕而易舉。」幸運的是，還沒看到重砲的影子。鄧斯特維爾收到這些消息時，先遣部隊已經轉移到前線防禦力最薄弱的地方，等待將軍和主力部隊的到來。

本來巴庫人民對先遣部隊的規模已大失所望了，在看到剩餘的英國部隊抵達碼頭後，肯定更加忐忑不安。畢竟鄧斯特部隊全部戰鬥人員的數量加起來，最多也不會超過一千人。因此，他們的主要任務不是憑一己之力保衛巴庫，而是訓練俄羅斯和亞美尼人的志願兵組成部隊抵禦土軍，直到援軍抵達。若事態急轉直下，這支部隊需要堅持到英軍建立起一支小型的臨時海軍部隊。如此一來，這支海軍部隊在巴庫淪陷時，可以阻止土軍通過裡海到達克拉斯諾沃茨克港的鐵路樞紐。有鑒於此，一群英國皇家海軍軍官陪同鄧斯特維爾來到巴庫，為最糟的情況做準備。這群軍官要負責尋找適合的船隻在上面裝備英軍的火砲，並取得裡海的控制權。除此之外，考慮到英軍可能沒辦法在土軍入侵城市時即時整軍，他們還徵用了兩艘船以便緊急撤離鄧斯特部隊。軍方在這兩艘船上安排武裝人員留守，並停靠在克魯格號旁。

與此同時，鄧斯特維爾走訪戰場過後，很快意識到情況比他之前收到的報告還要糟糕。若土軍憑藉其壓倒性的人數優勢發動攻擊，無論他的軍隊和巴庫的市民多麼勇敢堅決應戰，都無法拯救巴庫。

然而，土軍到現在還沒發起進攻要麼是在等待更多的增援，要麼是以為英軍派了大部隊進駐巴庫。如果原因是後者，那他們應該不久後就會發現事情不如他們所想的那樣，畢竟他們在巴庫的穆斯林盟友可以充當「臥底」替他們蒐集情報。

那年夏天，巴庫的情勢看起來黯淡無光。不過，其他地方傳出的戰地消息有逐漸好轉的跡象。鏡頭轉到一九一八年歐洲的西線戰場，由德軍魯登道夫將軍發動的攻勢將德軍勢力推進至距離巴黎三十七英里處。然而這個攻勢遭法軍中斷，德軍六十個師就這樣被協約國擊退。魯登道夫將軍原本計畫打破西線戰場長期以來的僵局，卻沒想到賠了夫人又折兵。協約國於八月八日反擊，成功反轉了歐洲的戰局。之後魯登道夫更將這一天形容為德軍的「哀悼日」。協約國在接下來的幾個星期內勢如破竹，儘管付出沉痛代價，他們突破一道又一道德軍防禦，拿下一場又一場勝利。德軍本以為協約國的軍隊不過在垂死掙扎，沒想到現在彷彿擁有耗不盡的資源般勢不可擋。見此情形，威廉二世私底下也承認自己統治世界的夢想已破滅，表示自己犯下大錯。雖說德軍戰敗的結局越來越顯而易見，歐洲的戰場還是持續延燒了三個月。同一時間，大戰的另一個焦點——巴勒斯坦，也同樣傳出捷報。那時傳出土軍與他們的德軍顧問鬧不和，甚至傳出暴力事件。英國艾倫比將軍趁此機會準備帶著他的軍隊大規模向北行軍，前進大馬士革。

然而，這些消息很難安慰鄧斯特維爾將軍和他的小規模部隊，畢竟他們此刻正忙著在巴庫周圍荒蕪的高地上準備迎戰來勢洶洶的土軍。距離這些高地最近的英軍駐地在六百英里外的巴格達，因此鄧斯特維爾和他的士兵們等到增援的機會可說是微乎其微，若被土軍圍困也只能聽天由命了。不過換個角度看來，他們在強化巴庫的防禦工事的過程中，還是發現了一些好消息。首先是他們在裡海的港灣初次邂逅了魚子醬，士兵們還將其稱為「魚醬」（Fish Jam）。接著是德國軍事使團帶來的奇妙插曲。一群德軍參謀以為城市已遭土軍攻陷，搭船從另一處遙遠的海岸駛來巴庫港，要求拜訪土軍指揮部。事後調查發現這幾位德國人當初接獲盟軍消息，以為攻佔巴庫的日期已定，才會從梯弗里斯出發前來巴庫。不過他們還沒來得及意識到自己的錯誤就被持槍的英國軍官逮捕，移交到巴庫當局者的手中。

另外傳出的好消息與諾爾上尉有關，在這之前大家都認為他已凶多吉少。諾爾被當初綁架他的「叢林仔」釋放後，某天突然現身巴庫，帶來一段非比尋常的故事。原來在鄧斯特維爾的部隊取得壓倒性的勝利後，「叢林仔」被迫與英方達成協議。雙方同意交換彼此手中的人質，其中包括諾爾以及一些「叢林仔」的戰俘。這些日子，他被拷上腳鐐以阻止他繼續嘗試逃跑。交換人質前，「叢林仔」的領袖庫切克汗認為諾爾拖著那羸弱的身軀回去有損自己的面子，便下令給諾爾特別的餐食來幫助他找回在獄中失去的體重。以諾爾現在的體態，庫切克汗不會放他走的。然而諾爾天生身形就比較精瘦，不像大部分的波斯人那樣壯碩，因此在「叢林仔」眼中他的復原狀況異常緩慢。諾爾日後寫道：「如果沒有達到波斯人標準的肥胖，也就是非常胖，那我是不用指望回家了。」庫切克汗見諾爾體態還是那麼瘦弱，不由得心生擔憂，因此派了他手下的軍官去了解情況。諾爾向他解釋道，英國人本來就不容易胖。慶幸的是，他最終成功說服這名軍官，「就算把世界上所有的食物塞進我嘴裡也不會讓我變胖。」

兩天後，也就是八月二十七日，諾爾在恩澤利附近的雷什特（Resht）獲釋，交還給英方，「身上依然披著穿了五個月的破爛衣物。」儘管經歷了重重苦難，諾爾還是立即要求上級派他前往鄧斯特維爾在巴庫的指揮部。他想到以自己和麥克唐奈爾早期在那冒險累積的經驗以及對當地的認識，肯定能助鄧斯特維爾一臂之力。諾爾也坦言，他想前往巴庫的另一個原因是「為了彌補錯失的時光，並參與戰鬥到最後一刻。」他在雷什特的市集買到一件高領俄羅斯罩衫、一條圍在腰上的紋飾腰帶、一條長褲、一雙黑色皮長靴，以及一頂高款的黑色氈帽。他寫道：「隔天抵達巴庫去向鄧斯特維爾將軍報告時，我看起來就和布爾什維克的政委沒兩樣。」大膽的諾爾立刻提出計畫，要前往一處他熟悉的地區襲擊土軍後方的軍事交通線。鄧斯特維爾雖認為該計畫「極其冒險」，但考量到尚有成功的機會，便同意讓諾爾去試一試。然而不知對諾爾來說是禍是福，這項計畫後來沒有成功執行。即便如此，諾爾於戰後依然因他戰時參與的各項秘密活動而被授予傑出服務勳章，對於他這種低階軍官而言是難得的榮耀。

除了諾爾，還有另一名年輕情報官決定前往巴庫見證即將上演的好戲。這名軍官不久前騎著騾子回到馬什哈德，向他的上司馬里森將軍匯報巴庫和克拉斯諾沃茨克港的局勢，以及布爾什維克在阿什哈巴德的遭推翻的事件——這人就是蒂格—瓊斯上尉。蒂格—瓊斯自告奮勇返回阿什哈巴德以了解那邊的最新狀況，並確認新上位者對英國的態度。他再次喬裝成商人抵達阿什哈巴德，隨即聯繫上自稱阿什哈巴德委員會（Ashkhabad Committee）的反布爾什維克政權。蒂格—瓊斯在日誌中寫道：「這些執政者上位後還是保持著典型鐵路工人骯髒邋遢的樣貌，而且他們顯得非常不知所措。」他們被布爾什維克殘暴的統治推入絕境，被命運和大環境逼著掀起這場革命。而他們起身推翻了前代暴政者，卻意識到自己正孤軍奮戰。委員會從蒂格—瓊斯口中得知英軍在北波斯的兵力後，接著迫切地詢問道：如果布爾什維克從塔什干的紅軍駐地調兵來攻打他們，英國是否會派兵協助他們？

蒂格—瓊斯解釋道，他不能代表倫敦和德里的上級發言，但答應會向馬什哈德的馬里森將軍發電報，屆時將軍會尋求上級的意見。在蒂格—瓊斯的幫助下，馬里森與阿什哈巴德委員會的代表會面進行討論。根據會議結論，東波斯防線將調派少部分英屬印度部隊至外裡海州。由於土耳其極有可能成功攻佔巴庫，並緊接著將矛頭對準克拉斯諾沃茨克港的鐵路運輸站，這將對印度造成莫大威脅。也因此，印度的國防官員非常希望巴庫等地的控制權落入友軍手中，特別是布爾什維克如今被倫敦視為德國用來對抗同盟國的一枚棋子，根本沒有信用可言。蒂格─瓊斯幫助阿什哈巴德的反布爾什維克政權和馬里森建立聯繫之後，便動身前往布爾什維克下台後的克拉斯諾沃茨克港打探當地近況。他趕上駛往巴庫的渡輪，名義上是為了掌握這座危城的最新概況好回報給馬里森，實際上是為了探知這座城市的命運。此時此刻，世界上任何一名胸懷大志且年輕氣盛的軍官都會想在巴庫參與歷史進程。蒂格─瓊斯很快就被鄧斯特維爾納為部下，負責建立一個涵蓋間諜網絡的情報部門。沒過多久他就將馬里森和此行的目的拋在腦後。

鄧斯特維爾將軍自從和他的部下抵達巴庫便忙著重整當地俄羅斯人和亞美尼亞人部隊，強化這些士兵抵擋土軍的決心。然而新成立的一個個委員會陸續取代原本的指揮體系，多頭馬車導致軍令難行。他們還注意到整個前線區域時不時會鬧空城，只因士兵離開崗位去參與政治集會，或是回城市與家人喝下午茶。這些士兵開戰到現在也沒挖出多少戰壕，當被英軍敦促時他們回應道：「我們為何要挖洞藏身？只有懦夫會躲躲藏藏。我們要站出來戰鬥！」鄧斯特維爾回憶道，他們會定期拿著步槍列隊對著天空開火，彷彿這樣就能嚇跑敵人。「就算敵方沒有攻擊的跡象，就算最接近的土軍在三千碼外的掩體後面，他們還是會不斷地對空鳴槍。」鄧斯特維爾補充道。儘管這支部隊極度反布爾什維克，他們終究還是一支革命軍。少了一個有影響力的領導者，他們缺少紀律、法律、規矩和懲罰。對這些人來說，上級指令可以隨意忽略。

鄧斯特維爾直言不諱地指責巴庫市民面對敵人柔弱得像縮頭烏龜，反觀他們在土耳其東邊山區的亞美尼亞人同胞，那些山地村民抵抗敵人時展現出勇氣和毅力。不過鄧斯特維爾隨後表示，他們會表現出這般懦弱，也是情有可原。「這裡的人不是生來就要成為士兵的料，遑論受過軍中訓練。他們不過是一群營養不良、身形矮小的工人。假設今天有人突然往一個工人手中塞了一把步槍，告訴他去打仗。這名工人沒有上戰場需要的裝備，沒有合格的教官指導他，沒有稱職的軍官帶領他，也沒有穩定的糧食供應讓他吃飽。某日他坐在戰壕中，頭頂是呼嘯而過的子彈和爆炸的砲彈，他想到大部分的同伴都溜回了城裡和女孩們喝茶。他一定想著，我怎麼還傻傻待在這？」將軍補充道，世界上沒有任何一個士兵面對這樣的情況，還有辦法表現出過人的勇氣。

鄧斯特維爾意識到巴庫的處境十分不妙，不單防禦工事殘缺不堪，連所謂的「士兵」也毫無用處。因此會說俄語的他直接向「中裡海專政委員會」施壓，要求委員會把巴庫軍事防禦工作的指揮權交給他，卻遭到了全盤否決。於是鄧斯特維爾提議由領頭的五個人當中選出一位統帥，但他們一致表示沒有自信和能力承擔重責大任。他們反而憤怒而失望地指控，表示英方的說辭讓他們誤以為會有更大規模的軍隊。由此可見，鄧斯特維爾和這五位委員會成員的關係從一開始就非常緊張。日子一天天過去，眼看土軍步步進逼巴庫，他們之間的摩擦也越來越多。

然而造成鄧斯特維爾和巴庫專政委員會之間關係破裂的因素，不單單只有巴庫的陸上防禦工事。執政者強烈反對鄧斯特維爾建立裡海臨時艦隊的計畫，認為俄國境內的水域不應該出現英國海軍的影子。他們提議可以將巴格達運來的輕型艦砲裝在他們的船隻上，取代即將耗盡彈藥的俄羅斯國產砲。有了這些艦砲，他們可以保護鄧斯特維爾與恩澤利之間唯一的海上交通線，也可以阻止土軍在攻陷巴庫之後長驅直入克拉斯諾沃茨克港。鄧斯特維爾想到這些掌權者完全不可靠，自然是不可能同意此一提議。最後，鄧斯特維爾人數不多的參謀團只成功尋得兩艘適合用於改造成戰艦的船隻。加上克魯格號以及兩艘用於緊急撤離部隊的船隻，他們現在有五艘可用的船艦。鄧斯特維爾面對這樣永無止境的阻撓，沮喪得甚至動了念頭想直接推翻那五人，自己接管城市。

雪上加霜的是，鄧斯特維爾得知他新任命的情報員——蒂格—瓊斯要離開了。雖然這位年輕軍官將原本的任務拋在腦後，替鄧斯特維爾建立了對戰爭而言至關重要的間諜網絡，但遠在馬什哈德的馬里森將軍可就沒忘記了。沒過多久，馬里森就下令蒂格—瓊斯返回。一開始，肩上壓力重重的鄧斯特維爾對馬里森的要求充耳不聞。然而他沒意識到的是，在東方五百英里外的馬里森此刻的處境也危機四伏。就在那時，布爾什維克為了奪回莫斯科當局對阿什哈巴德的掌控權，從塔什干派出強大的軍隊乘著鐵路出發前往該地。有鑑於此，阿什哈巴德委員會的反抗軍絕望地向英方懇求支援。阿什哈巴德委員會為了抵抗布爾什維克，組織了一支實力薄弱的軍隊。而英方則派出一名英國軍官率領一支印度陸軍機槍小隊（由四十名旁遮普軍團的人組成）趕往靠近梅爾夫，在阿什哈巴德東邊兩百英里處與委員會的軍隊會合。出乎意料的是，旁遮普軍團的人不過用機槍朝敵方的方向精準地連續發射了幾發彈藥，就把敵人嚇得慌忙逃竄。雖然這只是一場小規模的衝突，卻是克里米亞戰爭以來英俄雙方首次互相開火。

如前所述，德里當局殷切期望阿什哈巴德遠離布爾什維克的控制，於是派出更多來自東波斯防線的英屬印度部隊前往該地區，讓微弱的兵力獲得奧援。正因為如此，馬里森急需要蒂格—瓊斯上尉回到阿什哈巴德，才能向他回報當地局勢變化，並居間協調他和委員會的軍事行動。眼見德里當局已下達嚴令，鄧斯特維爾不得不把蒂格─瓊斯交還給馬里森。八月二十四日，蒂格─瓊斯搭上渡輪前往克拉斯諾沃茨克港，接著轉搭火車再一次前往阿什哈巴德。想到自己無法親自參與巴庫的戰事，還要離開剛認識的俄羅斯甜姐兒，他的失落不言而喻。

蒂格─瓊斯離開後的第二天，土耳其的千人砲兵、騎兵大軍向巴庫防禦最薄弱的區域發動猛烈攻擊。英軍馬上意識到土軍這波攻勢的意圖並不是直接攻佔城市，而是增加他們對城市的壓制，為最後的攻勢做準備。由於巴庫志願軍完全派不上用場，英軍只好派出北斯塔福德郡軍團（North Staffordshire Regiment）的連隊駐紮在前線的關鍵區域。他們一邊用步槍和機槍擊退進攻的土耳其士兵，一邊等待遲遲未到的亞美尼亞支援部隊。眼看敵人的第四波攻勢也成功瓦解了，照計畫要突襲敵軍側翼的亞美尼亞部隊還是沒有現身。鄧斯特維爾以痛苦的口吻寫道：「當地的志願軍一如往常，當起看熱鬧的旁觀者。」

沒有亞美尼亞的部隊增援，英軍只好改派部隊前往那個關鍵地區援助，但是抵達時已經太慢了：該連隊的陣地已遭攻陷，損失極其慘重。鄧斯特維爾當晚收到消息，得知只有大概六人活著返回營區。該連隊的所有軍官以及八十名士兵都犧牲了。土軍也成功迫使鄧斯特維爾在靠近城市的地方建立新的防線。鄧斯特維爾寫道：「若換作巴庫當地的部隊接下這波攻勢，我們根本沒辦法阻止土軍向市中心推進。北斯塔福德郡軍團的士兵以他們英勇表現拯救了巴庫。」

土軍乘勝追擊，運來更多的火藥開始轟炸市中心。他們很快察覺英國人把聳立在市中心的歐洲飯店當作指揮部，於是將它納入特別關注的目標。而在指揮部附近的港口，克魯格號周圍也開始遭受砲彈襲擊。鄧斯特維爾回憶道：「敵軍炮襲我方船隻、歐洲飯店以及城市本身，打得越來越精準。我開始懷疑敵人直接牽了一條電話線到敵營，然後在我身邊安插了負責向他們通風報信的人。」但一番地毯式搜索之後，英軍什麼都沒找到。就這樣歐洲飯店被炸得搖搖欲墜，鄧斯特維爾也只好把指揮部遷到其他飯店。然而新的飯店也很快被炸成廢墟，導致英軍不得不再次轉移陣地。隨後，事實證明他們對於間諜的揣測是正確的。戰爭結束後，一名土耳其的上校找到麥克唐奈爾，問他記不記得曾經有一位紅鬍子的韃靼人賣給英軍餵養騾子用的飼料。聽到麥克唐奈爾表示記得後，那名上校笑著說：「那個紅鬍子的韃靼人就是我。」

八月三十一日，土軍在發動第一波攻勢後的第五天，開始了第二波主要攻勢。他們在黑夜的掩護下，成功將十二挺機槍送到英軍在山頭的陣地附近五百碼內的距離。土軍這次盯上的陣地由北斯塔福德郡軍團的另一連駐守，兵力有八十人。他們帶來的機槍除了配有防彈護盾，還被巧妙地佈署在可以從側面掃射英軍戰壕的地點。英軍注意到機槍的側面和後方防禦薄弱，於是馬上從巴庫的軍營派出部隊去前線處理那些機槍。與此同時，土軍發起猛烈的砲火造成多人傷亡，其中包括陣亡的中尉連長。顯然巴庫當地的部隊直到現在也沒打算伸出援手，於是指揮部馬上下令前線英軍部隊撤退以免遭到殲滅。另一邊，因為防守側翼的亞美尼亞部隊被敵軍龐大火力打得無預警撤退，皇家沃里克郡軍團（Royal Warwickshire Regiment）的連隊也不得不跟著撤退。就這樣，巴庫本就過於分散的防線不但變得更短，還離城市越來越近。鄧斯特維爾和他的部下們痛苦地意識到，除非巴庫的一萬名士兵願意站出來與英軍的一千名士兵攜手合作，不然巴庫連同鄧斯特部隊都將在此滅亡。

將軍親眼看著巴庫當地士兵「轉身背對敵人」倉惶逃離前線戰場，但還是決定給巴庫當局最後一次機會，好好團結他們自己的人馬。若巴庫的士兵不團結，他也只能透過海路撤出自己的部隊，並勸誡委員會的人將城市拱手讓給土耳其人，避免更多人血濺沙場。另一方面，恐慌開始在平民之間蔓延。亞美尼亞人和各方難民被砲火嚇得驚慌失措，蜂擁至港口搭上前往克拉斯諾沃茨克港的船隻。他們深知必須在城市淪陷前離開巴庫，以免捲進動盪不安的局勢中。五個月前發生在巴庫的穆斯林大屠殺事件還歷歷在目，屆時因果報應若降臨此地，巴庫的市民也只能血債血償了。

鄧斯特維爾當晚寄了一封急件給巴庫的執政當局，說明他眼中的巴庫士兵何其懦弱，「用這樣毫無戰鬥意志的部隊」根本無法守住巴庫。結果同一晚，他獲邀參與巴庫戰爭委員會（Council of War）的緊急會議。鄧斯特維爾記錄道：「整個房間擠滿了來自各個部門的成員。」除了委員會及其軍事顧問，還有與會者來自亞美尼亞民族議會巴庫支部（The Armenian National Council of Baku），也有工人、士兵、水手和農民階層的代表。他們發表長篇大論，各自闡述了拯救城市的計畫。在鄧斯特維爾看來，這些計畫都行不通。其中一名水手講了整整一個小時，一再強調他們的人馬將戰到「最後一滴血」都流盡。鄧斯特維爾和他的部下們十分清楚這一切不過是好聽的場面話，什麼都改變不了。終於等到凌晨一點，他們帶著絕望離開會議，「任由與會人員繼續那莫衷一是的討論。」

經過這一夜，鄧斯特維爾下定決心在土軍突破剩餘的防線，衝進城市之前，儘早撤離他的部隊。另有報告指出土軍派出大規模的援軍趕來巴庫，並派兵去切斷巴格達與恩澤利之間的英軍補給和交通路線，防止英國隨後派出增援部隊前來巴庫。因此，鄧斯特維爾的參謀們立刻著手研擬一套極機密的計畫，透過海路撤離所有英軍。準備工作秘密進行著，而英軍的士兵依舊守在前線最薄弱的區域，彷佛什麼事都沒發生。與此同時，土軍顯然正在集結兵力，準備不久後以最後一波攻勢拿下巴庫。

不過，鄧斯特維爾萬萬沒想到，天大的好運即將降臨在他身上。一名在土耳其軍中擔任軍官的阿拉伯人（有一說是亞美尼亞人）臨陣倒戈，為英軍帶來了轉機。他告訴鄧斯特維爾的情報官，土軍對巴庫發動全面進攻的確切時間就在兩天後，也就是九月十四日的凌晨。然而他無法保證在長達十四英里的防線上，土軍會進攻哪個區域。即使大家都明白阿拉伯人或亞美尼亞人都沒理由一心忠於土耳其人，這攸關生死的情報卻難免還是引起大家的懷疑，畢竟局勢現在如此緊張。巧合的是，五位專政委員之一剛好認識這位阿拉伯人軍官，並擔保他的可信度。鄧斯特維爾表示，雖然這個情報沒辦法告訴他們進攻的位置，卻「給了他們準備作戰的機會」，對英軍來說依然極其寶貴。

九月十四日，正如那名背叛土軍的阿拉伯人所言，土軍藉著黑暗發起猛烈攻勢。他們先是用重砲密集轟炸前線，接著派出八到十個營的步兵，揮軍攻往一個有「狼關」（Wolf's Gap）美名的隘口。狼關得天獨厚的地形對駐軍十分有利，也讓這裡成為城市周圍最容易守住的區域。然而誰也沒想到土軍僅僅用了不到兩個小時，就將駐守於此的兩個巴庫軍隊驅離。「沒想到他們真的攻下了短短數百碼外，城市郊外的山頭。」鄧斯特維爾寫道，「沒想到就算我方士兵都提前知道攻擊的時間了，整條防線最堅固的區域還是落入敵人手中。」無論如何，眼下鄧斯特維爾的人馬暫時阻止了土軍進一步向城市推進。但是鄧斯特維爾知道，英軍沒有足夠的力量把土耳其部隊趕下山頭，因此幾小時內他們就有辦法把大砲運上山。「一旦砲陣佈署完畢，整個港口的人和船隻將任由他們宰割。」為了避免滿船的士兵和傷員成為土軍砲兵的活靶，英軍必須儘快完成撤離行動。

撤退計畫的詳細內容已下達給各連連長與其他軍官，現在只需要鄧斯特維爾一聲令下，整個行動就可以開始了。但直到此時他仍沒有輕舉妄動，只是命令用於撤離的船隻保持待命。他仍希望說服巴庫軍隊拯救他們自己人免受大屠殺之災，發動反擊把土耳其人趕出狼關周圍極具戰略地位的山頭。鄧斯特維爾後來寫道，既然敵人「佔領那麼重要且具有優勢的陣地之後還被牽制十二個小時」，那要擊退他們估計也不是什麼不可能的任務。但當他得知所有說服巴庫當地部隊團結的嘗試都失敗時，心中最後一絲的希望也隨之熄滅。事到如今，他們也必須馬上離開這個注定要滅亡的城市，才能保住自己人遠離血光之災。鄧斯特維爾最後一次召集了自己的參謀，腦中浮現出庫特的悲劇在巴庫重演的場景。他不知道的是，在倫敦早已開始謠傳他們失去了一切，並且巴庫已經落入土耳其人的手中了。

下午五點左右，鄧斯特維爾下達撤退令。這次行動經過縝密計畫，將在夜幕的掩護下進行，希望能推遲敵軍發現行動的時間。而撤退行動必須要嚴格保密也另有原因。鄧斯特維爾寫道：「在我們要撤退的消息傳遍整座城市的那一刻，整個城市的居民都將把我們視作敵人。屆時我的軍隊就不得不在街道上殺出一條血路，才能抵達船隻所在地。」而且即使在黑暗中行動已是相對安全的做法，鄧斯特維爾也擔心五位專政委員可能在他們駛離港口之際，下令軍艦轟炸他們。他下令在街角盡可能不顯眼的地方設置武裝哨兵，並嚴密防守港口的各個入口以確保自己人穿越城市的路上不會遭受暴徒的襲擊。

英軍計畫於晚間八點開始從前線撤軍，先是右翼的沃里克郡以及伍斯特郡軍團（The Worcestershire Regiment）。左翼的斯塔福德郡軍團會繼續留在原處堅守一個小時並掩護右翼的部隊撤離，直到所有人都安全上船。與此同時，傷病人員被抬上庫爾斯特號（Kurst）和阿博號（Abo）這兩艘改造成臨時醫療船的小型船隻。幸運的話，當醫療站的傷員都安全登船後，這兩艘船就能悄聲無息地駛入黑暗之中。

而死者只能由他們的戰友安葬在某處，他們的屍體以及失蹤的人就不在登船名單上了。最後離開的是一千兩百噸級的克魯格號，以及兩百噸級的亞美尼亞號（Armenian）。前者將載運大部分的軍隊，後者則是充當海上彈藥庫，功能是盡可能運走未使用的彈藥。無需贅言的是，亞美尼亞號若被砲彈擊中，其爆炸威力將足以夷平大半個城市，並很有可能將克魯格號也炸翻。

所幸命運之神決定在夕陽西下之時眷顧英軍，讓戰場上的喧囂在一瞬間沉寂下來。原來經過十四小時不停歇的戰鬥，雙方都筋疲力竭。這不僅有利於鄧斯特維爾的部隊從前線悄悄撤離，也意味著沒有人需要在撤離前一刻摸黑運送傷員到港口。庫爾斯特號以及阿博號現在就有辦法出航前往恩澤利。鄧斯特維爾記錄道：「我們對這兩艘船的負責人下達的指令是：就算遭遇巴庫當局相關人員的強烈反對也不要反抗，遇到他們的艦隊就乖乖服從他們的命令，並說這兩艘蒸汽船上只載送傷病人員。」這次行動中，庫爾斯特號和阿博號都順利離開巴庫，沒有引起過多的懷疑。第二天，船隻就抵達了恩澤利。

到了晚上十點，英軍神不知鬼不覺地在土軍和巴庫當局的眼皮子底下完成前線的撤離行動。但就在最後一批英國士兵登船後，準備離開的消息開始迅速傳開。當時，一名巴庫的騎兵騎著馬出現在克魯格號停泊的碼頭入口。鄧斯特維爾也在那時反應過來，知道計畫要敗露了。騎兵要求英軍說明情況，憤怒地吼道：「為什麼要拋下我們？立即停止撤退！」語畢他便騎著馬調頭衝去拉響警報。不久後，兩名專政委員氣喘吁吁地抵達碼頭，要求見鄧斯特維爾。他們警告鄧斯特維爾如果他現在試圖撤軍，將被視同背叛並受到相應的懲罰。鄧斯特維爾的人馬躲在甲板下和黑暗中，靜靜聽著這一切。眼看沒有士兵的蹤影，他們接著要求鄧斯特維爾：「如果你們有從戰場上撤走任何一兵一卒，馬上把他們送回原位。」

鄧斯特維爾只好提醒他們，之前就警告過他們若巴庫的軍隊持續消極抵抗，英方就會撤軍。英軍當初被派來巴庫本來就是為了協助當地軍隊保衛自己的家園，而不是來代替他們保衛城市。鄧斯特維爾說道：「我的士兵已經戰鬥了整整十六個小時，絲毫沒有喘息的機會。而你們的士兵實際上非但沒有幫助他們，也幾乎沒有參與戰事。在這種情況下，我拒絕再讓更多人為了一場無謂的戰爭送死。」對於專政委員的要求，鄧斯特維爾回應道，「我不會命令他們回到前線。我們馬上就要起航。」其中一位專政委員對此憤怒至極，出言恐嚇：「既然這樣，我們的艦隊會向你們開火，擊沉你們的船隻。」

鄧斯特維爾和他的隨員轉頭就朝舷梯走去。一名參謀在他耳邊低聲問道：「怎麼不拘禁他們，帶他們一起走？」鄧斯特維爾表示他不想劫持人質，接著下令克魯格號以及彈藥船亞美尼亞號起錨。他知道，專政委員們光是討論下一步行動就要花上一段時間了，之後傳達命令給艦隊也需要時間。況且由於英軍的士兵努力幫助巴庫艦隊，船員之中也有一些人對英軍抱持非常友善的態度。除此之外，這兩艘船會關燈摸黑離開，而巴庫的砲艇由於探照燈被前線徵用，也無燈可用。如果順利起航，巴庫的艦隊將很難在黑暗中精準定位並瞄準射擊克魯格號和亞美尼亞號。

待一切準備就緒，負責指揮克魯格號的海軍准將大衛．諾里斯（David Norris）於十一點下令解纜出航。他們現在最大的威脅來自警戒艦，因為等等必定會駛過這些船隻旁邊。他們只能屏息祈禱，希望警戒艦上站崗的人員不會發現摸黑溜走的英軍船艦。鄧斯特維爾寫道：「一切本來都很順利。我們躲在一排停泊的駁船後面潛行，經過了警戒艦的正對面。就在這關鍵的時刻……」克魯格號上所有的燈突然都亮了起來，把大家都嚇破膽。在回憶錄中，鄧斯特維爾指出凶手是「某位不懷好意的船員」，但他們直到現在還是沒揪出罪魁禍首。幾乎同一時間，警戒艦的駕駛台發出訊號，對克魯格號下達了指令：「你們是誰？立即下錨停駛。」諾里斯決定忽略這個指令，全速駛向公海。警戒艦見狀開始了砲擊，可是砲彈射得不夠遠，根本打不中克魯格號。不久後克魯格號就離開了巴庫船艦的射程範圍，而諾里斯也確信以他們的航速，對方的老舊俄羅斯砲艇也根本追不上。

但是，秘密計畫曝光後，英軍的亞美尼亞號仍在後頭的黑暗中等著突破巴庫軍方設下的警戒網。因為某些原因，這艘海上炸彈延後了出航時間。指揮亞美尼亞號的任務危險重重，而自告奮勇接下這個任務的人是阿爾弗雷德．羅林森上校（Alfred Rawlinson）。他的父親亨利．羅林森（Henry Rawlinson）就是「大競逐」時代的要角，而他也繼承了父親的冒險天性。眼看警戒艦都注意到英軍的行動，鄧斯特維爾只能設想羅林森和他那人數不多的船員遭遇了最糟糕的情況。鄧斯特維爾已做好心理准備，現在只要有一枚砲彈落在亞美尼亞號載運的彈藥上，隨時都有可能引起大爆炸。然而羅林森要擔心的可不只有警戒艦而已。就在出發前一刻，船長和船員都強烈反對出航，深怕被巴庫的船艦炸成碎片。也在幾乎同一時間，一名專政委員會的代表來到碼頭，要求他們留下。不過羅林森面對這個情況，就不像鄧斯特維爾那樣顧忌那麼多了。他把該名代表鎖在船艙中，並派武裝人員把守。經過一連串的突發事件，亞美尼亞號比克魯格號晚了半小時才出航。迫於無奈，羅林森拔出配槍抵在船長的頭上，要求開船出航。他們全力駛向公海，途中也遭到警戒艦攔截和砲擊。奇蹟似地，巴庫部隊擊出的砲彈完全沒落到船上的高性能炸藥和彈藥上，也沒擊中水線下的船體。

隔天，克魯格號駛進恩澤利港。庫爾斯特號以及阿博號已在那等候多時，但亞美尼亞號卻杳無音訊。克魯格號離開巴庫向南航行時，從駕駛台也沒有看到亞美尼亞號的蹤跡。大家不禁愈發擔憂其安危。鄧斯特維爾表示：「時間一分一秒地過去。我絕望地心想，他們大概不會出現了。」出乎意料的是，就在克魯格號抵達後十二個小時，有人看到海面上出現一陣煙。眼見那是消失已久的亞美尼亞號，大家總算放下心中的大石。它被六枚砲彈擊中，卻好好地漂浮在海面上。鄧斯特維爾的部隊熱烈歡迎亞美尼亞號，深深打動了羅林森。他寫道：「這些人本來已經不抱任何希望了。但看到亞美尼亞號拖著傷痕累累的船身駛近，船上的英國國旗也驕傲地飄揚著，他們齊聲站起來，用最英式的熱情迎接我們。」鄧斯特維爾還來不及換掉睡衣，就走到克魯格號的舷梯頂端迎接羅林森，彷彿羅林森剛起死回生一般。鄧斯特維爾緊緊握住他的雙手，口中一遍又一遍說著：「幹得好！」時間雖還早，鄧斯特維爾還是帶著羅林森回到房間，並調了一大杯威士忌蘇打給他。

鄧斯特維爾的士兵所做出的犧牲並沒有換來巴庫的和平，只是延後了這座城市淪陷。值得慶幸的是，他們成功完成了撤軍的任務，而且沒有再失去任何一個人。英軍在巴庫的防衛戰中，死傷和失蹤人數來到一百八十名，將近全部兵力的兩成。而戰後英方短暫接手巴庫期間，英軍在狼關附近的山頭建了一座小型的戰爭墓園，用來安置戰爭期間被匆匆埋葬的士兵。不過，當城市隨後又落入布爾什維克的手中時，那座墓園毫不意外地消失了——而我至今還是找不到一絲關於這座墓園存在過的痕跡。如今在伊斯坦堡，某座可以俯瞰博斯普魯斯海峽的英國戰爭公墓內，鄧斯特維爾麾下陣亡士兵的名單就刻在一塊碑石上。

即便到了一九八七年，蘇聯史家仍在指責英方當初為了自己的戰後利益，故意讓巴庫的守軍陷入險境。他們指控英軍知道戰爭很快就會結束，於是放任土軍摧毀礙事的巴庫軍隊，如此一來英國就可以在隨後更輕鬆地奪取巴庫和該地區的石油。英國人自己肯定不會那麼認為，因為當時距離戰爭結束似乎還遙遙無期。這場撤退行動也惹來倫敦當局和德里當局的責難，認為有損英國的形象。也因為這樣，鄧斯特維爾成為替罪羔羊。軍方解除了他在恩澤利的指揮權，以另一名將軍代替他。

事實上，鄧斯特維爾的部隊並不是在土軍攻陷巴庫前，唯一成功逃離的人。有超過八千名巴庫士兵和其他人員乘著幾艘小船，也逃離了城市。他們根據自己的政治立場選擇目的地，大多去了阿斯特拉罕或克拉斯諾沃茨克港。前者牢牢地掌握在布爾什維克手中，而後者則由與布爾什維克爭奪權力的阿什哈巴德委員會掌控。逃亡者當中除了中裡海專政委員會的五名專政委員與其隨從，還有一個人數不多但影響力不小的團體。其中包括了過去統治巴庫的布爾什維克成員——邵武勉，以及其他巴庫蘇維埃的主要成員。自從在海上遭專政委員會的砲艇逮捕，他們一直被囚禁在巴庫的監獄中等待審判。他們清楚知道，若落入土耳其人的手中，自己的下場絕對會比遭受專政委員會懲罰還要悲慘。土耳其人和他們當地的韃靼人盟友必定會認為，他們在穆斯林大屠殺期間煽動亞美尼亞人仇恨穆斯林的情緒，並要他們為此付出代價。

就在英軍要撤離時，邵武勉一行人因為有影響力的巴庫盟友介入而獲釋，拯救他們免於即將到來的血腥屠殺。他們趕忙乘上土庫曼號（Turkman），那是一艘要前往阿斯特拉罕的難民船。這二十六名巴庫政委深信，到阿斯特拉罕就會安全了——至少他們乘著船，在那個天翻地覆的夜晚離開那座注定滅亡的城市時，是這麼告訴自己的。

# 第二十三章
# 「血流成河的街道」

直到最後，那二十六名逃上難民船的巴庫蘇維埃政委大概都不知道發生了什麼事。因為各種形式的暴力紛爭，許多見證這些事件的人早已不在人間——即便有紀錄流傳後世，也是眾說紛紜。例如，我們永遠不會知道為什麼土庫曼號在九月十四日離開巴庫的那晚突然改變航向，前往克拉斯諾沃茨克港而不是阿斯特拉罕。有一說法是，某名船員對於前往阿斯特拉罕突然有不祥的預感，因此說服船長改去克拉斯諾沃茨克港。另一種說法則是，船長出發後才發現剩餘的燃料不足以供船航行到布爾什維克的據點，因此改去距離更近的克拉斯諾沃茨克港。據蒂格——瓊斯所言，船長是發現船上有布爾什維克份子之後，決心出賣他們，因此將船開往克拉斯諾沃茨克港，要將他們出賣給敵人。除了改變航向的原因，在其他方面見證者們的說法也不太一致。像是有人說那些政委持有武器，也有人說沒有。

蘇聯史家直到現在還是堅稱，是英國的特務暗中主導土庫曼號改道駛向克拉斯諾沃茨克港，因為邵武勉和其麾下政委夥伴們到那裡的下場顯然不會太好。而麥克唐奈爾和鄧斯特維爾在他們日後對於撤軍的敘述中，無意中也提供了線索（儘管遠遠不足以當成實質的證據），可以支持蘇聯的指控。麥克唐奈爾就透露他出發去恩澤利前不久，曾登上土庫曼號「與邵武勉一行人共飲了一瓶甜香檳」。這點在蘇聯史家看來，就十分可疑。麥克唐奈爾告訴我們，他因為這件事被鄧斯特維爾嚴厲斥責，畢竟他可能會被布爾什維克綁架，帶去阿斯特拉罕當人質。麥克唐奈爾也指出，他親眼目睹鄧斯特維爾下令土庫曼號的船長將這些政委送去阿斯特拉罕，原因是鄧斯特維爾「不想與那些人的政治圖謀有任何瓜葛」。由此看來，蘇聯學界並未注意到以上這些來自麥克唐奈爾的陳述。

不過，蘇聯學界倒是緊抓著鄧斯特維爾將軍透露的一件事，大做文章：他手下一名少校和一名中士在土庫曼號離開巴庫時，混在船上人數眾多的難民之中。鄧斯特維爾表示這兩人在混亂中意外沒有跟上大部隊，只能設法在最後一刻登上土庫曼號，這才得以逃脫。在蘇聯眼中，這兩人顯然就是被安排潛伏在船上，與船長合謀將政委們送去克拉斯諾沃茨克港。但這項任務的風險極高，若出了什麼差錯，這兩名軍人將落入阿斯特拉罕的布爾什維克手中，因此很難想像鄧斯特維爾會批准這樣的計畫。畢竟要想除掉這些政委，大有更簡單的方法，像是把他們留在巴庫讓土軍和韃靼人處理掉他們。

無論土庫曼號改變航線的理由為何，邵武勉一行人隔天一早醒來後，很快就發現自己從一個火坑跳入另一個火坑。對於這群剛逃出中裡海專政委員會魔掌和土軍怒火的人來說，看到自己現在身處克拉斯諾沃茨克港的外海，想必心都涼了半截。要知道布爾什維克短暫掌控這個地區期間，可真是惡名昭彰、不得人心。由於每天都有巴庫的難民搭著船蜂擁至這座港市，邵武勉一行人剛開始沒有吸引太多目光。但因為船長激動鳴笛，才讓當局注意到不太對勁。沒多久警戒艦就前來調查異狀，很快就將政委們在船上的消息向司令官報告。當時的司令官是性格剛強的哥薩克人庫恩（Kuhn）。土庫曼號就這樣被帶到一處有武裝士兵守候的碼頭，而邵武勉一行人也被逮捕並押進城。因為城鎮本來的監獄已經人滿為患，他們被粗暴地丟進法院後頭的一座臨時監獄中。

庫恩司令官向他在阿什哈巴德的上級發去電報，詢問該如何處置這些犯人。儘管邵武勉一行人身上沒有武器，對於這個孤立無援的城鎮來說他們依然是個威脅，畢竟可能有間諜潛伏。庫恩也指出，這些經驗老到的革命家若在克拉斯諾沃茨克港成功籠絡勢力並發動叛變，後果將不堪設想。他們有機會將這股勢力沿著鐵道向東擴散，直達反布爾什維克的大本營——阿什哈巴德。若邵武勉一行人進入外裡海州的消息傳開，勢必會在阿什哈巴德引起恐慌。當時的阿什哈巴德政府為自己取了一個響亮的名稱——外裡海州臨時政府（The Transcaspian Provisional Government）。臨時政府對於這些布爾什維克的出現也感到十分不安，和庫恩一樣想趕緊丟掉他們這些燙手山芋。阿什哈巴德和克拉斯諾沃茨克港當局對自身的未來感到憂心忡忡，焦急地互相傳遞電報討論。不久後，就連身處馬什哈德的馬里森將軍，以及將軍遠在印度的上級也被這二十六名巴庫政委的存在搞得苦不堪言。但對於馬里森底下的某位軍官來說，邵武勉一行人被庫恩逮捕帶來的影響更加深遠也更加撲朔迷離。這位軍官就是雷金納德．蒂格—瓊斯上尉。當初因為馬里森需要他在阿什哈巴德執行任務，在九月十五日，也就是巴庫淪陷前不久離開了巴庫。那時候馬里森剛與外裡海州的新政權簽訂協議，承認「布爾什維克主義以及土耳其、德國入侵對雙方造成的危害」，並承諾提供兵力支援新政權抵抗來自塔什干的布爾什維克部隊。相對的，新政權將開放英軍派遣一支小型部隊前往克拉斯諾沃茨克港，以防止土軍進攻該處的鐵路運輸站。

蒂格—瓊斯在克拉斯諾沃茨克港下船後，才發現英屬印度部隊和塔什干的布爾什維克軍隊發生衝突，地點是阿什哈巴德東方八十英里處的卡卡（Kaahka），於是蒂格—瓊斯決定立即出發前往該地。除了意識到如今局勢發展有變，馬里森已經不像先前那樣需要他待在阿什哈巴德，蒂格—瓊斯決定前往卡卡的另一個理由在於，他很怕自己又像在巴庫那樣錯過戰事。他寫道：「若前線的情況如聽到的那樣糟糕，那肯定急需每個可動用的士兵以及軍官到場。」他跳上下一班火車，希望能在沿途蒐集關於這場衝突的最新情報。蒂格—瓊斯在卡卡的車站下車後，於附近村莊的外圍找到了第十六旁遮普軍團的五百人部隊。這個小隊是馬里森派出的，由丹尼斯．諾利斯中校（Denis Knollys）指揮。他們與阿什哈巴德的部隊組成了反布爾什維克聯軍，阿什哈巴德方面有一百名俄羅斯人、八百名亞美尼亞人以及數量龐大的土庫曼騎兵。雖然阿什哈巴德的部隊外表看似光鮮亮麗，在諾利斯中校看來卻是「完全靠不住……攻擊和防守都派不上用場。」他們說來就來，說走就走，而且不聽從任何指令。

敵軍的組成是主要由俄羅斯人組成的布爾什維克部隊，以及塔什干附近戰俘營抓來補強兵力的戰俘，大多來自奧匈帝國。這些戰俘並非為了布爾什維克主義的理念而戰，參戰的理由只是因為獲得布爾什維克的承諾，只要幫助擊敗敵對勢力、趕走英軍，就能獲釋返鄉。看來他們的選項只有參與戰事或在中亞餓死，因此他們只能同意加入戰鬥。由於這些戰俘都是受過訓練的士兵，他們成了外裡海州爭奪戰中棘手的敵人。沒有這些戰俘的加持，布爾什維克的軍隊就像阿什哈巴德的雜牌部隊一樣，充其量只是一群革命暴徒。

布爾什維克對阿什哈巴德的部隊發動奇襲，土庫曼騎兵率先逃離了他們本該守住的堡壘，直接導致其他據點出現破口。眼見大難臨頭，剩餘的阿什哈巴德部隊也跟著撤退，幾乎是獨留旁遮普軍團防守卡卡。即使面對印度部隊步槍和機槍的猛烈火力，敵軍依然繼續向著火車站和村莊推進。事態到了這個地步著實令人絕望，守城部隊甚至沒有刺鐵絲網來減緩布爾什維克部隊前進的速度。然而諾利斯預留了一支旁遮普步兵連待命，在最後一刻扭轉了局勢。就在布爾什維克部隊抵達火車站的那一刻，這些步兵發動奇襲，舉著裝上刺刀的步槍向敵軍衝去。諾利斯寫道：「敵軍被這前所未見的戰術殺了個措手不及，馬上開始撤退。」布爾什維克部隊不願再面對旁遮普軍團沾滿血跡的刺刀，讓戰局出現了轉捩點。經歷一整天的戰鬥，卡卡終究守了下來。敵軍傷亡慘重，也認清自身實力不如意志堅定且訓練有素的守城英軍，根本無法攻下這座城鎮。諾利斯和他的旁遮普軍團也收到消息，得知除了漢普郡軍團的一支連隊，還有一支砲兵隊、一支印度騎兵隊正從馬什哈德火速趕來，不久後就會抵達。

不過就如前面提到的，卡卡之戰也有令人匪夷所思的時刻。例如，守軍一度以為布爾什維克部隊想要投降。蒂格─瓊斯寫道：「這是布爾什維克慣用的技倆。他們放下武器，假裝想要談判。」但實際上，守軍派兩名使者過去談判後，卻發現他們想勸說阿什哈巴德守軍投降。布爾什維克軍向守軍喊話，雙方同是俄羅斯弟兄何必同族相殘；接著信誓旦旦表示他們和印度人無冤無仇，若印度人願意放下武器投降，他們也會從寬處理。守軍對提議不屑一顧，斷然拒絕。接下來，大家被突如其來走火的槍支嚇得四處尋找掩護，衝突也在槍聲中再次爆發。

不幸的是，蒂格─瓊斯在這起事件中遭到機槍射出的流彈擊中鼠蹊部，因此無法好好走路。在軍營接受英國軍醫的治療後，他跟著另外四十名傷員上了火車，撤離至阿什哈巴德的小醫院。這醫院本來是一家鐵路工人醫院，但現在改受非布爾什維克的革命軍管轄，無論來者是軍官或士兵、歐洲人或印度人、穆斯林或印度教徒，都能在此接受治療。蒂格─瓊斯的床位被安排在一名傷勢嚴重，但不會說俄語的年輕英國中尉旁邊，這樣他就可以為這名年輕人翻譯。然而兩天後，該名年輕軍官還是去世了。蒂格─瓊斯打聽到他是遭人從背後蓄意開槍才中彈，犯人則是藏身在阿什哈巴德軍隊中的布爾什維克支持者。蒂格—瓊斯難過地回想道：「雖然他已不在人世，但他離去時的英勇身姿堪為世人表率。」

蒂格—瓊斯就比較幸運，在俄羅斯醫療人員的精心照料下恢復健康。不到十天，他就能拄著枴杖緩慢地到處移動。在他住院期間，巴庫淪陷以及之後發生大屠殺的消息也傳到了阿什哈巴德。鏡頭回到巴庫，當土軍透過間諜情報網得知英軍突然撤軍離開城市時，他們刻意延後了進攻時間。這樣一來，當地韃靼人的非正規軍就能先對城市內的亞美尼亞人下手，替他們在巴庫穆斯林大屠殺事件中喪命的同胞復仇。整整兩夜，他們得以盡情燒殺、姦淫擄掠，景象猶如煉獄。一名亞美尼亞人倖存者寫道：「九月十五日至十六日間，在巴庫上演的血腥慘案遠不是聖巴托羅繆之夜（St. Bartholomew's Night）能比擬的。在某些角落，屍體堆得比山高；一處街道上屍橫遍野，盡是死去的幼童；許多人慘遭割喉，死於劍刃和刺刀下。」（譯按：「聖巴托羅繆之夜」是十六世紀法國天主教徒對異教徒進行的大屠殺，發生於一五七二年八月二十三日夜間。）這名倖存者接著說，就連鐵石心腸的土軍進城後都被眼前的慘狀嚇到。他們不得不射殺或吊死一些殺紅了眼的士兵，試圖儘快停止殺戮。

這起大屠殺被後世稱為「九月事件」（The September Days）。亞美尼亞人的組織估計受害者將近九千人，而蘇俄報紙《消息報》（*Izvestia*）以及德國情報官威廉・里頓（Wilhelm Litten）則認為數字應該在兩到三萬之間。兩個數字會如此天差地遠可能是因為到了戰爭尾聲，大量亞美尼亞人乘船逃走，這之中許多人再也沒回去，導致死亡人數有可能被高估。無論真相為何，這場大屠殺加劇了在這座城市存在已久的跨族群血腥衝突。一名英國政治部官員評論道：「一般人若說一座城市的街道『血流成河』，通常只是一種修辭手法。然而這種說法放在一九一七至一九年之間的巴庫，卻是寫實的描述。」

相較之下，邵武勉一行人能夠逃離穆斯林的怒火，可以說非常走運了。畢竟他們要不是亞美尼亞人，就是基督徒或信奉其他宗教，在穆斯林眼中都是敵人。雖然他們擠在克拉斯諾沃茨克港一間臭氣沖天的公社監獄中，無法好好洗澡和睡覺，但至少保住了小命。然而他們接下來的故事彷彿一座巨大的迷宮，許多人說了謊或言詞閃爍，許多電報遺失了，推卸責任或進行洗腦宣傳者也不在少數，真相也就此被掩蓋。想必那些參與故事的人都不想再與這些事件有任何瓜葛吧？至於事件的前因後果，我們也將在接下來的敘事中一層層揭開。

事到如今，庫恩恨不得擺脫手上這些革命動亂份子，而眼下最好的方法就是交由阿什哈巴德當局處置。除了考慮到鎮上兩個監獄都已經塞滿了布爾什維克相關人士和其他犯人，庫恩司令官更怕這些政委越獄後帶來不好的影響。不過他在阿什哈巴德的上級基於差不多的考量，也同樣不願意接手這些危險份子。於是當下在反布爾什維克勢力面前有兩個選項：第一，說服馬什哈德的馬里森將軍接手此事，讓英方護送這些人到印度，如此一來邵武勉等人就不會給任何人造成麻煩了。另一個選項則是槍決他們。過去布爾什維克短暫執政期間暴虐無道，絕大多數外裡海州的居民不會反對此事。然而布爾什維克若再次掌權，那些參與此事的人必定會遭受嚴厲懲罰——畢竟邵武勉在布爾什維克之中可說是英雄般的存在。綜上所述，直接把邵武勉一行人交由英方處置會是最明智的選擇。

於是阿什哈巴德透過電報，指示他們在馬什哈德新上任的代表安排一場緊急會議，邀請馬里森將軍一同討論此事。根據英國檔案庫留存的史料顯示，當時馬里森同意接手這二十六名巴庫政治委員。事實上，他早就從回歸的蒂格—瓊斯那得知這二十六人在克拉斯諾沃茨克港的消息。九月十八日，馬里森發送電報給當時的印度參謀總長，內容如下：「阿什哈巴德政府會將以上提到的重要人物交由我負責轉移到印度。當前外裡海州仍有一半的俄羅斯人準備在敵軍佔上風的瞬間倒戈叛變，而這些重要人物的存在是極度危險的因子。」根據馬里森麾下在馬什哈德的澳洲軍官艾利斯上校（C. H. Ellis）表示，馬里森也對阿什哈巴德的代表提出以下條件：無論如何，都不能讓這些政委透過中亞鐵路從克拉斯諾沃茨克港出發前往印度。（譯按：所謂上校，應該是指艾利斯軍旅生涯的最後官階；艾利斯生於一八九五年，此時應該只有二十三歲左右，不可能是上校。）理由在於，親布爾什維克或反布爾什維克勢力都經常在鐵路沿線一帶發動叛亂，而有叛亂就有鎮壓，局勢可謂十分混亂。於是，轉移犯人最好的方案就是將他們透過海路送到恩澤利，接著透過陸路送往馬什哈德，之後馬里森就能把他們送到印度。

為了避免這些布爾什維克異議份子作亂，馬里森想把他們帶離這個局勢極度不穩定的地區。不過，他之所以迫切想接手邵武勉一行人，還有另一個理由。就在不久前，英軍貝里中校途經喀什噶爾，準備前往塔什干（當時布爾什維克在中亞地區的大本營）執行任務。他要負責查出列寧對印度有什麼企圖心，並且盡量阻止傳聞中，德軍動員戰俘成立臨時部隊攻打北印度的秘密計畫。然而到了八月，也就在貝里中校抵達喀什噶爾後不久，倫敦和莫斯科當局的關係突然急速惡化。也就是在那時，貝里彷彿人間蒸發般沒有半點消息，英方也不由得擔心他和他的部隊是不是已被當地的布爾什維克勢力關押起來。若真是如此，那邵武勉一行人將會是寶貴的人質，可以用來交換英方不幸落入布爾什維克手中的人馬。

故事在接下來的四十八小時內變得越來越複雜，真相也如墨水染濁的水缸般越來越看不清。相關人員對於在馬什哈德、阿什哈巴德以及克拉斯諾沃茨克港發生的事情，說詞愈發迴異。要想釐清事件的走向以及英俄關係惡化的關鍵，我們必須驗證這些眾說紛紜的線索。馬里森與艾利斯在日後的報告中提到他們和阿什哈巴德的代表會面，表示他們其實主導了大部分的決議，而不是遭到對方施壓才決定接手那些巴庫政委。不過他們也提到，雙方決定將馬里森的提案透過電報發送給阿什哈巴德政府時，那名代表突然表示：「希望還來得及……」，問他為何那麼說，他表示自己擔心阿什哈巴德當局有可能已經決定好要怎麼處置那些犯人了。馬里森聞言立刻通知蒂格─瓊斯去查清到底怎麼回事。同一天（九月十八日），蒂格─瓊斯發來電報表示，阿什哈巴德政府當晚將召開緊急會議以決定這些政委的處置方式，但他不清楚當局目前有何打算。

當然，以上說法將英方（特別是馬里森和艾利斯）的形象描繪得正氣凜然。但將近半個世紀後，當這起神祕的事件又再次引起關注時，另一名當事者向我們講述了他記憶中在馬里森指揮部發生的事。兩個版本的故事可說是天差地遠。一九五六年五月四日，曾在馬里森麾下參謀部工作的威廉·奈許上校（William Nash）投書《觀察家報》（*The Observer*）表示，「他頗有自信地記得」當時阿什哈巴德當局不確定該怎麼處置那些政委，於是尋求將軍的建議。奈許說，由於「將軍那時罹患瘧疾而臥床不起」，他親自將阿什哈巴德傳來的電報送到馬里森面前，詢問他該如何回覆。「他告訴我，這是阿什哈巴德委員會的問題，他不覺得有必要干涉。之後，我便用俄語傳送電報，回信請阿什哈巴德政府自行處理這件事。」奈許如此寫道。

一九八八年，在蒂格─瓊斯死後出版的日誌中部分證實了奈許的說詞。據日誌所載，阿什哈巴德政府寄了一封電報給派駐於馬什哈德的代表，「要他說服馬里森將軍接手這些犯人，並將其轉移至印度。」蒂格─瓊斯記得將軍給了以下回覆：「由於很難騰出足夠的護衛把人送到印度，建議外裡海州政府找其他方法處理掉那些政委。」至於蒂格─瓊斯是否有親眼看到那些電報，我們就不得而知了，只知道他隨後在日誌中聲稱他從阿什哈巴德政府那得到電報內容時，也不確定上面的內容是否有半點造假。雖然蒂格—瓊斯從一開始就沒打算出版這本日誌，但既然這本書寫於那個時期，我們也只能相信蒂格—瓊斯寫下了自己看到的真相。然而，蒂格—瓊斯日後與馬里森和艾利斯核對了當時的事發經過後，說詞也變得和他們兩位一致。若不是奈許提出了發生在馬什哈德的另一個故事，後人或許只會單純以為蒂格—瓊斯改變了觀點，但沒有更改日誌的內容。說到這，我們只能斷定有人在隱瞞真相，畢竟馬里森和奈許之間只能有一個人說的是實話。不過這起造假案與布爾什維克日後篡改的歷史相比，根本稱不上什麼大事。

而邵武勉一行人當時在悶熱擁擠的牢房中還渾然不知在東邊三百英里外的阿什哈巴德，他們的政敵正在討論該如何處置他們。他們確信敵人會把他們當作人質，去交換阿斯特拉罕和莫斯科等地的布爾什維克勢力手中握有的敵方人質。只是，他們有所不知：外裡海州的人民對布爾什維克恨之入骨；他們也不知道內戰惡化帶來的腥風血雨正席捲著俄國。要是他們入獄的隔天早上有讀阿什哈巴德當地的報紙《中亞之聲》（*Voice of Central Asia*），那他們肯定不會如此樂觀。報紙上寫道：「就在昨天，巴庫的布爾什維克政委們鋃鐺入獄，而邵武勉也在其中。」接著話鋒一轉：「光是凌虐和處刑還不夠，我們要為那些在布爾什維克的酷刑室中奄奄一息的同志們報一箭之仇！」具體威脅要做的事尚不明瞭，我們只知道此刻在阿什哈巴德一間充滿菸味的房間中，有一群人準備在這群巴庫政委缺席審判的情況下，將其定罪。

出席這場重大審判的外裡海州臨時政府成員，包括主持會議的臨時政府主席費奧多・馮濟科夫

（Fyodor Funtikov）、其副手庫里洛夫（D. Kurilov）以及新政府的外交部長齊米恩（L. A. Zimen）。馮濟科夫的外形粗獷且嗜酒如命，上任前是火車駕駛。庫里洛夫過去也是鐵路工人，其隨身攜帶的大型左輪手槍時刻都保持待發狀態，而且幾乎是槍不離身。齊米恩則是個舉止得體但神經兮兮的教師，在這群人當中顯得特別格格不入。而蒂格─瓊斯也收到邀請，代表馬里森出席這場不公平的審判。會議開始，已經喝得半醉的馮濟科夫率先開口。蒂格─瓊斯在他遞交給外交部的報告中寫道：「馮濟科夫主席告訴大家，他們從馬什哈德收到一個消息。據消息指出，馬里森將軍拒絕接手犯人，認為那些犯人應該由阿什哈巴德政府自行處理。」這部分與奈許上校幾年後提供的說詞吻合。「他們認為，既然克拉斯諾沃茨克港和阿什哈巴德當地的監獄都人滿為患，而且兩邊政府都不想留著邵武勉和其他犯人，那只能槍斃他們了。」蒂格─瓊斯在日誌中也提到，雖然齊米恩和另一位與會者反對此事，但他們都未能提出替代方案。

事後，蒂格─瓊斯因為沒有立刻起身反駁馮濟科夫，替馬里森辯護而遭到批判。就大部分人所知，馬里森並沒有像馮濟科夫聲稱的那樣推卸責任，而是要求臨時政府，等到交通方式安排妥當，馬上將那些政委轉移到英方手中。但正如蒂格─瓊斯提到的，他之後才知道原來馬里森更早之前曾透過阿什哈巴德的代表轉述此要求。他當下握有的唯一資訊，只有馮濟科夫聲稱從這名代表──名叫朵霍夫（Dokhov）的俄羅斯人那得到的消息。「朵霍夫和馮濟科夫之中，有一個人說謊。」不過，若是按照奈許的說法，這兩人說的又是實話。既然這樣，那馬里森早些時候怎麼告訴他在印度的上級，他已要求阿什哈巴德政府將邵武勉一行人交由他處理呢？包括這件事在內，我們或許永遠無法看清有關這些巴庫政委的種種謎團，背後的真相恐怕會永遠石沉大海。

九月十八日，這場決定邵武勉一行人處置方式的會議從傍晚開始，持續進行到深夜。蒂格—瓊斯寫道：「他們爭得沒完沒了，我離開的時候甚至沒有一件事情是定下來的。」然而蒂格—瓊斯本人應該也沒料到自己後來會受到譴責，只因為他沒有全程參與那一場會議，沒有更積極地試圖拯救那些政委免於受到私刑對待。關於這點，我想替他說句公道話。他那時可是不顧醫生的建議堅持出院，並拄著枴杖，忍痛執行他的工作。憑他那時的氣力，不太可能與一個酗酒的鐵路工人，以及一群激憤的與會者爭論，何況他也沒義務要插手此事。蒂格—瓊斯離開時，在場的與會者已經激烈爭辯了數個小時，卻依然沒個定案。老實說，蒂格—瓊斯也沒理由同情邵武勉和他的布爾什維克同志。要知道那些政委當初可是竭盡全力阻撓英軍勢力進駐巴庫，導致英軍擋下土軍入侵的僅存希望也破滅了。在蒂格—瓊斯眼中，布爾什維克份子與德國人、土耳其人一樣，都是英方的敵人。在卡卡之戰中，擊中他鼠蹊部的那枚子彈就是最直接的證明。

經過一番施壓後，蒂格—瓊斯隔天傍晚終於向馮濟科夫問出前晚的討論結果。「他偷偷告訴我，最後決定要槍斃那些犯人，而他前晚已經派遣庫里洛夫到克拉斯諾沃茨克港安排相關事宜。」蒂格—瓊斯意識到自己在阿什哈巴德也得不到更多資訊，於是立刻警告馬里森注意此事。就這樣，麥克唐奈爾少校在馬里森的強烈要求下從恩澤利出發，前往克拉斯諾沃茨克港一探究竟。可惜他九月二十二日才抵達，而那時木已成舟，他已無力回天。

讓我們將鏡頭轉到克拉斯諾沃茨克港，一場好戲正迅速拉開序幕。關於九月十九日發生的事，我們唯一能得到的第一手消息來自被關押的某位布爾什維克政委。他就是當時年僅二十三歲，在未來將登上蘇聯共產黨最高領導階層，並成為蘇聯最高蘇維埃主席團主席（Chairman of the Presidium of the Supreme Soviet）的亞美尼亞人——阿納斯塔斯．米高揚（Anastas Mikoyan）。因為躲過其他巴庫政委的厄運，他有「第二十七個政委」之稱。除此之外，他還是一九三〇至四〇年代期間，少數撐過史達林「大清洗」時代（The Great Purge）的資深布爾什維克。儘管在克拉斯諾沃茨克港得以倖存，許多不懷好意的揣測卻始終對他糾纏不清。據說史達林會故意問米高揚當晚怎麼逃過一劫的，只為了喚起他痛苦的回憶。目前最有可能的解釋是，庫恩從一行人身上搜出的巴庫政委名單上沒有他。不像出現在名單上的其他人，米高揚沒有被關進巴庫的監獄。也因為如此，他才能在城市滅亡前即時幫助邵武勉一行人安排出獄。只是米高揚肯定也沒想到，他那時會跟著大夥一同登上那艘船航向厄運，最後遭敵人逮捕。

米高揚回憶起和其他人在克拉斯諾沃茨克港的監獄中度過的最後一晚：「我們有些人躺在長椅上，有些在地上；有些人坐著，有些則在打瞌睡。」到了深夜兩點，也就是九月二十日凌晨，他們突然被鑰匙開鎖的刺耳金屬摩擦聲吵醒。一些獄警拿著武器衝進牢房，要求他們站到走廊上。他們問獄警要把他們帶去哪，得到這樣的回答：「這座監獄已經沒有空間了，你們要去阿什哈巴德的監獄。」年輕的米高揚眼見自己不在轉移名單上，於是詢問獄警能不能讓他跟著其他人一起去阿什哈巴德，卻遭拒絕。不過，邵武勉在分開前對米高揚說：「他們很快就會釋放你。我需要你想辦法先到達阿斯特拉罕，然後從那回到莫斯科。去找列寧，把我們在這的遭遇全告訴他。說服他去搜捕一些社會革命黨和孟什維克的重要人物，並把那些人當作人質交換我們。」語畢，邵武勉和其他人就在衛兵的押送下走過寧靜的街道，一路抵達火車站。據米高揚所述，當晚的月亮散發著「凶險的」氣息。邵武勉等人安靜地走進一節空的貨運車廂中，與衛兵一同被鎖在裡頭。就這樣，列車在月光下一路向西駛進沙漠中，往阿什哈巴德前進。不久後，正如邵武勉預料到的那樣，米高揚連同邵武勉的兩名幼子獲釋出獄，而政委們的命運已無法改變了。

# 第二十四章
# 死亡列車

九月二十日凌晨，就在黎明前不久，有個工人進行完鐵軌維護工作後正沿著中亞鐵路的鐵道走回家。一輛從克拉斯諾沃茨克港方向駛來的列車突然出現，把他嚇了一跳。他知道那裡地處偏僻，不可能有班車在這個時間出現於單線鐵路上。隨著列車靠近，他注意到列車異常地沒有亮燈，這在當時混亂的局勢下簡直前所未聞。困惑的工人迅速爬上一旁堆高的土堤並躲在一叢駱駝刺（camel-thorn）後面，等著看這輛詭異的列車駛過。然而列車慢慢減速，最後靜靜停在他的藏身處附近。

列車在停下的瞬間打開車門，數名武裝衛兵跳下車，身後緊隨一群手被綁在身後的犯人。三個小時前，這二十六名巴庫政委離開克拉斯諾沃茨克港時肯定都沒料到，他們的人生會在此畫下句點。現場有人用俄語大聲下令後，衛兵用槍頂著犯人，要他們踩著鬆散的沙土爬上土堤。即使表現得百般不情願，邵武勉等人還是遭衛兵趕著走進沙漠一小段距離。停下後，有人提供了這些犯人眼罩，但不是所有人都收下。鐵路工人躲在一旁，靜靜見證這一切的發生。

這些政委沿著沙丘的峰頂列隊，身影在天色微亮的地平線上顯得格外突出。衛兵走到各自的位置，看著眼前的犯人開始朝他們咆哮抗議。但行刑隊對抗議聲充耳不聞，舉起手中的步槍，接著在長官的號令下，齊聲朝那些犯人開槍射擊。大部分人遭一槍斃命，少部分人只受到輕傷於是試圖逃跑，但最後還是死在衛兵的槍口和警棍下。現場陷入一片死寂，行刑隊接著將屍體一個個拖進沙丘下的坑洞中，遠離火車的視線。之後，他們拿出從克拉斯諾沃茨克港帶來的鏟子，開始將沙土填回洞中。衛兵仔細確認現場沒有留下行刑的痕跡之後，一臉得意地走回火車，顯然對自己當晚的工作很滿意。

也就在這時，鐵路工人被衛兵發現了。工人一邊發抖一邊從藏身的地方走出來，向衛兵解釋自己是俄羅斯人，名叫阿列奇·德爾迪金（Alexei Dirdikin），並告訴他們自己為何會出現在那裡。德爾迪金詢問衛兵發生了什麼事，卻只換來幾句警告，叫他不要多管閒事，也不要告訴任何人那天看到的事情。我們至今也不清楚為何行刑隊沒有當場殺掉工人，或許他們的上級也沒想到他們會在如此偏僻的地方被人瞧見。總之，衛兵放過了工人並登上火車繼續前往沙漠另一頭，兩百英里外的阿什哈巴德。德爾迪金心驚膽戰地趕回家，在路上遇到工頭和一群鐵路工人。彷彿把衛兵的話當成耳邊風一般，他上氣不接下氣地把剛剛發生的事情告訴大家，並帶著大家到政委們遭處決的地點。即便感到驚恐，這群工人還是替死者挖了體面的墳墓，避免沙漠中遊蕩的動物破壞死者的屍體。完成禱告後，他們便匆匆離開了現場。

在那個世道紛亂的年代，他們向彼此發誓不會對其他人提起那天的見聞。然而行刑隊似乎改變了主意，因為隔天德爾迪金就變成一具冰冷的屍體，出現在槍殺現場附近的山上。他死前曾向家人洩露了秘密，而他的家人則將這個秘密告訴了主持他葬禮的神父。就這樣，故事被神父仔細記錄下來。事件發生半個多世紀後，已故神父記錄這起事件的手稿被發現，上述一切便是根據手稿寫成的。

以上就是斯捷潘・邵武勉和他的巴庫政委同志們遭遇的駭人厄運。任誰也想不到，一場浩大的俄羅斯革命史詩將從這起冷血殺人事件中誕生，在接下來七十年間扎根於每個蘇聯學童的心中。（譯按：案發時仍只有蘇俄；蘇聯要到一九二二年才成立。）邵武勉一行人的死亡也讓列寧、托洛斯基以及史達林領導的新國家（蘇俄）與英國之間產生仇隙，而此一紛擾將持續到俄共衰亡。當時內戰引發的混亂阻礙了外裡海州和莫斯科之間的通訊，造成列寧過了好一段時間才聽聞政委們的遭遇，這讓他氣憤不已。而英方由於有蒂格—瓊斯上尉通風報信，老早就知道此事。馬里森收到上級指示，傳送了一封電報給阿什哈巴德政府，表示英方強烈反對這種野蠻行徑。英方顯然不樂見失去邵武勉一行人，畢竟這些政委可以用來交換貝里中校和其他失蹤的英國人。馬里森在與印度通信時指出這起謀殺事件對英國來說「就政治層面上十分有利」，字裡行間流露出對阿什哈巴德政府滿滿的諷刺和不屑。馬里森認為對布爾什維克來說，阿什哈巴德政府的行徑無異於「自斷後路」。他補充道，留住邵武勉一行人才是明智的選擇，畢竟布爾什維克若是贏得最後的勝利，那阿什哈巴德當局的高層至少「可以利用這些人質保住自己的小命」。

另一方面，麥克唐奈爾少校也抵達克拉斯諾沃茨克港並著手調查誰要為這樁謀殺事件負責。就我們所知，蒂格—瓊斯把責任歸咎於阿什哈巴德當局的馮濟科夫和庫里洛夫。畢竟馮濟科夫身為外裡海州的領導人，可是親口承認自己派了庫里洛夫到克拉斯諾沃茨克港安排這次處決。但麥克唐奈爾經過調查後發現，罪魁禍首可能另有其人。那就是克拉斯諾沃茨克港的司令官——庫恩，此刻正到處吹噓是自己安排行刑呢。他甚至告訴麥克唐奈爾，他把這群將死之人登記在列車的「貨物清單」上，並告訴隨行的指揮官在事後銷毀清單。為了確保任務萬無一失，他還提供了三把鏟子給執行任務的人，要他們「好好處理掉」目標。他的手下事後還是向他抱怨鏟子不夠，不然就可以更完美地掩飾他們的可怖罪行。庫恩告訴麥克唐奈爾，他的手下完事後向他回報：「我們已完成你的命令。」庫恩自誇的同時，還不忘諷刺鄧斯特部隊：「所以我說啊，當我下定決心要做什麼的時候，我就會好好去做。不會有人把我與英軍相提並論，像是嘴上說要帶著軍隊出現，結果卻只帶來兩個勤務兵、一輛福特小貨車還有一個將軍。」

這件事對英方來說，到此就告一段落了。蒂格—瓊斯在他的日誌中寫道：「很長一段時間，我們都沒有得到這件事的進一步消息，過幾個禮拜大家甚至都忘了有這回事。」那時馬里森將軍和他的參謀團另有當務之急要處理。他們剛收到的消息顯示，巴庫的土軍正試圖收購前俄羅斯裡海艦隊的船，以便把軍隊運送到裡海另一頭的克拉斯諾沃茨克港。要知道，中亞鐵路猶如一把直指阿富汗和印度的利劍，因此英軍必須不惜代價避免土軍染指這條鐵道。然而英軍也要確保裡海另一頭的布爾什維克遠離這條鐵路，避免布爾什維克和土耳其人結盟對抗英屬印度。至少在英方看來，《布列斯特—立陶夫斯克條約》並沒辦法確保布爾什維克絕對不會背信棄義。若英軍想要控制住鐵路的樞紐區域——克拉斯諾沃茨克港，那他們別無選擇，只能與雙手沾滿鮮血的阿什哈巴德政府合作。

火上澆油的是，馮濟科夫一夥人執政手法越來越蠻橫專制而引來民怨。馬里森的參謀官艾利斯寫道：「除了嚴重的糧食短缺問題，鐵路工人也似乎快要按捺不住心中的不滿。別忘了，先前塔什干的政府就是遭當地的鐵路工人革命推翻的。」見此情形，阿什哈巴德政府卻開始肅清政敵，只要被他們認定是布爾什維克的同路人就會遭逮捕。馮濟科夫甚至開始把政府的放縱行徑歸咎於英軍，暗地散播謠言，表示包括處決那些政委在內的種種決策都是英軍堅持要做的，而他始終強烈反對那些指示。可笑的是，英軍現在準備來拯救他的小命，即便只是出於英方自身的利益考量。

要想保住馮濟科夫的小命，關鍵在阿什哈巴德東方兩百英里外沙漠中的綠洲城市梅爾夫。長久以來，阿什哈巴德大部分的食物都來自該城市，然而那時的梅爾夫卻由布爾什維克牢牢掌握著。布爾什維克很清楚，掌控了梅爾夫就能逼迫阿什哈巴德當局臣服，或是用饑餓煽動阿什哈巴德的人民起身反抗自己的政府。一旦阿什哈巴德淪陷，外裡海州各地的反抗勢力也會很快衰退，如此一來布爾什維克的勢力就能接手塔什干到克拉斯諾沃茨克港，由鐵路所橫跨的區域。當然，意識到這點的馬里森自然是痛苦萬分，眼下唯一能做的事情就是從布爾什維克手中奪取梅爾夫和當地出產的食物。當馬里森向他在印度的上級請求批准任務時，上級要他運用自己的判斷和謀略。當時協約國針對布爾什維克並沒有一套統一的政策和應對方法，畢竟那時候沒有強權把他們放在眼裡，而且各方都認為布爾什維克無法長久存續下去。就連在英國的內閣中，對於布爾什維克的看法也沒有一致的口徑，這也是為什麼很多時候都需要前線人員在現場運用自己的判斷。馬里森形容在前線做任何事就像是拆開一份「來自希臘人的禮物」。（譯按：暗指特洛伊木馬。特洛伊人收了希臘聯軍打造的木馬進城，當成戰利品，結果被暗藏其中的士兵偷襲，結果城毀人亡。）若事情進展得順利，「兩千英里外在辦公室坐得舒舒服服的某個紳士就會想辦法邀功。」但若是進展得不順利，這些前線人員就會遭到國會和媒體譴責，接著成為替罪羔羊，「遭人無情地丟給狼群吃。」

說到中亞鐵路，這條穿越沙漠的單線鐵路就像是獲取外裡海州所有秘寶的秘密咒語，想要奪下梅爾夫也不例外。由於缺乏完整的道路建設，加上距離非常遙遠，鐵路是部隊抵達許多地方唯一的方法。也因此無論是哪方的軍隊，進入這片土地後幾乎都生活在火車上。這些火車組成長長的隊伍，前後方各有一輛裝甲列車保護隊伍免遭敵人突襲。人力、槍械、馬匹和食物都是透過火車載運。他們用巨大的水桶儲存水源，並以固定在敞車上的野戰炊膳車煮出伙食。此外也有醫療列車，而外裡海州各部隊的隨軍護士都是俄羅斯人。一名英國軍官酸溜溜地說道：「要是那些外裡海州士兵能有那些護士一半的膽量，他們就能組成一支精良的部隊了。」

也由於鐵路是軍隊移動的主要方式，英軍部隊要想前往梅爾夫可謂困難重重，特別是對英屬印度特遣隊的指揮官諾利斯中校，以及外裡海州各個部隊的指揮官而言，都是如此。比起英方的聯軍，布爾什維克有更好的裝甲列車和火砲。諾利斯回憶道：「敵軍可以說就是駐紮在一座移動要塞裡，配備的槍支覆蓋面積大，可以輕鬆打敗進入射程的任何東西。若我們帶著大部隊向他們靠近，他們只需要駛離。若他們在夜間發現進入我們的射程，也只需要駛出射程並用砲彈轟炸我們，而我們在沙漠中根本找不到掩體。若他們發現我們靠近列車後段，也只需向前加速行駛。我們終將在這樣的拉鋸戰中耗盡水和其他資源而被迫回到基地，至於會不會在途中命喪荒漠又是另一個問題了。」眼下要想破解這些難題，英軍部隊只能想辦法繞過敵方的移動要塞，並攻下位於阿什哈巴德前往梅爾夫半路上，此時由布爾什維克掌控的小鎮杜沙克（Dushak）。英軍最後決定實行這個計畫。

諾利斯和外裡海州部隊的指揮官們決定對杜沙克發動包圍攻擊，把當地的駐軍打個措手不及。阿什哈巴德至杜沙克的鐵路呈西北至東南走向，而聯軍會派出步兵、騎兵和砲兵團在夜間秘密行軍，分別繞行這段鐵路的北側和南側。步兵和騎兵團會從北側避開鐵路繞行前進，白天則在廢棄的村莊中休息以躲避敵人的偵察。與此同時，印度騎兵團會在鐵路南側與鐵路保持距離以遠離敵方視線，穿越南側的山麓進軍。英軍也會同時派出裝甲列車從阿什哈巴德出發慢慢向東，試圖吸引敵軍的注意。最後，土庫曼騎兵團會穿越鐵路北側的沙漠繞到敵軍陣地的後方。他們會破壞那邊的鐵路，這樣除了斷絕了布爾什維克部隊撤退的路徑，也防止敵方透過鐵路從塔什干送來支援部隊。

英軍和外裡海州的各路部隊會在破曉時同時進攻杜沙克。他們的任務不僅僅是拿下杜沙克，還要盡可能摧毀布爾什維克的軍隊。等到敵軍被打得落荒而逃，他們就會派出印度、土庫曼騎兵團進行追擊。以上計畫全仰賴突襲策略能否成功，而聯軍要讓計畫不會洩漏出去才能確保突襲策略成功。然而此刻布爾什維克間諜或支持者極有可能已經潛伏在部隊中，他們的存在對於計畫造成巨大隱憂。於是指揮官們決定刻意散播假消息，內容為印度已派出大規模部隊趕來支援，當中包含空軍和重型武器；提到的進攻日期也比實際時間還要晚很多。他們希望敵軍的間諜能把消息傳到布爾什維克耳中，這樣他們就能出其不意，成功發動突襲。他們也希望這個戰術可以讓布爾什維克軍在卡卡之戰中，早已被旁遮普軍團的刺刀戰術重創的士氣變得更低落。

十月十二日晚上，聯軍一切準備就緒。第十九旁遮普軍團的兩個連隊、四百名外裡海州步兵，以及四百人左右的土庫曼非正規軍從鐵路的北側出發。他們的目標是在黑夜掩護下朝杜沙克推進，但在這之前，他們要先抵達那座廢棄村落以便在白天隱蔽行蹤。除了上述提到的部隊，隨行的還有一支英軍輕砲部隊和一隊帶著兩門野戰砲的俄羅斯野戰砲兵。另一邊，第二十八印度輕騎兵團（Indian Light Cavalry）的兩個騎兵隊向南穿越山麓地帶，逐漸接近杜沙克。而土庫曼騎兵隊由於更適應沙漠環境，將穿越沙漠並沿路進行掃蕩，最後繞到敵軍後方。出發當晚，英軍、外裡海州和土庫曼的部隊在黑夜中悄聲無息地行軍。距離天亮還有很長一段時間，一切都在按照計畫進行，而且敵方似乎也沒有注意到他們。要麼布爾什維克輕信了假消息，以為攻勢會更晚發動；要麼馮濟科夫的秘密警察成功將外裡海州軍隊中潛伏的間諜都抓了出來。見計畫進行得如此順利，聯軍以為可以出奇制勝，輕鬆擊敗敵方駐軍——沒想到事態就在這時急轉直下。

各方說法不一，總之似乎是兩個旁遮普巡邏隊在黑暗中互相開火，讓布爾什維克發現敵軍來襲。儘管軍隊現在距離城鎮還太遠而無法執行原來的戰術，但事已至此更沒有退路可走。指揮官立刻發號施令，軍隊也隨之突進。破曉的那一刻，聯軍在開闊的地形上頓時無所遁形，只能強行進攻最接近的布爾什維克陣地。平坦的土地上幾乎沒有地方可供部隊當掩體，只有一些乾涸水道和狹小河道因為方向的關係剛好可以掩護他們。聯軍士兵很快就遭到前方敵軍的輕砲和位於高處的三十挺機槍鎖定，曝露在猛烈的炮火之下。在接下來的激烈戰鬥中，英軍和印度軍傷亡慘重。旁遮普軍團的英國軍官或傷或亡，交戰不久後全都退出了戰場；事後根據統計，非軍官的傷亡人數則將近兩百人。而印度輕騎兵隊在城鎮另一頭較遠處也陷入血腥戰鬥，但傷亡不像旁遮普軍團那麼嚴重，最後只造成十一人受傷和六人陣亡。外裡海州部隊相較之下傷亡還算輕微，最後僅有三十名傷者和七名死者。會有這樣的結果，是因為敵軍機槍開火時，大部分外裡海州士兵立刻躲進河道中躲避射擊，而土庫曼非正規軍更是直接遁入沙漠中逃竄。

儘管死傷慘烈，勇猛的旁遮普軍團還是在印度軍官和士官的指揮下，頂著機槍和大砲的猛烈炮火持續推進。終於，他們抵達了布爾什維克在杜沙克車站附近的陣地，用閃著寒光的刺刀展開血腥反擊。敵方不久後便潰不成軍，士兵驚慌地躲進那附近唯一能提供他們藏身的車站。突然之間，從車站內部發生了巨大的爆炸。似乎是因為一枚英軍或俄軍的砲彈打中裝滿彈藥的貨車車廂，引發的爆炸當場炸死了許多躲進車站的人。活下來的人早已嚇得不知所措，許多人直奔山丘卻死在印度騎兵的軍刀下，剩下的人則擠進停在車站的三台裝甲列車中。其中一台車試圖向東逃跑，結果遭到土庫曼的騎兵隊攔截，車上的工人和大部分的士兵就這樣慘遭屠殺。另外兩台列車則趁亂向西逃離，而應該阻止此事的外裡海州部隊卻不見蹤影。

原來這些外裡海州士兵跑去別處忙了。他們看到布爾什維克軍隊逃竄的樣子，突然又找回了勇氣，從藏身的河道爬了出來。但他們沒有投身戰場，而是加入土庫曼人一同洗劫無人的布爾什維克商店。他們興奮地把戰利品丟上撿來的馬匹準備運回卡卡，包含食物和機槍，絲毫沒有想到敵軍下一步會做出什麼行動。要知道，當時的布爾什維克軍可沒有打算就此撤軍。他們趁外裡海州部隊還沒搞清楚狀況前，開始在杜沙克往梅爾夫的下一站——捷詹（Tejend）集結新的兵力。他們能夠這樣，都是因為土庫曼騎兵沒有照計畫確實阻斷鐵路交通。與此同時，那些向西逃離的布爾什維克部隊也整隊完畢，準備回到杜沙克。然而那時候在杜沙克還記得要準備守城的，只剩下人數不多的英屬印度特遣隊，以及不離不棄、沒有加入洗劫派對的八十名俄羅斯正規軍士兵。

就在正午前，布爾什維克部隊同時從東西兩側發動了反擊，只是攻勢不算猛烈。那時候留下來守城的，只剩下英軍的一百五十名旁遮普軍團士兵、一百三十名印度騎兵、一隊砲兵和俄羅斯正規軍。其他士兵帶著搜刮來的贓物，早就消失得無影無蹤了。雖然敵軍沒有祭出猛烈的炮火，但英軍很快就意識到以當時的兵力終究是守不住杜沙克的。尤其是在鐵道沒有癱瘓的情況下，布爾什維克隨時都有可能透過鐵路從塔什干或東方沿線的營區調動大部隊，甚至是重型武器前來支援。因此當時守城的指揮官決定在遭敵軍圍城前，下令有序地撤離部隊。首先是旁遮普軍團，他們在騎兵和砲兵的掩護下帶著傷員離開。奇怪的是，布爾什維克部隊或許懷疑有詐竟然沒有派人追擊。但因為如此，剩下的守城士兵才得以安然成功撤離。這場戰鬥的結果無疑重挫了英軍。他們本來可以獲勝並緊接著奪下梅爾夫，卻因為外裡海州人和土庫曼人的懦弱貪婪而付出極高的代價，甚至以失敗收場。不過相較之下，布爾什維克的損失可謂更為慘重，畢竟他們在那短短五到六個小時的戰鬥中就失去了一千名士兵以及大量的武器彈藥。

讓所有人跌破眼鏡卻不由得敬佩的是，阿什哈巴德的官方報紙竟然將此次慘敗的原因指向自己的部隊「十分可恥的行徑」，並大力讚頌「英雄般的印度兵和印度騎兵隊」。阿什哈巴德的政府公報也將矛頭對準外裡海州部隊，指責他們失去了「這個消滅布爾什維克的大好機會」。鏡頭轉到布爾什維克，他們首先捏造了一個不存在的部隊——蘇格蘭軍團，並把英屬印度軍隊的人數從五百人調高至四千人，試圖掩飾自己表現狼狽以及傷亡慘重的事實。當然，他們也不忘大力歌頌自己的勝利。

馬里森在馬什哈德收到英軍戰敗並撤離杜沙克的消息，自然是失望至極。他立刻要求印度的上級派來更多的部隊。他表示如果給他三個騎兵軍團、三個砲兵連、一個步兵旅、幾輛裝甲車以及戰機，他就能消滅整個中亞地區的布爾什維克勢力。不久後，馬里森收到了比批准支援更加振奮人心的消息。布爾什維克軍突然在十月中撤出杜沙克和捷詹，現在這兩座城鎮完全無人防守。更棒的是，他們為了避免敵軍追擊而破壞鐵道，而這似乎也表明他們不會再回去了。看來他們的士氣比想像中還要低迷，低到他們寧可退守自己在偏遠沙漠中剩餘的勢力範圍，也不願面對旁遮普軍團的嗜血軍刀。

馬里森接著收到了更棒的消息，那就是布爾什維克軍也撤出梅爾夫，往布哈拉（Bokhara）的方向回到奧克蘇斯河東側。撤軍的緣由尚不明確，但有人猜測是因為他們聽信假消息，以為英軍會大肆進攻塔什干。若真是如此，那實在是始料未及。無論如何，英軍和外裡海州部隊在十一月一日接手梅爾夫，不折一兵一卒達到了他們原定的目標。大量的肉品、穀物和各種食物瞬間湧入阿什哈巴德的市場，這不只緩解了人民的飢餓，大家的情緒也都好了起來。大街小巷一片歡騰，而馮濟科夫和他的反布爾什維克夥伴們也因此得以多掌權幾個月。

布爾什維克軍隊不斷撤退，也越來越不受各地人民的歡迎。見此情形，馬里森只想乘勝追擊，一路向東追到布哈拉、撒馬爾罕甚至是塔什干。馬里森和他的軍官們對任何類型的革命份子都沒有好感，對布爾什維克尤其厭惡。在他們眼中的布爾什維克是群背信棄義之徒，不只殺害君主、勾結敵人，還宣揚破壞軍紀的革命思想，這些從巴庫和杜沙克的種種事件都看得出來。馬里森非常擔心布爾什維克這種毒瘤思想會侵蝕他的印度軍隊。因此，印度的上級禁止他率軍越過梅爾夫，也禁止他與反布爾什維克勢力一同出征，這可以說讓他沮喪到了極點。那次征戰，外裡海州部隊沒了英軍的陪同只能嘗試自己出征，結果失敗收場，一路被打回梅爾夫。

轉眼到了冬天，英軍和布爾什維克雙方軍隊為了躲避風雪，都擠進了列車車廂。此刻布爾什維克部隊不願與英屬印度部隊交戰，而馬里森也被禁止行軍越過梅爾夫，難得的和平局面降臨外裡海州。然而隨著戰爭進入尾聲，其他戰場開始有重大事件出現的前兆。當時沒有人預料到戰爭很快將結束，就連當時英國的帝國總參謀長（Chief of the Imperial General Staff）——亨利．威爾遜（Henry Wilson）都告訴戰時內閣，要想拿下歐洲戰場的勝利至少還需要一年。他應該沒想到，法國和巴勒斯坦這兩處焦點戰場會傳出天大的喜訊。在西線戰場，魯登道夫意圖打破三年僵局卻以失敗收場，著實給德軍挨了一記當頭棒喝。於是德軍全面撤回著名的興登堡防線（也是他們僅存的防線）。在巴勒斯坦，艾倫比的大軍把敵軍打得抱頭鼠竄。他們有一萬五千名騎兵在前方衝鋒，有阿拉伯非正規軍在側翼支援，聲勢浩蕩向北方的大馬士革推進。在他們眼中，大馬士革是僅次於君士坦丁堡的重要目標。

在君士坦丁堡，部分內閣成員開始厭倦這場大戰。恩維爾帕夏必須向這些同僚解釋，德軍撤離法國其實是魯登道夫精心策劃的計謀，並保證只要協約國上鈎就能一舉殲滅他們。內閣成員起初接受了這個說法，但隨著西線戰場和巴勒斯坦傳出的噩耗越來越多，他們意識到土耳其和德國在這場戰爭中注定會失利。就連快要餓死的土耳其平民都看得出同盟國屈居下風，心中對帶來戰爭的執政者也愈發不滿，而他們不滿的對象也包括德軍。那時在土耳其首都的街上可以看到英國戰俘四處遊蕩，他們模仿德軍踢正步的模樣在土耳其人眼中十分逗趣。身在土耳其的德國軍民意識到這不滿的情緒四處瀰漫，也越來越擔心自己的人身安全。隨著不滿逐漸變成敵意，德國大使趕緊把放在君士坦丁堡當地德國銀行內的金子搬回大使館的金庫。這不只是為了提防暴民，也是為了提防土耳其政府，畢竟他們不知何時也開始在調查銀行的資產了。

如今戰爭到了這個地步，恩維爾仍然堅信可以從鄂圖曼帝國的殘骸中找回些許失去的東西，像是領土和榮耀。他心中仍懷有抱負，那就是動用他在土耳其東部和高加索地區的部隊，在中亞建立一個全新的偉大突厥帝國。就算德國不繼續參戰，恩維爾也決意不會讓戰爭停下。只要他還有力量、還有士兵，哪怕剩下高加索山區的一座堡壘，他也不會放棄從協約國手中奪回土耳其領土的希望。然而身為夢想家，恩維爾似乎在刻意忽視身邊慘痛的現實，直到現在他都還在說服自己，相信魯登道夫真的為協約國精心設計了陷阱。隨著戰爭逐漸平息，他意識到自己與那些沒那麼樂觀的內閣同僚越來越疏遠。除了在高加索前線的戰事，整體戰況絕對不容樂觀，大家似乎已經可以預見偉大的鄂圖曼帝國在自己眼前殞落的場景。早在這之前，帝國大部分地區就被當作戰利品，紛紛落入協約國或阿拉伯人手中，包括麥加和麥地那這兩座伊斯蘭聖城，以及漢志（Hejaz）、埃及、西奈半島（Sinai）、巴勒斯坦、外約旦（Trans-Jordan）、大部分的美索不達米亞（今伊拉克）等。此時帝國只剩下土耳其的心臟地帶、敘利亞和美索不達米亞北部，但這些地方很快也會落入他人手中。布爾什維克向土耳其人表示，根據先前協約國的協議，俄國將可以獲得土耳其首都君士坦丁堡。（譯按：關於協約國的此一協議，請參閱本書第十五章〈風向變了〉。）儘管列寧表示蘇俄不會那麼做，但這並不代表君士坦丁堡在戰後會繼續留在土耳其人手裡。

歸根究底，要不是恩維爾把他最精良的部隊調到高加索地區，土軍在巴勒斯坦也不至於崩潰到這般田地。這個調兵策略也讓德軍面對勢如破竹的艾倫比大軍時不得不孤軍奮戰，引起德軍士兵的憤怒不滿。然而，即便任務看似渺無希望，德軍士兵還是奮勇迎戰規模遠大於自己的敵軍部隊。勞倫斯在回憶錄《智慧七柱》中寫道：「就算遭遇攻擊，他們〔德軍〕依然聽從指令暫停動作、佈陣列隊、開槍射擊。他們的表現不慌不忙、沉著冷靜且乾淨利落。他們為自己贏得了無上榮耀。」話雖如此，這也沒辦法阻止大馬士革的淪陷。一九一八年十月一日，協約國和阿拉伯人組成的聯軍陸續攻陷了大馬士革、貝魯特（Beirut）和阿勒坡（Aleppo）。雪上加霜的是，保加利亞於九月二十九日投降，嚴重影響了君士坦丁堡和柏林之間的陸上交通，也讓奧匈帝國的東南邊境曝露在協約國的軍隊下。但這對土耳其而言是更嚴重的問題：君士坦丁堡西側也因此門戶大開，彷彿在歡迎薩洛尼卡（Salonica）的五十萬英法大軍隨時攻過來。（譯按：薩洛尼卡位於南歐，如今在希臘境內。）

十月五日，土耳其當局首次向協約國傳達明確訊息：他們迫切希望討論和平條款。透過美國的威爾遜總統，身為三位帕夏之一的塔拉特用試探的口吻向外界表示，希望威爾遜提倡的「十四點和平原則」（Fourteen Points）可以說服各方放棄所有秘密協議，如此鄂圖曼帝國才有可能保住領土免受協約國所瓜分。十月八日，三位帕夏和剩餘的內閣成員辭職，土耳其在接下來的幾天內進入短暫的無政府狀態。十月十四日，不久前剛從其父親手中繼承職位的新蘇丹——穆罕默德六世（Mehmed VI）指定了新的內閣成員，當中不包含恩維爾、塔拉特和傑馬勒。三人意識到自身處境凶多吉少，於是搭乘德國的軍艦渡過黑海，倉促逃離土耳其，也及時保住了自己的脖子。原來新蘇丹十分憎惡恩維爾的所作所為讓國家蒙羞，想以叛國之罪將他們處以絞刑，藉機討好協約國。更重要的是，如今土耳其上下臣民痛恨著恩維爾等人以及他們所帶來的苦痛悲愴，新蘇丹也想藉由處死他們來增加自己的聲望。

眼看土耳其大勢已去，一些英國戰爭內閣的成員此時卻擔心戰爭結束得太快，英軍將沒辦法及時佔領他們想在中東控制的重要地區，其中一個便是還在土耳其手中的摩蘇爾油田區。於是位於美索不達米亞的英國指揮官——威廉・馬歇爾將軍（William Marshall）收到命令，要「盡可能多佔領產油的區域」。有些土耳其的史家指控英方刻意拖延簽署休戰協定的時間，以便給馬歇爾更多時間奪取土耳其手中的大禮。結果馬歇爾成功佔領油田區，土耳其軍樂隊還演奏〈天佑國王〉（God Save the King）迎接他們。

英國以條件難以接受為由，代表協約國拒絕了土耳其首次的提議。至於土耳其學者對英國的指控是否為真，我們就不得而知了。見此情形，土耳其表示他們也不會妥協，將持續戰鬥直到協約國接受他們的條件。不過這在倫敦當局看來只是虛張聲勢罷了，畢竟土耳其除了還沒從高加索撤軍，在其他地區都已經被協約國打得丟盔棄甲。而奧匈帝國意識到自己和盟友的絕望處境，也就此舉白旗投降。

最後，英國揭穿土耳其已無力反抗的事實，土耳其也只好於十月三十日在阿伽曼儂號戰艦（*Agamemnon*）上簽署《穆德洛斯停戰協定》（*Armistice of Mudros*），並於隔天中午前停火。此協定要求土耳其必須無條件地完全投降，也給了協約國機會佔領鄂圖曼帝國內的關鍵戰略區域，包括君士坦丁堡。

如今只剩下德國還在頑強抵抗，死守著他們橫跨法國東部和比利時的最後一道防線──興登堡防線。隨著盟友相繼退出戰局，德軍士兵的士氣早已瀕臨崩潰，兵變倒戈和違法亂紀之事也越來越多。革命的氣息瀰漫在空氣中，等到十一月四日，叛亂份子在「皇帝號」戰艦（Kaiser）上升起了象徵革命的紅旗。其他的戰艦拒絕離港，而各處的水手和士兵也沿用布爾什維克的模式陸續成立革命委員會。不過，也不是所有士兵都跟著叛變。依然有許多前線士兵忠誠且英勇地奮戰，試圖阻止協約國的猛攻，但一切努力都只是徒勞。

十一月六日，德國終於意識到再怎樣反抗也沒用，便從柏林派出代表團與協約國進行談判。接見他們的是時任盟軍最高司令的法軍元帥斐迪南．福煦（Ferdinand Foch）。在會議開始時，福煦開門見山地表示：「請搞清楚，你們今天是來『求我們』停戰的。」他向這群德國代表列出協約國制訂的條款，並告訴他們無論是否同意，都必須在七十二小時內提供答覆。代表們立刻將這些嚴苛的條款內容致電告知柏林當局，讓電話另一頭的人聽到後萬分錯愕。然而德國此刻無論是戰場上還是國內的情況都在迅速惡化，實在沒有爭辯的空間。許多在前線的士兵失去了糧食補給，革命軍也占據了柏林、科隆（Cologne）和漢諾威（Hanover）的街頭。百姓無論如何都希望戰爭趕緊結束，並且越來越多人響應要求德皇退位。沒想到德皇似乎沒打算理會這些聲音，只是下令軍隊為內戰做好準備，卻從將軍們的口中得知士兵已經不再追隨他了。革命份子在德意志帝國議會（Reichstag）的窗台邊宣布成立共和國，雖然並不算是最後定局，但也顯示德國已經陷入一片混亂中，沒有人能確定國內是否還有大一統的政府存在。（譯按：宣布成立共和國的人物之一，是社會民主黨的菲利浦・謝德曼〔Philipp Scheidemann〕等人。）

就這樣，德國的命運落入時任德國參謀總長的陸軍元帥興登堡身上。在興登堡的勸戒之下，德皇威廉二世終於放棄了以救世主之姿君臨天下的美夢，也認清他終將被迫退位的現實。然而威廉二世害怕遭到他的軍隊逮捕並送上革命法庭，於是搭火車流亡中立國荷蘭，在那裡接受政治庇護。與此同時，興登堡要求負責和談的代表，無論條款多麼羞辱人都要接受協約國的最後通牒。他知道，崩不成軍的德軍部隊已經沒辦法對抗敵軍的壓倒性兵力，尤其那股力量還在日漸強盛。諷刺的是，當初興登堡透過《布列斯特—立陶夫斯克條約》施加在俄國的嚴苛條件如今也失效了。

一九一八年十一月十一日凌晨五點，雙方在福煦用來充當指揮部的一節列車車廂中，簽署了《康邊停戰協定》（*Armistice of Compiègne*），大戰就此結束。六個小時後，也就是十一點整，戰線上的砲火聲戛然而止。一種詭異的寂靜籠罩了戰場，雖然只持續了幾分鐘，卻彷彿過了好幾個小時。他們屏息以待，等著看這寂靜到底會持續多久。突然之間，一陣像是巨大嘆息聲的詭異聲響從前線傳出，連遠在後頭的士兵都聽得到。他們說聲音像強風——實際上，那是人聲。約翰・布肯表示，當時的場景他畢生難忘：「那個聲音是佛日山脈（Vosges）到海岸線，一路上的人所發出的歡呼聲。」

一場持續了四年，奪走近一千三百萬條人命的可怕戰爭就這樣突然結束。協約國勝利的背後，付出的卻是慘痛的代價。根據初步計算，他們在戰場上損失的士兵人數，比敵軍還要多出至少一百萬人。假使英國的陣亡士兵復活，讓他們四人一排沿著白廳前行，這支亡者大軍需要三天半才能整隊經過倫敦的戰爭紀念碑（The Cenotaph）。然而，砲聲的停止並不代表苦難告終。即便戰爭結束，當時盛行全球的大流感仍在肆虐。許多人早已被戰爭帶來的饑餓和貧窮折磨得不成人樣，好不容易等到戰爭結束卻死於瘟疫。

這場戰爭除了帶來驚人的死亡人數，也造成四個帝國——德意志帝國、奧匈帝國、鄂圖曼帝國以及沙俄帝國在東進政策的殘骸中灰飛煙滅。德軍曾是當時世界上最強大的軍隊，隨著它的戰敗，普魯士王國的不滅神話也破滅了。而威廉二世押上一切發動的聖戰如今看來，也不過是他和他的顧問團，以及他們在印度和波斯同夥的一廂情願。威廉二世眼睜睜看著他虎視眈眈的鄂圖曼帝國像是丟上桌的烤乳豬般，被敵人分食殆盡。更惱人的是，最肥美的那一塊肉竟然還落入他痛恨至極的英國表弟喬治五世盤中。而他擴展領土的計畫中，至關重要的柏林—巴格達鐵路到最後也沒有完成。經過這一切大風大浪，威廉二世和恩維爾帕夏魯莽的夢想皆以失敗收場，可謂悲慘至極。

故事至此看似結束，但對於那些深陷其中的人來說，結局還沒那麼早來臨。接下來，還有個更為奇妙的故事在等著我們。

# 第二十五章
# 蒂格——瓊斯消失之謎

儘管協約國憤怒地要求荷蘭政府將威廉二世移交給國際法庭審判，好將這個戰犯絞死，卻遭到荷蘭政府拒絕。因此，威廉二世這一生從沒有為自己對世界，對德國人民造成的傷害和苦痛負責。他除了失去王位，可以說過得相當輕鬆恣意。威廉二世於一九四一年去世，享年八十二歲。在去世前的二十二年當中，他藉著在德國幾處龐大莊園所獲得的收入過著皇家般的舒適生活。他寫了兩卷回憶錄替自己辯護，並買下一座壯麗的荷蘭城堡，在城堡中指導樹林的栽種工作。他也把原本在波茨坦（Potsdam）皇宮中的祖先肖像、家具和整座大理石階梯運到他在荷蘭的「行宮」。不過他十分懼怕遭到暗殺或綁架，因此沒辦法放心離開他警備森嚴的莊園太遠。當然，他再也沒踏足他心愛的德國。

希特勒的裝甲部隊於一九四〇年入侵荷蘭，英國政府本想提供威廉二世庇護，但遭其婉拒。當時出於安全考量，希特勒也建議他應該結束他流浪放逐的一生，返回他以前在德國的莊園，但他也拒絕了。然而德軍攻陷巴黎的時候，威廉二世寄了一封內容慷慨激昂的電報給希特勒，恭喜納粹的勝利。次年，威廉二世死於肺栓塞。希特勒本想在他死後替他舉行國葬，但他的家人表示要遵從他的遺囑，將葬禮辦在荷蘭並且把他的遺體也埋在城堡的土地上。他的遺孀，也是第二任妻子——赫爾敏公主（Hermine Reuss of Greiz，兩人於一九二二年結婚）活著見證了德國第二次在大戰中戰敗，並且於一九四七年在蘇聯紅軍的拘留營中去世。〔譯按：赫爾敏公主的確待過拘留營，不過她去世的地點應該是奧得河畔法蘭克福（Frankfurt an der Oder，在紅軍佔領的東德與波蘭邊界上）的一間小公寓，直到去世前都受到蘇聯紅軍的戒護，處於軟禁狀態。〕

相較之下，土耳其的戰時領袖——恩維爾、塔拉特和傑馬勒就沒那麼好命了。他們一起逃離君士坦丁堡的絞刑台後，塔拉特悄悄來到柏林找到老朋友，請對方提供他安全的藏身處。接下來的三年中，他在柏林一間簡陋的公寓中以捏造的身分和名字過日子。然而，一九二一年的春天，他在街上突然遭刺客槍殺。凶手是亞美尼亞革命聯盟（Armenian Revolutionary Federation）主導的暗殺計畫「復仇女神行動」（Operation Nemesis）所派出的刺客。他花了好幾個月的時間暗中觀察塔拉特，並在犯案後遭到警方逮捕，以謀殺塔拉特的罪名接受審判。曾擔任過土軍軍事顧問的奧托·馮·桑德斯將軍（Otto Liman von Sanders）以證人身分出席了審判，其證詞印證了塔拉特與大屠殺的關聯。法庭上，法官和陪審團得知刺客在一系列亞美尼亞人種族滅絕事件慘遭滅門之痛，而塔拉特身為內政部長難辭其咎。就這樣，審判的最終結果認定這名刺客無罪。同年十二月，一名土耳其人在羅馬遭到刺殺；隔年四月，又有兩名土耳其人在柏林遇害——三人都與大屠殺事件脫不了關係。

塔拉特遇害的隔年七月，傑馬勒帕夏來到梯弗里斯，卻在布爾什維克秘密警察總部外遭到兩名參與「復仇女神行動」的亞美尼亞人槍殺。就在不久前，他從自己的觀點寫了《一名土耳其政治家的回憶錄》（*Memoirs of a Turkish Statesman*）一書，試圖洗清他和亞美尼亞的種族滅絕事件的責任。他還聲稱，亞美尼亞人投靠入侵的俄軍還殺了土耳其人和庫德族的村民，會遭逢厄運也算是自作自受。事實上，當時的俄軍的確曾招募亞美尼亞人進入特殊部隊，而《曼徹斯特衛報》的菲利浦斯・普萊斯也證實了這點。不過，就算如此，也沒辦法完全合理化君士坦丁堡當局對亞美尼亞人展開的大屠殺行動。

三巨頭中最後一個為自己的戰爭罪行付出代價的是恩維爾帕夏，不過他並非死於亞美尼亞人之手。他先後逃亡至柏林和莫斯科，並承諾列寧，只要布爾什維克幫助他重拾在土耳其的權力，他就會幫助俄國奪取英屬印度。列寧接受了這個提議，而恩維爾也在一九二一年十一月前往中亞，打著聖戰的口號招募他的穆斯林子民組織軍隊。誰也沒想到，恩維爾沒有放棄建立全新鄂圖曼帝國的夢想，竟然轉身將槍口對準了布爾什維克而非英軍。起初，他隨著當地穆斯林自由戰士（俄軍所謂的*basmachi*）反抗俄軍，試圖脫離莫斯科而獨立。（譯按：basmachi在俄語中意指「土匪」。」）他們的軍事行動獲得豐碩戰果，甚至於一九二二年二月攻佔中亞大城杜尚別（Dushanbe）。隨著恩維爾戰勝布爾什維克的消息傳遍中亞，越來越多人響應他的號召加入軍隊，即便大部分成員都無法理解他提出的泛突厥主義。但逐漸地布爾什維克也組織起軍隊，局勢開始逆轉，恩維爾最後被列寧的軍隊圍困在塔吉克斯坦。他始終頑強抵抗，故事直到最後一刻都彷彿戲劇情節。一九二二年八月，他率領一隊騎兵衝向布爾什維克的機槍手展開自殺式突擊。我在《點燃東方的火焰》一書敘述了他的人生終局，而那本書也接續著本書的敘事，講述大戰後動盪時期的其他故事。

隨著德國和土耳其戰敗，逃避各方司法制裁而流亡在外的人，除了威廉二世、恩維爾、塔拉特和傑馬勒，還包括印度的革命份子。他們曾兩度在柏林的庇護下煽動群眾進行武裝叛亂，試圖推翻英國在印度的統治。為了讓反抗英國統治的革命偉業能延續下去，他們必須找到新的藏身處，避免被英國送上絞刑台。美國本來會是這些印度革命份子的首選，畢竟當初他們就是在加州的印度移民社群之中成功展開革命運動。但隨著美國加入戰局，他們和德國間諜都遭美方追捕，因此不得不尋覓他處。這波獵巫潮逮捕了許多人，審判過程所耗費的時間在當年堪稱美國史上之最。

審判耗時五個月，一般稱為「印德密謀大審判」（Hindu–German Conspiracy Trial）。共有十七名印度人、九名德國人以及四名德裔美國人被檢方指控在美國境內謀劃發起武裝叛亂，煽動印度群眾反抗英國在印度的統治。各界咸認這是美國史上最奇特的審判之一。某位記者寫道：「被告席上，長得凶神惡煞的金髮德國軍官坐在面色慘淡、皮膚黝黑、頭戴包巾的印度人身旁。」為了幫助陪審團釐清這場跨洋陰謀有多麼複雜，背後又牽涉到多少在太平洋上秘密運輸的武器，法庭在現場展示了一張世界地圖。三十名被告的名字用大寫字母寫在地圖旁邊，對大部分美國人來說這些外國名字應該都十分陌生。審判過程中一名印度人突然拔出預藏的左輪手槍，射殺了他的共謀者，成為這場審判最聳動的插曲。原來這名槍手誤以為對方被英國人收買，才會痛下毒手，不過隨後他也立刻遭到法警射殺。到最後，只有一人被判無罪。法官將這起陰謀大部分的責任歸咎於德國的最高陸軍指揮部，並判處所有主要密謀者入獄接受不同刑期的監禁。相較於英屬印度法庭絞死大部分革命份子的做法，美國法庭的處置方式已經相當仁慈了。

與此同時，在柏林的印度人發現他們已經無路可退了，於是在一九一九年投靠俄國的革命政府，試圖博取蘇俄的保護和同情。所幸布爾什維克把他們視為接下來對抗英屬印度的重要盟友，在莫斯科熱情迎接了他們。那時在莫斯科的還有馬亨德拉．普拉塔普拉賈和穆罕默德．巴拉卡圖拉：因為兩人在喀布爾也已窮途末路，決定在布爾什維克身上賭一把。至於他們的下場以及他們解放祖國的夢想進行得如何，也可參閱《點燃東方的火焰》一書。

這整個敘事，還有一個奇怪的結局，是我接下來才要講的。在這結局裡面，獨獨只有蒂格—瓊斯上尉是倒楣鬼，而且令他餘生始終不得安寧。一九一九年二月，倫敦當局判斷土德勢力對印度已無法造成威脅，於是命令馬里森將軍立刻從外裡海州撤離他的英屬印度小隊：而這也意味著，不幸的外裡海州臨時政府必須自己想辦法面對布爾什維克的威脅。馬里森認為，如此草率撤軍不只會讓布爾什維克軍隊趁機攻擊他的小隊，也理所當然地會引起外裡海州軍隊的憤怒不滿。聽完這些，馬里森的上級決定多給他八週時間來制定撤軍的秘密計畫。為了避免計畫洩漏，馬里森只允許少數幾位軍官參與討論過程。他們當時放出消息，內容大致上為：英軍會撤離梅爾夫以引誘布爾什維克靠近，並派出增援部隊切斷布爾什維克軍隊的後路——實際上，根本沒有什麼增援部隊。沒想到布爾什維克聽信了這個假消息，遲遲不敢進攻梅爾夫。四月一日，雖然比預定時程晚了一天，但最後一支印度小隊還是出發前往邊境，要到波斯去，而其他英軍部隊則搭火車前往克拉斯諾沃茨克港，準備乘船撤離。和上次撤離巴庫一樣，這次撤軍直到最後一刻才曝光。外裡海州政府瞬間陷入恐慌，苦苦哀求馬里森留下，不過一切都是徒勞的。

眼看英軍撤離，布爾什維克軍隊派出足智多謀的伏龍芝將軍（Mikhail Frunze）和大量增援部隊沿著鐵路，揮軍外裡海州首都阿什哈巴德。用不了多久，布爾什維克奪回阿什哈巴德的控制權，而外裡海州臨時政府的成員則逃亡至克拉斯諾沃茨克港。不過伏龍芝的軍隊還是於一九二〇年二月攻下克拉斯諾沃茨克港，至此莫斯科政府也掌控了整個外裡海州，一直到蘇聯帝國於七十年後瓦解才結束這個局面。而高加索地區的喬治亞、亞美尼亞和亞塞拜然在享受了短暫的獨立之後，於克拉斯諾沃茨克港淪陷後短短十二個月內也陸續遭到紅軍入侵，被納入蘇聯帝國版圖。至於這部分的故事發展，如同戰後鄂圖曼帝國和前德國殖民地的處置方式，都超出了這本書的敘述範圍，也完全與蒂格—瓊斯上尉和二十六名巴庫政委的離奇事件無關。

直到英軍從外裡海州撤離，布爾什維克才終於發現那群政委的下場。由於外裡海州臨時政府全力隱瞞他們被處決的消息，布爾什維克在此之前一直以為他們被囚禁在某處。莫斯科當局對這場處決的反應自然是憤怒至極，並立刻對相關人士展開追捕。然而沒過多久，布爾什維克就將積怨已久的怒氣對準英軍，指控一切都是英軍干預俄國內戰造成的。英方對於這項指控自然是反駁到底，但英俄關係此時也降至冰點。事件曝光後，布爾什維克將這些巴庫政委冠上革命烈士美名，並告訴每位學童，他們就是慘遭英國謀殺的。但是到此刻為止，布爾什維克還沒表明這些指控具體而言是針對哪一個人。

蒂格—瓊斯本人不怎麼在意布爾什維克的指控，畢竟處決當天早晨他身在兩百英里外，而且也沒見過任何受害者。蒂格—瓊斯也知道幕後主使是馮濟科夫，畢竟他可是親口承認是他下的指令。透過麥克唐奈的調查，蒂格—瓊斯也知道是庫恩司令官安排了那輛死亡列車和之後的處決事宜。再說，政治革命的敵手雙方在爭奪權力的過程中，發生這樣暴力殘殺的事件已是司空見慣。在這場俄國內戰期間可是有成千上萬，甚至數十萬人不幸殞命，其中包括許多其他政委和官員。

直到某天，瓦丁．切金（Vadim Chaikin）在巴庫的報紙上刊登一則文章，指控蒂格—瓊斯應該為二十六名布爾什維克英雄的死負責，他的惡夢至此才開始。切金是社會革命黨的律師，自稱對大屠殺事件的前因後果進行了詳細調查。他找到下台後被囚禁在阿什哈巴德監獄的前領導人——馮濟科夫擔任他的主要證人。切金聲稱，馮濟科夫向他發誓是蒂格—瓊斯提出處決犯人的要求，並且蒂格—瓊斯事後還滿意地說那次行動「符合英國特遣隊的期待」。除此之外，切金要求英國政府徹底調查這起謀殺事件，並表示他願意提供對蒂格—瓊斯不利的證據。切金也表示若他的指控不實，歡迎蒂格—瓊斯告他誹謗，他也很樂意去倫敦出席聽證會。一九二二年，切金出版了一本一百九十頁的書並在書中不斷提出證據攻擊蒂格—瓊斯。他也在書中要求國際法庭將蒂格—瓊斯送上被告席，讓蒂格—瓊斯接受戰爭罪行的審判。

在莫斯科當局看來，切金捍衛巴庫政委名譽的行動純粹是想伸張正義，而非出於私人利益考量。恰好當時莫斯科的國家宣傳機器正和干預俄國內政的外國勢力爭鬥不休，因此切金這樣非布爾什維克身分的人對他們來說特別有利用價值。有心人士會質疑切金是否在討好布爾什維克，並將責任怪罪於蒂格—瓊斯身上，好幫他的社會革命同伴脫罪。況且阿什哈巴德政府開會決定政委的處置方式時，蒂格—瓊斯不但在阿什哈巴德，甚至還出席了會議，根本無法替自己辯護。然而不管切金的真實目的為何，他做的一切最後都是徒勞的。布爾什維克將矛頭指向英國人的同時，也把怒火發洩在其他人身上，不管他們是不是社會革命黨人，也不管他們與事件的關聯性是大是小。最後，布爾什維克共逮捕了四十二名罪犯，並於一九二一年在克拉斯諾沃茨克港審判他們，隨後槍斃了其中四十一名。或許是因為切金知道太多了，再加上失去利用價值，布爾什維克隨後也讓他身繫囹圄，判處終身監禁。

但對當時年僅二十九歲的蒂格—瓊斯來說，情勢並未好轉，因為他必須承受布爾什維克高層把怒氣都發洩在他身上。即便沒有絲毫證據，史達林和托洛斯基先後都加入了這場批鬥大會。出身高加索地區的史達林指責英國人冷血謀殺了他們的布爾什維克英雄，簡直像是「人吃人」（cannibals）。托洛斯基在他一本敘述高加索和外裡海州事件的書中寫道，那些委員「在阿什哈巴德的英軍特遣隊負責人

——蒂格—瓊斯……沒有進行調查審判的情況下遭到槍決」，並引用切金「真實確切且無可反駁的證據」替自己的話佐證。他還指控英軍在外裡海州的官員「助長和教唆犯罪」，並讓那些大屠殺相關人士「逃避審判和司法正義」。

俄國收復外裡海州和高加索地區後，布爾什維克也終於找到工人們在鐵道旁讓那些政委們暫時入土為安的地點，取出腐爛的骸骨。他們先是把死者的遺骨暫時安置於阿什哈巴德，最後再帶回死者的家鄉巴庫永遠安息。一九二〇年夏天，城市為這些政治委員興建了「二十六名政委紀念廣場」（The Twenty-six Baku Commissars Memorial，今已拆除），並把他們的遺體埋葬於此。他們的公墓上聳立著一座雄偉的紀念碑，正中心有一個工人低頭哀悼的半身雕像，其手中捧著永恆之火。在廣場的四周，每隔一段距離就有一座政委的個人雕塑。一幅巨大的紅色花崗岩浮雕也在此時開始動工，生動描繪出處決現場的人物面對行刑隊，卻依然露出堅定的神情。作品象徵著勇氣、道德信念、不屈的精神以及其他布爾什維克的美德，最後耗時二十五年才完工。許多巴庫的街道、地區、機構以及一座火車站也以這些革命烈士的名字命名；有些烈士的故居甚至被改建成紀念博物館或聖堂。邵武勉的故居如今也成為一座博物館，走近一看，當年麥克唐奈爾和他兒子在房間內玩著火車玩具的場景彷彿歷歷在目。

但在俄國接下來浩大的革命史詩中，布爾什維克當局決意要將當年介入中亞情勢的英國人，特別是蒂格—瓊斯形塑成擾亂俄國內政的惡人。他們釋出一系列的官方畫作、雕塑、影片、書籍、詩詞、安魂曲等政治宣傳作品，向民眾灌輸「英國就是反派」的訊息。我們永遠不會知道布爾什維克是否真的把切金的話當一回事，只知道他們抓住了這個大好時機，竭盡所能抹黑內戰時代曾在外裡海州與其他地方支持其政敵的人。許多藝術家和作家被這股革命熱潮沖昏頭，並意識到自己可以抓住機會討好政府高層，讓日子好過一點，於是爭相創作詆毀英國形象的作品——其中有許多內容都超出切金所描述的狀況。這時期最著名的畫作之一便出自俄羅斯畫家艾薩克．布羅茨基（Isaac Brodsky）之手，描繪了身著制服的英國軍官催促行刑者槍決政委的場面，而畫面左側一名軍官還與蒂格—瓊斯十分神似。一些文字作品甚至指出，是蒂格—瓊斯喝令政委們走出列車，並親自下令行刑隊開火。

就算是蒂格—瓊斯這樣經歷過大風大浪的硬漢，聽到自己被指控為殘殺他國英雄的冷血凶手，還是不禁感到毛骨悚然。他目睹過布爾什維克的能耐，知道他們多的是報復的手段，例如暗殺，或把他綁架到巴庫、莫斯科的法庭上接受公審。他肯定記得英國公民查爾斯．戴維森（Charles Davison）被定罪的冤案。俄方以間諜活動的罪名將他定罪並處以槍決，而英國政府到現在還在向俄國尋求補償和賠償金。那海軍外交專員法蘭西斯．克洛米上校（Francis Cromie）呢？一九一八年八月，一群手持武器的布爾什維克暴徒與特務機關契卡（Cheka）的幹員衝進英國位於彼得格勒的大使館，結果克洛米上校在抵抗的過程中遭到槍殺。蒂格—瓊斯知道，布爾什維克暴力對待或虐待外國公民的事件可不只這兩樁。更讓他擔心的是，莫斯科當局的暗殺小組不只手段多，行事也不馬虎（關於這點，托洛斯基很快就會見識到）。（譯按：托洛斯基政爭落敗後出國流亡，於一九四〇年在墨西哥遇刺殞命。）蒂格—瓊斯看著布爾什維克高層主導的這一系列誹謗行動，明白對方無論用什麼方式抓獲他，都不會對他手軟的。說到底，布爾什維克和英國之間當時沒有正式的外交關係，因此根本不用注重什麼外交禮節等細節，更不用在意國際法的約束。

一九二二年春天，在倫敦休假的蒂格—瓊斯準備回到他戰前在印度政治部門的工作崗位，而他的新婚妻子維拉．亞列希娃（Valya Alexeeva）也將與他一同離開。幾年前，蒂格—瓊斯在巴庫愛上年輕貌美的維拉，便安排路線幫助她逃離布爾什維克掌控下的蘇俄。也許是聽了上級的建議，蒂格—瓊斯決定在這時隱退，從此消失在公眾視野中。五月二十三日，他秘密地透過改名契約（deed poll）把姓名改為羅納德・辛克萊（Ronald Sinclair）。外界推測他的兩個姐妹也換了名字，以免不小心曝露身分，讓難纏的布爾什維克特務循線找到蒂格—瓊斯。

然而英國外交部認為，莫斯科當局指控英國參與處決已經損害了英國的名譽，不能就這樣置之不理。考慮到托洛斯基和史達林等人都是根據切金的書對英國和蒂格—瓊斯本人進行誹謗，英國外交部決定在拿到書之後，於六月要求蒂格—瓊斯逐一反駁書中對他的每一項指控，並將此寫成詳細的報告。英國外交部草擬官方聲明稿時會引用蒂格—瓊斯的答覆，回應莫斯科當局的指控。而對於已經準備好隱退的蒂格—瓊斯來說，如今還要處理這煩人的官方事務，想必不是一件輕鬆的事。例如，即便蒂格—瓊斯已改名為羅納德・辛克萊，英國外交部在之後的三個月內依然稱呼他為「蒂格—瓊斯上尉」，並將信件寄到他的舊地址：倫敦市漢墨斯密區凱索敦路（Castletown Road, Hammersmith）二十九號。後來，外交部改成透過蒂格—瓊斯的銀行寄信給他，雖然不會曝露他的行蹤了，卻還是在信中稱呼他為「蒂格—瓊斯」。至於為何還是使用「蒂格—瓊斯」這個名字，也許雙方自有考量吧。畢竟如果只是單純將「蒂格—瓊斯」這幾個字換成「羅納德・辛克萊」，不僅可能會曝光隱退的計畫，還會帶給倫敦和德里的政府單位行政上更多的麻煩和困惑。原來，雖然上級給了蒂格—瓊斯更多的休假時間好處理完這項外交事務，並決定好人生規劃，但他其實已經被印度政府重新雇用了。因此這段時間，他似乎同時過著新舊兩種身分的生活，但他的新名字和地址也只有少數知曉內幕的同事知道。

十一月，與馬里森將軍和其他當時在馬什哈德的軍官討論過後，蒂格—瓊斯針對切金的指控進行回應，並根據他在阿什哈巴德的經驗敘述了政委們遭到處決的前因後果。蒂格—瓊斯駁斥了切金的說法，表示：「這些指控沒有一項是真的，完全是憑空捏造、毫無根據。」他還形容切金是一個「無恥至極的政治冒險家」，像「一隻豺狼」一味追求「廉價的聲望」。他也表示，若蘇俄政府有認真調查切金所說的話，「那麼切金……毫無疑問會遭遇和他那上千名同胞一樣的苦難。」那時的蒂格—瓊斯並不知道，讓他受盡煎熬的切金在蘇俄與後來的蘇聯當局眼中似乎早已失去利用價值，過不久就鋃鐺入獄，最後在一九四一年遭處死。

蒂格—瓊斯所述發生在阿什哈巴德的故事，完全符合他在日誌中寫下的東西：是馮濟科夫下令處決政委們，並派庫里洛夫去克拉斯諾沃茨克港與庫恩司令官共同安排此事。不過蒂格—瓊斯日誌中的某些內容與馬里森將軍的說詞卻存在著明顯的矛盾。蒂格—瓊斯在日誌中不斷提到，自己當時以為馬里森將軍不想插手如何處理政委們的事。馬里森卻表示，自己當時要求阿什哈巴德政府將政委交給他，送往印度拘留，因為可以把他們當成談判籌碼。而蒂格—瓊斯在提交給外交部，長達一千五百字的報告中，竟也同意了馬里森的說法，並宣稱要麼是馮濟科夫對自己撒謊，要麼是馮濟科夫被阿什哈巴德政府派去馬什哈德的代表故意誤導。至於這是不是真相，又或者只是蒂格—瓊斯和馬里森兩人串通一氣，外界看來永遠不會知道。但是關於那晚在阿什哈巴德發生的事情，還有一個讓謎團更加神祕的轉折。那就是蒂格—瓊斯死後，人們在他的文件中找到的一份打字稿，上面暗示他並未出席那場決定如何處置政委的關鍵會議。這部分的可能性就只能交給其他人去探索了，但我能想像得到，若是這件事在共產政權崩潰和英俄關係緩和之前公諸於世，那些性格強硬的蘇聯史家們難免又會大肆炒作這樁充滿爭議的事件。

蒂格—瓊斯在報告中反駁了切金在書中對他和他的同事的所有指控後，要求莫斯科政府也撤銷這些指控並將那本書回收。除此之外，他也要求莫斯科政府在官方報紙《消息報》上徹底否認書中的指控和書本身的可信度。蒂格—瓊斯補充道：「若有必要，我將對瓦丁．切金，以及對所有曾不實指控過我的報章以誹謗罪提出告訴，直到俄國有一個文明且負責的政府為止。」他的聲明隨後直接寄給了外交部進行簽署，註記日期為一九二二年十一月十二日。

十二月二十日，英國政府寄了一封官方信件給蘇俄外交部副人民委員馬克西姆．李維諾夫（Maxim Litvinov），表示英國政府已經對巴庫政委的遭遇進行了全面的調查，但並未發現任何證據支持切金的指控。（譯按：副人民委員相當於副部長）信中還寫道：「我們手中的證據不止顯示切金的指控毫無根據，還發現那些指控所根據的都是一些錯誤的陳述。」信件最後，英國政府要求蘇俄政府立刻撤銷所有指控，並在蘇俄的官方報紙上公開發表相關聲明。

然而莫斯科當局顯然無意放棄他們在政治宣傳面的優勢。他們意識到，這件讓英國政府如此重視的事在未來很可能成為有價值的談判籌碼。由於當時兩國仍未建立外交關係，沒有大使或大使館，蘇俄只好透過英國的貿易代理商傳遞這份回信。儘管措辭溫和，莫斯科當局卻全盤否定了英國的抗議。他們聲稱，「僅僅是英軍佔領外裡海州期間發生政委們遭到處決的事實，就足以將此行為的責任歸咎於英軍最高指揮部。」他們接著表示，「事實擺在眼前，這些政委們被囚禁後的命運就掌握在佔領該地區的英國軍方手中。」除了再次指控蒂格—瓊斯為罪魁禍首，莫斯科當局還表示歡迎英國政府提出任何「確鑿的證據」，來證明在外裡海州的英國當局並未參與這起處決。他們在信件最後說道：「但在缺乏證據的情況下，我們無法接受並按照英國政府的要求撤銷那些指控。對此，我們深表遺憾。」

蒂格—瓊斯得知布爾什維克的回信內容後，意識到俄方不可能放下對他的深仇大恨，而他回歸正常生活的希望也徹底破滅。因此，他在這個時間點完全消失絕對不是巧合。事實上，他可以說十分成功地掩飾了自己的蹤跡，以至於試圖追蹤他的人大概都會以為布爾什維克已經先找到他並悄悄解決掉他了。外交部檔案直到一九二二年底都還有對他的記錄，但在此之後他就彷彿人間蒸發，完全沒有出現在任何檔案中。至少在這本書的寫作期間，相關部門可能考慮到這件事的政治敏感性，以及蒂格—瓊斯直到幾年前仍然活著，因此尚未公開那些記錄他後續生涯和動向的文件。接下來我們會看到，英國官方對此事保持沉默除了是擔心布爾什維克展開復仇之外，還有另一個可能的原因。

照理來說，蒂格—瓊斯在他職涯的最後三十幾年裡，應該在印度的政治部門享受一段工作前途明媚的生活。就算英國當局基於某些理由決定讓他提早退休，像蒂格—瓊斯這樣年輕有活力且充滿冒險精神的人，不可能利用下半輩子的時間在家無所事事。我不禁開始好奇：如果「羅納德．辛克萊」在路上碰到「蒂格—瓊斯」的老友，該如何應對呢？辛克萊會露出迷茫的表情，說：「不好意思，你應該是認錯人了。我是羅納德．辛克萊。也許我長得和你說的那個人很像？」還是說，其實蒂格—瓊斯的前同事和朋友們都明白「蒂格—瓊斯」這個人已經不存在了，並且任何指認他或是討論他的行為都有可能害他喪命？當然，他戰時在情報部門的前同事們一定知道他已經換了新的身分，有些人可能還幫助過他掩飾行蹤。除了外交部和印度事務部的官員，國內稅務局（Inland Revenue）也絕對有人知道蒂格—瓊斯的秘密。要是他被當作不繳稅的刁民，那不是太冤枉了嗎？

蒂格—瓊斯消失這些年的真相一直到七十年後，也就是他於九十九歲逝世那年才浮出水面，雖然我能窺探到的也只有其中的一小部分。在撰寫這本書的過程中，我一直在嘗試尋找這名前英國情報官的下落，但最後也只找到「羅納德・辛克萊」這個新名字，而我那時也幾乎可以肯定他已經不在世上了。但就在一九八八年十二月二十二日，我在《泰晤士報》上看到一篇關於辛克萊的訃聞。文章主要圍繞在這位辛克萊寫的一本書，書中描寫他趁兩次大戰之間騎著機車遊歷波斯的故事，而訃聞撰寫者顯然並不知道辛克萊的真實身分。於是我投稿了第二篇訃聞寄給《泰晤士報》，這次使用了蒂格─瓊斯的本名，畢竟他成功隱瞞了這個身分那麼多年後，已經不需要再保守這個秘密了。

另一方面，我也希望公開這個秘密後，會有認識他甚至清楚整個事件來龍去脈的人聯絡我——然而事與願違。一九九〇年，蒂格─瓊斯的戰時日誌以《消失的特務：前往俄屬中亞執行機密任務》（*The Spy Who Disappeared: Diary of a Secret Mission to Russian Central Asia in 1918*）為書名出版。我有幸為這本書撰寫了簡介和結語並在當中敘述了我的個人發現，像是蒂格─瓊斯的身分，或是他在巴庫政委遇害事件中扮演的角色。除此之外，我也表示自己對於他消失這幾年發生的事感到好奇。這次，終於有兩個人聯繫上我，表示自己在一九三〇年代認識了「羅納德・辛克萊」。不過他們倆都不知道辛克萊的真實身分或工作，並表示他們第一次知道真相時也感到萬分驚訝。

與此同時，一條重要的新線索出現在我面前，顯示蒂格─瓊斯消失可能不只是為了躲避布爾什維克的怒火。那時出版商手上所有來自辛克萊的文件中，沒有任何一份文件提到蒂格─瓊斯這個名字。不過在整理文件時，出版商發現了一個大型的棕色馬尼拉信封，而且還是白廳使用的那種類型，上面用鉛筆寫了「軍情五處辛克萊少校」。可惜的是，這個看似單位內部專用的公文信封中沒有其他內容物，而我們也無法確定這個信封是什麼時候出現的。但這個信封可能也提供了我答案，幫助我解開他多年來的下落之謎。我推測，他放下了戰時情報官——蒂格─瓊斯上尉這個身分後，在兩次大戰之間以羅納德·辛克萊少校的新身分獲聘為情報官，而這一切其實完全說得通。要知道，蒂格—瓊斯對於情報機關來說是個不可多得的人才：首先，他擁有出色的語言能力和各種專業技能；再來，他戰前在印度警察單位服務時曾參與叛亂組織的調查工作；並且，他在外裡海州和巴庫執行任務時，對布爾什維克的策略也累積了一定程度的認識。要是輕易放他走，英國政府將得不償失，而這或許就正中布爾什維克的下懷。不要忘了，當時馬克思主義掀起的思想狂潮被倫敦當局視作是挑戰民主的重大威脅，而這股思潮在印度當局眼中則威脅到英國在印度的統治。

再後來，我發現蒂格—瓊斯畢生都和他在馬什哈德的同事艾利斯上校維持著深刻的交情，這讓我更加肯定蒂格—瓊斯很有可能使用新的身分繼續在情報單位工作。艾利斯上校戰時就在軍情六處任職，後來也成為該單位第三號人物。（譯按：軍情五處負責國內情報工作；軍情六處則負責國際情報工作。眾所皆知的虛構人物〇〇七情報員是軍情六處的幹員。）艾利斯的兒子彼得（Peter）告訴我，兩人多年來頻繁見面，暗示他們除了保持朋友關係外，很有可能有工作上的聯繫。而如今彼得自己也成了情報官，卻從沒想到自己眼中的辛克萊叔叔背後，原來藏有另一個身分。他也表示在讀了《消失的間諜》這本書並得知真相後，還是感到大吃一驚。

那麼在這樣的和平時期，蒂格—瓊斯（也就是羅納德·辛克萊）到了軍情五處後需要處理什麼情報工作呢？我認為他很有可能在替德里情報局（Delhi Intelligence Bureau，印度政府秘密情報單位的前身）工作，地點就在軍情五處的倫敦總部。大衛·佩特里爵士（David Petrie）當時是蒂格—瓊斯的上級，後來也成為軍情五處處長。他還和蒂格—瓊斯一樣當過旁遮普警察，因此想必十分重視蒂格—瓊斯在政治工作上的特殊資歷。而且蒂格—瓊斯的能力在佩特里眼中或許是對抗布爾什維克主義的利器，畢竟那時的布爾什維克勢力不只威脅到印度，更是威脅到整個大英帝國。除此之外，當時德里情報局和軍情五處都把重心放在處理布爾什維克的事務上，兩者之間的聯繫十分緊密。這樣看來，若蒂格—瓊斯需要代表佩特里在倫敦辦事，那軍情五處可以說是完美的工作地點。除了有兩萬多筆政治活躍份子的個人資料，還有遍佈全球的情報人員組成的極機密通訊系統。有了這些資源，蒂格—瓊斯就能幫助佩特里從外部監視印度潛在叛亂份子的一舉一動。當然，他也可以作為中間人協助佩特里和英國各情報單位聯絡。無論如何，以上的種種理由都能解釋為何神祕信封上出現「軍情五處辛克萊少校」的字樣。

透過在蒂格—瓊斯死後公開的文件，我們發現他曾在這段時期數次拜訪中東地區，至於他的目的就無從得知了。例如一九二六年，他獨自開車穿越波斯。乍看之下，他出這趟遠門似乎是為了幫助英國的公司調查在波斯進行貿易的可能性。然而考慮到他基本上沒有任何商業方面的知識，這趟任務實際上應該是去調查蘇聯滲透中東地區的程度。波斯在地理上很接近印度和阿富汗，想必德里當局也因此迫切想搞清楚布爾什維克在波斯當地的活動。而蒂格—瓊斯能說一口流利的波斯語和俄語，而且熟悉布爾什維克的行事作風，實在是執行這項任務的最佳人選。有了商界人士這層偽裝，蒂格—瓊斯可以放心和當地人互動，獲取他需要的消息和人脈而不會引起懷疑。他開著福特A型轎車（Model A）從波斯西北方靠近俄國邊界的大不里士，一路開到東南方靠近印度的扎黑丹（Zahedan），橫跨了整個國家並途經許多波斯的城鎮和村莊。他將這趟旅途的經歷寫進他的書中《波斯歷險記》（*Adventures in Persia*），作者署名為「羅納德．辛克萊」。而這本書在一九八八年，也就是他過世前不久出版問世，內容完全沒有透露他是否有在進行貿易任務以外的工作。不得不說，他們那一代人比他們的後輩更認真看待《官方機密法》（Official Secrets Act）。

儘管莫斯科當局先前對蒂格—瓊斯以政治宣傳手段進行各種攻擊，到了二戰時也加入英國勢力組成臨時聯盟。也因此，蒂格—瓊斯於二戰時期的動向比起他在兩次大戰之間的行蹤，就稍微公開透明一點。一九四一年，五十二歲的蒂格—瓊斯被派去英國位於紐約的英國領事館，名義上是擔任副領事，實際上卻是情報軍官。正好彼得・艾利斯當時為英國某個情報單位服務，也在該單位的紐約總部工作。彼得突然想起，曾看到蒂格—瓊斯從總部內走出，而他也被眼前的一幕嚇到。不過事後他也沒多過問，畢竟在這種事情上鑽牛角尖反而可能傷了他和蒂格—瓊斯的交情。

二戰結束後，蒂格—瓊斯漫長的情報工作生涯終於畫下句點。那時的他早已和維拉離婚，與第二任妻子先後在美國佛羅里達州以及西班牙過著退休生活。然而患有帕金森氏症的妻子病情逐漸惡化，兩人只好回到英國，但妻子仍然在不久後去世。後來，蒂格—瓊斯收到來自前妻維拉的消息，此時的她已經八十幾歲。當蒂格—瓊斯得知她現在一個人住在倫敦且經濟狀況非常拮据後，立刻邀請她來到自己在普利茅斯（Plymouth）居住的老人院，並表示將負擔維拉生活起居的費用，讓她有自己的房間可以住。而他只求能在所剩不多的時光中，陪伴對方直到生命的最後一刻。

在老人院的日子裡，維拉時常在無意間透露兩人的秘密，但那時沒有人在意這個細節，自然也不會想到兩人背後那段無與倫比的過去。每天早晨，蒂格—瓊斯會走到維拉的住處，坐在她身邊，握著她的手和她輕聲細語地聊天。負責照顧蒂格—瓊斯的護士安妮・蘭德爾（Anne Randal）注意到，維拉不像其他人那樣稱呼蒂格—瓊斯為羅尼（Ronnie，羅納德的小名），而是雷吉（Reggie，雷金納德的小名），這讓她一直感到不解。後來，維拉死於肺炎，而蒂格—瓊斯也在不久後離世。安妮讀了我在《泰晤士報》上刊登的訃聞才知道，眼前羅納德・辛克萊的本名原來叫做雷金納德・蒂格—瓊斯，才知道他的輝煌事蹟，也才知道為何維拉從不稱呼他為羅尼。

曾經，英王、德皇、蘇丹和沙皇在君士坦丁堡以東的大地上，展開一場權力爭奪的遊戲。那個時代的人獻上自己的一生為這場遊戲書寫故事，就連蒂格—瓊斯也不例外。他生前始終沒有透露秘密，直到他入土為安後世人才終於得以窺探那隱匿的過去，也終於察覺他是最後一代寫故事的人——一段關於君士坦丁堡以東，四方君王進行「大競逐」的故事。

# 後記

「二十六名烈士的熱血永不亡，永不亡！」——革命詩人弗拉基米爾．馬雅可夫斯基（Vladimir Mayakovsky），〈東方的黎明〉（Eastern Dawn，著於一九二四年）

我在撰寫本書時，隨著蘇聯垮台，高加索地區和外裡海州的情勢仍然不斷變化。因為情勢如此變化多端，本書出版時，這個動盪不安的地區又有了許多新的發展。蘇聯解體後，已經有好幾個新的國家獨立，長久以來被強權壓抑的爭執與衝突，又再一次掀起了血戰。覬覦此地區豐富石油及礦藏的各個強權，則在外運籌帷幄，想獲得政治、經濟或宗教上的影響力。在這個大熔爐裡，歷史即將重演，此時沒有什麼是不可能的。

一九八四年秋天，巴庫還在蘇聯的嚴加管控下時，我曾經到訪該地。城市內各處都可以見到紀念二十六位布爾什維克烈士的蹤跡，他們的紀念碑也是每位遊客都一定會參觀的景點。提起這些英雄的同時，遊客也不會忘記英國（尤其是蒂格—瓊斯上尉）如何害這些英雄殉難。當時我對此一故事有些質疑，因此不顧這件事有多敏感，禮貌地詢問當局有沒有相關證據，但對方只是冷漠以待。在我離開巴庫前，他們甚至趁我不注意時，把我飯店房內關於這事件的幾本書拿走。顯然，那些書雖能在當地買到，但並不能帶走。

不過，一九九一年春天，就在高加索人民正努力掙脫蘇聯的桎梏之際，我重訪巴庫。此時，當地居民對於那些革命烈士的態度有了一百八十度的大轉變。在我到訪前沒多久，俄國部隊屠殺了一百七十名穆斯林示威者，引起由亞塞拜然人發起的一連串暴力衝突，宣洩他們長期以來對莫斯科當局的不滿。在亞塞拜然人眼中，邵武勉和他二十五名同袍都是俄國帝國主義的走狗，是巴庫遭受壓迫七十餘年的元凶，因此，一群憤怒的示威者進入這二十六名「烈士」被埋葬的廣場，大肆破壞紀念碑。全世界都知道亞塞拜然人最厭惡的人種就是亞美尼亞人，而讓暴動雪上加霜的是邵武勉和其中幾位英雄就是亞美尼亞人。

我到巴庫時，原先圍繞著廣場的二十六座紀念碑已經消失得無影無蹤，而刻劃著處決場景的紅色花崗岩浮雕則變成散落一地的碎片。為了避免進一步的動亂，當地政府也默默做出改變：以邵武勉命名的一條街道和一座地鐵站已經重新命名，其他紀念館也關門大吉。這一切作為很明顯是要緩和當地反亞美尼亞的情緒——巴庫市中心有座被大火燒得只剩下空殼的亞美尼亞大教堂，就是這種暴力情緒延燒的最好證明。而居住在當地超過三十萬名的亞美尼亞人（幾乎是整個當地的亞美尼亞社群）都已逃離巴庫；雖然一輛輛俄國坦克仍圍繞著議會建築，俄國士兵還是在街上巡邏，看來威嚴赫赫，但當地的俄國家庭因為害怕民眾報復，也紛紛離開了。畢竟，只要稍微了解過當地歷史就會知道，大屠殺在巴庫可說是屢見不鮮。

拜訪完巴庫後，我搭機橫越裡海，到裡海的港市克拉斯諾沃茨克，那裡是二十六名政委於一九一八年九月不幸落入敵軍手中的地點。當地的氣氛沒那麼緊張，民眾也沒有那麼憤怒，穆斯林和亞美尼亞人之間的關係也比較友善，再加上那些巴庫的政委不是克拉斯諾沃茨克的人，因此在當地激起的憤怒遠遠不及巴庫。在這港市，我連一位俄國士兵都沒看見。這是一九一九年春天英軍離開外裡海州以來，克拉斯諾沃茨克第一次正式對外開放，但這個小鎮也沒什麼可觀之處，自然沒能吸引很多觀光客前來。

不過我發現，當初阿什哈巴德在定奪這些巴庫政委的命運時，庫恩指揮官關押他們的法院被改建成一座小博物館，或說是某種神壇，以資紀念。入口旁的庭園中，有一道永不熄滅的火焰燃燒著。這些政委被一起關押的幽暗監牢，至今仍保存得非常完整，就和當時昏暗的早晨他們要遭處決前，在一片黑暗中被押解到火車站的情景如出一轍。畫廊中有一幅顯眼的作品，是革命派畫家布羅茨基以極為戲劇化的筆觸所描繪的處決畫面，畫中英國士兵身著制服，政委們則擺出反抗的姿態；玻璃櫥窗中，放著一本《消失的間諜》，該書以蒂格─瓊斯的角度出發，描述處決政委前的事發經過。那本書的前言和後記由我負責撰寫，是我在造訪前就寄給博物館館長的。空氣中充滿了革新的氣息，因此我所寫下的事件經過也被翻譯成俄語，在當地的報紙《克拉斯諾沃茨克工人報》（*Krasnovodsk Worker*）上面連載。正因如此，我和妻子才會受邀前往該博物館參觀，並在我的請求下，我們得以前往政委們被從火車上拖出來，在卡拉庫姆沙漠遭槍斃的地點。

館方表示，那大概是第一次有西方人獲准參觀處決地點。我們在博物館館長、一名當地共產黨幹部以及當地媒體與電視台代表的陪同下，組成小型車隊，開了三個小時的車，來到處決地點。在那單一的鐵道旁，我們看到一座鑲著紅星的水泥紀念碑，標示著處決的確切地點。再向前約半英里，是一座以政委們的名稱命名的無人小車站，這裡建著幾座更大的紀念碑，除了列出他們所有人的名字之外，還刻著一段碑文，表示「英國帝國主義者」是謀殺他們的元凶。

我們爬上堤岸，跟隨著這些政治委員的腳步，跨過一座座沙丘，到達他們面對行刑隊的地點。同行的人不論是英國人、俄國人還是土庫曼人都沒多說什麼話，各自沉浸在自己的思緒中。雖然這二十六名男子是英國宣示不共戴天的仇敵，但我這個英國人站在那曾灑落熱血的地點，試著想像過去的殘酷景象，心中還是倍感憂愁與激動，難以忘懷。我想到才智過人的邵武勉，他是個亟於追求更好未來的顧家男人，兒子曾經和英國帝國主義者特務麥克唐奈爾玩火車玩具，而自己則投身俄國的革命大業。他喪命後，那位孩子拜訪此處，找到了行刑者處決他父親而留下的空彈匣。我則拾起了一顆鵝卵石，帶走一些沙子，為到訪這個沉重地點留下紀念。

在那之後，我再也沒有去過巴庫和克拉斯諾沃茨克，但我知道當地已經抹消了過去的遺跡，也將這些曾經的英雄一一搬下神壇。在他們的故鄉巴庫，除了埋藏在廣場地底下的屍首，他們曾經存在的證明也都被抹消殆盡。殘存的紀念碑沒被憤怒的示威民眾完全毀掉，仍佇立在他們的巨大墳墓上，但上頭的銘文已遭消除乾淨，而那為了紀念他們而一直燃燒的火焰也已經熄滅。這個曾經神聖的庭園，為了紀念二十六位布爾什維克烈士，曾經每個小時都會播放一次安魂曲，此時卻異常安靜。至於在裡海對岸的克拉斯諾沃茨克，法庭改建的小博物館也已關門大吉，併入鄰近的歷史博物館。過沒多久，相關文物大概也會消失在歷史的洪流中，或是文物的解說標籤會被改寫，變成敘述另一個版本的故事吧。

# 致謝

如同之前在有關中亞帝國競逐的幾本著作中所述，首先我必須感謝有許多人為那些動盪事件留下第一手紀錄——無論他們的立場為何。如果沒有他們，我也無法完成這本書。這些人包括亨利・摩根索大使（Henry Morgenthau）、奧斯卡・馮・尼德梅爾上尉（Oskar von Niedermayer）、沃納・奧托・馮・亨蒂格上尉（Otto von Hentig）、哈爾・達亞爾（Har Dayal）、馬亨德拉・普拉塔普拉賈（Raja Mahendra Pratap）、弗雷德里克・歐康納爵士（Frederick O'Connor）、愛德華・諾爾上尉（Edward Noel）、雷納德・麥克唐奈爾少校（Ranald MacDonell）、雷金納德・蒂格—瓊斯（Reginald Teague-Jones）、威爾弗里德・馬里森爵士將軍（Wilfrid Malleson）、萊諾・鄧斯特維爾將軍（General Lionel Dunsterville）、波西・賽克斯爵士（Percy Sykes）以及《曼徹斯特衛報》（*Manchester Guardian*）的摩根・菲利浦斯・普萊斯（Morgan Philips Price）。他們皆已逝世，而他們對於君士坦丁堡以東的戰爭紀錄可以從本書的參考書目中查詢。

我還要感謝幾位仍然在世的人們，包括精通俄語與俄國史的布萊恩・皮爾斯（Brian Pearce），多年來他收集到許多有關蒂格—瓊斯上尉被指控謀殺二十六名巴庫（Baku）政委的資料，慨然供我使用。還有，我要感謝空軍准將麥克唐奈爾（三等勳章、傑出飛行十字勳章）提供他父親雷納德・麥克唐奈爾的肖像和其他資訊。此外，還有克莉絲蒂安・德瓦・杜里（Christian Dewar Durie）讓我得以閱讀並引用她的祖母對於一九一八年巴庫穆斯林大屠殺的血淋淋描述。同樣的，我也非常感謝戰地記者摩根．菲利浦斯．普萊斯的女兒譚雅．羅斯（Tanya Rose）提供了有關她父親的資訊。還有來自多倫多的彼得．艾利斯，謝謝他提供有關他父親艾利斯（C. H. Ellis）上校的資訊，以及他本人拍攝的照片。

我也要感謝馮．亨蒂格博士（Dr. H. W. von Hentig）提供其已故父親沃納．奧托．馮．亨蒂格收藏的照片，並與我討論他父親在被德國政府派往喀布爾執行機密任務時所扮演的角色。除此之外，還有瑞士阿富汗圖書館基金會負責人保羅．巴克耳—狄茨基（Paul Bucherer-Dietschi），非常感謝他協助我釐清有關上述任務中領導階層的重要問題。我也非常感謝安潔莉卡．凱安（Angelica Kyang）為我翻譯尼德梅爾上尉的德文任務記錄，以及法哈德．迪巴（Fahad Diba）提供他在編輯波斯歷史書目時發現的資料。

身為說故事的史學家，專家學者的著作對我而言十分受用。這些專家包括費里茨．費雪（Fritz Fischer）、烏爾里希．格爾克（Ulrich Gehrke）、雷納特．福格爾（Renate Vogel）、法蘭克．韋伯（Frank Weber）、烏爾里希．川普納（Ulrich Trumpener）、喬治．安東尼烏斯（George Antonius）、菲魯茲．卡澤姆札德（Firuz Kazemzadeh）、雷納德．蘇尼（Ronald Suny）、威廉．奧爾森（William Olson）、布拉德福．馬丁（Bradford Martin）、路德維希．阿達梅克（Ludwig Adamec），以及美索不達米亞和波斯戰區的英國官方戰爭歷史學家馬伯里准將（F. J. Moberly）。他們的著作都列在參考書目之中。

曾在香港牛津大學出版社工作的蓋兒．皮爾奇斯（Gail Pirkis）對於中亞歷史相當有興趣，再加上她身為歷史學家所受過的訓練，我有幸能再次請她擔任我的編輯。一如既往，我要深深地感謝我的妻子凱絲（Kath）。凱絲自己也出版了一本有關中亞的書籍，而她細讀我的每個文字，給予我寶貴的批評與建議。除此之外，她還為本書編輯索引，以及繪製地圖的草圖。這些草圖最後由製圖師丹尼斯．貝克

（Denys Baker）完成，他先前也曾為我的四本書籍繪製地圖。

## 名稱與拼字

本書中所述事件發生後的九十幾年間，許多地理名稱和拼字已經改變，而且未來也會持續變化。因此，為求簡單易懂，本書保留當時人們熟悉的名稱和拼字。舉例而言，本書會使用君士坦丁堡（Constantinople）一詞，而非伊斯坦堡（Istanbul）；梯弗里斯（Tiflis）而非提比里斯（Tbilisi）；埃爾澤魯姆（Erzerum）而非埃爾祖魯姆（Erzurum），波斯（Persia）而非伊朗（Iran）；美索不達米亞（Mesopotamia）而非伊拉克（Iraq）；外裡海州（Transcaspia）而非土庫曼（Turkmenistan）。

# 參考書目

本敘述是從眾多不同來源中拼湊而成的，包括已出版和未出版的資料。以下列出的書籍和文章雖不完全，但包含了我認為特別有價值的所有資料。除非另有說明，所有出版物均在倫敦發行。此外，我還大量參考了當時的英國秘密檔案，這些檔案現存於印度事務部圖書館和公共檔案館。


Aaronsohn, Alexander, *With the Turks in Palestine*, 1916.

Adamec, Ludwig, *Afghanistan, 1900-1923. A Diplomatic History*, 1967.

——. *Afghanistan's Foreign Affairs to the Mid-Twentieth Century*, 1974.

Agayev, Emil, *Baku. A Guide*, Moscow, 1987.

Allen, W.E.D, & Muratoff, P., *Caucasian Battlefields. A History of the Wars on the Turco-Caucasian Border, 1828-1921*, 1953.

Anderson, M.S., *The Eastern Question*, 1966.

Andler, Charles, *Le Pangermanisme. Ses Plans d'Expansion Allemande dans le Monde*, Paris, 1915.

Anon., *Germany's Claim to Colonies*, Royal Institute of International Affairs, Paper No. 23, 1938.

Antonius, George, *The Arab Awakening. The Story of the Arab National Movement*, 1938.

Armstrong, H.C., *Unending Battle,* 1934.

Arslanian, A.H., *The British Military Involvement in Transcaucasia, 1917-1919,* USA, 1974.

Aydemir, S.S., *Enver Pasa,* 3 vols., Istanbul, 1971-8.

Baha, Lal, 'The North-West Frontier in the First World War', *Asian Affairs,* February 1970.

Barker, Brig. A.J., *The Neglected War. Mesopotamia, 1914-1918,* 1967.

Barrier, N.G., *Banned. Controversial Literature and Political Control in British India, 1907-1945,* USA, 1974.

Beesly, Patrick, *Room 40. British Naval Intelligence, 1914-1918,* 1982.

Benson, E.F., *Crescent & Iron Cross,* 1918.

Berghahn, V.R., *Germany and the Approach of War in 1914,* 1973.

Bernhardi, Gen. Friedrich von, *Germany and the Next War,* 1912.

_____. *Britain as Germany's Vassal,* 1914.

Blacker, Capt. L.V.S., 'Travels in Turkestan, 1918-20', *Geographical Journal,* September 1921.

_____. *On Secret Patrol in High Asia,* 1922.

Blood-Ryan, H.W., *Franz von Papen,* 1940.

Bose, A.C., 'Efforts of the Indian Revolutionaries at Securing German Arms during W.W.I.', *Calcutta Review,* January 1962.

_____. *Indian Revolutionaries Abroad,* Patna, 1971.

Brailsford, H.N., *Turkey and the Roads to the East,* 1916.

Brandenburg, Prof. Erich, *From Bismarck to the World War. German Foreign Policy, 1870-1914,* 1927.

Bray, Major N.N.E., *Shifting Sands,* 1934.

Brown, Emily, *Har Dayal. Hindu Revolutionary and Rationalist,* 1975.

Buchan, John, *Greenmantle,* 1916.

_____. *Nelson's History of the War,* 24 vols., 1915-19.

Busch, Briton, *Britain and the Persian Gulf 1894-1914,* USA, 1967.

_____. *Britain, India and the Arabs, 1914-21,* USA, 1971.

Candler, Edmund, *The Long Road to Baghdad,* 2 vols., 1919.

Cecil, Lamar, *The German Diplomatic Service, 1871-1914,* USA, 1976.

*Central Asian Review.* Various issues of this journal containing translations of articles from the Soviet Press: 1959/60/61.

Cheradame, Andre, *The Baghdad Railway,* Central Asian Society, 1911,

Childs, W.J., 'Germany in Asia Minor', *Blackwood's Magazine,* February 1916.

Chirol,- Valentine, *The Middle Eastern Question. Or some Political Problems of Indian Defence,* 1903.

_____. *Indian Unrest,* 1910.

Coan, Frederick, *Yesterdays in Persia and Kurdistan,* USA, 1939.

Cohen, Stuart, *British Policy in Mesopotamia, 1903-1914,* 1976.

Coole, W.W., & Potter, M.E (eds.), *Thus Spake Germany,* 1941.

Crampton, R.J., *The Hollow Détente. Anglo-German Relations in the Balkans, 1911-1914,* n.d. [1979].

Crutwell, C.R., *A History of the Great War,* 1934.

Curzon, Hon. George, *Persia and the Persian Question,* 2 vols., 1892.

Datta, V.N., *Madan Lal Dhingra and the Revolutionary . Movement,* Delhi, 1978.

Dayal, Har, *Forty-Four Months in Germany and Turkey, February 1915 to October 1918,* 1920.

Derogy, Jacques, *Resistance & Revenge,* USA, 1990.

Dickson, Brig.-Gen. W.E., *East Persia. A Backwater of the Great War,* 1924.

Dillon, Dr E.J., *A Scrap of Paper. The Inner History of German Diplomacy, and her Scheme of World-wide Conquest,* 1914.

Djemal Pasha, *Memoirs of a Turkish Statesman, 1913-1919,* n.d. [1920].

Donohoe, Maj. M.H., *With the Persian Expedition,* 1919.

Dunsterville, Maj.-Gen. L.C., *The Adventures of Dunsterforce,* 1920.

_____. 'From Baghdad.to the Caspian in 1918s, *Geographical Journal,* March 1921.

Dyer, Brig.-Gen. R., *The Raiders of the Sarhad,* 1921.

Earle, Meade, *Turkey, the Great Powers and the Baghdad Railway,* USA, 1923.

Edmonds, C.J., 'The Persian Gulf Prelude to the Zimmermann Telegram', *Royal Central Asian Journal,* January 1960.

Einstein, Lewis, *Inside Constantinople. A Diplomatic Diary,* 1917.

Ellis, Col. C.H., 'The Transcaspian Episode. Operations in Central Asia, 1918-1919", *Royal Central Asian Society Journal,* 1959.

_____. 'Operations in Transcaspia 1918-19 & the 26 Commissars Case', *Soviet Affairs,* No. 2, 1959.

_____. *The Transcaspian Episode, 1918-19,* 1963.

Emin, Ahmet, *Turkey in the World War,* USA, 1930.

Essad-Bey, Mohammed, *Blood and Oil in the Orient,* 1930.

Fatema, Nasrollah, *Diplomatic History of Persia, 1917-1923,* USA, 1952.

Fischer, Fritz, *Germany's Aims in the First World War,* 1967.

*War of Illusions,* 1975.

Fischer, Louis, *Oil Imperialism. The International Struggle for Petroleum,* USA, 1926.

_____. *The Soviets in World Affairs,* 2 vols., 1930.

Foreign Office Handbook, *German Colonisation,* 1919.

_____. *The Pan-Islamic Movement,* 1919.

_____. *The Pan-Turanian Movement,* 1919.

_____. *The Rise of the Turks,* 1919.

_____. *The Rise of Islam and the Caliphate,* 1919.

Fraser, David, *The Short Cut to India. A Journey along the Route of the Baghdad Railway,* 1909.

Fraser, T.G., *The Intrigues of the German Government and the Ghadr Party against British Rule in India, 1914-18,* London Ph.D. thesis, 1974-5.

_____. 'Germany and Indian Revolution, 1914—1918', *Journal of Contemporary History,* Vol. 12.

_____. 'India in Anglo-Japanese Relations during the First World War', *History,* October 1978.

French, Lt.-Col. F.J., *From Whitehall to the Caspian,* n.d. [1920s].

Friedman, Isaiah, *Germany, Turkey and Zionism, 1897-1918,* 1977.

Frobenius, Col. H., *The German Empire's Hour of Destiny,* 1914.

Fromkin, David, *A Peace to End all Peace. Creating the Modern Middle East, 1914-1922,* 1989.

Gehrke, Ulrich, *Persien in der Deutschen Orientpolitik wahrend des ersten Weltkrieges,* 2 vols., Stuttgart, 1960.

Geiss, Prof. Imanuel, *German Foreign Policy, 1871-1914,* 1976.

Gillard, David, *The Struggle for Asia, 1828-1914,* 1977.

Goltz, Kolmar von der, *Anatolische Ausfluge,* Berlin, 1896.

Gottlieb, W.W., *Studies in Secret Diplomacy during the First World War,* 1957.

Gould, Sir Basil, *The Jewel in the Lotus. Recollections of an Indian Political,* 1957.

Graves, Philip, *Briton and Turk,* 1941.

_____. *The Life of Sir Percy Cox,* 1941.

Griesinger, Walter, *German Intrigues in Persia. The Diary of a German Agent. The Niedermayer Expedition through Persia to Afghanistan and India* (from Griesinger's captured diary), 1918.

Grumbach, S., *Germany's Annexationist Aims,* 1917.

Guha, A.C., *First Spark of Revolution. The Early Phase of India's Struggle for Independence, 1900-1920,* Bombay, 1971.

Hale, E, *From Persian Uplands,* 1920.

Hamilton, Angus, *Problems of the Middle East,* 1909.

Hanssen, Hans, *Diary of a Dying Empire,* USA, 1955.

Hardinge, Lord, *My Indian Years,* 1948.

Harper, R., & Miller, H., *Singapore Mutiny* [of 1915], Singapore, 1984.

Hartill, Leonard, *Men Are Like That,* 1928.

Haslip, Joan, *The Sultan. The Life of Abdul Hamid II,* 1958.

Helfferich, Karl, *Die Deutsche Turkenpolitik,* Berlin, 1921.

Heller, Joseph, *British Policy towards the Ottoman Empire, 1908-1914,* 1983.

Hentig, Otto von, *Meine Diplomatenfahrt ins Verschlossene Land,* Berlin, 1918.

_____. *Mein Leben-Eine Dienstreise,* Gottingen, 1962.

Hopkirk, Peter, *Setting the East Ablaze. Lenin's Dream of an Empire in Asia,* 1984.

_____. *The Great Game. On Secret Service in High Asia,* 1990. Hopkirk, Peter, Prologue & Epilogue to *The Spy Who Disappeared. Diary of a Secret Mission to Russian Central Asia in 1918. See under* Teague-Jones.

Hostler, Charles, *Turkism and the Soviets,* 1957.

Hovannisian, Richard, *Armenia on the Road to Independence, 1918,* USA, 1967.

Hurgronje, C. Snouck, *The Holy War Made in Germany,* USA, 1915.

_____. *The Revolt in A rabia,* USA, 1917.

Isemonger, EC., and Slatterly, J., *An Account of the Ghadar Conspiracy, 1913-1915,* Lahore, 1919 (official police intelligence report).

Jackh, Ernest, *The Rising Crescent,* 1944.

James, Capt. Frank, *Faraway Campaign,* 1934.

Jastrow, Morris, *The War and the Baghdad Railway,* USA, 1917.

Kayaloff, Jacques, *The Fall of Baku,* USA, 1976.

Kazemzadeh, Firuz, *The Struggle for Transcaucasia, 1917-1921,* 1951.

_____. *Russia and Britain in Persia, 1864-1914. A Study in Imperialism,* USA, 1968.

Kedouri, Elie, *England and the Middle East. The Vital Years, 1914-1921,* 1956.

Keer, Dhananjay, *Veer Savarkar,* Bombay, 1950.

Kenez, Peter, *Civil War in South Russia, 1919-1920,* USA, 1977.

Kennedy, Paul, *The Rise of the Anglo-German Antagonism, 1860-1914,*1980.

Ker, James, *Political Trouble in India - Confidential Report,* Calcutta, 1917.

Khairallah, Shereen, *Railways in the Middle East, 1856-1948.*

*Political & Economic Background,* Beirut, 1991.

Knollys, Lt.-Col. D.E., 'Military Operations in Transcaspia, 1918-1919', *Journal of the Central Asian Society,* April 1926.

Kocabas, Suleyman, *Tarihte Turkler ve Almanlar. Pancer- manizm'in 'Sark'a Dogru' Politikasi,* Istanbul, 1988.

Koeppen, F. von, *Moltke in Kleinasien,* 1883.

Kreyer, Maj. J.A., & Uloth, Capt. G., *The 28th Light Cavalry in Persia and Russian Türkistan, 1915-1920,* 1926.

Kruger, Horst, 'Germany and Early Indian Revolutionaries', *Mainstream,* Delhi, January 1964.

Kumar, Ravinder, 'Records of the Government of India on the Berlin-Baghdad Railway Question', *Historical Journal,* 1962, No. 1.

Landau, Jacob, *Pan-Turkism in Turkey. A Study in Irredentism,* 1981.

Langer, William, *The Diplomacy of Imperialism, 1890-1902,* 2 vols., USA, 1935.

Laushey, David, *Bengal Terrorism & the Marxist Left, 1905-1942,* Calcutta, 1975.

Lawrence, T.E., *Seven Pillars of Wisdom. A Triumph,* 1935.

*Le Rire. The All Highest Goes to Jerusalem. Being the Diary of the German Emperor's Journey to the Holy Land* (a satire from the Paris humorist magazine). English translation, 1918.

Lenczowski, George, *The Middle East in World Affairs,* USA, 1952.

Lewin, Evans, *The German Road to the East. An Account of the 'Drang Nach Osten' and of Teutonic Aims in the Near and Middle East,* 1916.

MacDonell, Ranald, *'And Nothing Long',* 1938.

MacMunn, Lt.-Gen. Sir George, *Turmoil and Tragedy in India -1914 and After,* 1935.

Malleson, Maj.-Gen. Sir Wilfrid, 'The British Military Mission to Turkestan, 1918-1920', *Journal of Central Asian Society,* Vol. 9, 1922.

_____. 'The Twenty-Six Commissars', *Fortnightly Review,* March 1933.

Malraux, André, *The Walnut Trees of Altenburg, trans.* (fiction: Turco-German Holy War), 1952.

Marlowe, John, *The Persian Gulf in the Twentieth Century,* 1962.

_____. *Late Victorian. The Life of Sir Arnold Wilson,* 1967.

Marriott, Sir John, *The Eastern Question. An Historical Study in European Diplomacy,* Oxford, 1917.

Martin, Bradford, *German and Persian Diplomatic Relations, 1873-1912,* The Hague, 1959.

Marvey, S.M., *A Thousand Years of German Aggression,* 1943.

Massie, Robert, *Dreadnought. Britain, Germany, and the Coming of the Great War,* 1992.

Mathur, L.P., *Indian Revolutionary Movement in the United States of America,* Delhi, 1970.

Mejcher, Helmut, *Imperial Quest for Oil: Iraq, 1910-1928,* 1976.

Melka, R.L., 'Max Freiherr von Oppenheim: Sixty Years of Scholarship and Political Intrigue in the Middle East', *Middle Eastern Studies,* January 1973.

Mitrokhin, Leonid, *Failure of Three Missions, British Efforts to Overthrow Soviet Government in Central Asia,* Moscow, 1987.

Moberly, Brig.-Gen. Frederick, *Operations in Persia, 1914-1919,* 1929.

Moltke, Helmuth von, *Briefe über Zustände und Begebenheiten in der Türkei aus den Jahren 1835 bis 1839,* Berlin, 1911.

Morgenthau, Henry, *Secrets of the Bosphorus,* 1918.

Morris, Prof. A.J.A., *The Scaremongers. The Advocacy of War and Rearmament, 1896-1914,* 1984.

Morris, James, *The Hashemite Kings,* 1959.

Mundy, Talbot, *Hira Singh's Tale* (fiction: set against Turco- German Holy War), n.d. [c. 1918].

Murphy, Lt.-Col. C.C.R., *Soldiers of the Prophet,* 1921.

_____. *A Mixed Bag,* 1936.

Nassibian, Akaby, *Britain and the Armenian Question, 1915-1923,* 1984.

Nazem, Hossein, *Russia and Great Britain in Iran, 1900-1914,* Teheran, 1975.

Newcombe, Capt. S.F., 'The Baghdad Railway', *Geographical Journal,* December 1914.

Niedermayer, Oskar von, *Afghanistan,* Leipzig, 1924.

_____. *Unter der Glutsonne Irans,* Hamburg, 1925.

Noel, Lt.-Col. Edward, A Prisoner among the Jungali Bolsheviks', *On the Run: Escaping Tales,* 1934.

Nogales, Rafael de, *Four Years Beneath the Crescent,* USA, 1926.

Oberling, Pierre, *The Qashqa'i Nomads of Fars,* The Hague, 1974.

O'Connor, Sir Frederick, *On the Frontier and Beyond,* 1931. O'Dwyer, Sir Michael, *India As I Knew It, 1885-1925,* 1925. Olson, William, *Anglo-Iranian Relations during World War I,* 1984.

Ozyuksel, Murat, *Anadolu ve Bagdat Demiryollari,* Istanbul, 1988.

Palmer, Alan, *The Kaiser. Warlord of the Second Reich,* 1978.

Papen, Franz von, *Memoirs,* English trans., 1952.

Parfit, Canon J.T, *Twenty Years in Baghdad and Syria. Germany's Bid for the Mastery of the East,* n.d. [c.1915].

_____. *The Romance of the Baghdad Railway,* 1933.

Parmanand, Bhai, *The Story of My Life,* Delhi, 1982.

Pearce, Brian: important articles on Captain Reginald Teague-Jones and the fate of the 26 Commissars in the Soviet affairs journal *Sbornik.*

Pears, Sir Edwin, *Forty Years in Constantinople,* 1916.

Persits, M.A., *Revolutionaries of India in Soviet Russia,* Moscow, 1983.

Pipes, Richard, *The Formation of the Soviet Union.Communism and Nationalism, 1917-1923,* USA, 1954.

Polovtsov, Gen. P.A., *Glory and Downfall. Reminiscences of a Russian General Staff Officer,* 1935.

Popplewell, Richard, 'The Surveillance of Indian Seditionists in North America, 1905-1915\ *Intelligence and International Relations,*

*1900-1945,* 1987.

Pratap, Raja Mahendra, 'My German Mission to High Asia. How I joined forces with the Kaiser to enlist Afghanistan against Great Britain', *Asia,* USA, May 1925.

_____. *My Life Story of Fifty-Five Years,* Dehra Dun, 1947.

Price, M. Philips, *War and Revolution in Asiatic Russia,* 1918.

Puri, Harish, *Ghadar Movement, Ideology, Organization & Strategy,* Amritsar, 1983.

Ramazani, Rouhollah, *The Foreign Policy of Iran, 1500-1941,* USA, 1966.

Ramsay, Sir William, *The Revolution in Constantinople and Turkey,* 1916.

Rawlinson, Lt.-Col. A., *Adventures in the Near East, 1918-22,* 1923. .

Ribin, Valentin, *Zakaspii.* A 'revolutionary historical novel' (in Russian) accusing Captain Teague-Jones of murdering the Baku Commissars, Ashkhabad, 1987.

Ritter, Gerhard, *The Sword and the Sceptre,* 4 vols., USA, 1971-3.

[Ross, Sir Denison], *A Manual on the Turanians and PanTuranians,* Naval Staff Intelligence, 1918.

Rothwell, V.H., 'Mesopotamia in British War Aims, 1914-1918', *Historical Journal,* June 1970.

_____. 'The British Government and Japanese Military Assistance, 1914-1918', *History,* February 1971.

Rowlatt, Mr Justice, et al., *Sedition Committee Report,* Calcutta, 1918.

Roy, M.N., *Memoirs,* Bombay, 1964.

Ryan, Sir Andrew, *The Last of the Dragomans,* 1951.

Saleh, Dr Zaki, *Mesopotamia, 1600-1914. A Study in British*

*Foreign Affairs,* Baghdad, 1957.

Sanders, Gen. Liman von, *Five Years in Turkey,* USA, 1927.

Sareen, Dr T.J., *Indian Revolutionary Movement Abroad, 1905-1920,* Delhi, 1979.

Sarkisyanz, Manuel, *A Modern History of Transcaucasian Armenia,* Leiden, 1975.

Sarolea, Charles, *The Baghdad Railway and German Expansion,* 1907.

Savarkar, V.D., *The Indian War of Independence, 1857,* 1909.

_____. *The Story of My Transportation for Life,* Bombay, 1950. Schaefer, C.A., *Deutsch-Türkische Freundschaft,* Stuttgart, 1914.

Schmitt, Bernadotte, *England and Germany, 1740-1914,* USA, 1916.

Schmitz-Kairo, Paul, *Die Arabische Revolution,* Leipzig, 1942.

Searight, Sarah, *Steaming East,* 1991.

Seton-Watson, R.W., *German, Slav and Magyar,* 1916.

Seymour, Dr Charles, *The Diplomatic Background of the War, 1870-1914,* USA, 1916.

Singh, Randhir, *The Ghadar Heroes. Forgotten Story of the Punjab Revolutionaries of 1914-15,* Bombay, 1945.

Singha, P.B., *Indian National Liberation Movement and Russia, 1905-17,* Delhi, 1975.

Skrine, Sir Clarmont, *World War in Iran,* 1962.

Sokol, E.D., *The Revolt of 1916 in Russian Central Asia,* USA, 1953.

Srivastava, Harindra, *Five Stormy Years. Savarkar in London,* Delhi, 1983.

Stanwood, Frederick, *War, Revolution & British Imperialism in Central Asia,* 1983.

Stewart, Rhea, *Fire in Afghanistan, 1914-1929,* USA, 1973.

Strother, French, *Fighting Germany's Spies,* USA, 1919 (chapter on German-Hindu conspiracy).

Stuermer, Dr Harry, Two War Years in Constantinople, 1917. Suny, Ronald, The Baku Commune, 1917-1918, USA, 1972. Swietochowski, Tadeusz, Russian Azerbaijan, 1905-1920, 1985.

Sykes, Christopher, Wassmuss. 'The German Lawrence', 1936.

Sykes, Brig.-Gen. Sir Percy, 'South Persia and the Great War', Geographical Journal, August 1921.

_____. A History of Persia, 2 vols., 3rd edn. (including First World War), 1930.

_____. A History of Afghanistan, 2 vols., 1940.

Taylor, A.J.P., Germany's First Bid for Colonies, 1938.

_____. The Struggle for the Mastery of Europe, 1848-1918, 1954.

Teague-Jones, Reginald, The Spy who Disappeared, Diary of a Secret Mission to Russian Central Asia in 1918 (Prologue & Epilogue'by Peter Hopkirk), 1990.

Temple, Bernard, The Place of Persia in World Politics, Central Asian Society, 1910.

Thomson, Sir Basil, The Allied Secret Service in Greece, 1931. Tod, Col. J., 'The Malleson Mission to Transcaspia in 1918', Journal of the Royal Central Asian Society, Vol. 27, 1940.

Townshend, Maj.-Gen. Sir Charles, My Campaign in Mesopotamia, 1920.

Toynbee, Arnold, Nationality and the War, 1915.

Treitsche, Heinrich von, Origins of Prussianism, English trans. 1942.

Treloar, Sir William, With the Kaiser in the East, 1915.

Trevor, Charles, Drums of Asia, 1934 (novel set against

Turco-German Holy War).

Trotsky, Leon, Between Red and White, 1922.

Trumpener, Ulrich, Germany and the Ottoman Empire, 1914-1918, USA, 1968.

Tuchman, Barbara, The Zimmermann Telegram, 1959.

Tuohy, Capt. Ferdinand, The Secret Corps, 1920.

_____. The Crater of Mars, 1929,

Ullman, Richard, Anglo-Soviet Relations, 1917-1921, 3 vols., 1961/68/73.

Ussher, Dr Clarence, An American Physician in Turkey, USA, 1917.

Vogel, Renate, Die Persien und Afghanexpedition Oskar Ritter von Niedermayers 1915/16, Osnabrück, 1976.

Walker, C.J., *Armenia. The Survival of a Nation,* 1980.

Weber, Frank, *Eagles on the Crescent,* USA, 1970.

Westrate, Bruce, *The Arab Bureau. British Policy in the Middle East, 1916-1920,* USA, 1992.

Wheeler, Col. Geoffrey (ed.), 'The Red Army in Turkestan5, *Central Asian Review,* No. 1, 1965.

_____. 'Russia's Relations with Indian Emigrés', *Central Asian Review,* No. 4, 1967.

Wilson, Sir Arnold, *Loyalties. Mesopotamia, 1914-1917,* Oxford, 1930.

_____. *Mesopotamia, 1918-1920. A Clash of Loyalties,* Oxford, 1931.

Wilson, Jeremy, *Lawrence of Arabia,* 1989.

Winstone, H.V.F., *The Illicit Adventure,* 1982.

Wolff, J.B., *The Diplomatic History of the Baghdad Railway,* 1936.

Woods, Charles, *The Cradle of the War. The Near East and Pan-Germanism,* 1918.

Wright, Sir Denis, *The English Amongst the Persians, 1787-1921,* 1977.

Wyman Bury, G., *Pan-Islam,* 1919.

Ybert-Chabrier, Edith, 'Gilan, 1917-1920: The Jengelist Movement', *Central Asian Survey,* November 1983.

Yesenin, Sergei, 'Ballad of the Twenty-Six' (poem commemorating the Baku Commissars), *The Baku Worker,* September 22, 1925.

Yovanovitch, V., *The Near Eastern Problem and the PanGerman Peril,* 1915.

Zahm, J.A., *From Berlin to Bagdad and Babylon,* 1922.

Zenkovsky, Serge, *Pan-Turkism and Islam in Russia,* 1960.

Zugmayer, Dr Erich, *Eine Reise Durch Vorder-Asien im Jahre* 1904, Berlin, 1905.

_____. *Eine Reise Durch Zentral-Asien im Jahre 1906,* Berlin, 1908.

國家圖書館出版品預行編目(CIP)資料

帝國的密令：大英帝國的秘密戰爭與中亞衝突 / 彼德・霍普克(Peter Hopkirk)著；王品淳, 詹婕翎, 何坤霖, 陳宇祺, 陳榮彬譯. -- 初版. -- 新北市：黑體文化出版：遠足文化事業股份有限公司發行, 2025.04
面； 公分
ISBN 978-626-7512-74-6(平裝)

1.CST: 第一次世界大戰 2.CST: 中亞史

740.272 114001139

**特別聲明：**
有關本書中的言論內容，不代表本公司／出版集團的立場及意見，由作者自行承擔文責。

黑體文化　讀者回函

黑盒子33

**帝國的密令：大英帝國的秘密戰爭與中亞衝突**

*On Secret Service East of Constantinople: The Plot to Bring Down the British Empire*

**作者**・彼德・霍普克（Peter Hopkirk）｜**譯者**・王品淳、詹婕翎、何坤霖、陳宇祺｜**審訂**・陳榮彬｜**責任編輯**・涂育誠｜**美術設計**・許晉維｜**出版**・黑體文化／遠足文化事業股份有限公司｜**總編輯**・龍傑娣｜**發行**・遠足文化事業股份有限公司（讀書共和國出版集團）｜**地址**・23141 新北市新店區民權路 108 之 2 號 9 樓｜**電話**・02-2218-1417｜**傳真**・02-2218-8057｜**客服專線**・0800-221-029｜**客服信箱**・service@bookrep.com.tw｜**官方網站**・http://www.bookrep.com.tw｜**法律顧問**・華洋法律事務所・蘇文生律師｜**印刷**・中原印刷股份有限公司｜**排版**・菩薩蠻數位文化有限公司｜**初版**・2025 年 4 月｜**定價**・700 元｜ISBN・9786267512746・9786267512821（PDF）・9786267512814（EPUB）｜**書號**・2WBB0033